大学体育与健康

主编 陈鹏生 杨瑞鹏 王胜起
编委 薛海涛 周 珂 贺 楠 武斌鹏 周雨龙

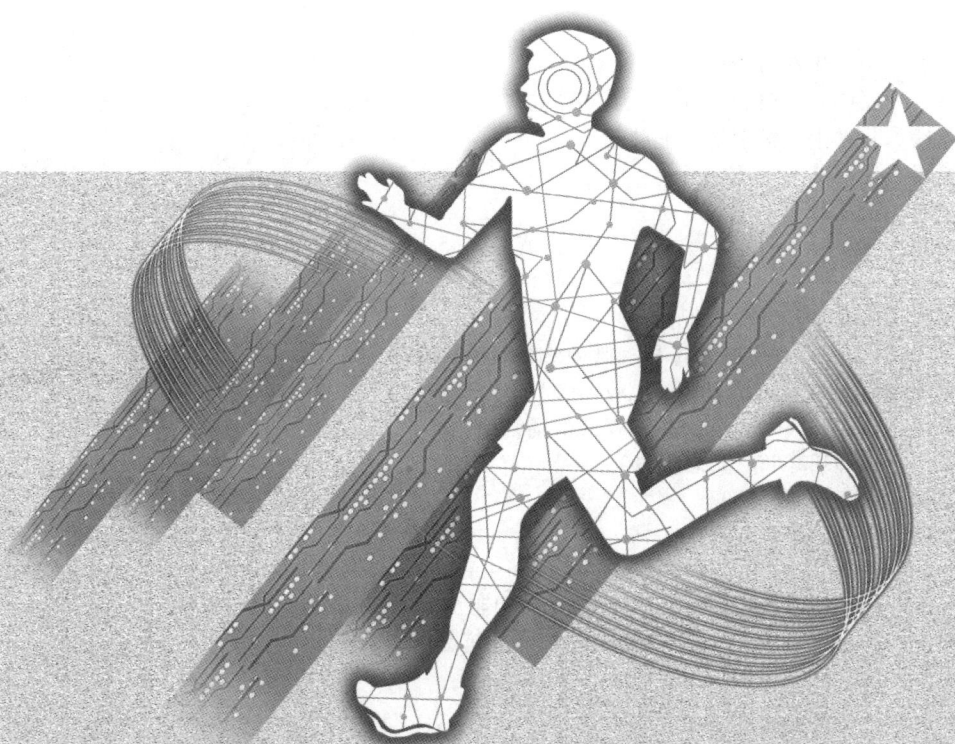

西安交通大学出版社
XI'AN JIAOTONG UNIVERSITY PRESS

图书在版编目(CIP)数据

大学体育与健康 / 陈鹏生,杨瑞鹏,王胜起主编.—西安：西安交
通大学出版社,2024.8(2025.7重印)
ISBN 978-7-5693-3792-1

Ⅰ.①大… Ⅱ.①陈… Ⅲ.①体育－高等学校－教材
②健康教育－高等学校－教材 Ⅳ.①G807.4 ②G647.9

中国国家版本馆 CIP 数据核字(2024)第 102700 号

书　　名	大学体育与健康	
	DAXUE TIYU YU JIANKANG	
主　　编	陈鹏生　杨瑞鹏　王胜起	
责任编辑	侯君英	
责任校对	王斌会	
装帧设计	伍　胜	

出版发行	西安交通大学出版社
	(西安市兴庆南路 1 号　邮政编码 710048)
网　　址	http://www.xjtupress.com
电　　话	(029)82668357　82667874(市场营销中心)
	(029)82668315(总编办)
传　　真	(029)82668280
印　　刷	陕西思维印务有限公司

开　　本	787 mm×1092 mm	1/16	印张 23.75	字数	517 千字
版次印次	2024 年 8 月第 1 版	2025 年 7 月第 2 次印刷			
书　　号	ISBN 978-7-5693-3792-1				
定　　价	64.00 元				

如发现印装质量问题,请与本社市场营销中心联系。
订购热线:(029)82665248　(029)82667874
投稿热线:(029)82668525

前言 PREFACE

为全面贯彻党的教育方针，促进学生体质的健康发展，落实立德树人的根本任务，帮助学生在体育锻炼中享受乐趣、增强体质、健全人格、锤炼意志，培养德、智、体、美、劳全面发展的社会主义现代化建设者和接班人。本教材以习近平新时代中国特色社会主义思想为指导，深入贯彻落实习近平总书记关于教材工作的重要指示，落实全国教材工作会议精神，树牢责任意识和阵地意识，打造更多培根铸魂、启智增慧、适应时代要求的精品教材建设为目标。通过教学引导学生做到学思用贯通、知信行合一，增强"四个意识"、坚定"四个自信"、做到"两个维护"，成长为堪当民族复兴大任的时代新人。

本教材以习近平新时代中国特色社会主义思想和党的二十大报告思想为核心，贯彻"健康第一"的指导理念，全方位关注学生体质健康，将"培养运动的兴趣和爱好，形成良好的体育锻炼习惯，大力弘扬中华体育精神"作为一项重要目标，从体育学、营养学、民族传统体育学、养生学等多领域进行设计和编写。

本教材不仅可以作为普通高等院校学生进行体育学习的基本教材，也可以作为各级各类学校体育教师进行教学的参考教材。本教材由浅入深对各个运动项目的基本知识与基本技能进行示范与讲解，使学生对运动项目具有全面、准确的了解认识，激发学生对体育运动的兴趣，使其养成终身锻炼的习惯。本教材具有以下三大特色。

第一，教材主导思想明确。以习近平新时代中国特色社会主义思想和二十大报告新思想为核心，贯彻"健康第一"的指导理念。

第二，内容涵盖面广。该教材分为理论篇、技术篇和拓展篇三部分。理论篇，主要讲述大学体育与体育精神、体育养生和常见损伤预防等知识；技术篇不仅讲述田径、篮球、足球等基础项目，还增加了民族传统体育的武术、射艺、健身气功、陕西本地非遗项目红拳等项目；拓展篇主要讲述陕西民间体育。

第三，数字化理念凸显。本教材顺应数字化发展趋势，突破传统教学的局限。学生可以通过扫描二维码进行视频学习，使图、视、文有机结合，具有直观性、新颖性和科学性等特点，有利于不同学习速度的学生掌握理论及技术。

本教材由咸阳师范学院体育学院陈鹏生教授牵头，组织相关人员历时近2年时间完成，参编人员有王胜起（第一章和第八章）、薛海涛（第二章、第五章第一节、第九章第三节和第四节）、周珂（第三章第一节、第四章、第五章第二节、第九章第二节）、贺楠（第九章第一节、第十章）、杨瑞鹏（第六章和第九章第五节）、武斌鹏（第三章第二节和第三节、第七章）、周雨龙（第五章第三节及负责视频、文字的校对）。教材编写期间得到专家团队、一线教师及优秀学生等的鼎力支持，在此表示衷心感谢。同时，由于知识和经验的限制，教材中可能仍有疏漏或不足之处。因此，我们诚挚地邀请广大教育同仁和读者们提出宝贵的批评和建议。您的每一条反馈都是我们不断进步和完善的宝贵资源。我们期待与您共同探讨，以期达到更高的学术和教育标准。

编者

2023 年 12 月

目 录
CONTENTS

理论篇

技术篇

拓展篇

>>> **理论篇**

第一章

大学体育与体育精神

第一节　大学体育

一、体育的由来

"体育"一词的英文是 physical education,直译为身体的教育,指的是以身体活动为手段的教育,简称为体育。

1762 年,卢梭出版了《爱弥儿》一书,该书主张"教育要遵循自然规律,要发展儿童的天性",是西方教育史上最有影响力的教育著作之一。卢梭在书中首次使用"体育"一词描述对爱弥儿进行身体的养护、培养和训练等身体教育过程。此书激烈地批判了当时的教会教育,在世界上引起了很大的反响,而"体育"一词也在世界各国流传开来。从这里我们可以清楚地看到"体育"一词源于"教育"一词,它最早的含义是指教育体系中的一个专门领域。到了19 世纪,教育发达国家普遍使用了"体育"一词。

我国体育历史悠久,最早创办的体育团体是 1906 年在上海成立的"沪西士商体育会"。1907 年,我国著名女革命家秋瑾在绍兴创办了"体育会"。同年,清朝学部的奏折中也出现"体育"一词。辛亥革命以后,"体育"一词运用逐渐广泛。随着西方文化不断涌入我国,学校体育的内容也从单一的体操向多元化发展,课堂上出现了篮球、田径、足球等运动。

二、体育的概念

近年来,体育的概念有以下 5 种。

(1)体育是以身体活动为媒介,以谋求个体身心健康、全面发展为直接目的,并以培养完善的社会公民为终极目标的一种社会文化现象或教育过程。

(2)体育是根据人类社会生活的需要,依据人体生长发育、动作技能形成和机体机能提高的规律,以身体练习为基本手段,达到增强体质、提高运动水平、丰富社会文化生活的一种有意识、有目的、有组织的社会生活。

(3)体育是在人类社会发展中,人们根据生产和生活的需要,遵循身心的发展规律,以身体练习为基本手段,达到增强体质、提高运动水平、进行思想品德教育、丰富社会文化生活而进行的一种有目的、有意识、有组织的社会活动,是伴随人类社会的发展而逐步建立和发展起来的一个专门的学科领域。

(4)体育是教育的一个组成部分,它要求按一定的规律,以系统的方式,借助身体运动和自然力的影响作用于人体,完成发展身体的任务。因此,可以认为体育是教育的一个组成部分,它的本质是以身体练习为手段,增强体质,促进人的全面发展,为社会发展服务。体育在社会发展过程中,受一定的政治、经济制约,并为一定的政治、经济服务。体育具有自然和社会两重属性,自然属性包括体育的方法、手段等,社会属性包括体育的思想、制度等。

(5)《中国大百科全书(体育)》把体育概念分为广义的体育和狭义的体育。广义的体育是根据人类生存和社会生活需要,依据人体的生长发育、动作形成和机体机能提高规律,以各项运动为基本手段,达到发展身体、增强体质、提高运动技术水平,丰富社会文化生活,为发展经济和政治服务为目的的身体运动,通常称为体育运动。狭义的体育是教育的组成部分,是全面发展身体、增强体质,传授体育知识、技术、技能,培养道德品质的有目的、有计划、有组织的教育过程,通常称为体育教育。

三、体育的组成

我国的现代体育基本上由大众体育、竞技体育和学校体育3方面组成。

大众体育也称为社会体育或群众体育,是为了娱乐身心、增强体质、防治疾病和培养体育后备人才,在社会上广泛开展的健身、健美、医疗、娱乐体育、保健体育、康复体育等内容丰富、形式多样的体育活动的总称,包括职工体育、农民体育、社区体育、老年人体育、妇女体育、伤残人体育等,主要形式有锻炼小组、运动队、辅导站、体育之家、体育活动中心、体育俱乐部及个人自由体育锻炼等。社会体育是人们文化生活的重要组成部分。

竞技体育是指为了战胜对手,取得优异的运动成绩,最大限度地发展个人、集体在体格、体能、心理及运动能力等方面的潜力所进行的科学的、系统的训练和竞赛。

学校体育是学校教育的重要组成部分,是指以学生为对象,有计划、有组织地对受教育者的身体产生一定的影响,为培养合格的人才服务的一种教育过程,包括各类学校的体育教学和课外体育活动等。

四、大学体育课程的目标

(一)大学体育课程的基本目标

大学体育课程的基本目标是根据大多数学生的基本要求而确定的,分为5个领域目标。

(1)运动参与目标:积极参与各种体育活动并基本形成自觉锻炼的习惯,基本形成终身体育的意识,能够编制可行的个人锻炼计划,具有一定的体育文化欣赏能力。

(2)运动技能目标:熟练掌握两项以上健身运动的基本方法和技能,能科学地进行体育锻炼,提高自己的运动能力,掌握常见运动损伤的处置方法。

(3)身体健康目标:能测试和评价体质健康状况,掌握有效提高身体素质,全面发展体能的知识与方法,能合理选择人体需要的健康营养食品,形成良好的行为习惯,形成健康的生活方式,具有健康的体魄。

(4)心理健康目标:根据自己的能力设置体育学习目标,自觉通过体育活动改善自己的心理状态,克服心理障碍,养成积极乐观的生活态度,运用适宜的方法调节自己的情绪,在运动中体验运动的乐趣和成功的感觉。

(5)社会适应目标:表现出良好的体育道德和合作精神,正确处理竞争与合作的关系。

(二)大学体育课程的发展目标

大学体育课程的发展目标是针对部分学有所长和学有余力的学生确定的,也可作为大多数学生的努力目标,是对基本目标要求的提高。

(1)运动参与目标:形成良好的体育锻炼习惯,能独立制定适用于自身需要的健身运动处方,具有较高的体育文化素养和观赏水平。

(2)运动技能目标:积极提高运动技术水平,发展自己擅长的运动才能在某个运动项目上达到或者相当于国家等级运动员水平,能参加具有挑战性的野外活动和运动竞赛。

(3)身体健康目标:能选择良好的运动环境,全面发展体能,提高自身科学锻炼的能力,练就强健的体魄。

(4)心理健康目标:在具有挑战性运动环境中,表现勇敢顽强的意志品质。

(5)社会适应目标:形成良好的行为习惯、主动关心积极参加社区体育事务。

上述大学体育课程的5个基本目标与发展目标,是国家对高等学校体育教育工作的要求,也是大学生在校期间在体育学习方面需要达到的目标。

五、大学体育课程的任务

大学体育课程的主要任务有以下几个方面。

(1)增进健康,增强体质,提高大学生的体能和适应能力,促进其身心全面发展。正处于青春旺盛期的大学生,不能满足于生长发育正常和没有疾病的一般健康水平,应该具有强健的体魄、良好的机体工作能力和适应能力,为未来的事业和一辈子的健康生活打下坚实的基础。因此,在大学阶段,学生要通过体育锻炼使体格强健、体形匀称、姿态健美、行动矫健、机灵应变、精力充沛,并且具有较强的适应环境变化与抵抗疾病的能力。

(2)帮助大学生掌握体育的基本理论知识,树立正确的健康观念,培养积极参与体育活动的意识和习惯,掌握科学锻炼身体的基本技能,为终身体育打下基础。体育基本知识是现代文化的重要内容之一,是大学生应当具备的文化素养。体育运动技术是前人通过实践总结的合理、有效的动作方法,正确地掌握这种方法,就形成了运动技能。任何人要想掌握运动技能,就必须亲身参加体育实践,要锻炼身体就必须掌握一定的运动技能,这两者统一于同一过程中,所以锻炼身体也好,掌握运动技能也好,非亲身参加不可,别人无法代劳,一个人必须掌握多少技能呢?毛泽东同志在《体育之研究》中辩证地指出:"锻一己之身方法宜少,应诸方之效者方法宜多",意即运用于一个人增强体质的内容可以少而精,而对一群人和对生活中需要的实用技能来说,则应该丰富多样。

（3）对大学生进行思想品德教育,增强其组织纪律性,培养其勇敢、顽强、进取的精神。思想品德教育包括爱国主义教育、道德教育、意志品质教育等,组织纪律性包括集体主义精神和遵守行为规范。勇敢、顽强、进取是一种自强不息、奋发向上、无私奉献的精神,这些精神贯穿于高校体育的全过程,它是高校精神文明建设的一条重要渠道。

（4）在广泛开展群众性体育活动的基础上提高运动技术水平。在普及的基础上提高、在提高的指导下普及是体育事业发展的基本方针,提高运动技术水平要具体情况具体分析,运动技术有基本的、初级的、中级的,乃至高的、难的、新的。体质和运动基础较好的学生可通过一定的途径学习技术稍微复杂的动作。部分学校可充分利用学校科技和人才优势,采取特定的措施和手段对某些独具运动天赋的学生进行特殊训练和培养,建立高水平运动队,培养"明星运动员",为国家输送优秀后备人才。

第二节　体育精神

体育精神是指体育运动中所蕴含的对人的发展具有启迪和影响的、有价值的思想作风和思想意识。体育精神是由体育运动所孕育出来的意识形态。它超出了体育运动本身,内化为人类心中的一种信念和追求。奥林匹克旗帜上的五个环象征着五大洲,展示了一种世界大团结的精神。奥林匹克的口号"更高,更快,更强",强调拼搏与进取的精神。中国申奥标志中的太极拳形象,展示中国文化与世界文化的相融。在改革开放中富强起来的中国面向世界的宣言,每当五星红旗在奥运赛场上冉冉升起。多少中国人心潮澎湃,热泪盈眶,这些就是体育精神。

体育是一种国际语言,人们甚至不需要翻译、不需要解释,就可以自由交流。它为世界和平作出了自己的贡献,奥运会承载了友谊与团结、和平与公平、关爱与尊重等精神内涵。奥林匹克是体育精神的代名词,是现代社会文明的标志。"神圣休战"、以追求和平与友谊为特征的精神,为我们所向往;尊崇公正、平等、竞争的精神,成为人们追求的理想;锻炼体能、展示健与美成为人们追求的目标。奥林匹克精神是现代社会文明的奇迹。体育精神让人们之间更容易沟通,让合作更广泛,让处处出现新的可能性。

以"为国争光、无私奉献、科学求实、遵纪守法、团结协作、顽强拼搏"为主要内容的中华体育精神,是中国精神的重要组成部分,弥足珍贵。

"加快建设体育强国,就要弘扬中华体育精神"是习近平总书记的铿锵话语,时刻激励着广大体育工作者,继承发扬中华体育精神,不断书写精彩篇章。

中华体育精神,是我们党团结带领人民在实现民族复兴的伟大征程中逐步形成并发扬光大的。党的十八大以来,习近平总书记高度重视发展体育事业,多次强调要弘扬中华体育精神,弘扬体育道德风尚,推动群众体育、竞技体育、体育产业协调发展,加快建设体育强国。

体育精神的内涵表现在以下几个方面。

(1)健康和活力。体育精神强调运动对心理健康的重要性。它鼓励人们积极参与体育活动,保持身体健康、增强体力和灵活性。

(2)竞争与挑战。体育精神促使人们在竞技中展现出对胜利的渴望,追求个人和团体的卓越表现。它激励人们克服困难和挑战。

(3)公平和尊重。体育精神要求公平的竞争环境,尊重他人的权利和尊严。它尊重规则、尊重对手。

(4)团队合作。体育精神强调团队合作的重要性。在集体项目中,团队协作是取得胜利的关键。它培养人们相互信任、相互支持的意识。

(5)毅力和坚持。体育运动经常需要长时间的训练和反复的努力。通过体育活动,人们能够培养坚持和毅力的品质,面对学会挑战和困难时不放弃的精神。

(6)道德和品格。体育精神注重公平竞争和尊重他人,培养人们的道德观念和良好品德。运动员们在比赛中遵守体育规则、尊重对手和裁判的行为,促进公正和公平的竞争环境。这些内涵体现了体育精神在个人和群体层面的重要价值。它不仅是一种积极的生活态度,同时也能够培养人们的品德和锻炼个人。

体育精神鼓励人们面对挑战和失败时保持乐观和积极的心态。在体育锻炼中,人们可以学会从失败中吸取教训,树立正确的价值观和态度,以积极乐观的心态去生活中面临的各种困难和挑战。

体育本身蕴含着对抗和竞争的性质,竞技体育更是以求胜为主要目的。学校体育主要以学校体育课程、学校体育课外活动等方式组织和存在,学生在参与体育活动的过程中,能够受到体育活动自身所携带的性质的感召,激发自身的竞争意识。

学校体育在实现体育精神教育的激励功能时,要积极引导学生自主举办或组织课外体育活动、参与体育活动、组织参与体育赛事,以此激发学生的主人翁意识,同时鼓励学生群体自主培养兴趣爱好,自主选择自身发展需要的物质、精神活动,以思想政治教育的民主激励手段激发学生的主观能动性,激发其责任感和使命感。

学校体育通过树立优秀的校园体育榜样,以身边人讲述身边事的方式,积极宣传优秀、和谐的校园体育文化。通过对榜样的了解和对榜样事迹的学习,有利于学生理解和接受优质校园体育文化,并在潜移默化中加强自身对体育的兴趣、热爱和重视程度,能更好地参与到学校体育中去,这也对通过学校体育开展思想政治教育提供了极大的帮助。

学校体育通过组织学生参与课外体育活动、参与校园体育赛事等方式,通过在体育赛场上进行个体或集体的比拼,激励学生观众在竞技赛场上感受竞技体育比赛热烈的氛围,感受因运动员出彩的表现所带来的视觉冲击,并激发其内心对美的追求和渴望,激发其情感需求,感受集体荣誉感满足得到和带来的情感满足,从而达到以情感激励的方式达到激发主动性的目的。

学校体育赛事通常伴随着一定程度的奖励机制。学校体育赛事如校园田径运动会及其他校园体育竞赛等,不仅会将荣誉授予参与赛事的个人或集体,通常还可能伴随一定的物质奖励。这些奖励都能够激发学生参与体育活动的热情,保持参与体育活动的动机。

综上所述,体育精神对人类的作用非常重要。它不仅有助于健康和身体素质的提高,还能够培养团队合作精神、坚持与毅力、品德与道德观念、自律与自信,以及积极乐观的生活态度。体育精神在中国教育体系中起着至关重要的作用,为学生的全面发展提供了重要的支持和指导。

第二章

体育与健康

第一节　体育的概述

一、体育的发展

"体育"一词,在19世纪60年代由西方传入我国,按其英文译义是以身体活动为其特殊形式和内容的行为,也是指同维持和发展身体的各种活动有关联的一种教育过程。体育是人类在漫长的生活和生产过程中所产生的一种独特的、以身体运动来表达的社会文化现象。体育发展到现代,已经进入和影响到越来越多人的生活,成为人们生活方式的重要组成部分。从另一个角度来讲,体育也是一个历史概念,它从古至今,伴随着社会经济、文化的发展而不断发展自己的内容。体育最早可以延伸到原始社会时期,古希腊时期就有体育竞技和体操等专业术语出现。"竞技"一词大约出现在古希腊的原始社会末期;"体操"一词大约出现在公元前5世纪,公元前10世纪前后已经被广泛应用。古希腊哲学家柏拉图曾把它定义为身体训练的体系和方法。直到18世纪中叶欧洲各国的体育概念才和古希腊时期的体育概念大体相同。由此可见,最初的体育概念是伴随在生产、生活和军事过程中体现出来的体育,对身体素质的提高和身体的发育有着显著的作用。

二、体育的性质

体育的性质是由体育的内涵所反映的。因此,只有充分了解了体育的内涵,发掘体育对人的价值和作用,才能真正认识体育的本质。

体育运动集多种功能于一身,既具有健身娱乐功能又具有卫生保健等多种功能,它既可作为体育的基本手段,为发展和完善人的身体服务,又可以通过其自身多种体育运动项目体系成为社会的各种文化现象。因此,体育是人类科学发展和完善人体自身身体的活动过程。我们可以从以下几方面去了解体育的内涵和性质:①体育是人类有意识、有目的的发展自身身体的活动,是为达到人类个体理想身体模式的运动;②身体运动虽然是发展和完善身体的基本手段,但必须结合自然力因素和卫生保健等措施同时进行,才能保证身体的良性发展。③身体的体育运动必须遵循人体适应性和变化性的自然规律(运动强度和运动量),才能取得良好的发展、完善和维持人的身体变化的科学效应。

体育的本质是指体育自身固有的根本属性。体育作为人类一种特殊的社会现象,其本质属性具有一定的层次性。一是从体育整体上所表现出的功能性属性:增强体质的活动;二是从体育要素上所表现出的属性:①目的性:体育是以培养发展和完善人类活动主体即人的身体为目的;②对象性:体育是以人的初态的身体发展水平向发展目标转化的客体为活动对象。③内容性:体育是以经过选择的人类各种身体动作为基本活动内容;④方法性:体育是以主客体之间现实能动的双向对象化交往为活动方式。由此可见,体育的本质是以人为核心要素,发展和完善人类身体为目标的活动。其实质是人类遵循适应与变化的自然规律,有目的、有意识地以自身动作为基本手段,通过活动主体与客体之间能动而现实的双向对象化过程,增强体质,完善身体,促进人的身心全面健康发展,达到身体理想模式,以满足社会发展需要的活动。

三、体育的功能

(一)健身功能

体育是通过身体运动的方式进行的,它要求人的身体直接参与活动,这是体育最本质的特点。这个特点决定了体育具有健身的功能。

通过体育活动可以促使机体的生长发育,改善各器官、系统的机能,提高整个机体的工作能力。

1.改善和提高中枢神经系统的工作能力

经常参加体育运动,可以使大脑皮层增强兴奋性,加强抑制,兴奋和抑制更加集中;使神经过程的均衡性和灵活性得到加强,对体内外刺激的反应更加迅速、准确;提高大脑皮层的分析、综合能力,改善神经系统对各器官、系统的调节作用,从而使各器官、系统的活动更加灵活、协调;提高对外界环境的适应能力和整个机体的工作能力。

2.促进机体的生长发育,提高运动器官的机能

经常运动可以使管状骨变粗、骨密质增厚、骨节结粗隆增大,骨小梁的排列也随之发生适应性变化,使骨骼更加粗壮结实,抗折性提高。体育运动可以加强肌肉的工作,使肌肉中的毛细血管扩张,血液供应增加,对蛋白质等营养物质的吸收和贮存能力增强,肌纤维增粗,因而使肌肉更加粗壮、结实、有力。关节也随之更加灵活而牢固,使机体的运动能力提高。

3.促进内脏器官构造的变化和机能的提高

体育运动能使循环系统、呼吸系统、消化系统、排泄系统的机能得到改善。激烈运动时,能高度发挥呼吸系统的机能,使能量物质的转化过程进行得更加完善,以保证运动时能量物质的供应。

(二)教育功能

体育在学校教育和社会教育中都有着非常重要和深刻的作用。体育教育是学校教育中

不可缺少的组成部分,我们要始终重视体育教育对培养人所起到的重要作用。根据现代教育理论,体育教育在学校教育过程中,同样应完成教育、教养和发展3方面的任务。近年来,随着高等体育教育的改革和创新,特别强调对教育者进行思想品质、意志品质和道德情操的教育;在掌握基本理论知识、技能的基础上,学会科学锻炼身体的方法,提高身体素质和基本活动能力,养成终身锻炼的习惯,从而终身受益。

体育的实践还告诉我们,体育还能产生不可低估的社会教育作用。中国体育代表团在每一届奥运会中的精彩表现,全国人民都为之振奋、鼓舞,体育精神是不服输的坚强精神,中国体育代表团的体育精神表现了中华民族的自尊、自强和自信的精神风貌,对当代社会的教育作用起到了很好的导向作用。

(三)娱乐功能

随着社会经济的发展,现代化生活的丰富多样,人们的空闲时间也多了。如何高效利用空闲时间,也成为人们值得思考的问题。丰富多彩、健康文明的空闲时间的充分利用,不仅可以使人们在繁忙劳动之后获得有效休息,而且还可以陶冶情操、愉悦身心,培养高尚的品格。

体育运动的娱乐功能是为了满足人民的精神需要。体育运动,由于它技术的高难性、动作的艺术性、配合的默契性和易于接受的朴素性,使它成为人们闲暇生活的重要组成部分,能起到丰富社会文化生活、愉悦身心、调解情感、满足精神需要的重要作用。

人们通过参加体育运动,特别是参加那些自己特别喜爱和擅长的运动项目,能够在自己完成各种复杂的练习过程中、在与同伴的默契配合中、在与对手斗智斗勇过程中、在征服自然障碍的过程中,得到一种非常美妙的感受。这种心理状态可以激发人的自尊心、自信心与自豪感,满足人们与同伴交往合作的需要。同时,由于各种运动项目的不同特点,能使人在实践中获得各种不同的情感体验。

(四)经济功能

体育与经济既相互促进,又相互制约。对体育合理投资能促进体育事业的发展,同时,体育事业的蓬勃发展,又能促进经济的繁荣。一方面,体育社会化、娱乐化和终身化程度日益明显,体育人口不断扩大,并向消遣方向转移;另一方面,竞技体育水平不断提高,由此而带来体育消费品需求量不断增加,各种运动器材、体育场地设施和用品市场不断扩大。因此,体育的普及、竞技体育的发展,必然刺激"体育工业"的发展,使之有可能在国民经济中逐渐形成一个庞大的产业。

(五)军事功能

在中国,从奴隶社会到封建社会,统治者为争夺领地等引起的频繁战争,促使人们积极从事军事操练和与之相关的身体训练,使体育和军事的结合更加密切。在西方,即使文艺复兴时期和宗教改革运动,也要求学生掌握未来军事生活所必需的跑、跳、投、摔跤等基本技能,当时,这种具有军事使用价值的体育形式在欧洲盛行,在战争中发挥了重要作用。

现代社会,尖端武器的发展及军事技能进一步复杂化,也要求人们进行全面体力训练,掌握军事上需要的专门技巧,如爬山、格斗、游泳等,只有这样才能最大限度地调动人的精神和身体能力。因而,体育与军事的结合变得愈加紧密,"军事体育"应运而生。

四、体育的组成

现代体育由学校体育、竞技体育和社会体育3个方面组成。

（一）学校体育

学校体育也称为体育教育,是学校教育的重要组成部分,也是全民体育、全民健身的基础。学校体育作为教育和体育的交叉点和结合点,又是国家体育事业发展的战略重点,为了达到学校体育教育的目标,不同层次的学校体育应按不同教育阶段目标和学生年龄特征,面向全体学生,通过学校体育课程教学、课余体育运动训练、体育运动竞赛和课外体育锻炼等基本组织形式,运用各种体育内容与方法来锻炼身体,增强体质,增进健康,传授体育知识、技术和技能,提高体育文化素质和终身体育能力,培养思想道德素质和意志品质,全面实现学校体育教育的各项目标,取得包括生理、心理及社会等因素在内的良好综合效果,满足将来的学生对精神、体质、文化等需要。由于学校体育是一种有组织、有文化、有目的的身体教育过程,并处在学校教育这个特定领域,其实施内容且被纳入学校教育总体规划,实施效果又有一定的措施予以保证,从而学校体育与德智美劳密切配合,共同构成一个完整的学校教育过程。因此学校体育是培养和全面发展人的一个重要方面。

（二）竞技体育

竞技体育也称为竞技运动,源自拉丁语"cisport",其含义原指"离开工作"而进行的游戏和娱乐活动。但随着竞争因素的介入,其已成为在全面提高身体素质的基础上,最大限度地发挥和挖掘人的体力、智力与运动才能等方面的潜力,以获取优异运动成绩为目标而进行的科学、系统的训练和各种竞赛活动。目前,竞技体育在现代奥林匹克运动会的推动下,已有50多项被列入国际体育比赛的运动项目,并设有与此相应的国际体育组织和体育单项运动协会。同时,随着社会经济的繁荣和人民生活水平的不断提高,以不同层次水平和对象参加的群众性体育竞赛活动(健身、自娱等以取胜为目的)日趋频繁,并逐渐形成竞技体育特点,从而使竞技体育领域得以不断扩展。现代竞技体育运动的特点是:①竞技性强;②具有高超的技艺,以取得优异运动成绩为目的,以追求"更高、更快、更强"为目标;③在"公平竞赛"和"参与比取胜更重要"等原则下按照统一严格的规则进行竞赛,成绩得到社会承认。由于竞技体育具有上述特点,因而极易吸引观众,并被作为一种极富感染、极易传播的精神力量,在活跃社会文化生活,振奋民族精神,促进世界各国人民之间的友谊和团结等方面,从来都有着极为特殊的社会教育作用。

（三）社会体育

社会体育也称为群众体育，是指以健身、健美、休闲、娱乐、医疗和康复为目的的群众性体育活动。它的开展有助于身体、情绪、精神和社会与家庭的健康。目前国内外经常开展的娱乐体育、余暇体育、养生体育或医疗体育均属于此范畴。其特点是活动内容丰富多样，表现形式新颖灵活，自愿参加并因人而异，注重时效性，具有广泛的群众性，其活动领域遍布整个社会与家庭。社会体育作为学校体育的延伸，可使人们体育生涯得以继续维持并受益终身，它的开展有助于增强人们身体的、情绪的和精神的健康，起到身心放松的作用，是现代人生活中不可缺少的重要内容之一。社会体育的发展，取决于国民经济的繁荣、国民生活水平的提高、人们余暇时间的充足和社会环境的稳定等因素。从世界体育领域发展趋势来看，社会体育的普及程度和发展规模都有同竞技体育并驾齐驱之势，并已成为现代体育发展的重要标志。

第二节　健康的内涵

高等院校是为国家和社会培养德智体美劳全面发展的高等人才的摇篮。然而，目前高校中多数学生缺乏基本的保健知识和自我保健能力，身心健康状况不容乐观。没有德智体美劳全面发展的高素质人才，就难以应对市场激烈的竞争。一个人如果身体虚弱，甚至长期处于病态，或者心理素质太差，经不起一点挫折，这样的人即使知识渊博、能力强、品德好，仍然不能适应社会的发展。为此，国家教育委员会颁布了《学校卫生工作条例》明文规定普通高等学校应开设健康教育选修课，帮助学生树立现代的健康概念、基本的健康知识，提高自我保健意识和能力，纠正不良的生活方式和不健康的行为，从而提高学生身心健康水平。

一、健康的概念

人们对健康的理解和认识，是随着科学的发展、时代的变迁而不断变化的。长期以来，人们普遍认为健康就是没有病，有病就是不健康。其实，这只是对健康的一种古老、朴实和直观的理解。这种仅仅借助于所谓健康的对立——"疾病"来定义"健康"是不确切的。现代研究认为，健康与疾病之间虽然有着密切的联系，但二者之间并不是非此即彼的关系，在它们之间还存在着各种过渡状态，这些状态常为无病，但并非健康。事实上在健康和疾病之间有时并无明显的界限，很难截然分开。一个人的机体可能潜伏着病理性缺陷或功能不全而尚无症状或体征，表面上仍然是"健康"的，只有当出现症状或体征时，才被认为"生病"。然而有些疾病一旦出现临床表现，就可能已经是病入膏肓了。

罗马大医学家格林曾把人的健康状况分为三种状态，他认为健康为第一状态；疾病为第二状态；有些人既无疾病，又非健康，称为第三状态，表现为头晕头痛、疲倦无力、神经衰弱、食欲不佳、睡眠不良等，这是现代人所称的亚健康状态。

目前,多数学者同意世界卫生组织(WHO)关于健康的定义,即健康不仅仅是疾病和体弱或虚弱的表现,而且是身心健康、社会幸福的完美状态,以及良好的适应能力。从而明确地将人类的健康与生理的、心理的及社会的因素联系在一起,这就是人们所指的身心健康。因此,现代健康的概念应包含身体健康、心理健康、社会健康3方面的内容,或者说一个人只有在躯体健康、心理健康、道德健康和社会适应良好4个方面都健全,才是完全健康的人。该概念把人的健康与人的生理、心理状态和对社会适应三者兼容起来,充分反映了健康的生物学、心理学和社会学特征,成为当代世界各国积极推崇的、最具权威的和最有影响的健康新概念。

二、健康的标准

(一)健康的10条标准

世界卫生组织用来衡量健康的10条标准具体如下。

(1)精力充沛,能从容不迫地应对日常生活和工作的压力而不感到过分紧张与疲劳。

(2)处事乐观,态度积极,乐于承担责任,事无巨细不挑剔。

(3)善于休息,睡眠良好。

(4)应变能力强,能适应外界环境的各种变化。

(5)能抵抗一般性感冒和传染病。

(6)体重适当,身材均匀,站立时头、肩、臀的位置协调。

(7)眼睛明亮,反应敏锐,眼睑不发黑。

(8)牙齿清洁,无龋齿,不疼痛,牙龈颜色正常,无出血现象。

(9)头发有光泽,无头屑。

(10)肌肉丰满、皮肤富有弹性,走路轻松。

上述10条标准具体、明确,较全面地概括了健康人体的基本表现和特征。

衡量一个人健康与否,除了一般标准外还有特殊标准。从职业上讲,战士服役与学生入学的健康检查标准是不一样的,职员与运动员的健康标准也是不一样的。从人体医学上看,人的不同年龄阶段、性别、地域、民族的差异在健康要求上的标准也不相同。此外,还有心理上的健康标准,可见健康是一个综合概念。

在世界卫生组织的推动下,健康的新概念在全球得到了传播,并且渐渐被人们所接受。世界已公认健康是社会进步的一个重要标志和潜在动力。促进健康不仅是卫生部门的责任,也是教育部门的责任,是全社会的共同责任。个体不但要对自己的健康负责,而且要在促进他人和社会的健康方面承担义务。这就要求人们重视健康的价值,具有增进健康的强烈意识,树立"人人为健康,健康为人人"的正确概念。

(二)健康的自我检测标准

健康的自我检测标准如下。

(1)食欲好,吃得快,吃得香,说得快,走路轻快,动作灵敏。

（2）应急能力好,如遇急事(如赶班车等)有加快步伐跑步赶上的能力,如遇障碍、沟壑等能轻松跨过。

（3）没有抽烟、饮酒的习惯。

（4）有良好的兴趣、爱好。

（5）生活有规律,有良好的生物节律,入睡快、睡眠好,定时大便,大便通畅(便得快),一天中有休息娱乐时间。

（6）体重比较稳定,无大起大落。

（7）善于忘记烦恼和琐事,不易发怒,大部分时间心情愉快。

（8）一天中总觉得身体轻松舒畅,没有疼痛不适,全天工作、学习、生活、家务事结束后,仍有精力,无疲劳感,起床后身心舒畅,头脑清醒,无乏倦感。

（9）不易感冒,无怕冷、怕热、腹泻、胸闷、心悸、胃滞等症状。

（10）面部、手部皮肤红润有光泽,头发乌黑、发亮,指(趾)甲光润平滑。

第三节　体育锻炼与身心健康

一、体育锻炼与身体健康

（一）体育锻炼可改善神经系统调节功能

1.改善脑部供血状况，提高大脑皮质神经细胞的耐受力

中枢神经由神经细胞构成,大脑皮质神经细胞处于中枢神经的最高部位。这些神经细胞的兴奋和抑制,构成大脑皮质的活动。长时间的看书、学习,致使大脑皮质细胞长时间处于兴奋状态而产生疲劳,造成工作效率下降,因而产生注意力不易集中、精神恍惚等神经性反应。经常参加体育运动,会加快全身血液循环,使单位时间内流经脑细胞的血液量增加,改善脑部的供血情况,使大脑皮质神经细胞获得较多的氧气和其他营养物质,同时脑部的代谢产物排出速度加快。

2.提高神经系统的反应能力和灵活性

由于运动本身需要身体完成一些比日常生活更为复杂艰巨的动作,这就要求神经系统能迅速动员和调节各器官、系统的机能,使之适应肌肉活动的需要;同时,体育运动的环境随大自然的条件而变化,各种外界环境的刺激使机体的应激能力经受了锻炼,神经系统的兴奋、抑制的交替转换过程得到加强,强度和均衡性得到提高,神经系统对全身各系统的迅速调节能力得到改善。反应速度及灵活性的提高,使人体在活动中动作灵敏、协调、准确。

3.提高人体对外界环境的适应能力和对疾病的抵抗能力

由于经常在自然环境条件下进行体育运动,各种地理、气候条件对神经系统的锻炼和影

响是巨大的。例如,当人体受到突然寒冷侵袭时,迅速发生全身毛孔收缩和表层血管收缩,体内新陈代谢等防御性、保护性反射增强;在炎热的季节或环境中,能迅速加快全身的散热,舒展表层血管,提高皮肤温度;当遇到危险及可能给人体带来的运动伤害时,迅速采取防御性和保护性动作。因此,长期参加体育运动的人,对外界自然环境和条件的适应能力及对疾病的抵抗能力要比一般人强。

(二)体育锻炼可促进心肺功能增强

人体凭借心脏推动的血液循环与外界进行物质交换,人体的呼吸则保证了物质交换的不断进行。可见,心肺功能是人体生存的最重要的生理功能。

1.促使心脏肥大搏动有力

由于人体从事体育锻炼时,机体各器官必须获得充足的氧气及营养供应,为了完成这一任务,人体的"动力源"——心脏就必须提高单位时间内的供应能力,这就需要为心肌细胞供应充足的氧气及营养,充足的氧气及营养供应使得心肌强壮而肥大,心脏的重量增加,心脏的容积增大,搏动有力,每搏输出量增加。有研究表明:从青少年开始坚持锻炼的人即使到了中老年,其心脏的大小和功能仍然类似于青年人的心脏,经常锻炼可使人的心脏推迟衰老10～15年。

2.提高肺的通气和换气功能

体育锻炼还能大大增强肺功能。人体进行体育锻炼时,由于肌肉活动需要更多氧气,因而呼吸次数增加,深度加深,肺通气量大大增加。比如,安静时一般人每分钟呼吸12～16次,每次呼吸入新鲜空气约500毫升,每分钟肺通气量约为6～8升,而剧烈运动时呼吸次数可增至每分钟40～50次,每次吸入空气达2500毫升,为安静时的5倍,每分钟肺通气量可高达70～120升,因而,在体育锻炼中,呼吸器官可得到很好的锻炼与增强。

经常进行体育锻炼还有助于呼吸肌力量增大,胸廓活动性增强,肺泡具有更好的弹性。譬如,一般人在安静时,由于需氧量不多,只需要大约1/20的肺泡张开就足以满足需要,因此肺泡活动不足。而体育锻炼时,由于需氧量增加,促使大部分肺泡充分张开,对肺泡弹性的保持及改善十分有益,有助于预防肺气肿等疾病的发生。

(三)体育锻炼对运动系统的作用

人体运动是靠运动系统实现的,运动系统由肌肉、骨骼、关节组成。骨骼是人体的支架,关节是连接骨与骨之间的枢纽,肌肉附着在骨骼上,在神经的支配下,通过交替收缩和放松使关节屈伸、展收、旋转,完成各种动作。运动系统机能的高低,决定着人体活动的质量。

1.改善肌肉中的血液供应情况,促进结构机能的良好变化

长期参加体育活动,肌肉中毛细血管口径增粗并大量开放,血流量增大,血液供应良好,新陈代谢旺盛,酶活性提高。同时由于肌肉中营养物质、能源物质的含量增加,肌肉纤维变粗,肌肉的生理横断面积增大,肌肉的重量占全身体重的比重也相应增大,肌肉收缩时的力

量加强,速度加快,弹性、柔韧性都有所增强,灵活性、耐久性得到提高。在神经系统的调节下,肌肉的上述机能变化会向更佳的方向发展。

2. 强化骨骼的结构,提高骨骼的性能

长期参加体育运动,由于新陈代谢过程的改善与加强,使骨骼的结构和性能都发生了变化。表现为内密质增厚,骨骼变粗,骨小梁的排列根据拉力和压力的不同更加整齐和有规律,骨骼表面肌肉附着突起增大。这些结构上的变化都使骨骼更加粗壮、坚固,提高了骨骼的抗断、抗弯、抗压的性能。对于青少年来说,经常参加体育运动还能刺激软骨的增生,促进骨骼的生长,对身高的增长有一定的促进作用。

二、体育锻炼与心理健康

（一）影响心理健康的因素

心理健康是一个极其复杂的动态过程,影响心理健康的因素也是复杂多样的。人在孕育过程中,气质、性格和神经系统活动特点的某些成分等已受到父母遗传因素的影响,出生后,还受家庭、社会等多方面影响。为了更好地了解影响心理健康的因素,我们从生理和遗传因素、心理和社会因素两个角度来认识这一问题。

1. 生理和遗传因素

人的心理活动不是遗传的,主要是在后天的社会生活环境影响下和社会实践活动过程中形成和发展起来的。但是,一个人的气质、能力、性格和神经系统活动特点的某些成分会明显地受到遗传因素的影响。另外,一个人的生理结构的损害会引起人不同程度的心理异常。如甲状腺机能紊乱可出现心理异常的表现及智力、性格的发展异常。微生物感染所导致的脑炎、中枢梅毒等造成的神经系统的损害,可导致器质性心理障碍或精神失常,并可阻碍儿童心理与智力的发展。

2. 心理和社会因素

随着社会的发展,影响心理健康的心理和社会因素是复杂多样的,其中影响较大的有家庭环境与早期教育、生活事件和环境变迁、都市文化、心理冲突与不良人格特征等。

（二）体育锻炼促进心理健康的机理

1. 体育锻炼可促进智力的发展

正常的智力是正确感知和认识世界的前提,是心理健康的基础。经常参加体育锻炼,不仅使锻炼者的注意、记忆、反应、思维、想象力等能力得以改善提高,还可以令其情绪稳定、性格开朗,而这些非智力因素对人的智力具有进作用。科学研究表明:在进行智力活动的过程中,如果伴随着学习和思考的兴奋、激动和对发现真理的诧异和惊讶,产生愉快的心理体验,那么这种健康的情感就能强化人的智力活动,促进智力发展。

2. 体育锻炼可培养和保持良好的情感体验

情绪状态是衡量体育锻炼对心理健康影响的主要的指标。研究发现,有紧张烦躁情绪的人只要散步 15 分钟,紧张情绪就会松弛下来,其原因是运动可增加脑部血流量,促进体内一种能产生良好感觉的"内啡肽"的释放,从而改善情绪。而喜欢和经常参与体育锻炼的人,还可从运动中不断获取一定程度的满足,这种满足会令人产生快乐而积极的情绪,并由此产生成功或满足的体验来不断强化自己的自信心,进而在保持良好的情感体验中更好地完成学习和工作的任务。

3. 体育锻炼可帮助确立良好的概念

自我概念是个体主观上对自己身体、思想和情感等整体的评价,它是由许许多多的自我认识所组成的,具体包括"我是什么""我主张什么""我喜欢什么""我不喜欢什么"等,由于体育锻炼可使人体格健壮、精力充沛,因而它们对改善人的身体表象和自尊有着重要的影响。身体表象是指头脑中形成的身体图像,身体自尊主要包括一个对自己运动能力的评价,对自己外貌(吸引力)的评价,以及对自己身体的抵抗力和健康状况的评价。无论是男性还是女性,对身体表现不满会使个体自尊变低,并产生不安全感或忧郁症状。有研究表明,肌肉力量与身体自尊、情绪稳定性、外向性和自信心是相关的,并且加强力量训练会使个体和自我概念显著增强,因此,体育锻炼对帮助树立自我概念会产生积极的影响。

4. 体育锻炼有助于促进坚强意志品质的形成

意志品质是指一个人的果断性、坚韧性和主动独立等精神,意志品质既是在克服困难的过程中表现出来的,也是在克服困难的过程中培养起来的。由于参加体育锻炼就是不断克服主观和客观上的种种困难、如胆怯、疲劳、损伤、气候条件、动作的难度等,这便有助于磨炼大学生的意志,从而培养大学生果断、坚忍等优良的意志品质,而且这些从锻炼中培养起来的坚强意志品质,也会迁移到日常的学习、生活和工作中去。

5. 体育锻炼有助于消除心理障碍,促进健全心理的形成

健康的心理寓于健康的身体之中。人的焦虑、忧愁、烦恼、抑郁等不良情绪,会影响人的情感、意志、性格和良好的人际关系的建立,容易形成不健康心理。体育锻炼有助于摆脱压抑、悲观等消极情绪,降低焦虑、忧郁等心理障碍,如跑步能减轻大学生在考试期间的焦虑情绪。长期坚持运动,可降低患忧郁症的危险。体育锻炼不仅能有效地促进大学生的智力发展和良好的心理品质形成,而且还能够调节情绪、改善人际关系、消除心理障碍、确立良好的自我概念,从而形成健康心理,达到增进健康的目的。

三、体育锻炼与社会适应能力

(一)体育锻炼与价值观念、竞争意识和竞争手段

1. 体育锻炼可以培养适应社会需要的价值观

价值观念是文化观念的核心,也是文化精神的集中体现,是指人们对社会经济活动的价

值判断或价值取向。

(1)体育锻炼促进人们和平相处。人们渴望和平,追求安定,只有有了国家的和平、社会的安定,才能有经济的发展、社会的进步、人民群众的安居乐业。虽然体育体现的是竞争,但它是建立在统一规则基础上的公平竞争,是建立在友好气氛上的相互交流与切磋。所以,体育可以培养人的和平观念,体育可以规范人的和平行为,体育在潜移默化中使人们养成了和平的价值取向。

(2)体育锻炼处处体现着自由和平等。从体育所包含的内容和要求来说,它不分肤色、贫富、贵贱、种族、信仰和性别,人人都可以参与。它构建了一个平等得使每个人都乐于接受、通俗得使每个人都乐于接受的模式,在这种平等的意识里,人的尊严、权利真正得以展现。正是由于体育在人们的参与中处处让人领悟到机会的均等,所以,它处处体现着人与人的平等,使人从参与中深深感受着体育锻炼的自由性。

(3)体育锻炼能体现付出与收获的关系。大到体育健儿奥运赛场上为国争光,小到每一个体育锻炼者的跑步或打拳,无不以吃苦耐劳、持之以恒的精神接受着超人的付出而换取领奖台上的辉煌,无不以自己亲身的实践锻炼,达到自身体质的增强。体育锻炼在付出与收获上的因果关系,能直接地使人们领悟成功的喜悦是靠平时的奋斗获取,辉煌的成就是由汗水铸成。所以,人们通过体育锻炼可以培养拼搏进取的人生观。

(4)体育锻炼可以培养人们崇尚知识、崇尚人才的理念。由于人们从公平的竞争里,逐渐认识到任何一项体育比赛,不仅是速度的角逐、力量的抗衡,更是战术的拼杀、技术的较量、知识与力量的交融。所以,人们又从体育的优胜中进一步领悟到:要想在激烈的竞争中立于不败之地,必须崇尚知识、崇尚人才。

2.体育锻炼可以培养竞争意识和竞争手段

当今社会科学技术迅猛发展,各行各业的竞争日趋激烈。面对如此激烈的竞争环境,为了求生存、求发展,必须培养自己的竞争意识,具备应有的竞争手段。

(1)体育竞争是以实力而获胜。在任何体育竞争活动中,优胜者都要经过严格的训练,吃苦耐劳,勇于拼搏,不断提高自己的身体技能、心理水平、战术意识和团队精神,并具备把握机遇的能力才能取胜。任何不劳而获的结果,在体育的竞争中是不允许的。因此,每一位参与者都将从体育的竞争中懂得优胜的结果来自强大的实力。体育竞争教育人们只有通过艰苦的努力才能获胜。

(2)体育竞争能体现公平性。由于任何一项体育的竞争,都将在严密、严格的规则和规程约束下进行,所以,体育的竞争最讲法则,不徇私情,它不承认个人身体、心理以外的任何不平等性。从这一意义上讲,体育竞争教育每一位参与者必须养成公平竞争的意识,并以公平的体育竞争方式来应对人生旅途中一次又一次的竞争。

(二)体育锻炼与协作意识、社会角色、个性形成及人际关系

1.体育锻炼促进协作意识和协作能力的形成

(1)体育锻炼对协作意识的影响。协作意识是体育意识的基本内容之一,协作即协同配

合、齐心协力。坚强集体的力量是巨大的,而坚强集体的形成和保持,则取决于每一个成员是否具有强烈的协作意识和群体精神。体育运动的集体性特点,为培养学生的协作意识、群体精神提供了有利条件。不管是以个人参赛、团体排名的田径和游泳,还是以不同位置成联合组成阵型的足球、排球和篮球比赛,体育决定了参与者必须以高度的协作意识,熟练的协作行为,承担参赛角色的权利、义务和责任。曾经夺取"五连冠"的中国女排,论个人技术和身体条件并不强于当时的美国队、苏联队和古巴队,而她们能够获胜的关键是依赖了队员之间、队员与教练之间的密切协作,从而形成了势不可挡的集体力量。由此更进一步证实,体育需要集体力量,需要协作,而体育本身也蕴含着协作的因素。然而,协作意识的形成并不是一朝一夕的,必须通过参与体育教学、训练、竞赛等活动的有机结合过程,并不断地重复磨炼,才能在潜移默化的过程中,逐步培养与增强这种协作意识,并使之"生活化",融入日常的工作学习中,改善我们的社会适应性。

(2)体育锻炼能够促进协作能力的提高。协作能力是一个人用有限的精力和有限的时间去完成无限的工作能否成功的基本能力之一。然而,体育锻炼以其明显的特殊交往方式,培养着每位锻炼者的协同配合能力、待人接物能力、豁达坦荡的心胸和"忍辱负重"的涵养。这些在处理人际交往中的协作能力是奠定人们走向未来成功的基础和阶梯。

2.体育锻炼可以形成社会需要的个性并胜任社会角色的需要

体育的重要功能之一,就是能对人的个性施加影响,它不仅能影响到人体的生理属性,还能影响心理属性,促进身心的健康发展。在以上两功能的基础上,现代体育同时还能作为社会教化的手段来促进个性的形成与发展。

(1)体育锻炼所固有的特性,直接影响着人们形成适应社会需要的个性。个性是指个人在其生理和心理素质的基础上,在一定社会环境条件下,通过实践锻炼和陶冶,逐步形成的观念、态度、习惯和行为。它是一个人能否适应社会或能否被社会接受的关键因素。

人们的个性心理特性包括人的能力、气质和性格等内容,其中决定一个人个性的重要因素是一个人的性格。人的性格多种多样,有的人热情、坚定、果断,有的人冷漠、动摇、懦弱,有的人固执、自信、骄傲,也有的人优柔、谦和、自卑。但不管哪一种性格,其形成都与体育锻炼有着密切的关系。

(2)体育锻炼是培养人们胜任社会角色的有效途径。在社会结构中,需要有各司其职的多种特定权利、义务和行为规范的人员。体育运动场合,恰好能为人们学习社会角色提供优越的环境与适宜的条件,可为人们提供尝试社会角色的各种机会。所谓体育运动中的角色,是指个人在由体育而结成的社会关系中所处的地位。这种地位有其权利、义务和相应的行为。比如,篮球课上的教学比赛,两队各自的中锋、前锋和后卫等各个角色,都是在自己所处的位置上,通过与该位置相适应的角色行为而产生相互的社会关系。再比如,足球守门员和场上队员,由于承担的角色不同,守门员可以在规定的区域内用手触球,而场上其他队员则只能用手和手臂以外的其他部位触球。场上队员只要不与守门员交换身份,就没有在该规定区域内用手触球的权利与义务。另外,权利与义务又伴随着行为过程而发生,所以这个权利、义务与行为的总体构成了指定的角色。由体育而结成的社会关系中,每个角色都有获胜的权利、获得嘉奖的权利和按照规则进行技术动作行为的权利；同时也有遵守体育规范、道德规范和技术规范的义务。运动场景在许多时候都是通过角色学习出现的，同时，群体内的每个角色或位置，又是相互关联的。群体的目标实现，是以每个成员的能力被群体成员接受为前提的，也检验和督促每个角色能力的提高，使得每个成员在群体的关联中，获得信赖，并决定每个角色的地位。

通过体育角色的学习，练习者可以懂得社会角色是与人们某种社会地位、身份相一致的一整套权利、义务的规范与行为模式，也可以体会经过个人努力是可以成功扮演各种角色的，从而体验人的主观努力是改变社会地位的重要途径。

3.体育锻炼可以培养良好的人际关系能力

（1）体育锻炼可以提高人的沟通能力。由于体育教学和体育锻炼的特殊性，每一个动作技术，都是在老师的讲解示范和参与者的练习实践中进行的。因此，时时存在对动作技术纠正的沟通，处处存在相互练习中自我完善的沟通，同时还存在相互配合的默契沟通。这种沟通不仅具有直观性、及时性和准确性，也是主动性沟通、注意力集中性沟通和信息交流充分性沟通的典型体现。所以，经常参与体育锻炼，对提高人的沟通能力，形成良好的人际关系，将产生积极的影响。

（2）体育锻炼可以增强对身体语言的理解和使用能力。身体语言是沟通的有效方式之一，是社交过程必须具备的能力。我们可以从不同的身体姿势所代表的含义中，去理解对方的寓意，也可通过身体语言向对方表达自己内心真实的感情。体育对提高人的身体语言表达能力的作用是无与伦比的，即使是普通的体育活动，也能提高参与者的协调性和柔韧性，使参与者在练习中寻找美的身姿，体会动作外观与内涵的统一。所以，体育锻炼可以发展自己的身体语言，使之在社会的人际交往中发挥作用。

（3）体育锻炼可以改善自我意识水平和社交技能。体育活动，尤其是集体项目，每个队员在其担当的角色中，能否最好地尽其位置的权利和义务，达到与同伴的协作和默契配合。老师或教练的评价是阶段性的，观众的评说又带有滞后性，随时随地进行自我意识体会，就成了自己改进动作技术、调整比赛战术的直接原因。通过体育运动所形成的自我意识行为，在不断运动实践中将变成一个自觉的行动，将这种能力运用到社会交往中，就可以了解自己的真实面目和别人对自己言行的真实情况的反映，提高自身的社交技能。

体育比赛经常出现因某一队员故意犯规而激怒对方，裁判员的反判、错判而造成对方队员的情绪激动，因比分落后而久攻不下出现急躁，或因胜利在望而放松警惕等情绪状况下，队员所表现的一系列特殊行为。如能准确判断和迅速采取乘虚而入的相应措施，比赛就有可能发生转机。如果我们把体育比赛中所养成对别人所表现出来的真实的情绪状态和行为做准备理解的习惯并运用于社会交往中，就能够掌握如何对别人作出恰当而又为社会接受的反应，提高我们的社交技能。

第三章

体育理论与养生

第一节　运动与营养

一、运动营养学的相关概念

运动营养学是研究参与运动人员的营养需要，利用营养因素来提高运动能力及健康水平，促进体力恢复和预防疾病的一门科学。运动营养学是营养学的一个分支，是营养学在体育实践中的应用，所以有人将运动营养学视为应用营养学或特殊营养学。

营养是指人体从外部环境摄取、消化、吸收与利用食物和养料的综合过程。运动营养学是运动医学的重要组成部分之一，它与运动生物化学、运动生理学、运动训练学、运动生物力学、运动员选材学、病理学、临床医学、营养与食品卫生学、食品化学、中医养生学、烹饪学等有着密不可分的联系。合理营养有助于提高运动能力和促进运动后机体的恢复，合理营养支持运动训练，是运动员保持良好健康和运动能力的物质基础，对运动员的机能状态、体力适应、运动后机体的恢复和伤病防治均有良好的效果。

随着社会的发展，运动正成为人们生活中不可或缺的重要组成部分。生命在于运动，同时运动是人体需要特别的营养。如何科学有效地为运动的人体补充合理的营养，使运动的目标得以实现，是运动营养学研究的根本目的。21世纪是科学技术迅速发展的世纪，运动营养学也得到了飞速的发展，然而，当今竞技体育的竞争日趋激烈，运动员的竞技能力不仅受训练、遗传、健康状态、心理等多种因素的影响，合理营养也是其中的一个非常重要的因素。随着我国经济建设的发展和人们物质生活水平的提高，全民健身意识逐渐加强，由此给运动营养学工作提出了更高的要求和挑战。

二、运动与营养的关系

运动与营养的关系包括以下几个方面。

(1)合理的营养提供运动适宜的能源物质。

(2)有助于剧烈运动后的恢复。

(3)可减轻运动性疲劳的程度或延缓其发生。

（4）引起人体运动能力下降的常见原因如脱水、体温调节障碍引起的体温升高、酸性代谢产物的蓄积、电解质平衡失调所致的代谢紊乱、能源储备物的损耗等均可在合理营养的措施下（如适宜的饮食营养和补液等）延缓疲劳的发生或减轻程度。

（5）合理营养有助于解决运动训练中的一些特殊医学问题，如减体重；生长发育时期的运动员、妇女、老年人、患有不同疾病的人参加体育运动时，均面临着不同的生理问题，需要特殊的营养调控，以保证练习效果及身体健康。

三、营养的内容及分类

食物中的营养素和其他物质间的相互作用与平衡对健康和疾病的关系，以及机体摄食、消化、吸收、转运、利用和排泄物质的过程。营养素是指食物中可给人体提供能量、机体构成成分和组织修复及生理调节功能的化学成分。凡是能维持人体健康及提供生长、发育和劳动所需要的各种物质均称为营养素。人体所必需的营养素有蛋白质、脂肪、碳水化合物、矿物质、维生素、水、膳食纤维等 7 类。

（一）人体必需的第一大营养素——水

水是生命的源泉。人对水的需要仅次于氧气。人如果不摄入某一种维生素或矿物质，也许还能继续活几周或带病活上若干年，但人如果没有水，却只能活几天。由此可见，水对人的生存是多么重要。水，被称为人体的运输网，每个人体内 60%～70% 都是水。水是维持生命的最基本的营养素，是构成机体的重要原料。水在体内可帮助输送营养、调节体温、排出废物（清洁剂）、滋润器官（润滑剂）等。水的需要量主要受年龄、体力活动、温度、膳食等因素的影响，所以水需要量变化很大。

科学的饮水原则：主动多次饮水、每次少量饮水、饭前后不大量饮水、大量出汗饮淡盐水、不饮浓茶、不饮可乐、不能单独长期饮用纯净水及饮料。建议大家多喝白开水，少喝饮料（特别是碳酸类的甜饮料）。《中国居民膳食指南》（2007 版）建议大家每天定量饮水，合理选择饮料，成人每日 6 杯水，约 1200 毫升。高温或强体力劳动更适当增加，饮水应少量多次，主动饮用。

（二）人体必需的第二大营养素——蛋白质

蛋白质，被称为人体合成的工程师，由 22 种氨基酸组成，其中有 9 种氨基酸（赖氨酸、色氨酸、苯丙氨酸、亮氨酸、异亮氨酸、苏氨酸、组氨酸、甲硫氨酸和缬氨酸）人体自身不能合成，必须由食物供给，否则人体就不能维持正常代谢的进行。蛋白质是人体赖以生存的基础营养素（约占人体的 17%），它是制造出人体血液、肌肉、皮肤、头发、指甲等身体器官的原材料，人体各组织、器官无一不含蛋白质；充足优质蛋白质可促进机体发育及修补人体细胞。蛋白质广泛分布于人体的组织中，构成体内许多重要生理作用的物质，如酶、激素、抗体、血红蛋白、白蛋白等，参与多种生理功能的调节。

蛋白质的主要来源可分为植物性蛋白质和动物性蛋白质两大类，如鱼、肉、鸡蛋、牛奶、大豆、大米、小麦、白菜、红薯等。特别是大豆,蛋白质含量高达 36%～40%,在体内利用率较高,是非常好的优质蛋白质的来源。

蛋白质经常处于自我更新的状态,人体没有储存蛋白质的特殊场所,肌肉是蛋白质的临时调节仓库。当机体出现疾病时,体内蛋白质被大量消耗,机体对蛋白质的有效利用率也随之减少。机体会出现不同程度的蛋白质缺乏,还有做手术、放化疗时也会对身体正常组织造成不同程度的损伤,这些组织损伤的恢复也需要大量的蛋白质来补充。

(三)人体必需的第三大营养素——脂肪

脂肪,被称为人体的燃料,是人体细胞的重要成分。脂肪供给人体所需的能量;脂肪分布于人体各大脏器之内,关节和神经组织的隔离层,保护身体组织;对于机体组织可有保温作用。脂肪还有促进脂溶性维生素吸收的生理功能,如维生素 A、D、E、K 的吸收和利用及保护人体皮肤的健康等多种作用。

研究发现,导致身体疾病的产生与脂肪摄入量,尤其是动物脂肪(主要是饱和脂肪酸)摄入量相关。因此,要重视脂肪供给量的限制,尤其是动物性脂肪(鱼油除外)脂肪供给量应总能量的 10%～20%,其中饱和脂肪酸、单不饱和脂肪酸与多不饱和脂肪酸的比例为 1:1:1。脂肪的摄入量一定要严格控制。

(四)人体必需的第四大营养素——碳水化合物

碳水化合物,被称为人体的驱动利器,也称为糖类,是为人体提供能量的主要物质,1 克碳水化合物在人体内氧化后可释放 4 千卡的。供给肌肉和脑部活动所需的能量,增强耐力和复原能力,帮助其他食物消化和作用,作为人体主要供能物质的碳水化合物,供能量应占总能量的 60%～65%。供给足够的糖类,可以改善患者的营养状况,减少蛋白质的消耗。

(五)人体必需的第五大营养素——维生素

维生素,被称为营养催化剂,是细胞的新陈代谢、身体发育、成长、维持人体健康必不可少的物质。它有助于蛋白质、脂肪、碳水化合物和矿物质的吸收和利用,帮助人体形成血液、细胞、激素、神经系统等,以维持人体各系统的正常机能。

脂溶性维生素包括维生素 A、维生素 D、维生素 E、维生素 K,储存于人体脂肪组织内,保证人体各器官的功能健康。维生素 A 能促进眼部组织健康,保护视力及黏膜组织健康;维生素 D 可以帮助人体吸收钙质、维护骨骼健康;维生素 E 是强力抗氧化剂,可以保护细胞膜、血管、心脏、皮肤等组织,减少自由基的伤害,起到延缓衰老、抗癌等作用;维生素 K 对于维持正常凝血功能的作用非常重要。脂溶性维生素大量存在于芝麻、花生、葵花子、豆类、金枪鱼、沙丁鱼、三文鱼、甘薯等食物中。

水溶性维生素包括维生素 B 族和维生素 C,在体液和血液中发挥保护作用。人体内不能大量储存水溶性维生素,因此每天必须从食物中摄入。

维生素 B 族(也称为辅酶)包括维生素 B1、维生素 B2、泛酸、烟酸、维生素 B6、维生素

B12、叶酸、生物素等。其共同特点是能帮助蛋白质分解旧的物质,合成新的物质。其特性是维持不同器官的健康。维生素 B 主要存在于全谷类、糙米、全麦、牛奶、动物肝脏及肉类中。

维生素 C 也称为抗坏血酸,其生理功能如下:促成胶原蛋白的合成,有助于维持骨骼和牙的正常发育及血管壁的弹性和通透性;抗氧化剂可清除自由基、增强免疫力,有助于预防癌症;促进铁的吸收与利用,有助于造血;促进胆固醇转化为胆汁酸,有助于降低血液中胆固醇;促进重金属排出体外,缓解重金属如铅、汞、砷等对机体的毒性。维生素 C 主要存在于山楂、猕猴桃、橘子、青椒、西红柿等水果、蔬菜中。

（六）人体必需的第六大营养素——矿物质

矿物质,被称为身心调控员,包括常量元素和微量元素。

(1)常量元素:人体含量大于体重的 0.01%,如钙、磷、镁、钠、钾等。

(2)微量元素:人体含量小于体重的 0.01%,如铁、铜、锰、铬、硒等。

矿物质是构成人体各组织的重要材料,如钙、磷、镁是骨骼、牙齿的重要成分;钠、钾是细胞内、外液的重要成分。人体内的新陈代谢每天均有一定量的矿物质参与。

（七）人体必需的第七大营养素——膳食纤维

膳食纤维被称为人体肠道清道夫,粗纤维存在于蔬菜中,它能保持人体肠道的清洁、促进肠道蠕动排泄毒素、帮助消化、消除体内废物;减低胆固醇吸收率;延缓餐后血糖的快速升高;产生饱腹感觉;有助于控制体重。

第二节　常见的运动损伤

一、运动损伤的概念

运动损伤是指人体在参与各项体育运动项目的过程中,因某些原因导致身体某部位损伤的情况。运动损伤按病程分为急性损伤和慢性损伤;按性质分为开放性损伤和闭合性损伤;按程度分为轻度损伤、中度损伤和重度损伤。

二、运动损伤的特点

运动损伤有以下特点。

(1)突然发生。运动损伤通常是在运动过程中突然发生的,而不是逐渐出现的。例如,踢足球时突然扭伤脚踝或者跑步时突然感到膝盖疼痛等。

(2)局部疼痛。运动损伤通常会导致局部疼痛,这是因为身体组织受到了损伤,导致神经末梢受到刺激。疼痛的程度和位置取决于损伤的严重程度和位置。

(3)肿胀和红肿。运动损伤往往会引起受伤部位的肿胀和红肿,这是由于组织的受损引起炎症反应。

(4)运动受限。运动损伤会导致运动受限,这是因为受伤部位无法正常活动。

(5)恢复时间长。运动损伤的恢复时间通常较长,需要及时采取适当的治疗措施,以便尽快恢复身体健康。

(6)预防措施。为了预防运动损伤的发生,应该注意运动前的热身和伸展,避免过度运动和不合理的运动方式,以及注意身体的信号,及时调整运动强度和方式。

三、产生运动损伤的原因

一般造成运动损伤的原因有如下几个方面。

(1)准备活动不足。运动前如果没有做好充分的热身和拉伸,肌肉和关节没有充分拉伸,容易发生损伤。

(2)技术动作错误。技术动作不规范或错误,容易造成运动损伤,如跳跃落地时姿势不正确。

(3)身体疲劳。身体疲劳时,肌肉力量和反应速度下降,容易发生损伤。

(4)运动强度过大。运动强度超过了身体的承受能力,容易导致运动损伤。

(5)缺乏保护和防护。运动过程中缺乏必要的保护,如穿戴合适的运动装备。

(6)场地和设备问题。场地和设备不合适也可能导致运动损伤,例如跑步时地面不平整,或者篮球场上的篮球架高度不合适等。

四、常见运动损伤的预防与急救

常见的运动损伤有扭伤、肌肉损伤、韧带损伤、骨折、关节脱臼、脑震荡等。

(一)扭伤

(1)预防。准备活动充分,了解设备使用方法,循序渐进,让教练或自己在训练过程中放慢速度。

(2)急救。出现扭伤,在24小时急性期内,立即停止运动,如在24小时后恢复期时,应采用热敷,用按摩来活血、消肿、止痛。伤势减轻后,再做针对性活动,使关节、肌肉恢复功能,如做下蹲、弯腰等,避免出现肌肉萎缩等现象。

(二)肌肉损伤

(1)预防。选择适用于本项目的场地或装备,在正常天气情况下进行锻炼,准备活动充分,循序渐进。

(2)急救。肌肉损伤治疗要根据具体情况而定,少量肌纤维断裂者,应立即采取局部冷敷、加压包扎等措施,并抬高伤肢。对于肌肉大部分或完全断裂者,应在加压包扎后立即送医院进行手术缝合。

（三）韧带损伤

（1）预防。在做运动前，应做好充分的准备活动，降低肌肉的黏滞性，避免出现损伤。

（2）急救。韧带损伤应当在 24 小时内采用冷敷，必要时加压包扎，24 小时后采用理疗、热敷、针灸、按摩等进行治疗。

（四）骨折

（1）预防。经常参加体育锻炼，可以有效增加骨密度，减少骨折的发生。跌倒时不要慌张，要使用正确的姿势接触地面，可以有效地缓冲向下的冲力。

（2）急救。一旦出现骨折，切记不要随意移动伤肢，应先用夹板或其他代用品固定伤肢，动作要轻巧、缓慢，不要乱拉乱拽，以免造成错位，影响整复。

（五）关节脱臼

（1）预防。避免做可能导致关节脱臼的动作，如转圈、大幅度活动等。

（2）急救。如果关节脱臼，应立即停止一切活动，以免关节错位情况变得更严重。如果脱位导致了严重的肿胀和疼痛，可进行冷敷以缓解疼痛和肿胀。如果暂时无法就医，应该固定受影响的关节，避免活动错位脱位或强力归位，以免加重损伤。

（六）脑震荡

（1）预防。在参与运动时，避免头部遭受撞击，应在摔倒时有意识地用双手或其他外力因素保护其头部。

（2）急救。如果怀疑脑震荡，应立即停止一切活动，以免病情恶化。如果出现严重头痛、恶心、呕吐、意识不清等症状，应立即就医。

第三节　传统体育养生学

传统体育养生学是我国优秀养生文化的重要组成部分，是特定历史环境条件下的优秀产物，是建立在民族传统文化基点上的体育养生文化。它以中国哲学为指导思想，以中国医学为基础，吸收了武术、中医、美学、阴阳学等多种文化思想，共同构建了传统体育养生学的知识体系，在漫长的历史文化发展中不断完善、整理、实践而形成的民族传统体育项目。现如今，民族传统体育项目的发展受到人们的青睐，深受群众喜爱。

一、传统体育养生学的概述

传统体育养生学是中国传统养生学的一个分支，是我国的民族文化遗产之一。体育养生学是通过人体姿势、呼吸锻炼、意念控制等，使人体身心发展融为一体，达到增强人体机能,启发人体内在潜力,达到预防疾病、治疗慢性病等作用。因此,体育养生学是一门交叉学科,它包含了传统养生学的观点和方法,又运用了中国医学的思想,进一步研究人的身体活动和心理活动,既包含了医学的属性,又包含了体育的属性。

首先,一般医学方面的治疗,主要依靠药物的性能和医生的一些简单技巧对人体进行简单的治疗与康复,是人体被动的;而体育养生旨在发挥人的主观能动性,通过自身协调、锻炼、有意识地自我控制心理活动与生理活动,达到增强体质、预防与治疗疾病等效果。

其次,传统体育养生不同于其他的一般体育项目,体育养生学注重人体的内部运动,也就是武术中"精、气、神"的锻炼,而不是身体短期内的剧烈运动,而是通过姿势、呼吸、意念的整体锻炼,逐步进行调整生理与心理功能,进一步加强对机体的健康效应。而其他体育运动,不只是为了增强体质,还需要竞争性与对抗性,例如,体操运动项目中所追求的"高、难、美、新",田径运动所追求的是"快",球类运动追求的是更为激烈的对抗。因此,体育养生是一项适合于各种年龄阶梯人群的民族传统体育项目,对于体质弱者与患有慢性病者尤为适合。

最后,传统体育养生学是养生学与传统体育的有机结合,既体现了养生学的特征,又发挥了传统体育的特有功能,它是哲学与医学相结合、理论与实践相结合、人与社会相结合等多种复合成分所构成,真正体现了通过体育锻炼可以起到增强体质、预防疾病、提高健康水平的功效,并且丰富了人类文化学的内涵。

二、传统体育养生学的特点

传统体育养生学的特点有以下几个方面。

(1)既能养生,又能治病。养生,又称为摄生,也就是所谓的"治未病"。旨在人体通过调养精神和形体来增强体质、治疗疾病、保持健康,达到延年益寿的目的;而体育养生在于人体通过调整姿势和呼吸方法及心神的休养来疏通经络、活跃气血、协调脏腑、平衡阴阳,以此达到祛病强身的目的。

(2)强调整体,以内因为主的运动。中医理论的指导思想是整体观,这同样适用于体育养生。所谓整体就是宇宙万物是一个整体,即人体的五脏六腑也是一个整体。人们生活在宇宙中,与天地相应,与自然共处。因此,人们必须善于掌握自然界的变化,顺从天地之和,只有达到和谐,才能更好地进行调心、调身、调息和形体的锻炼,达到强身治病、延年益寿的目的。

(3)内外合一,形神兼备的练功方法。所谓"内",指的是心、意、气等内在的情志活动和气息运动;所谓"外",指的是手、眼、身、脚等外在的形体活动。如:动功由肢体运动、呼吸锻炼、意念运用三个部分组成,肢体运动表现在外,但要求达到"动中有静",即注意力集中,情绪安定,并根据动作变化,配以适当的呼吸方法,达到形、意、气的统一。这些练功方法,对外能利关节、强筋骨、壮体魄,对内能理脏腑、通经络、调精神,使身心得到全面发展。

(4)具有广泛的适应性。体育养生不仅锻炼价值高,而且内容丰富、形式多样,每个功法都有其独特的风格特征与技术要求,它不受年龄、性别、体质、时间、季节、场地、器械等的限制,练习者可根据自身需要选择适合自己的项目进行练习。

三、传统体育养生学的基本原则和要领

（一）传统体育养生学的基本原则

体育养生功法锻炼的基本原则,是习练体育养生功法的人们在长期锻炼过程中不断摸索、不断实践、积累经验,指导人们进行体育养生锻炼的法则。

(1)松静自然。"松"是针对"身"而言;"静"是针对"心"而言;"自然"是针对练功的各个环节所提出来的,与动作姿势、呼吸协调、意念集中和精神状态都要得体大方、舒展自然。"松静自然"不仅是确保练功取得功效的重要法则,而且也是防止练功出现偏差的重要保障。

(2)动静相兼。动静相兼是指"动"与"静"的有机结合。所谓"动",是指"动功","静"是指"静功"。"动功"与"静功"各有特点,又存在紧密联系,是不同的两种体育养生功法。动静相兼,是练习形式上的动与静的紧密配合及合理搭配,是思想与形体之间相互活动及安静,二者是相对的,形动则神易静,静极又能生动,因此,在练习过程中要做到动中有静,静中有动。

(3)练养结合。练养结合是指练功与自我调养结合起来。练功对增强体质、促进身心健康的作用是非常明显的。然而,习练者如果只顾练功,不注意调养,就违背了练养结合的原则,也就达不到预期的效果。两者必须紧密结合,才能相得益彰。

(4)循序渐进。传统体育养生功法操练,动作虽然简单,但要纯熟掌握,需通过一段时间才能逐步达到。习练传统体育养生功法,不能急于求成,不要设想几天之内就能运用自如,必须由简到繁,循序渐进,逐步掌握全套功法。

(5)持之以恒。同是传统体育养生功法的习练者,但取得的功效差别很大,是什么原因?原因可举出很多,如修炼不当、杂念太多、外部干扰等,然而,不能持久是诸多因素中最容易出现而又难以克服的毛病。总之,坚持练功要靠自己的决心和毅力,要在明确自己练功目的的前提下,调整心理状态,才能收到点点滴滴功效的累积效应。

（二）传统体育养生学的基本要领

传统体育养生的锻炼方法虽然繁多,但基本要领是相同的,主要有身体端正(调身)、呼吸深长匀细(调息)和心神宁静(调心),被称为练功要旨,也称为三大要素。三者之间存在相互依存和相互制约的关系,调身是基础,调息是中介,调心主导调身和调息。

(1)调身——身体端正。调身主要就是身体端正。所谓调身,就是有目的、有计划地把自己的形体控制在受意识支配的一定姿势和一定动作范围之内,通过练习达到"外练筋骨皮,内练一口气"的目的,使机体处在动态的平衡之中。

因此,体育养生功法的锻炼不是一蹴而就的,而是需要实践与积累。在身体能承受的情况下,可加大运动量,由舒服到不舒服再到舒服,功夫自然就提高了,身体也会越来越健康、强壮。

（2）调息——呼吸深长匀细。调息是对呼吸的控制要缓慢。调吸的方法大体可归纳为以下 8 种类型：①自然呼吸法包括自然胸式、腹式呼吸及混合呼吸；②腹式呼吸法包括顺腹式、逆腹式潜呼吸和脐呼吸；③提肛呼吸法；④鼻吸、鼻呼法和口吸、鼻吸、口呼法；⑤练呼与练吸法；⑥吐字呼吸法：有发声与不发声之分；⑦数息和随息法；⑧意呼吸法。

（3）调心——心神宁静。调心，主要是通过意识调节来练心，使心静，进而练精神、练思维，在良性意识的指导下，达到思维敏捷、反应灵活、气血通畅，从而达到健身目的。调心主要有以下 4 种方法：①意想放松法主动以意识引导身体各部位放松，并使思想相对集中，以解除身心紧张状态；②注意默念法：默念字句，默念词句，化杂念为正念，这是集中思想常用的方法；③意想数息法：默数自己呼吸的方法，有数息和随息两种；④排除杂念法：排除各种思想杂念与干扰，集中注意力。

四、健身气功——八段锦

（一）八段锦的功法源流

八段锦是我国古代的导引术，其健身效果明显，流传广泛，是中华传统养生文化中的瑰宝。"八"字，不是单指段、节和 8 个动作，而是表示如八卦那样，其功法有多种要素，相互制约，相互联系，循环运转。"锦"字，是由"金""帛"组成，以表示其精美华贵。八段锦分为坐势八段锦和立势八段锦。

坐势八段锦，一种说法认为是唐钟离（权）创编，首见于《修真十书》，题为《钟离八段锦法》；另一说法为明腥仙的《活人心书》，称为"八段锦导引法"。此两种说法在歌诀图势上基本相同。

立势八段锦在养生文献上首见于南宋曾谪著的《道枢·众妙篇》。在南宋陈元靓编的《事林广记·修身秘旨》中，定名为"吕真人安乐法"，其文已歌化："昂首仰托顺三焦，左肝右肺如射雕；东脾单托兼西胃，五劳回顾七伤调；鳝鱼摆尾通心气，两手搬脚定于腰；大小朝天安五脏，漱津咽纳指双挑。"

清末《新出保身图说·八段锦》一文中，首次以八段锦为名，绘有图像，并形成一个较完整的套路。其歌诀为："两手托天理三焦，左右开弓似射雕；调理脾胃须单举，五劳七伤往后瞧；摇头摆尾去心火，背后七颠百病消；攒拳怒目增气力，两手攀足固肾腰。"从此传统八段锦套路才被固定下来。

20 世纪 50 年代后期，人民体育出版社先后出版了唐豪、马凤阁等人编著的八段锦，后又组织八段锦编写小组，对传统八段锦进行整理出版。20 世纪 70 年代末到 80 年代初，八段锦作为民族传统体育项目开始成为大专院校的课程，并在理论上有了很大的发展，丰富了八段锦的内涵。这一时期出现许多八段锦自选套路，但其技术发展主干并未脱离传统八段锦，基本上都是大同小异。现在编创的八段锦同样是以传统八段锦为依据，并遵照编创原则使其与时俱进，且更加科学规范。

（二）八段锦的功法特点

新编八段锦的特点体现在套路的运动强度和动作的编排次序符合运动学和生理学的规律，属于典型的有氧运动，无危险性。整套功法增加了预备势和收势，使套路更加完整规范，符合人体运动规律。动作的主要特点概括为：柔和缓慢，圆活连贯；松紧结合，动静相兼；神与形合，气寓其中。

（1）柔和缓慢，圆活连贯。柔和，是指习练时，动作不僵不拘，轻松自如，舒展大方。缓慢，是指身体重心平稳，虚实分明，轻飘徐缓。柔和缓慢的运动，可使肌纤维参加活动数量增多，实际上是加大了运动量，提高了运动强度。实验表明，较长时间的柔缓运动，可使血小板黏滞性下降，减少血栓的形成。

圆活，是指动作路线要带有弧形，不起棱角，不直来直往，符合人体各关节自然弯曲的状态，以腰脊为轴带动四肢运动，使上下相随、节节贯穿。连贯，要求动作的虚实变化和姿势的转换衔接，不僵不滞，无停顿断续之处。动作速度均匀，像行云流水，连绵不断，又如春蚕吐丝，相连无间，使人神清气爽、体态安详，从而获得疏通经络、畅通气血，达到有病治病、无病强身之效果。

（2）松紧结合，动静相兼。松，是练好八段锦的前提。松是在意识的主动支配下，达到呼吸柔和、心静体松，同时还要松而不懈，保持正确的姿态，并将这种放松的程度不断加深。紧，是指练习中适当用力，且缓慢进行。体现在节分处，指前一动作的结束与下一动作的开始之前。紧，在动作中只是一瞬间，而松是贯穿动作的始终。松紧配合的适度，有助于平衡阴阳、疏通经络、分解黏滞、滑利关节、活血化瘀、强筋壮骨、增强体质。动和静是精神与形体动作的有机结合，形动则神易静、静极而生动，动静结合相得益彰。松紧结合、动静相兼是八段锦的主要风格特点，在练习中应仔细揣摩，认真领会。

（3）神与形合，气寓其中。神，是指人体的精神状态和正常的意识活动，以及在意识支配下的形体表现，神与形是不可分割、相互联系、相互促进的一个整体。自古以来，善养生者无不讲究"形神共养"，主张"性命双修"。在练习八段锦时，要求做到意动形随、神形兼备、内实精神、外示安逸、中正安舒、方法准确、虚实相生、刚柔相济、上下相随、节节贯穿，使整套动作充满对称与和谐。气是构成人体生命的精微物质，如水谷之气、呼吸之气、脏腑和经络之气等。通过精神的修养和形体的锻炼，即可促进真气在体内的运行，达到强身健体之功效。在练习八段锦时，对意念的要求应放在身体姿态、动作规格和技术要领上，呼吸顺畅，不可强吸硬呼。总之，对意念和呼吸都应建立在顺其自然的基础上，以免产生弊病。

（三）八段锦的练习要领

目前社会上流行的气功有上千种之多，虽其方法、风格各异，但其练功的要领基本相同。掌握练功要领有助于提高练功质量，避免不良反应或偏差。八段锦的练功要领，主要是松静自然、准确灵活、练养相兼和循序渐进。

（1）松静自然。松静自然，既为练功基本要领，又是一个根本法则。松，是指精神与形体两方面的放松。精神的放松,主要是解除心理和生理上紧张状态;形体上的放松,是指关节、肌肉及脏腑的放松。自然,指意念、呼吸、形体都要顺其自然。意念自然可理解为"似守非守,绵绵若存",过于用意会造成气滞血淤,导致精神紧张;呼吸自然,要掌握莫忘莫助,不可强吸硬呼;形体自然,要合于法,一动一势要准确规范。这里所说的自然决不能理解为听其自然、任其自然,是指"道法自然",即练功时的姿势与方法要正确,合乎规格。

(2)准确灵活。准确,是在套路的学练中,要对动作的路线、方位、角度、虚实松紧分辨清楚,做到姿势工整、方法准确。灵活,是指练习中在做到方法准确的前提下,对动作的幅度、姿势的高低、用力的大小、练习的数量、意念的运用、呼吸的调整,要根据自身况灵活掌握,不可照搬或强求。准确灵活,即古人所说"神明变化出乎规矩之外,又不离乎规矩之中",所谓"从心所欲而不逾矩"。

(3)练养相兼。练,是指形体运动,呼吸调节与意念运用有机结合的锻炼过程;养,是通过上述练习,身体出现的轻松舒适、呼吸柔和、意守绵绵的静养状态。在学习动作期间,应采取自然呼吸,待动作熟练后可结合动作的升降、开合和呼吸频率,有意识地进行锻炼,最后达到不调而自调。练与养是相互并存的,不可截然分开,应练中有养、养中有练。要合理安排好练习的时间、数量,把握好强度,处理好意、气、形三者关系。从广义上讲,练养相兼,同日常生活也有着密切的关系,能做到"饮食有节、起居有常",保持积极向上的乐观情绪,将有助于增进身心健康,提高练功效果。

(4)循序渐进。循序渐进,是气功锻炼中必须遵循的一个原则。在练功的初期,首先要克服由于练习给身体带来的诸多不适,如肌肉关节酸痛和动作僵硬、紧张、手脚配合不协调、顾此失彼等,经过一段时间的练习,姿势趋于工整,方法更加准确,对动作的要领体会加深,注意到动作细节,动作连贯性与控制能力得到提高,然后在此基础上才能对呼吸进一步提出要求。练功一般都用腹式呼吸,在掌握呼吸方法后,要注意同动作进行配合,这同样有一个适应和锻炼的过程。最后才可达到动作、呼吸、意念的完美结合。

(四)八段锦的动作说明与图解

八段锦动作名称

1.预备势

2.两手托天理三焦

3.左右开弓似射雕

4.调理脾胃须单举

5.五劳七伤往后瞧

6.摇头摆尾去心火

7.两手攀足固肾腰

8.攒拳怒目增气力

9.背后七颠百病消

10.收　势

1.预备势

(1)动作方法:①两脚并步站立,两臂垂于体侧,目视前方。②左脚向左开步,与肩同宽,目视前方。③两臂内旋向两侧摆起,与髋同高、掌心向后,目视前方两膝关节稍屈,同时两臂外旋,向前合抱于腹前,与脐同高、掌心向内,两掌指间距约10厘米,目视前方。

(2)动作要点:①头向上顶、下颏微收,舌抵上腭、嘴唇轻闭,沉肩坠肘,腋下虚掩;胸部宽舒,腹部松沉;收髋敛臀、身体中正。②呼吸徐缓,气沉丹田,调息6~9次。

(3)易犯错误:①抱球时,拇指上翘其余四指朝向地面。②塌腰、跪膝、脚尖外展。

2.两手托天理三焦

(1)动作方法:①两臂外旋微下落,两掌五指分开在腹前交叉,掌心向上,目视前方。②两腿挺膝伸直,同时两掌上托于胸前,随之两臂内旋向上托起,掌心向上、抬头,目视两掌。③两臂继续上托,肘关节伸直,同时下颏内收,动作略停,目视前方。④身体重心缓缓下降,两腿膝关节微屈;同时,十指缓慢分开,两臂分别向身体两侧下落,两掌捧于腹前、掌心向上,目视前方。

此式一上一下为1次,共做3次。

(2)动作要点:①两掌上托要舒胸展体,略有停顿,保持拉伸。②两掌下落、松腰沉髋、沉肩坠肘、松腕舒指,上体中正。

(3)易犯错误:①两掌在胸前翻转后未垂直上托。②两掌下落呈捧掌时,掌心未向上。

3.左右开弓似射雕

(1)动作方法:①重心右移,左脚向左开步站立,两膝关节自然伸直;同时,两掌向上交叉于胸前,左掌在外,两掌心向内,目视前方。②两腿屈膝半蹲成马步,同时右掌屈指成"爪",向右拉至肩前;左掌成八字掌,左臂内旋,向左推出,与肩同高,掌心向左,犹如拉弓射箭之势,动作略停。目视左前方。③重心右移,同时右手五指伸开成掌,向上、向右画弧,与肩同高、指尖向上,掌心斜向前;左手指伸开成掌、掌心斜向前,目视右掌。④重心继续右移,左脚回收成并步站立;同时,两掌分别由两侧下落,捧于腹前,指尖相对,掌心向上。目视前方,另一方向动作相同,方向相反。

此式一左一右为1次,最后一动时,重心继续左移;右脚回收成开步站立,与肩同宽,膝关节微屈,同时两掌分别自两侧下落,捧于腹前,指尖相对,掌心向上,目视前方。

(2)动作要点:①侧拉之手五指要并拢屈紧,肩臂放平。②八字掌侧撑需沉肩坠肘,屈腕,竖指,掌心涵空。③年老或体弱者可自行调整马步高度。

(3)易犯错误:①开弓时,八字掌侧推与龙爪侧拉未走直线。②马步撅臀、跪膝、脚尖外展。

4.调理脾胃须单举

(1)动作方法:①两腿徐缓挺膝伸直,同时左掌上托,臂外旋上穿经面前,随之臂内旋上举至头左上方,肘关节微屈,掌心向上,指尖向右;右掌微上托,随之臂内旋下按至右髋旁,掌心向下,指尖向前,动作略停,目视前方。②松腰沉髋,重心缓缓下降,两膝关节微屈,同时左臂屈肘外旋,左掌经面前下落于腹前,掌心向上;右臂外旋,右掌向上捧于腹前,掌心向上,两掌指尖相对,相距约10厘米,目视前方;另一方向动作相同,左右相反。

此式一左一右为1次,最后一动时,变两膝关节微屈。同时,右臂屈肘,右掌下按于右髋旁,掌心向下,掌指向前,目视前方。

(2)动作要点:力在掌根,上撑下按,舒胸展体,拔长腰脊。

(3)易犯错误:①呈单举时,上举手未至头左(右)上方;下按掌指未向前。②上举手下落时,未按上举路线返回;呈捧掌时,两掌心未向上。

5.五劳七伤往后瞧

(1)动作方法:①两腿挺膝伸直,同时两臂伸直,掌心向后,指尖向下,目视前方。②上动不停,两臂外旋,掌心向外。头向左后转,动作略停,目视左斜后方。③松腰沉髋,重心缓缓下降,两膝关节微屈。同时,两臂内旋按于髋旁,掌心向下,指尖向前,目视前方。另一方向动作相同,方向相反。

此式一左一右为1次,最后一动时,变两膝关节微屈。同时,两掌捧于腹前,指尖相对,掌心向上。目视前方。

(2)动作要点:头向上顶、肩向下沉、转头不转体、旋臂,两肩后张。

(3)易犯错误:①后瞧时,身体出现转动。②屈膝下蹲时,两膝超越脚尖;两掌下按,指尖未向前。

6.摇头摆尾去心火

(1)动作方法:①重心左移,右脚向右开步站立,同时两掌上托与胸同高时,两臂内旋,两掌继续上托至头上方,肘关节微屈,掌心向上,掌指相对,目视前方。②两腿屈膝半蹲成马步,同时两臂向两侧下落,两掌扶于膝关节上方,肘关节微屈,小指侧向前,目视前方。③重心向上稍升起,随之重心右移,上体向右侧倾、俯身,目视右脚。④重心左移,同时上体由右向前、向左旋转,目视右脚。⑤重心右移成马步,同时头向后摇,上体立起,随之下颏微收,目视前方,另一方向动作相同,方向相反。

此式一左一右为1次,结束时,重心左移,右脚回收成开步站立,与肩同宽,同时两臂经两侧上举,两掌心相对,目视前方,随后松腰沉髋,重心缓缓下降,两膝关节微屈,同时两臂屈肘,两掌下按至腹前,掌心向下,指尖相对,目视前方。

(2)动作要点:①马步下蹲收髋敛臀,上体中正。②摇转时,脖颈与尾闾对拉伸长,似两个轴在相对运转,速度柔和缓慢,动作圆活连贯。

(3)易犯错误:①两掌上托时抬头。②马步撅臀、跪膝、重心偏移、脚尖外展;两掌撑按大腿或虎口掐按大腿。③摇头摆尾时,挺胸、展腹、尾闾转动方位不对。

7.两手攀足固肾腰

(1)动作方法:①两腿挺膝伸直站立,同时两掌变指尖向前,两臂向前、向上举起,肘关节伸直,掌心向前,两臂外旋至掌心相对、屈肘、两掌下按于胸前,掌心向下,指尖相对,目视前方。②两臂外旋,两掌心向上,随之两掌掌指顺腋下后插,目视前方。③两掌心向内沿脊柱两侧向下摩运至臀部,随之上体前俯,两掌继续沿腿后向下摩运,经脚两侧置于脚面;抬头、动作略停,目视前下方。④两掌沿地面前伸,随之用手臂举动上体起立,两臂伸直上举,掌心向前,目视前方。

此式一上一下为1次,共做3次,做完3次后,松腰沉髋,重心缓缓下降,两膝关微屈。同时两掌向前下按至腹前,掌心向下,指尖向前,目视前方。

(2)动作要点:两掌反穿摩运适当用力,至足背时松腰沉肩、两膝挺直,向上起身时手臂主动上举,带动上体立起。

(3)易犯错误:①两手向下摩运时未到臀部已俯身,向下俯身时未成背弓。②起身时未成反背弓,未以臂带身。③整个动作过程中膝关节弯曲。

8.攒拳怒目增气力

(1)动作方法(接上式):①重心右移,左脚向左开步,两腿屈膝半蹲成马步,同时两掌变拳抱于腰侧,拇指在内、拳眼向上,目视前方。②左拳缓慢用力向前冲出,与肩同高,拳眼向上,瞪目,目视前方,左臂内旋,左拳变掌,虎口向下,目视前方。③左臂外旋,肘关节微屈,同时左掌向左缠绕,变掌心向上后握拳,拇指在内,目视前方。④左臂屈肘,左拳回收至腰侧,拳眼向上,目视前方,另一方向动作相同,方向相反。

此式动作左右各做一次,右侧做完时,重心右移,左脚回收成并步站立。同时,两拳变掌,垂于体侧。目视前方。

(2)动作要点:①马步的高低可根据自己的腿部力量灵活掌握。②冲拳时怒目圆睁,脚趾抓地,拧腰顺肩,力达拳面;回收时要旋腕,五指用力抓握。

(3)易犯错误:①马步撅臀、跪膝、重心前移、脚尖外展。②攒拳时未怒目;攒拳与握固回收时,前臂与肘未贴肋。③旋腕动作未以腕为轴,掌指未绕立圆。④握固时,食指、中指、无名指、小指未同时抓握。

9.背后七颠百病消

(1)动作方法:①两脚跟抬起,头上顶,动作略停,目视前方。②两脚跟下落,轻震地面,目视前方。

此式一起一落为1次,共做3次。

(2)动作要点:①上提时脚趾抓地,脚跟尽力抬起,两腿并拢,百会穴上顶,略有停顿,掌握平衡。②脚跟下落时,咬牙,轻轻下震,同时沉肩舒臂、周身放松。

(3)易犯错误:提踵时耸肩;两脚未并拢、未停顿。

10.收势

(1)动作方法:①两臂内旋,向两侧摆起,与髋同高,掌心向后,目视前方。②上动不停,两臂屈肘,两掌相叠于腹部丹田处(男性左手在内,女性右手在内)。目视前方。③两臂自然下落垂于体侧,两掌轻贴于腿外侧,目视前方。

(2)动作要点:两掌内外劳宫相叠于丹田,周身放松,气沉丹田。

(3)易犯错误:①两臂侧起时,掌心未向后。②两掌相叠时,虎口交叉;男性未左手在内,女性未右手在内。

>>> 技术篇

第四章

田径

第一节　田径运动概述

田径运动是由走、跑、跳、投等最基本的生活技能动作组成的自然运动发展起来的身体练习和竞技项目,分为竞走、跑、跳跃、投掷和全能5个部分。以时间计算成绩的竞走和跑的项目叫做径赛,以高度和远度计算成绩的跳跃、投掷项目叫田赛,由跑、跳、投等部分项目组成的,用评分办法计算成绩的组合项目叫作全能运动。根据《国际田径联合会章程》第1条的解释,田径运动是由田赛、径赛、公路赛跑、竞走和越野赛跑组成的运动项目。

一、田径运动的起源与发展

田径运动起源于人类长期的生活和生产实践。为了生存和获得生活物资,人类在与大自然及飞禽走兽的斗争中,需要具备快速奔跑、敏捷跳跃和准确投掷等本领。为了提高同大自然作斗争的能力,人们有意识地进行走、跑、跳、掷的练习,逐渐形成了这些项目的比赛形式。据记载,最早的田径比赛是公元前776年在希腊奥林匹克村举行的第1届古代奥运会上进行的,比赛项目只有短距离跑一项,跑道为一条直道,长为192.27米。到公元前648年,又增添了跳跃、投标枪、掷铁饼等项目。1896年,在古代奥林匹克运动会的发源地——希腊首都雅典正式举办了第1届现代奥林匹克运动会。到目前为止,田径运动成为现代竞技运动中规模最大、奖牌最多的比赛项目。

当前我国田径运动水平,在亚洲已名列榜首。新中国成立后,我国男女跳高、女子竞走、女子中长跑、女子铅球、女子马拉松都曾在世界田径锦标赛、奥运会、世界马拉松赛等国际大赛中荣登冠军宝座,打破过世界纪录。在2004年的雅典奥运会110米栏比赛中,刘翔的表现更是一鸣惊人,震动了世界田坛,为中国田径事业作出了突出贡献。但是,我们也应该看到,我国田径运动的普及程度和竞技成绩与世界体育强国还有很大差距,尤其是大学生田径运动水平还有待进一步提高。

二、田径运动的锻炼价值

田径运动是各项体育运动的基础,有"运动之母"的美称。田径运动可以有效地锻炼和提高走、跑、跳、投等基本活动能力。通过田径练习,能够全面发展力量、速度、耐力、柔韧、灵敏等身体素质,能为各项体育运动的技术发展和成绩提高起到积极的作用。对健身者来说,由于田径运动主要是在户外进行,因此能提高人体对外界环境变化的适应能力。

第二节　跑步类项目

一、短跑

(一)短跑技术

短跑全程按技术动作变化可分为起跑、起跑后加速跑、途中跑和终点冲刺跑4个部分。

1.起跑

起跑的任务是使身体迅速摆脱静止状态,为起跑后加速跑创造条件。在国际赛事中,所有400米及以下的竞赛项目必须采用蹲踞式起跑及使用起跑器(如图4-2-1所示)。运动员要按发令员的口令完成起跑动作(如图4-2-2、图4-2-3所示)。

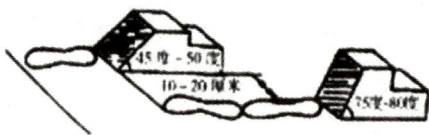

图4-2-1

图4-2-2

图4-2-3

听到"各就位"口令后,运动员应稳定一下自己的情绪。走到起跑器旁,俯身,两手撑地,两脚依次踏在前后起跑器的抵足板上,将有力脚放在前面,后膝跪地,然后两手四指并拢或稍分开和拇指成"人"字形,紧靠在起跑线后。两臂伸直,两手间距离与肩同宽或比肩稍宽,肩部稍前移,肩约与起跑线齐平。头与躯干保持在2条直线上,颈部自然放松,身体重量均匀地落在两手、前腿和后腿之间。

听到"预备"口令时,运动员要逐渐抬起臀部,臀部要稍高于肩部,身体重心适当前移。此时,身体重心落在两臂和前腿上,身体重心投影点在距起跑线15～20厘米处。两小腿趋于平行,前腿膝关节角度约为90°～100°,后腿膝关节角度约为110°～130°。两脚贴紧在前后起跑器抵足板上,集中注意力听枪声。听到枪声后,两手迅速推离地面,屈肘有力地做前后摆,同时,两腿快速用力蹬起跑器。后腿快速蹬离起跑器后,便迅速屈膝向前上方摆出。

2. 起跑后加速跑

起跑后的加速跑是从蹬离起跑器到发挥最大速度为止的阶段(如图4-2-4所示)。加速跑时,两臂有力前后摆动,两腿用力蹬地,上下肢协调配合,步幅由小到大,随着速度加快,步幅均匀增加。上体从较大前倾渐渐抬起,直到正常姿势转入途中跑。加速跑距离一般为20～30米。

图 4-2-4

3. 途中跑

途中跑是短跑全程中主要的部分。途中跑的任务是继续发挥和保持加速跑所获得的最高速度并跑完全程。途中跑的一个单步由后蹬、腾空、着地和缓冲几个部分组成,是距离最长、跑速最快的阶段。

支撑腿与摆动腿的有力蹬摆和协调配合是途中跑技术的关键。摆动腿的大腿应积极地向前上方摆动,带动髋前送,小腿顺惯性折叠。支撑腿的髋、膝、踝三个关节充分伸蹬,完成快速有力的后蹬,后蹬角度约50°。摆动腿落地前,大腿迅速积极下压,小腿顺惯性自然前伸,前脚掌做向后下方的"扒地"动作。途中跑时,头要正直,颈部要放松,两眼平视,上体稍前倾,摆臂时以肩关节为轴,肩带放松,大臂带动小臂轻松而有力地前后摆动。弯道途中跑时,应有意识地向内倾斜,左腿前脚掌外侧、右腿前脚掌内侧着地,加大右腿和右臂的摆动幅度,并注意前摆时适当向内摆动,左腿和左臂的摆动幅度相对减小,并注意前摆时适当向外摆动。跑出弯道时,身体应对准直道,两臂及时摆正。直道途中跑技术和弯道途中跑技术分别如图4-2-5和图4-2-6所示。

图 4-2-5

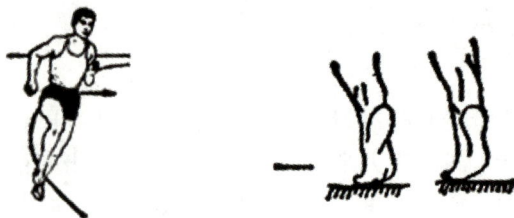

图 4-2-6

4.终点冲刺跑

终点冲刺跑是全程跑的最后一段,要求运动员在离终点线 15～20 米处时,尽力加快两臂摆动速度和力量,保持身体前倾角度。当运动员离终点线前最后一步时,上体急速前倾,用胸部或肩部撞终点线,跑过终点后逐渐减速。

(二)短跑的专门性练习

1.弓步摆臂

两腿前后呈半弓步自然站立(前腿微屈),重心落在前脚上,两臂做前后交替,均匀、快速地摆动。

2.原地或行进间高抬腿跑

提踵、提腰,上体正直或稍前倾,大腿迅速高抬成水平,然后积极下压,用前脚掌着地,并作有力的蹬伸动作,支撑腿三个关节充分蹬直,两臂屈肘前后协调摆动。原地或行进间做高抬腿练习。频率由慢到快,大腿摆动高度适当调整,亦可逐渐过渡到加速跑或大步跑,目的是增强抬腿肌群力量,提高频率,形成跑的正确身体姿势。

3.后蹬跑

上体稍前倾,后蹬腿充分蹬直,最后通过脚趾蹬离地面。摆动腿时以膝盖领先向前积极摆出,两臂前后协调摆动。频率由慢到快,幅度由小步到大步过渡。体会后蹬时髋、膝、踝三个关节的蹬伸动作,发展下肢的蹬摆力量。

(三)发展加速度的主要练习

1.20～80 米的加速跑6～8次

下坡跑要求在坡道上把频率加到最快,然后在平道上保持频率;练习追逐跑,不同距离的接力游戏或比赛;站立式或蹲踞式听枪声起跑6～8次。

2.30～60 米行进间跑4～8次

40～80 米跑练习,也称为标记跑,最好用海绵块或泡沫塑料做标记。侧重发展频率时,其间隔比最大步长略小 10～20 厘米;用于发展步长时,其间隔应比最大步长略长 5～10厘米。

42

3.发展短跑力量的练习

力量训练最基本手段是抗阻力训练,即在完成练习时,全身或某一部分附加重物、阻力等。短跑运动员常用的抗阻力训练有负重练习(壶铃、哑铃、沙袋等)、拉橡皮带练习、双人对抗练习等。

二、中长跑

(一)中长跑技术

中长距离跑是中距离跑和长距离跑的总称,是发展耐久力的项目,其中,800 米、1500 米为中跑;3000 米(女)、5000 米、10000 米为长跑。中长跑技术分为起跑和起跑后的加速跑、途中跑及终点冲刺跑 3 个部分。

1.起跑和起跑后的加速跑

中长距离跑一般采用站立式起跑(如图 4-2-7 所示)。听到"各就位"时从预备起跑线上走或慢跑向起跑线,两脚前后开立,较有力的腿在前,脚紧靠起跑线后沿,重心落在前脚掌,后脚用前脚掌撑地,两腿屈膝,上体前倾,前脚的异侧臂自然弯曲于体前,保持身体的稳定,集中精力注意听枪声。听到枪声时,两腿迅速有力蹬地,两臂前后配合两腿动作做快而有力地摆动,使身体沿切线方向快速向前跑出,进入加速跑。加速跑时,上体前倾稍大,摆臂、摆腿和后蹬的技术与短跑基本相似。加速跑的距离视项目、参加人数、个人技术能力、战术要求等而定。

图 4-2-7

2.途中跑

上体姿势保持适度前倾或正直,胸腰微向前挺,腹部微收,颈部肌肉放松,头与上体成一直线。手臂大小臂弯曲约 90°,肩带放松,以肩为轴自然轻松地结合跑步的节奏前后摆动。跑动时摆动腿随前摆的惯性自然伸膝,脚掌着地迅速转入后蹬,后蹬要有力,后蹬结束后积极提膝前摆。由于中长跑距离较长,步长与步频,摆臂的力量和幅度均比短跑小,身体重心上下波动要小,腾空低,小腿后摆时要放松,脚落地要注意具有弹性和节奏感。弯道跑时,上体应适当倾斜,蹬地动作和摆臂幅度稍小于短跑。

3.终点冲刺跑

终点冲刺跑是临近终点的一段冲刺跑,其距离要根据项目、训练水平、战术需要及比赛具体情况而定。运动员必须具有顽强的意志品质,具有一拼到底、勇往直前的精神,这样才能取得良好的成绩和名次。

中长跑的呼吸:中长跑时,采用口鼻同时呼吸的方法,但冬季由于天气的寒冷还可以用鼻吸气、口呼气的方法。呼吸要均匀、深长,并注意呼吸节奏。呼吸的节奏取决于个人特点和跑的速度,与跑的节奏合拍协调,一般采用二或三步一吸一呼。随着速度的加快和疲劳的出现,呼吸频率随之加快。

(二)中长跑的练习方法

1.一般耐力练习方法

一般耐力训练是发展中长跑专项耐力的基础,一般耐力可以通过强度小,时间长的项目如越野跑、游泳、爬山和各种球类练习进行训练。

长时间慢速跑(持续时间 1~3 小时)脉搏在 130~150 次/分钟。它是紧张训练和比赛后的一种恢复手段。

长时间中速跑(持续时间 1~2 小时)脉搏在 155~156 次/分钟。它是发展无氧代谢功能的主要手段。

长时间快速跑(持续时间 30~60 分钟)脉搏在 165~175 次/分钟。它是发展有氧和无氧代谢功能的一种手段,初学者不宜采用。

2.专项耐力练习方法

发展专项耐力一般采用间歇跑、重复跑、变速跑、接近专项距离或略超过专项距离的计时跑及专项检查跑、测验、比赛等。

三、接力跑

接力跑是田径运动中以集体形式出现的竞赛项目,是田径场上最具吸引力的项目之一。接力跑规则要求运动员必须在 20 米长的接力区内完成传接棒动作,交接棒的成功与否直接影响整个赛程的成绩。接力跑的途中跑技术基本上与短跑相同,只是要求各棒队员之间协调配合,保证在快速跑进中完成传、接棒技术。

(一)起跑

1.持棒起跑

第一棒通常采用蹲踞式起跑,右手的中指、无名指和小指握住棒的末端,用大拇指和食指撑地,接力棒不得触及起跑线或起跑线前的地面,起跑技术和短跑相同。

2.接棒人的起跑

第二、三、四棒用站立式和一手撑地的半蹲踞式起跑姿势站在选定的起跑点,脚前后开立,两膝弯曲,上体前倾。由于第二、四棒站在跑道外侧,所以应左腿在前,右手撑地,身体重心稍向右偏,头转向左后方,目视跑来的同队队员和自己的起动标记。第三棒站在跑道的右后方,目视跑来的同队队员和自己的起动标记。当持棒人跑到标记线时,接棒人应迅速起跑。

(二)交接棒方法

交接棒方法一般分上挑式与下压式两种(如图4-2-8所示)。在使用过程中,还有将上挑式与下压式结合使用的混合式。

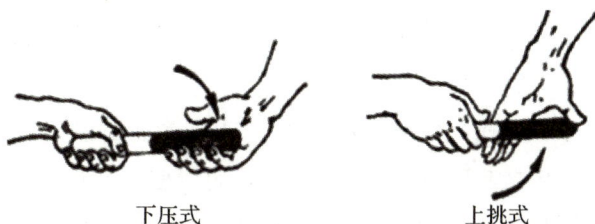

下压式　　　　　上挑式

图4-2-8

1.上挑式

接棒人将手自然后伸,掌心向下,虎口张开朝下,供棒人将棒由下向上方送入接棒人的手中。

2.下压式

接棒人的手臂后伸,掌心向上,虎口张开朝后,拇指向内,其余四指并拢向外,传棒人将棒的前端由上向前下方送入接棒人手中。

(三)接力跑的练习方法

1.传、接棒技术的练习方法

(1)从学习原地交接棒开始,运动员持棒原地摆臂,集体按口令做上挑式和下压式传、接棒练习。两手交替练习。

(2)传棒人和接棒人前后相距1米左右,传棒人的右肩对着接棒人的左肩,原地按口令做上挑式和下压式传、接棒练习,两手交替练习。

(3)中速跑中做传、接棒练习。

2.在接力区内完成传、接棒技术和全程接力跑技术的练习方法

(1)接棒人进行站立式和半蹲踞式起跑练习,按口令集体或分组进行练习。

(2)确定标志线和在快跑中传、接棒的技术练习,二人一组进行练习。当传棒人快跑至标志线时,接棒人迅速起跑,在接力区内完成传棒、接棒。

(3)先进行缩短跑程的全队接力,再进行全程的接力跑技术的练习。

四、跨栏跑

跨栏跑是由跨越障碍物的基本技能发展演变而来的。它的全程跑技术可分为起跑到第

一栏的技术、跨栏步技术（过栏技术）、栏间跑技术和终点跑技术等 4 个部分。跨栏跑属于速度性的竞赛项目，它的成绩取决于运动员的平跑速度、跨栏步技术和跑跨结合的能力。

（一）跨栏跑技术

1. 起跑至第一栏

起跑至第一栏一般跑八步，采用蹲踞式起跑，将起跨脚放在前起跑器上。起跑后至第一栏前加速跑应逐渐抬起上体，逐渐增加步长，快速发挥速度。

2. 过栏

过栏，又称为跨栏步，是指起跨、腾空过栏的一步，从起跨脚踏上起跨点起跨开始，到摆动腿过栏后脚着地为止，包括起跨、过栏两个阶段：起跨时应用起跨腿的前脚掌着地（起跨点到栏的距离要适宜，起跨角度要小，以利于摆动腿向前攻栏）（如图 4-2-9 所示）。过栏时手臂和腿的动作要协调配合，有利于保持身体的平衡。

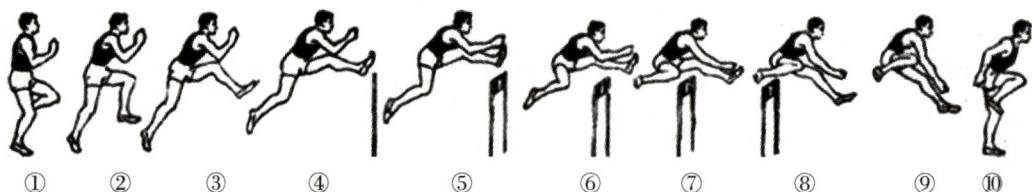

① ② ③ ④ ⑤ ⑥ ⑦ ⑧ ⑨ ⑩

图 4-2-9

3. 栏间跑

栏间跑是从摆动腿的脚落地后开始，一般跑三步，要求身体适当前倾，节奏轻快，动作平衡，频率快，跑成直线。蹬地与摆腿有力，用前脚掌有弹性地落地。栏间跑三步，第一步最短。第二步是栏间跑三步中最长的一步。第三步由于过栏的需要，是上栏前的一个"短步"。由于栏间距离和跑的步数固定，每步的步长也相对稳定，所以提高栏间跑的速度主要是通过加快步频和改进跑的节奏来实现的。对初学者来说，三步栏间跑技术的掌握具有一定的难度，因而可以采用四步或五步栏间跑，采用栏间四步跑技术时必须左、右腿都能够掌握攻栏技术。

4. 终点跑

终点跑是从最后一栏到终点的距离。跨过最后一栏后，要借助于加强后蹬、加快两臂摆动动作及加大躯干前倾来加快步频，保持跑速。到达终点时，应适时准确地做出撞线动作。

（二）跨栏跑的练习方法

（1）地上柔韧练习（如图 4-2-10 所示）。

② ①

图 4 - 2 - 10

(2)原地或行进间做起跨腿过栏练习(如图 4 - 2 - 11 所示)。

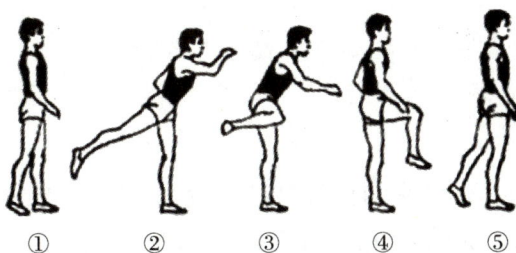

① ② ③ ④ ⑤

图 4 - 2 - 11

(3)原地摆动腿动作练习:起跨腿支撑,摆动腿向前高抬,小腿顺势折叠,然后放到木马(或肋木)上(如图 4 - 2 - 12 所示)。

图 4 - 2 - 12

(4)跑动中在栏侧做攻摆过栏练习。

(5)用低栏从慢速到快速过前 3 个栏。

(6)从低栏逐步过渡到标准栏练习。

第三节 跳跃类项目

一、跳远

(一)跳远技术

跳远的完整技术是由助跑、起跳、腾空和落地 4 部分组成。跳远的成绩主要决定于快速的助跑和正确的起跳动作相结合、平稳的空中姿势和合理的落地动作相结合。

1.助跑

(1)助跑距离、步数与起动方式:助跑是为获得高的水平速度做准备,并为准确踏板和起跳做准备。跳远助跑速度与腾起初速度的关系密切,对跳远成绩的影响很大。跳远运动员为了获得较高的助跑速度,必须有相应的助跑距离。

助跑的起动方式有站立式和行进间两种。站立式起动的优点是用力的大小易控制、稳定,开始几步的步幅、节奏变化小、有利于助跑点的稳定和准确,但易造成肌肉紧张。行进间起动的技术要领是先走几步或轻松地跑几步,踏上起跑线再开始加速,其优点是轻松自然。

(2)助跑的加速方法:初学者或加速能力弱者常采用逐渐加速的方法,助跑开始后,速度由慢到快逐渐加速。一开始助跑就增加速度的方法适用于加速能力强者。

(3)助跑距离的测量方法:在跑道上定一段距离,用适合个人特点的加速方式反复多次跑 30～50 米,从中找出合适的助跑距离和步数,用皮尺丈量后,再在助跑道上反复练习、调整,直到达到最佳效果。

2.起跳

从助跑最后一步到摆动腿等离地面瞬间为止,起跳的整个过程可分为 3 个阶段。

(1)起跳脚的踩板阶段:起跳是在高速助跑的条件下完成的。在助跑最后一步支撑的摆动腿积极后蹬时,起跳腿积极前摆,大腿抬得比短跑时低一些,然后快速有力地下压,几乎是用全脚掌迅速滚动。

(2)屈膝缓冲阶段:起跳脚着板后,身体重心继续积极前移,由于助跑水平速度的作用,迫使起跳腿的髋、膝、踝三个关节退让弯曲,这是屈膝缓冲阶段。

(3)起跳腿蹬伸阶段:该阶段是取得腾起速度的有效阶段,起跳腿蹬伸越快、越有力,则获得的腾空速度就越大。起跳腿蹬伸,是从身体重心刚移到起跳腿支撑点上方时开始的,在摆臂、摆腿和躯干的协调配合下,起跳腿快速有力地伸直。

3.腾空

腾空的任务是保持身体的平衡和为落地创造有利的条件。无论采用哪种空中姿势,进入腾空后都有一个"腾空步"的动作(如图 4-3-1 所示)。"腾空步"可以较大程度地克服起跳中身体产生的向前旋转,有利于完成紧接着的各种空中姿势。"腾空步"保持起跳的结束姿势,起跳腿放松,膝关节微屈,摆动腿大腿保持高抬,小腿自然下垂,上体正直而稳定,使整个身体沿着起跳所形成的腾起角度,迅速向前向上腾起。腾空之后,根据空中动作的形式,跳远可分为蹲踞式、挺身式、走步式和三级跳远。

(1)蹲踞式跳远:当身体到最高点时,留在身体后面的起跳腿开始屈膝向前向上方抬起,逐渐向摆动腿靠拢,形成蹲踞姿势。随后两腿向上收,上体前倾,两臂由前向下、向后摆动。同时向前伸小腿落地(如图4-3-2所示)。

蹲踞式跳远的动作比较简单,容易掌握,适合于初学者采用,但是稳定性差,影响落地的远度。

图 4 - 3 - 1

图 4 - 3 - 2

(2)挺身式跳远:挺身式跳远起跳后,仍保持腾空步的姿势。腾空步后,摆动腿大腿自然下放,并向后方成弧形摆动。同时髋部前送,胸部稍前挺出,使身体半侧肌肉拉长。两臂也由前往体侧向后上方摆动,留在体后的起跳腿前引和向后方摆动。同时收腹举腿,两腿前摆。接着小腿前伸,上体前倾,准备落地(如图4-3-3所示)。

挺身式与蹲踞式相比,相应地加大了身体前旋半径,减慢了身体旋转速度,有利于保持身体平衡。

图 4 - 3 - 3

（3）走步式跳远：走步式跳远空中动作有二步半和三步半两种。起跳腾空步后，摆动腿下落，向后摆动。同时，起跳腿屈膝前摆，在空中完成一个自然的换步动作。空中完成一个换步动作，接着做落地动作的叫作两步半走步式。空中完成两次换步动作的叫作三步半走步式（如图 4-3-4 所示）。

图 4-3-4

（4）三级跳远：三级跳远第一跳为单足跳，即起跳脚起跳，起跳脚落地；第二跳为跨步跳，即以着地的起跳脚起跳，向前跨一步以摆动腿着地；第三跳用着地的摆动腿起跳，双脚落入沙地（如图 4-3-5 所示）。

图 4-3-5

4.落地

落地前，上体不要过于前倾，大腿尽量向前抬，小腿伸直，用脚尖勾起，两臂后摆。当脚跟接触沙面时，向前、向下压脚掌，两腿迅速屈膝，髋前移，两臂由后向前摆出，帮助身体迅速前移，使身体重心尽快移过落点，然后身体顺势向前倒下。落地动作要避免身体向后坐在沙坑里，影响跳远成绩。

（二）跳远的练习方法

跳远的练习方法有以下几点。

（1）原地起跳练习。

（2）两步助跑起跳练习。

（3）腾空步练习，四步助跑利用助跳板起跳后，当双臂摆至与肩同高时突停，空中成腾空步动作姿势，然后用摆动腿落入沙坑。

（4）短程5～9步助跑起跳练习；做出腾空步，摆动腿先落入沙坑。

（5）起跳后，用腾空步向前飞进，摆动腿继续高抬，起跳腿由后屈膝前抬靠近摆动腿，两腿并拢同时落入沙坑。这个练习的空中和落地动作，与蹲踞式类似。

（6）半程及全程助跑跳远。

第四节　投掷类项目

一、推铅球

（一）推铅球的技术

1.握法与预备姿势

以右手为例，将五指自然分开，把铅球置于食指、中指和无名指的指根上，拇指和小指自然地扶持在球两侧，手腕背屈（如图4－4－1所示），将球置于锁骨窝处紧贴颈部，肩肘外展（如图4－4－2所示）。

高姿势：左手自然上举，背对投掷方向；立于投掷圈内后沿处。两脚前后开立相距20～30厘米，两膝微屈（左膝稍大于右膝），上体放松，重心落在右脚上。

低姿势：两脚前后相距50～60厘米，右脚尖紧贴投掷圈，脚跟正对投掷方向，左脚在后，以足尖或前脚掌着地。左臂自然下垂，两腿弯曲，上体前倾，重心在右腿上。

图4－4－1

图4－4－2

2.滑步

滑步可分为预摆、屈膝俯身、左腿的摆动和右腿的蹬伸、收右腿和左腿积极落地等技术阶段。

(1)预摆:滑步前一般先做1～2次预摆。预摆时左腿自然弯曲,大腿用力平衡地向后上方摆动,右腿伸直,脚跟提起,前脚掌支撑体重,同时上体前屈。

(2)屈膝俯身:预摆结束后,必须收回左腿,两腿靠拢,同时右膝弯曲,上体前俯,形成屈膝团身姿势。这时上体与地面接近平行。

(3)左腿的摆出与右腿的蹬伸:屈膝俯身完成后,紧接着左腿向抵趾板方向摆出,使身体重心向投掷方向移动。随之右腿积极蹬地(以脚跟蹬离地面),进一步加速身体重心向投掷方向推进(对于身材较高的运动员不要求右腿充分蹬直)。此时,两腿劈开的角度为90°～120°,上体仍保持前俯,左臂前伸,使身体左侧及背部肌群拉长。

(4)收右腿和左腿,积极落地。当右脚离地后,身体重心稍降低的腾起阶段。此时右腿应不失时机地迅速回收,收右腿的动作是以脚跟过渡到前脚掌的外侧,回收右小腿和内转右腿来实现的。当右腿内收后,右脚掌应与投掷方向约成90°或135°的夹角,落于圆心附近。

3.最后用力和维持身体平衡

最后用力是从滑步后摆动腿前脚掌迅速着地的一刹那开始的。当左脚一着地,首先是右腿、右髋向投掷方向蹬转,左肩压紧,上体出现扭紧状态。随着右腿继续蹬转,上体也逐渐向前上方抬起,使重心向左脚移动。这一发力的过程中,左膝应有一定程度的弯曲和有力支撑,由于右髋先于上体迅速向前转动,使髋轴和肩轴进一步扭紧,形成最大限度地超越器械和有利的用力姿势。紧接着右腿的继续蹬伸和在整个身体向前推进的同时,应抬头、挺胸,上体迅速转向投掷方向,右臂快速有力地向上方推球。最后手腕手指积极拨球,将球推出。球出手后,由于推球时运动产生的惯性,使身体继续向投掷方向推进,为避免身体出圈而犯规,运动员应在球离手后迅速将右腿换到前面,并屈膝降低重心,左腿后伸,维持身体平衡(如图4-4-3所示)。

图4-4-3

（二）推铅球的技术练习方法

（1）托球、持球、向下推拨球或向上推球。

（2）原地正面向前上方推球，推球时身体呈"满弓"姿势。

（3）持球或徒手做原地推球的预备姿势。

（4）徒手或持球，做滑步分解模仿练习。

（三）推铅球的力量练习

（1）将铅球前抛、后抛、侧抛，提高腰、腹肌快速用力的能力。

（2）负重跳跃练习，负沙袋或杠铃（重量根据个人能力而定）做半蹲跳、弓步跳等提高爆发力。

（3）负重半蹲或全蹲，以较大重量增加腿部绝对为量。

第五章

大球运动

第一节　篮　球

一、篮球运动概述

　　1891年，美国马萨诸塞州斯普林菲尔德(春田)市基督教青年会干训练学校的体育教师詹姆斯·奈史密斯(James Naismith)鉴于当地冬季气候寒冷、不宜在室外活动的情况，受"石头上的鸭子"游戏的启发，在综合美式橄榄球、长柄曲棍球、英式橄榄球及足球等球类项目的方法与原则的基础上发明了篮球运动。这便是现代篮球运动的源头。

二、篮球运动的基本技术

　　篮球基本技术主要包括移动、投篮、传接球、运球、持球突破、抢篮板球和防守等攻守技术。

（一）移动

　　移动是篮球运动员为改变位置方向速度和争取高度所采用的各种脚步动作的总称，包括基本站立姿势、起动、变向跑、侧身跑、急停、转身等。

　　(1)基本站立姿势是攻守技术的基础，也是各种技术动作的基本环节。保持正确的基本姿势，能使身体各部位处于适宜的工作状态，便于各技术动作的开始和运用。站立时两脚平行开立同肩宽，脚跟微微提起，两腿微屈，上体稍前倾，重心在两腿中间，两臂微屈置于体侧，眼平视(如图5-1-1所示)。

图 5-1-1

（2）起动。为摆脱防守突然改变运动状态由静止转为快跑，或为保持或抢占有利位置防住对手打、抢、断球而采用的移动方法称为起动。起动时，上体和重心迅速向行进方向转移，并用前脚掌内侧用力快速地在最短距离内充分发挥速度。

（3）变向跑。跑动中利用侧向蹬地突然改变前进方向的方法，摆脱防守，变向跑的动作方法是跑动中一脚作为支撑脚，并以前脚掌内侧蹬地，上体转动压肩，侧移重心，另一脚向转动方向摆出，随之支撑脚迅速蹬跨加大步幅加速前进。

（4）侧身跑。为了便于观察场上攻守情况或抢占空间位置，把防守者挡在身后，采用向前跑时头部和上体放松地转向有球的方向，而脚尖和肩部对着前进方向的跑法称为侧身跑。跑动中要注意保持移动速度，眼睛观察球场上情况。

（5）急停。一般是指进攻队员在快速奔跑中突然停止，借以摆脱防守的一种技术动作。急停动作有两种：一种是跨步急停，也称为两节拍急停；另一种是跳步急停，也称为一节拍急停。

跳步急停是指在原地或较慢速移动中，用单脚或双脚跳起，两脚同时落地，落地时，两脚分开大约与肩同宽，两膝弯曲，用双脚内侧用力蹬地，两肘自然张开，保持身体平衡。

跨步急停是指在快速奔跑中急停时先用一脚向前跨出一步，用全脚掌着地迅速屈膝后降低重心，减缓向前冲力，另一脚跨出第二步时，脚尖稍向内转，用脚掌内侧蹬地，两膝弯曲，身体侧转稍向前倾，重心落在两脚之间，两臂自然张开保持身体平衡。

（6）转身。队员停止间以一脚为中枢脚，另一脚绕中枢脚向前或向后跨出，改变原来身体方向抢占有利位置和摆脱防守的一种移动技术动作。熟练的转身动作在进攻中可以结合接球、运球、传球和投篮技术完成攻击任务。

转身动作分为前转身和后转身两种，移动脚向自己身前跨出的同时绕中枢脚旋转，使身体改变方向叫作前转身。移动脚沿中枢脚脚跟方向绕过中枢脚旋转使身体改变方向叫作后转身。

转身的动作要领是转身前两脚平行分开，两膝微屈，上体稍前倾，重心落在两脚之间。转身时以一脚的前脚掌为轴（中枢脚），另一脚的脚掌内侧用力蹬地，同时身体重心移向中枢脚，用腰部转动带动上体随移动脚向前或向后改变身体方向，转身中要保持重心平稳，完成转动时，重心要恢复到两脚之间。

转身动作在进攻中应用广泛，当持球队员面对防守时可以利用转身动作避开对手抢、打球，可以用转身动作突破对手。当背向对手接球时可以利用转身动作进行突破、跳投或传球。徒手情况下，进攻队员可以利用转身摆脱防守获得进攻有利位置或接球攻击。

转身动作的练习可以在无球情况下与起动、急停练习相结合进行，也可以与变向跑、策应接球转身突破等动作组合在一起进行训练。例如：在半场内进行起动急停、前后转身、最后侧身切入篮下的组合性移动训练，或者采用起动、跨步急停、变向跑、跳步急停、后转身跑、急停前转身、侧身跑等动作完成全场移动动作组合性训练。

（二）投篮

投篮是进攻队员将球投入对方球篮而采用的各种专门动作方法的总称。投篮是篮球比赛中得分的唯一手段，是一切技术、战术运用的最终目的和全部攻守矛盾的焦点，是整个篮球技术体系的核心。随着现代篮球运动的发展及运动员身体形态、运动能力和技术水平的提高，投篮技术也在不断发展，呈现出投篮难度增加、投篮技术复杂多变、投篮速度快、出手点高、远距离三分球投篮的次数增多且命中率提高等特点。

1.原地单手肩上投篮

原地单手肩上投篮是其他各种投篮方法的基础，具有出手点高、便于结合其他技术动作和不易被防守的特点，是应用较广泛的投篮方法。

动作方法：以右手投篮为例。右脚在前，左脚稍后，两膝微屈，重心落在两前脚掌上。右手五指自然分开，翻腕持球的后部稍下部位，左手扶在球的侧上方，举球于同侧头或肩的前上方，目视球筐，大臂与肩关节平行，大、小臂约成90°，肘关节内收。投篮时，下肢蹬地发力，身体随之向前上方伸展，同时抬肘向投篮方向伸臂，手腕前屈，手指拨球，将球柔和地从食、中指指端投出。球离手时，手臂要随球自然跟送，脚跟提起（如图5-1-2所示）。

① ② ③

图5-1-2

动作要点：上下肢协调用力，抬肘伸臂充分，手腕前屈，手指柔和地拨球将球投出，中指、食指控制方向。

2.原地双手胸前投篮

原地双手胸前投篮易于保持投篮前持球的稳定性，充分发挥全身的力量，也便于和传球、突破相结合，但由于投篮时持球和出手部位较低，容易被防守方干扰。

① ② ③

图5-1-3

动作方法:双手持球于胸前,肘关节自然下垂,两脚左右或前后开立,两膝微屈,重心落在两脚之间,目视瞄准点。投篮时,两脚蹬地,上肢随着脚蹬地向前上方伸展,两手腕同时外翻,拇指下压,手腕前屈,食、中指用力拨球,使球通过拇指、食指、中指指端投出。球出手后,两手自然向下向外翻,脚跟提起,身体随投篮出手方向自然伸展(如图5-1-3所示)。

动作要点:自然屈肘下垂,投篮时两臂用力均衡,前臂内旋,手指拨球用力与下肢动作协调一致。

3.行进间单手肩上高手投篮

行进间单手肩上高手投篮是在比赛中切入篮下时常用的一种投篮方法。

动作方法:以右手投篮为例。右脚跨出一大步的同时接球,接着左脚跨一小步并用力蹬地起跳,右腿屈膝上抬,同时举球至头上方,当身体接近最高点时右臂向前上方伸展,手腕前屈,食、中指用力拨球,通过指端将球投出(如图5-1-4所示)。

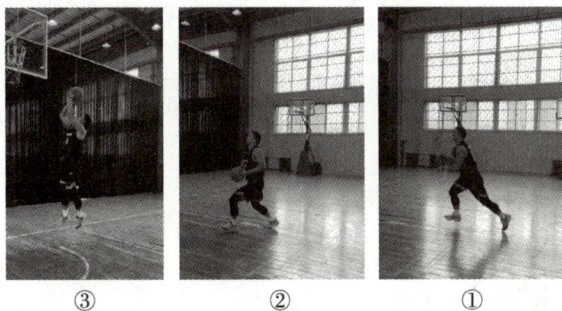

③ ② ①

图 5-1-4

动作要点:节奏清楚,起跳充分,举球、伸臂、屈腕、拨球动作连贯,用力适度。

4.行进间单手肩上低手投篮

行进间单手肩上低手投篮是在快速跑动中超越对手后在篮下时最常用的一种快速投篮方法,具有伸展距离远、动作速度快、出手平稳的优点,多在快攻和突破后使用。

动作方法:以右手投篮为例。右脚跨出一大步的同时接球,接着左脚跨一小步并用力蹬地起跳,右腿屈膝上抬,身体重心前移,双手向前上方举球。当身体接近最高点时,左手离球,右手外旋,掌心向上托球,并充分向球篮上方伸展,接着屈腕,食、中指用力拨球,通过指端将球投出(如图5-1-5所示)。

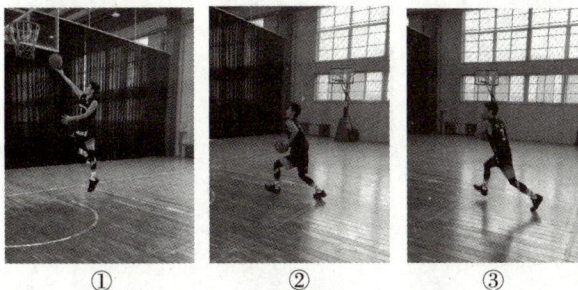

① ② ③

图 5-1-5

动作要点:腾空时,身体向前上方充分伸展,投篮出手前保持单手低手托球的稳定性,指腕上挑动作要协调。

5.跳起投篮

跳起投篮,简称跳投,具有突然性强、出球点高和不易防守的优点,可与传球、运球突破等动作相结合,可在原地、行进间急停或背对球篮接球后转身等情况下运用。原地跳起单手肩上投篮是在原地单手肩上投篮基础上的一种投篮方式,也是现代篮球运动普遍运用的投篮方式之一。动作方法与原地单手肩上投篮相同,只是跳起在空中完成投篮动作(如图5-1-6所示)。

① ② ③

图 5-1-6

(三)传接球

传接球是指在篮球比赛中进攻队员之间有目的地支配球、转移球的方法。它是进攻队员在场上相互联系和组织进攻战术的纽带,也是实现战术配合的具体手段。现代篮球运动要求运动员在比赛中运用传接球技术时应做到隐蔽、及时、多变、准确,巧妙地利用球的转移调动防守,打乱对方的防守部署,创造良好的进攻机会,提高攻击效率。

1.双手胸前传球

双手胸前传球是篮球比赛中最基本、最常用的一种传球方法,具有传球快速有力、准确性高、容易控制、便于与其他动作相结合的优点。

动作方法:双手持球于胸腹之间,两肘自然弯曲于体侧,身体呈基本站立姿势,眼平视传球目标。传球时,后脚蹬地发力,身体重心前移,两臂前伸,两手腕随之旋内,拇指用力下压,食、中指用力拨球将球传出。球出手后,两手略向外翻(如图5-1-7所示)。

① ② ③

图 5-1-7

动作要点:持球动作正确,用力协调连贯,食指、中指拨球。

2.单手肩上传球

单手肩上传球是一种常用于中远距离传球的方法,传球时用力大,球飞行速度快,常在发动长传快攻时运用。

动作方法:双手持球于胸前,两脚平行开立,右手传球时,左脚向传球方向跨出半步,右手靠左手拨送球的力量将球引至右肩上方,右肩关节引展,大、小臂自然弯曲,手腕稍后屈,持球的后下方,左肩对着传球方向,重心落至右脚上。传球时,右脚蹬地发力同时转体带动上臂,以肘领先前臂,手腕前屈,食指、中指、无名指用力拨球将球传出(如图5-1-8所示)。

① ② ③

图 5 - 1 - 8

动作要点:自上而下发力,蹬地、扭转肩、挥臂扣腕动作连贯。

3.单手体侧传球

单手体侧传球是一种近距离隐蔽传球的方法。外围队员传球给内线同伴时常用这种方法。与跨步、突破等假动作结合运用效果较好。

动作方法:两脚开立,双手持球于胸前。右手传球时,左脚向左侧前方跨步的同时将球引至身体右侧呈右手单手持球,出球前的一刹那,持球手的拇指在上,手心向前,手腕后屈。传球时,前臂向前作弧线摆动,手腕前屈,食指、中指、无名指拨球将球传出(如图5-1-9所示)。

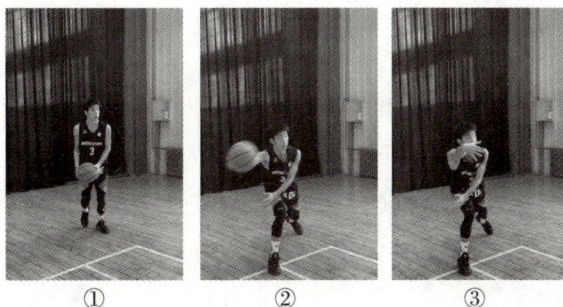

① ② ③

图 5 - 1 - 9

动作要点:跨步与向体侧引球同时进行,前臂摆动要快,传球手腕用力。

4.双手接中部位球

接球是篮球运动的主要技术之一,是获得球的动作,是抢篮板球和断球的基础。在激烈对抗的比赛中,能否采用正确的动作牢稳地接球,对于减少传球失误、弥补传球不足及截获对方的球等都是非常重要的。

动作方法:两眼注视来球,两臂迎球伸出,双手手指自然张开,两拇指呈"八"字形,其他手指向前上方伸出,两手成一个半圆形。当手指触球时,双手将球握住,两臂顺势屈肘后引缓冲来球的力量,两手持球于胸腹之间,成基本站立姿势。

动作要点:伸臂迎球,在手接触球时收臂后引缓冲,握球于胸腹之间,动作连贯。

5.双手接低部位反弹球

动作方法:接球时要及时迎球跨步,上体前倾,眼睛注视来球方向,两臂迎球向前下方伸出,掌心斜对来球的反弹方向,五指放松,自然张开,手指触球后,两手握球顺势将球引至胸腹之间,保持身体平衡,成基本站立姿势(如图5-1-10所示)。

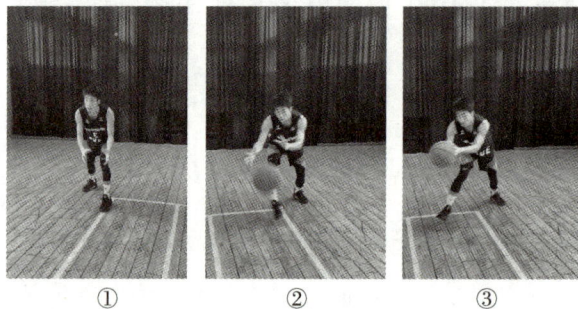

① ② ③

图 5-1-10

动作要点:跨步迎球要及时,手臂下伸要快。

(四)运球

用一只手连续拍按从地面反弹起来的球的动作叫作运球。运球包括原地和行进间运球,根据运球时动作方式又分为高运球、低运球、运球急起急停、变向运球及运球转身等技术动作。

运球技术是比赛进攻中突破对手、快攻推进,组织战术配合,调整进攻位置必备的基本技术。原地运球:运球时上体稍向前倾,两腿弯曲前后开立,运球手的异侧脚在前,抬头目视前方。五指自然分开,手心空出,用手指和指根部位控制球,肘关节自然弯曲,前臂上下摆动,用手腕和手指的力量向地面按拍球上方,当球从地面弹起来手触球时,手腕和手臂随球上抬缓冲球的弹力。

1.行进间运球

根据运球时跑动速度,调整拍球力量、部位及反弹高度,跑动速度越快,手拍球的部位越靠后,力量则大,球反弹高度一般控制在肩以下。

运球急起急停是由运球起动和运球急停动作组合而成的,是利用"动"和"静"的突然变化借以摆脱防守的运球方法。急起时,手指用力推球后上方同时后脚用力蹬地重心迅速前移,向前运球超越防守者,急停时手控制球的前上方,使球垂直反弹,高度控制在膝以下(如图 5 - 1 - 11 所示)。

①　　　　　②　　　　　③

图 5 - 1 - 11

2. 体前变向运球

当运球队员前进路线被堵截但与防守者之间有一定距离,可以利用变换方向运球摆脱和超越对手时,突然改变方向运球称为体前变向运球。以由右向左变向运球为例,运球向右前方推进,当与对手有一步左右距离时,右手触球的右上部,前臂、手腕和手指向左侧用力按扣球,使球快速在自己身前落地弹向左侧。拍球同时右脚掌内侧蹬地,上体迅速向左前方倾斜,球落地同时,右脚迅速向左前方跨出,上体左转,侧右肩以肩和腿保护球,左手及时按拍球的左后上方,迅速前进超越对手(如图 5 - 1 - 12 所示)。

①　　　　　②　　　　　③

图 5 - 1 - 12

3. 运球转身

运球转身是在运球中利用转身动作保护球摆脱对手技术。当运球队员突破防守的路线被堵,且双方接近不便体前变向时,则采用运球转身来突破对手。

动作方法:以右手运球从对手右侧突破为例,先向对手左侧迈出左腿使对手横移封堵,突然右手将球控制在自己两腿中间偏向右脚的位置,然后以左脚为轴后转身,右腿向后撤步贴近防守者,挡住防守者移动路线,同时拉球转体换左手运球超越对手。运球技术的掌握,关键在于手控制球与脚步动作的熟练程度,以及手脚动作的协调配合,运球技术要与传、接、投、突等技术紧密结合才能发挥运球技术的攻击作用(如图 5 - 1 - 13 所示)。

运球的练习方法很多,应根据情况采取灵活多样的形式训练,可以采用单人原地运球或行进间高速运球,也可以采用一对一运、抢球练习,还可以采用与传球、突破结合的练习。

①　　　　　　②　　　　　　③

图 5 - 1 - 13

（五）持球突破

持球突破是持球队员运用脚步动作和运球技术等相结合,快速超越对手的一项攻击性很强的技术。持球突破技术若巧妙地与投篮、传球、假动作等技术动作有机结合起来,将使持球突破技术更加灵活多变,从而显示出持球突破技术的攻击性。

持球突破依据动作结构可分为持球交叉步(异侧)突破和持球顺步(同侧)突破。

持球突破技术动作通常从接到球之后的"三威胁"动作开始,主要由持球动作、蹬跨脚步、转体探肩、推放球加速 4 个环节组成。

1.持球动作

持球队员从原地持球快速起动突破对手,主要是依靠两脚快速有力地蹬地和及时地跨步抢位。因此,要求持球队员首先要保持屈膝降低重心并上体前倾的"三威胁"姿势。

2.蹬跨脚步

突破时,中枢脚用力碾地发力,通过重心的快速前移和积极有力地蹬地,获得超越对手的加速度。突破时,跨出的第一步要稍大些,抢占有利的攻击位置,但身体要保持好平衡,以不失去重心为宜。跨出的脚要落在紧靠对手的侧面,脚尖指向突破方向,以便第二步蹬地加速,突破防守。

3.转体探肩

随着脚的跨出,上体前移与转体探肩同时进行,重心向里靠,内侧手前摆,迅速占据空间有利位置,便于突破对手和保护球。

4.推放球加速

在一脚突然蹬跨、转体探肩的同时,及时将球迅速向前下方推放。球的落点应在跨步脚外侧稍前方,并以身体和无球手保护球,球离手后,后脚(中枢脚)迅速蹬地发力加速超越对手。加速是突破技术的重要环节,对突破防守起着决定性作用。

持球交叉步突破动作方法:以右脚做中枢脚为例。突破时,左脚以刺探步的动作向前方跨出半步,做向左突破的假动作,当对手重心向右移动时,左脚前脚掌内侧迅速蹬地,向对手左侧跨出一大步,同时上体右转探肩,贴近对手;球移至右手,向左脚右斜前方推放球,右脚迅速蹬地跨步,加速超越对手。

同侧步突破,又叫顺步突破,即右脚向右前侧跨出或左脚向左前侧跨出,两脚成前后状突破对手。同侧步突破准备姿势与交叉步相同,突破时,一脚前掌内侧用力蹬地,上体稍前倾并转向突破方向,同时将球推放于同侧脚的前侧方,另一脚迅速跟上继续用同侧手运球超越对手。持球突破技术应用时,应该与投篮传球等假动作结合吸引对手,当防守者接近持球者时利用对手防守步伐和重心右的变化,掌握时机,果断突破(如图 5 - 1 - 14 所示)。

①　　　　　　　②　　　　　　　③

图 5 - 1 - 14

持球突破可以采用以下方法进行训练。练习者面向传球者成一路纵队,传球后,接球停步进行持球突破,或者设置假设防守目标,作接球后持球突破练习,当掌握了技术动作后可采用一对一的个人攻守练习,进一步提高突破技术的实际应用能力。

(六)抢篮板球

篮球比赛中,双方队员在空中争抢投篮未中的球称为抢篮板球。当进攻队投篮未中,自己或本方队员争抢在空中的球,称为抢进攻篮板球或前场篮板球;对方投篮未中,防守队员争抢在空中的球,称为抢防守篮板球或后场篮板球。进攻方如能抢到进攻篮板球,不仅能在对方篮下展开连续的攻击,增加进攻次数和得分机会,而且还可以增强己方队员投篮的信心,提高球队的士气和命中率。防守方抢到防守篮板球,可以避免让进攻方在篮下连续获得球权并进攻的威胁,迅速由守转攻,组织反击。同时还能增加外线进攻队员投篮的顾虑,降低对方投篮命中率。

抢篮板球技术由抢占位置、起跳动作、空中抢球动作、获球后动作 4 个环节组成。

1.抢进攻篮板球

动作方法:当同伴或自己投篮时,处在近篮区的进攻队员首先应预判球的反弹方向和飞行路线,然后先向相反方向的侧前方跨步,做身体虚晃的假动作,诱开身前的防守队员,利用绕跨步挤到对手的前面或侧前面,抢占有利位置,借助跨步或助跑起跳,至最高点补篮或抢篮板球。落地时,两臂弯曲,重心放在两脚之间,两肘外展将球持于胸腹之间。高大队员可将球置于头上,以便衔接其他进攻技术动作。如果外线进攻队员冲抢而被防守队员阻截,可运用虚晃假动作或快速变向跑摆脱防守队员的阻截,冲向球的落点进行补篮或抢球。抢获球后,可根据防守情况再进行投篮、传球或运球的选择。

动作要点:进攻队员首先要准确判断,然后向相反方向侧跨步,抢占有利位置,及时起跳,跳至最高点补篮或抢篮板球,进攻队员抢篮板球要强调一个"冲"字。

2.抢防守篮板球

动作方法:保持正确的站位姿势,即两膝弯曲,上体稍前倾,重心放在两脚之间,两臂屈肘侧张占据较大面积。当对方投篮出手后,应注意对手的动向,并根据当时与进攻队员所处的位置和距离的远近,运用上步、撤步和转身抢占有利位置,把进攻队员挡在身后,同时还要判断球的落点准备起跳。起跳时,前脚掌用力蹬地,提腰向上摆臂,同时手向球的方向伸展。如果在空中没有传球,落地时应保持身体平衡,侧对前场,将球置于胸腹之间或头上,以便运用传、运、突等技术。

动作要点:防守队员首先应准确预判球的飞行方向和落点,抢占有利位置,运用脚步移动和转身等动作,合理地"挡"住对手向篮下冲跑的路线。

(七)防守

个人防守是构成全队防守战术的基础,个人防守主要是以防守对手投篮、传球、运球、突破等个人技术。要完成防守任务,防守队员必须掌握防守要点,包括采用正确的防守姿势、选择有利位置、保持适当的距离、利用快速灵活的移动技术。

1.防守持球队员

当进攻队员接到球后,防守者应立即调整防守位置,占据对手与球篮之间的有利位置,并视对方距离球篮的远近和技术特点实施针对性防守。如果对手接球点在投篮范围内,则应采取斜向站位,在距对方一步距离内,前脚同侧手伸向对方持球手上方干扰对方投篮,另一手阻挠对方传球。当对方投篮时要举手封阻,若对方突破时,迅速沿对手突破的方向侧后撤步,滑步控制对手前进的速度,堵截其突破路线迫使其停止运球。当持球队员运球结束时,防守队员应立即靠近,积极干扰封阻对手传球,造成其传球失误。如对手攻击能力差或不在投篮范围内,则可视需要选择远离持球者或诱其运球后进行防守。

2.防守无球队员

防不持球队员主要是通过选择适当位置,防止、控制、减少对手接球或在有利于进攻位置接球。要达到上述目的,防守队员应用近球一侧的脚在前,用斜向侧身防守姿势占据对手与球之间的有利位置,距离保持在半步到一步之间,切断对手的接球路线,迫使其无法接球,同时用灵活的滑步技术随对手移动,控制对手的移动接球、切入篮下。当徒手队员离球较远或不在接球后可直接攻击区域内时,防守者应选择既可协助同伴防守又将对手置于个人防守控制范围内的有利位置。防徒手队员时,在完成防住个人对手前提下,力求积极协防、补防、抢断,将个人防守与全队配合防守结合起来。

个人防守技术训练与个人进攻技术训练比较起来,显得艰苦枯燥,因此培养队员自觉、积极、顽强的防守作风尤为重要,只有通过严格的防守姿势、滑动步法、低重心的移动等基础动作训练,才能收到良好的训练效果。训练中结合进攻技术练防守是提高个人防守技术主要的练习手段。一般以重点训练防空切、防投篮、防突破、防接球、防运球等个人技术为主。

四、篮球运动的基本战术

(一)攻守战术基础配合

攻守战术基础配合是指两三人之间有目的、有组织的攻守合作行动的配合方法,它是组成全队攻守战术的基础。在教学和训练中,只有熟练掌握和灵活运用攻守战术基础配合,才能更好地发挥个人技术特长,使全队的整体战术内容更加丰富,提高整体战术运用的质量与水平,最大限度地制约对方。

1.进攻战术基础配合

进攻战术基础配合是指在篮球竞赛中,进攻队员两三人之间所组成的简单配合方法。它是组成全队整体进攻战术配合的基础。

(1)传切配合:进攻中两、三个队员通过传球和切入组成的配合图 5-1-15 为一传一切配合,图 5-1-16 为空切配合。

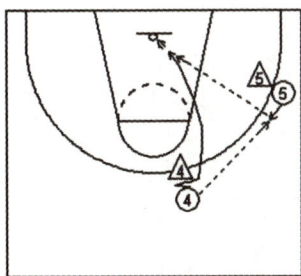

图 5-1-15

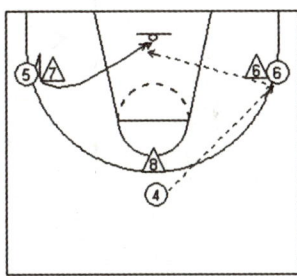

图 5-1-16

(2)突分配合:进攻队员利用持球或运球突破,打乱或吸引防守,传球给插入空挡或摆脱防守的同伴进攻的配合方法(如图 5-1-17 所示)。

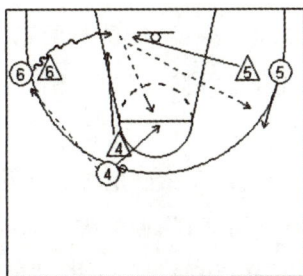

图 5-1-17

（3）掩护配合：由进攻队员选择适当时机和位置，站在同伴防守者的移动路线上，使同伴借以摆脱防守的一种配合方法。掩护主要分为给持球队员掩护（侧掩护）（如图5-1-18所示）和给无球队员掩护（反掩护）（如图5-1-19所示）。

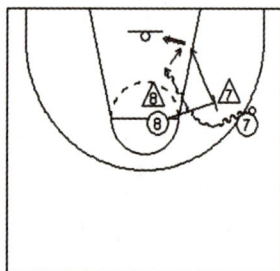 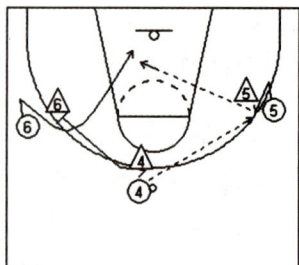

图5-1-18   图5-1-19

（4）策应配合：进攻队员侧向或背向球篮接球，由其做枢纽与外线队员进行传球、接球、空切和投篮配合（如图5-1-20所示）。

图5-1-20

在进攻基础配合战术运用过程中，进攻队员之间应具有默契的配合意识，队员要在配合的位置、路线、时机、顺序等环节上要准确、及时，做到人到球到，并且要根据防守的变化，随机应变，力争主动，做到虚实结合、真假结合。

2.防守基础配合

防守战术基础配合是指在篮球竞赛中，防守队员两三人之间所采用的协同防守配合的方法，包括挤过、穿过、绕过、交换、关门、补防、夹击及围守中锋等。防守战术基础配合是组成全队整体防守战术配合的基础。

（1）关门配合是两个防守队员协同防守突破的配合方法。当进攻队员运球突破时，防守突破的队员向侧后方移动挡住其移动路线，临近突破一侧的防守队员，应及时快速向突破队员的前进方向移动，与突破的队员靠拢，像两扇门一样关起来，堵住进攻者的前进路线（如图5-1-21所示）。

（2）夹击配合是两名以上的防守队员，当进攻队员在场地的边和角运球或停球时，采取突然的行动,上前封堵和围守持球者的一种防守配合方法(如图 5-1-22 所示)。夹击时应正确选择夹击的时机和位置;夹击时防守者应用腿和躯干围住持球者,同时挥动两臂封堵传球角度,不要轻易下手打球,迫使对手违例或失误,伺机抢断球,创造反击机会。

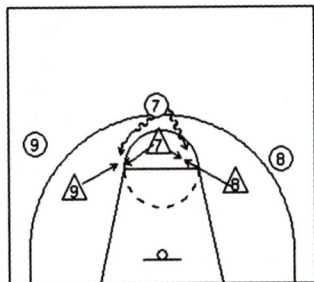

图 5-1-21

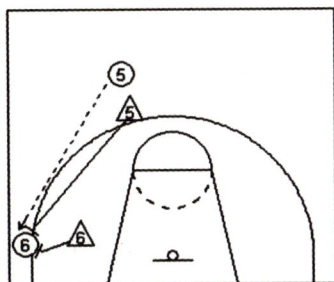

图 5-1-22

(3)挤过配合是当掩护者临近一刹那,被掩护者的防守者主动靠近自己的对手,并从两名进攻队员之间侧身挤过去,继续防守自己的对手的一种配合方法。挤过时要贴近对手,抢步要及时(如图 5-1-23 所示)。

(4)穿过配合是防守掩护者及时提醒同伴,并主动后撤一步,让同伴及时从自己和掩护者之间穿过,继续防住对手的一种配合方法(如图 5-1-24 所示)。

(5)绕过配合是防守掩护者的队员及时提醒同伴,并主动贴近对手,让同伴从自己身后绕过,继续防住对手的一种配合方法(如图 5-1-25 所示)。

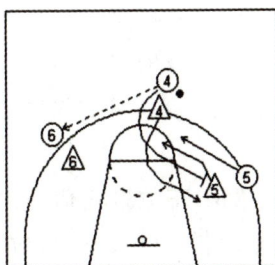

图 5-1-23

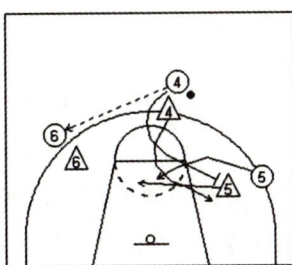

图 5-1-24

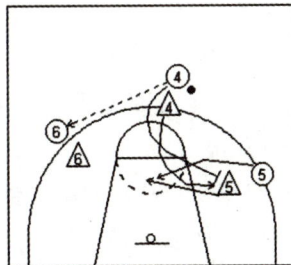

图 5-1-25

(6)交换配合是当进攻队员掩护成功时,防守者为了破坏对方的掩护配合,防掩护者和防被掩护者及时交换所防对手的一种配合方法。

防守掩护者要及时提醒同伴,紧跟对手,当对手切入,突然换防。防守被掩护者的队员及时调整防守位置,抢占人与篮之间有利位置(如图 5-1-26 所示)。

(7)补防配合是防守队员在同伴漏防时,立即放弃自己的对手,去补防那个威胁最大的进攻者,而漏人防守队员及时换防的一种协同防守方法(如图 5-1-27 所示)。

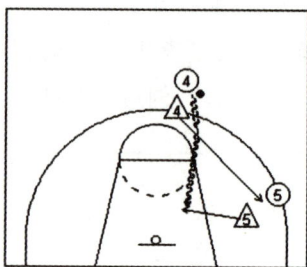

图 5-1-26

图 5-1-27

攻守基础配合训练要注意与互相结合、互相渗透,进攻基础配合训练应与个人进攻技术统一在一起综合训练,在提高进攻基础配合质量的同时促进防守基础配合的提高。经常运用半场二对二、三对三的攻守对抗等练习方法有助于提高攻守基础配合训练效果。

(二)快攻与防守快攻战术

快攻是指防守队获球后由守转攻时力争在对手布阵未稳之际,抓住战机以最快的速度、最短的时间,果断而合理地发动攻击的一种速决性战术配合。防守快攻是防守战术的重要组成部分,是在由攻转守的瞬间组织起来阻止和破坏对方快攻的防守战术。

快攻与防守快攻是现代篮球运动重要的攻防战术组织形式,运动员尽管在比赛中有不同的位置分工,但必须在个人攻防技术运用的基础上都能胜任快攻与防守快攻的具体要求,才能为有效地完成比赛提供保障。

1.快攻

有效的快攻可以瓦解对手的士气,使对手在快速强大的攻势面前丧失取胜的信心与勇气。现代篮球比赛的重要特征之一,便是强调"快"节奏,因此,高速度、高质量的快攻也成为高比分的保障。

(1)组织快攻战术的基本要求:①要有强烈的整体快速反击意识,不放过任何一次发动快攻的机会。②获球后,队员要迅速有组织、有层次地按阵型合理分散。③发动、接应、阵型分散快下和跟进的整体行动要始终保持纵深队形,扩大攻击范围,增加攻击点。④在整个快攻过程中,个人和整体行动都要避免延误时机,尽量缩短推进的时间。⑤快攻结束时,动作要果断、快速、隐蔽,不要降低速度,要果断投篮和冲抢篮板球,减少限制区内的不必要传球。⑥树立勇猛顽强、敢打敢拼的作风。⑦在展开快攻反击过程中,要善于把握和调整进攻的节奏,避免盲目性,同时要重视由攻转守的部署。

(2)发动快攻的时机:发动快攻的时机,即当抢获后场篮板球、抢、断、打球和跳球及对方投中后掷端线界外球时,都应抓住机会发动快攻。其中,抢获后场篮板球后发动快攻的比例最高,抢断球后发动快攻的成功率最高。

(3)快攻战术的形式。快攻战术形式有长传快攻、传球与运球结合的快攻和个人突破快攻。

2.长传快攻

长传快攻是队员在后场获球后,用一次或两次传球把球传给快下的同伴进行攻击的一种方法。这种快攻只有发动和结束两个阶段,特点是时间短、速度快、战术组织简单。但要求快下队员意识强、速度快,发动队员传球要及时、准确、视野开阔。长传快攻的组织结构主要有以下几种:①抢篮板球后长传快攻;②掷后场端线球长传快攻;③断球长传快攻。

3.传球与运球结合的快攻

传球与运球结合的快攻可分为 3 个阶段。

(1)发动与接应阶段。发动与接应是快攻的重要环节,队形分散和一传的速度是非常重要的。因此,控制球的队员要有发动快攻的意识,能全面观察场上情况,并迅速、及时、准确地进行第一传。接应队员应迅速摆脱防守,及时选择有利位置,如前场罚球线附近或其两侧边线、中场两侧边线或本队习惯的接应点等。接应后,必须快速、合理地向前场传球推进。

快攻的接应分为固定接应和机动接应两种。固定接应又包括固定地区固定队员的接应、固定地区不固定队员的接应、固定队员不固定地区的接应等形式。机动接应是防守队员抢到篮板球后,根据对方的具体情况,谁处于有利的接应位置就将球传给谁。这种接应不易被对方发现,机动灵活,更能争取时间。

快攻的发动与接应形式分为获后场篮板球后快攻的发动与接应、断球后快攻的发动与接应、跳球后和掷后场端线界外球时快攻的发动与接应。

(2)快攻的推进阶段是指快攻发动与接应后,至快攻结束前中场配合的阶段。在推进过程中,全队队形要迅速地按层次散开,5 名队员应保持前后、左右的纵深队形,以便快速顺利地完成推进任务。

推进的形式有传球推进、运球推进、传球与运球结合推进等形式。传球推进是指队员间运用快速传球向前场推进。这种推进特点是速度快,对队员行进间传接球的技术要求高。推进过程中队员间要保持纵深队形,无球队员要积极摆脱防守,并随时准备接球,有球队员要判断准确、传球及时,尽量斜传,避免横传球。

运球推进是指接应队员接球后立即快速向前场运球突破。运球推进中要随时观察场上情况,及时将球传给快下的同伴,以免影响快攻的速度。

传球与运球结合推进是指根据场上情况,传球与运球相结合,及时快速向前场推进。这种推进的特点是机动性大,在推进过程中能传就不运,不能传要立即快速运球突破,以保持推进速度。

(3)快攻的结束阶段。快攻的结束阶段是指快攻推进到前场最后完成攻击的阶段,此阶段是快攻成败的关键。快攻结束阶段要求进攻队员对防守的意图加以预测和判断,并及时、果断地选择进攻点,顺利完成进攻。持球队员要判断准确,传球或投篮及时果断,无球队员要占据有利位置,伺机接球投篮,积极冲抢篮板球或补篮。

4.个人运球突破快攻

个人运球突破快攻是指个人抢断球或抢获篮板球后,抓住战机,快速运球超越对手直攻篮下得分的快攻形式。

5.快攻战术的教学建议

(1)快攻是进攻战术的主要内容,一般安排在攻、防战术基础配合之后进行教学。快攻教学应结合技术教学反复练习。

(2)教学中应先教长传快攻,再教短传和与运球相结合的快攻先教快攻的发动与接应阶段配合,再教快攻的推进阶段配合,最后学习快攻结束阶段配合。

(3)快攻战术教学应先在固定形式下练习快攻的基本方法,逐步过渡到机动情况下练习,先从无防守再过渡到消极防守,直至在积极防守情况下进行练习。

(4)快攻教学以抢后场篮板球发动快攻、短传与运球结合的推进、以多打少的结束段为教学的重点。

(5)在教学中要及时提醒全队队形的分散和队员跑位,重点抓中路推进的分球与突破;结束段要抓三攻二和二攻一等配合。

(6)在快攻教学中,要注意培养学生的快攻意识,以"快"为中心,做到接应快、队形分散快、分球快,把身体素质、心理素质和作风培养等有机结合起来。

(7)要重视结合实践的各种形式练习,提高快攻意识和强化运用各种配合的能力。

6.防守快攻

防守快攻要从全力拼抢篮板球开始,合理地运用封、夹、断等手段破坏对方的第一传和快攻接应,并伺机夹击运球队员,破坏其快攻。退守时,要前后照应,边退边防,提高个人以少防多的能力,降低对方快攻的成功率,并迅速落位组织阵地防守。

(1)防守快攻的方法。

①提高进攻成功率。提高进攻成功率可以减少对方抢篮板球发动快攻的次数,减少失误,避免被抢断球,控制对方发动快攻的次数。

②积极拼抢前场篮板球。快攻大多发生在抢到篮板球以后。因此,进攻队任何一个队员投篮,其他队员都应积极拼抢篮板球,以减少对方发动快攻的次数,为本队防守快攻争取时间。

③封一传,堵接应。有组织地堵截快攻的第一传和接应,是制止对方发动快攻的关键。当对手获球转为进攻时,近球的防守队员要迅速上前封锁对手的传球路线,伺机夹击防守,干扰其第一传,同时其他队员要切断接应路线,伺机断球,延缓其进攻速度,争取时间布防。当对方掷后场端线球快攻时,一方面防守队员要迅速退防,防止其偷袭,另一方面阻挠掷端线球,延缓其进攻速度,组织好阵地防守。

④控制对手的推进。防守快攻时,前场防守队员不能消极后撤,而应与对手保持一定的距离,边撤边防,控制对手推进速度,以便及时组织防守阵势。

⑤防守快下队员。由攻转守时,除积极拼抢篮板球、封堵第一传和接应外,在后场的防守队员要迅速退守控制后场,在退守过程中要控制好中路,要对快下队员严加防范,切断对方长传快攻的路线。

⑥提高以少防多的能力。在快攻结束阶段,如果出现以少防多的不利局面,防守队员要

积极移动选位,运用假动作干扰其传球,制造进攻队员左右为难的局面,迫使对方失误或延缓进攻速度,为同伴争取退守的时间。

一防二:当防守出现一防二的局面时,防守队员要保持沉着冷静,注意占据有利于人球兼顾的防守位置,积极移动并利用假动作进行干扰,使对方出现错误或延误进攻速度,为同伴争取退守时间。防守过程中要注意观察对方的意图和行动,看准时机迅速、果断地抢断,封盖、干扰对方投篮,并积极拼抢篮板球。

二防三:两名防守队员积极移动,紧密配合,内外兼顾,左右照应。两名防守队员中一名队员侧重对付有球的队员,另一队员注意选择合理位置,做到既能控制篮下,又能同时兼顾两名无球队员的行动,看准时机,果断进行抢、断球,争取转守为攻。

防守形式有以下三种:①二人平行站位:这种防守队形适用于对付边线突破能力较强的队员,但中路防守薄弱。②二人重叠站位:这种队形可有效地阻止对方中路突破,但边路防守薄弱。③二人斜线站位这种防守队形比前两种站位有利,它可有效防止中路突破,缩短补位距离。

(2)防守快攻战术的教学与练习方法:①堵截快攻的发动与接应;②防守快下队员;③快攻结束阶段以少防多。

(3)防守快攻战术的教学建议:①要与快攻教学结合进行,一般在快攻教学完成之后,再教防守快攻,以提高攻守质量。②防守快攻教学应先采用分解法,然后再进行整体防守战术的教学。③通过教学比赛,不断提高防守快攻的质量。④把培养学生防守快攻的意识、坚忍不拔的意志和积极拼抢的作风贯穿于整个教学之中。⑤在初学阶段,首先把防守快攻的方法与基本要求讲清楚,使学生对防守快攻有初步的了解,能够合理地使用防守技术。教学中应以一守二攻、二守三攻作为练习的重点。在整个教学过程中,应始终注意加强拼抢篮板球、防运球突破、补防、以少防多等防守技术运用,提高防守快攻的质量。⑥采用五人防快攻练习,提高集体防守快攻的攻击性和控制对方速度的能力,重视攻守转换意识的培养,加快攻守转换的速度。

(三)半场人盯人防守与进攻半场人盯人防守

半场人盯人防守是指由攻转守时,全队有组织地迅速退回后场,在半场范围内,每个防守队员负责盯住一个进攻队员,控制其行动,并协助同伴完成全队防守任务的整体防守战术。半场人盯人防守的特点是分工明确、责任到位、针对性强、便于掌握。在对抗日趋激烈的现代篮球比赛中,运用半场人盯人防守能有效地破坏对方进攻时的习惯打法,充分发挥个人的防守能力,调动个人防守的积极性。它是防守战术体系中最常用的战术之一。

进攻半场人盯人防守战术,是根据半场人盯人防守战术特点,合理组织进攻落位阵形,运用个人战术行动和进攻基础配合所组成的全队进攻战术。它要求队员既要有良好的战术意识、个人进攻能力,又要有集体协作精神,依靠队员间的互相配合,攻破对方的防线。

1.半场人盯人防守

根据防守策略和防守范围,半场人盯人防守战术可分为半场缩小人盯人防守(距离球篮

6～7米的范围)和半场扩大人盯人防守(距离球篮8～10米的范围)两种。

(1)半场缩小人盯人防守。

①半场缩小人盯人防守的作用及运用时机。它是以加强内线防守、保护篮下为主要目的的防守战术。这种防守战术多用于对方篮下攻击力较强、外围攻击力较弱的球队。半场缩小人盯人防守防区较小,有利于协防、控制内线进攻、抢篮板球和组织快攻反击。

②半场缩小人盯人防守方法。强侧、弱侧的防守方法:以球场纵轴线为标准,有球一侧为强侧,无球一侧为弱侧。强侧的防守:对持球队员要紧逼防守,限制其投篮、突破、传球。对于近球者,采用积极的错位防守,不让其接球。弱侧的防守:要回撤篮下保护、协防,同时注意抢断高吊球,及时堵截对方的背插和溜底线。

防掩护和进攻的配合方法:当对方进行掩护进攻时,运用挤过配合,尽量不要换防,尤其是中锋与外围队员之间的掩护更是如此。防止出现大防小、小防大的局面。如果外围队员在弱侧区进行掩护时,可采用交换配合或穿过配合。

防中锋进攻的配合方法:防守中锋进攻的关键是阻止中锋接球。一旦中锋接到球,应及时围夹迫使中锋将球传到外围。

防移动进攻的配合方法:移动进攻的特点是在球不断转移的过程中,无球队员利用连续掩护和个人技术摆脱防守,连续切入篮下接球进攻。因此,防守时要做到积极移动,选位及时、准确、控制进攻的传球速度,堵截进攻队员的移动路线,延缓其进攻速度,为防守选位争取时间。当进攻队员掩护时,酌情采用挤过、穿过、交换等配合方法,以破坏对方的进攻配合。

(2)半场扩大人盯人防守。

①半场扩大人盯人防守的作用及运用时机。当对方外围投篮准确而突破能力及全队的整体进攻配合质量较差时,采用半场扩大人盯人防守可有效地遏制对方的习惯打法。这种防守战术有时也用于加强外线防守、切断内外联系,使中锋没有获球机会,从而达到"制外防内"的防守效果。因此,这是一种防守目的明确,主动性、攻击性很强的防守方法。但由于扩大了防区,运动员的体能消耗很大,不利于协防,容易出现漏人现象。

②半场扩大人盯人防守的方法。由攻转守时,防守队员应首先控制对方的反击速度,迅速退回后场,当持球队员进入前场时,防守队员应立即紧逼防守,减缓其进攻速度,阻止其运球突破。防无球队员应及时选位,以防止对手接球或切人。

③半场人盯人防守的基本要求。贯彻以人为主的防守原则,对持球队员必须采用平步贴身紧逼防守姿势,扩大防守面积,积极拼抢,不给对方轻易投篮、突破和传球的机会,一旦被对手突破,必须追防。对无球队员要错位防守,做到人、球、区兼顾,重在敢于对抗堵截其向球移动和空切篮下的路线。

由于防区扩大,比赛的强度增加,要求队员有充沛的体力和良好的意志品质,比赛中要正确观察、判断场上的攻守情况,在防守选位时,要做到"人动我动,球动我动",在严密控制对手的基础上随时准备协防、补防、夹击、断球及防掩护等,充分体现防守的整体性、主动性和攻击性。

防守分工时,通常以跳球时的站位分工,也可按照赛前准备会有针对性地进行分工防守。

2. 进攻半场人盯人防守

(1)进攻半场人盯人防守战术配合的方法。①选用合理的落位阵地。根据队员的身体条件、技术特点和战术素养来选择能够充分发挥本队特点的进攻阵型。最常见的进攻落位阵型有:单中锋进攻的"2—3"阵型和"2—1—2"阵型、双中锋进攻的"1—2—2"阵型;无固定中锋的"1—2—2"中锋位于高策应区的"1—4"阵型、双中锋纵向站位的"1—3—1"等。②通过中锋以掩护为主的配合方法。③通过中锋以策应、掩护、空切、突分为主的进攻配合方法。④掷前场界外球的固定配合方法。

(2)进攻半场人盯人防守战术的基本要求。①从实际出发,合理地组织阵型,充分发挥本队进攻特点和个人的技术特长,利用基础配合组成全队的进攻战术。②做到在移动中相互配合,有目的地连续穿插、掩护、换位。配合中着重于主要的攻击区域和攻击点,点面结合,内外结合,强调进攻中的灵活性和机动性。注意攻守平衡。③组织冲抢前场篮板球,提高攻守转换速度。④进攻中抓住对方防守的薄弱环节,实施强攻。

(四)全场紧逼人盯人防守

全场紧逼人盯人防守是指由攻转守时每个队员立即看守住邻近的对手,并在全场范围内紧紧盯住对手,以个人积极的防守和全队的协同配合,破坏对方进攻,达到转守为攻的一种攻击性和破坏性很强的防御战术。这种战术防守移动面宽,争夺激烈,速度快,强度大,配合意识要求高,能充分发挥队员的特长和有效地制约对方活动,打乱对方部署和习惯打法,造成对方心理紧张和技术失误,从而取得竞赛的主动权。

(1)全场紧逼人盯人防守战术对运用时机。一般常见的时机是:突然改变战术,出其不意、攻其不备,以达到扩大战果或挽回败局的目的时;身材矮小,但速度快、灵活性较好的队,与身材高大的队比赛,为摆脱篮下被动局面时;对方中投准,控制球能力和突破能力较差,不善于进攻时;对方体力较差,为消耗对方体力时。

(2)全场紧逼人盯人防守对基本要求:①统一思想,统一行动,积极主动,加强协作。②由攻转守,要迅速就近找人,抢占有利的防守位置,紧逼自己的对手,同时注意场上情况,及时协防。③防守无球队员时,以控制对手接球为主,要及时抢占有利的防守位置,迫使对手向远离球的方向移动;当同伴被突破时,要果断地进行堵截和补防。④防守运球的队员,首先不让对方突破,若被对方突破,也要尽量做到堵中放边,迫使对手沿边线运球并在边角停球,制造夹击机会。防掩护配合时,力争抢过和穿过防守,尽量减少交换防守。⑤要设法诱使对手长传或高吊球,制造抢断球机会。

(五)进攻全场紧逼人盯人防守

进攻全场紧逼人盯人防守,首先要对这种防守战术的特点和规律有充分的了解,并针对个人防守面积大,队员分散,不利于协防的弱点,由守转攻时争取在对方未组成集体防守布局时,迅速发动进攻;要迅速摆脱防守,利用传切、突分、掩护、策应等配合,不断加强对防守的压力,或以进攻半场人盯人防守配合为基础有目的地展开全场攻击,争取比赛的主动权。

(1)进攻全场人盯人防守的基本要求:①用全场紧逼人盯人防守时,首先要沉着、冷静,按原部署有目的地组织进攻。②抓住战机,力争组织快速反击,把球推进到前场。③运球时要选好突破方向,不能在边角停球,以免对手夹击。接球队员要迎前接球,同时观察场上情况,及时把球传给进攻机会最好的同伴。④进攻队员在场上的落位要保持一定的距离,拉大防区,避免对方协防和夹击。掌握好进攻节奏,无球队员要多穿插,连续进行传切、空切、掩护、策应等配合,制造对方防守上的漏洞,创造突破和以多打少的机会。⑤如遇夹击,持球队员要抢在被夹击之前把球传出,若来不及传球,要注意保护好球,尽可能利用跨步、转身扩大活动范围,力争把球传出。邻近的同伴应及时迎上接应,帮助持球同伴摆脱夹击。⑥进攻传球要短而快,避免横向传球,尽量少用高吊球和长传球。

(2)进攻全场紧逼人盯人防守的方法。进攻全场人盯人防守的方法很多,从进攻的形式上可归为两类:一类是快速进攻法,另一类是"逐步"进攻法。①快速进攻法是指由守转攻时动用快攻战术展开攻击的方法。它是破坏全场紧逼人盯人防守最有效的方法。②"逐步"进攻法是指由守转攻没有快速反击机会时,队员迅速落位,有目的地运用传切、突破、掩护、策应等配合去突破对方紧逼人盯人防守的方法。

(六)区域联防战术与进攻区域联防

区域联防是由攻转守时,防守队员迅速退回后场,每一个队员分工负责协同防守一定的区域,随着球的转移而积极地调整自己的位置,形成一定的阵型,把每一个防区的同伴有机地结合在一起所组成的全队防守战术。进攻区域联防是针对区域联防的阵型和变化特点,结合本队的实际情况,组织相应的落位阵型,有目的地通过传球及队员的穿插,破坏对方整体防御部署,创造良好的内外线进攻机会的阵地进攻战术。区域联防与进攻区域联防是一种篮球实战攻防战术体系,是在个人与两三人配合攻防策略与方法基础之上更为高级与强悍的全队攻防战术手段,其中蕴含着丰富的理论与实践内容。

1.区域联防

现代联防防守战术的特点是,防守队员以防人为主,随着球的转移和进攻队员的穿插移动,不断地选择有利的防守位置,对有球区域以多防少,无球区域以少防多。在防守区域内,其主要任务是监视和限制进攻队员的活动,做到防人为主,人球兼顾。

当对方外围中、远距离投篮较差,内线队员攻击力较强时,运用区域联防能够发挥集体防守的优势,弥补本队个人防守技术不足,限制对方的内线进攻,减少本方犯规,有利于组织抢后场篮板球发动快攻。当前,区域联防战术已扩大了防区,从单一的固定防守阵型向着综合多变的方向发展,并经常采用轮转换位、紧逼、夹击等手段,形成了"一攻一守"对位区域联防,使区域联防战术更具有针对性、攻击性、综合性特点。

(1)区域联防的一般阵型有"2—1—2"阵型(如图 5 - 1 - 28 所示)、"2—3"阵型(如图 5 - 1 - 29所示)、"3—2"阵型(如图 5 - 1 - 30所示)和"1—3—1"阵型(如图 5 - 1 - 31所示)。

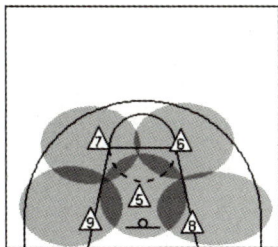

图 5 - 1 - 28

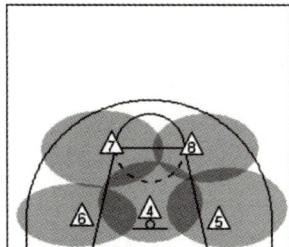

图 5 - 1 - 29

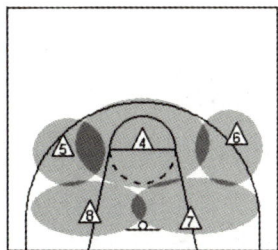

图 5 - 1 - 30

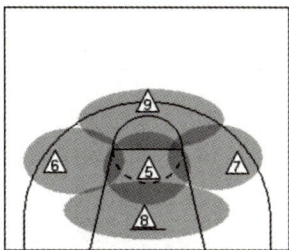

图 5 - 1 - 31

当采用"2—1—2"阵型联防时,前排两名防守队员重点防守外围投篮及突破,位于中间防守的中锋主要控制对方中锋在限制区的活动,后排两名防守队员守住篮下两侧,尽力封锁进攻队员在两侧接球投篮和底线切入突破篮下的攻击行动。在完成个人防守任务同时保持成队阵型随球移动,向球移动,协防并随时准备争抢篮板球。

区域联防是一种加强篮下防守,依靠整体防守弥补本队个人防守技术差,体力不足,篮下缺少高大防守队员,特别是对方外围投篮不准时采用的防守战术。采用区域联防战术必须要掌握好几个环节,首先是进攻结束时,对方获球后退守布阵要快,防止对方快攻,其次是保持稳固的篮下阵地防守,限制对方在篮下的移动和突破,再次是通过合理的移动封盖对方中远距离投篮;最后是在对方进攻投篮结束时有效控制篮板球。

区域联防战术的训练,应在明确战术指导思想、加强移动步伐灵活性和快速滑步技术训练的基础上,进行局部二对二"保护"和"关门"练习,针对进攻队员来回传球,进行有球上步紧逼防守,无球后撤保护,通过两人"关门"的练习提高防守队员防守和"保护"意识。

当局部防守位置明确,移动防守"关门""保护"战术配合意识形成后,可进行四对四的补位练习,训练防守队员掌握"有球紧""无球松",有球一侧以多防少,无球一侧以少防多的防守原则,练习时四名进攻队员在外围传球,防守者根据个人位置和防区,通过滑步随球移动,当防持球者移动后,其他队员相应改变防守位置,保持整体联防队形,使同伴的"保护""关门"配合能力得到提高。

区域联防战术配合训练,主要通过五对五针对性训练完成,特别是:协防中锋的训练,除中锋对中锋的防守训练外,同伴间要根据球的转移采取提前防守和收缩围守等方法形成整体力量,处理好防人与防区、防里与防外、防投与防突的关系,真正形成有松有紧,有轻有重,局部以多防少的整体稳固的体系。

(2)区域联防的基本要求:①由攻转守时,封一传,堵接应,争取时间迅速退回后场,站好区域联防。②根据区域联防的特点和队员的身体、技术特长,合理地分配防区。把移动速度快的队员放在外线防守,把身材高大补防能力强、善抢篮板球的队员分配在内线防守。③防守持球队员时执行盯人防守的原则,积极干扰和破坏对方的投篮、传球、运球和突破。④对无球区域的防守也要贯彻以防人为主,球、区兼顾的要求,当无球队员通过溜底线、背插、纵切等方式进入自己的防区时,要先卡位,堵防第一接球点,然后护送出自己的防区交给同伴防守。⑤防守中,随时准备协助同伴进行关门、夹击、补防等配合,特别对篮下攻击能力较强的内线队员必须进行围守。⑥要根据对方的进攻变化,随时准备调整防守阵型。

2.进攻区域联防

进攻区域联防是篮球进攻战术体系中的重要组成部分。

(1)进攻区域联防的阵型。针对区域联防的阵型,而采用相应的进攻阵型。确定阵型的原则是根据进攻的点、面,合理部署队员占据联防的薄弱地区,避免与防守队员形成一对一的站位,在局部区域形成以多打少的优势,并始终保持攻守平衡。常用的落位阵型有"1—2—2"阵型、"1—3—1"阵型、"2—1—2"阵型、"2—3"阵型等。

(2)进攻区域联防的基本要求:①提高由守转攻的速度,在防守阵型尚未形成以前,抓住战机发动快攻。②根据区域联防的特点,占据防守薄弱区域,快速转移球和频繁穿插,调动防守,使防守顾此失彼,创造以多打少和连续进攻的机会。③组织中、远距离投篮,使对方扩大防区,给内线进攻创造机会。④运用策应、溜底线、背插、掩护、突分等配合破坏防守整体布局,创造投篮机会。⑤积极组织拼抢前场篮板球,争取补篮和二次进攻。保持攻守平衡,随时准备退守。

五、篮球比赛的规则介绍

(一)篮球比赛的主要规则

1.一般规则

(1)篮球比赛的定义。每场篮球比赛由两个队参加,每队出场5名队员。每队的目标是在对方球篮得分,并阻止对方得分。

(2)比赛的胜者。在比赛时间结束时得分较多的队,将是比赛的胜者。

(3)比赛场地。比赛场地应是一块平坦且无障碍物的硬质地面。从界线的内沿丈量,其尺寸是长28米、宽15米。所有的线应用白色画出,宽5厘米并清晰可见。

（4）比赛时间。比赛应由 4 节组成，每节 10 分钟。每一决胜期为 5 分钟。第 1 节和第 2 节（上半时）之间，第 3 节和第 4 节（下半时）之间及每一决胜期之前，均有 2 分钟的比赛休息时间，两个半时之间的比赛休息时间应是 15 分钟。

（5）交错拥有。交替拥有是以掷球入界而不是以跳球来使球成活球的一种方法。

（6）球中篮和它的得分值。当活球从上方进入球篮并停留在球篮内或穿过球篮时，是球中篮。球进入对方的球篮，如是一次罚球得 1 分，如是从 2 分投篮区投篮得 2 分，如是从 3 分投篮区投篮得 3 分。如果队员"意外"地将球投入本方球篮，中篮得 2 分，此得分登记在对方场上队长名下；如果队员"故意"地将球投入本方球篮，这是违例，中篮不计得分；如果队员使球整体从下方穿过球篮，这是违例。

（7）暂停。每队可准予在上半时（即第 1 节和第 2 节）2 次暂停，在下半时（即第 3 节和第 4 节）3 次暂停。但在第 4 节的最后 2 分钟内，最多可 2 次暂停。每一决胜期 1 次暂停，每次暂停时间为 1 分钟。

（8）队员个人犯规。如一名队员发生侵人犯规和技术犯规累计已达 5 次时，裁判员应通知该队员，其必须在 30 秒钟内被替换。

（9）全队犯规。在某一节比赛中，某队全队队员犯规累计已达 4 次时，该队将处于全队犯规处罚状态。所有随后发生的对攻方未做投篮动作队员的一般性质的侵人犯规（除违反体育道德的犯规、技术犯规、取消比赛资格犯规和控制球队队员犯规等外），都应判给攻方被侵犯队员 2 次罚球，从而替代了攻方的掷球入界权利。

（二）常见违例

违例是违反规则的行为。罚则是将球判给对方队员在最靠近发生违例的地点掷球入界，但正好在篮板后面的地点除外。

1．队员出界、球出界和使球出界的队员

当队员身体的任何部分接触界线上方、界线上或界线外的除队员以外的地面或任何物体时，即是队员出界。当球触及了：①界外的队员或任何其他人员时；②界线上方、界线上或界线外的地面或任何物体时；③篮板支撑架、篮板背面或比赛场地上方的任何物体时，是球出界。

在球出界及球触及了除队员以外的其他物体而出界之前，最后触及球或被球触及的队员是使球出界的队员。如果球出界是由于触及了界线上或界线外的队员或被他所触及，是该队员使球出界。

2．两次运球

当在场上已获得控制活球的队员将球掷、拍、滚、运在地面上，或故意将球掷向篮板并在球触及另一名队员之前再次触及球时为运球开始；当队员双手同时触及球，或允许球在一手或双手中停留时运球结束。队员第一次运球结束后不得再次运球，如再次运球则是两次运球。除非在两次运球之间，由于下述原因其在场上已失去了控制活球：①投篮；②球被对方队员触及；③传球或漏接，然后触及了另一队员或被另一队员触及。

3.带球走

当队员在场上持着一个活球,其一脚或双脚超出规则所述的限制,向任一方向非法移动是带球走。判断带球走的关键是确定持球队员的中枢脚。中枢脚确立方法及行进时的规定如下。

(1)对在场上接住活球的队员中枢脚的确立方法:①双脚站在地面上时:一脚抬起的瞬间,另一脚即成为中枢脚。②移动时:如果一脚正触及地面,该脚成为中枢脚。如果双脚离地和队员双脚同时落地,一脚抬起的瞬间,则另一脚成为中枢脚。如果双脚离地和队员一脚落地,该脚即成为中枢脚;如果队员跳起一只脚并双脚同时落地停止,那么,哪只脚都不是中枢脚。

(2)对在场上控制了活球并已确立中枢脚的队员带球行进时的规定。①双脚站在地面上时:开始运球,在球离手之前中枢脚不得抬起。传球或投篮,队员可跳起中枢脚,但在球出手之前任一脚不得落回地面。②移动时:传球或投篮,队员可跳起中枢脚并一脚或双脚同时落地。但一脚或双脚抬起后在球出手之前任一脚不得落回地面。开始运球,在球离手之前中枢脚不得抬起。③停止时:开始运球,在球离手之前双脚都不得抬起。传球或投篮,一脚或双脚可抬起,但在球出手前不得落回地面。

(3)当队员跌倒、躺或坐在地面上时的规定。①当一名队员持球时跌倒和在地面上滑动或躺或坐在地面上时获得控制球是合法的。②如果之后该队员持着球滚动或试图站起来是违例。

4.3秒钟违例

当某队在前场控制活球并且比赛计时钟正在运行时,该队的队员不得停留在对方队的限制区内超过持续的3秒钟,否则为违例。

5.被严密防守的队员违例

一名队员在场上正持着活球,这时对方队员采用积极的、合法的防守姿势,距离不超过1米,该队员视为被严密防守。一名被严密防守的队员必须在5秒钟内传、投或运球,否则为违例。

6.8秒钟违例

当一名队员在其后场控制活球时,或在掷球入界中,球触及后场的任何队员或者被后场的任何队员合法触及,掷球入界队员所在队仍拥有在后场的球权时,该队必须在8秒钟内使球进入其前场,否则为违例。

7.24秒钟违例

当一名队员在场上获得控制活球时,或在一次掷球入界中,球触及任何一名场上队员或者被他合法触及,掷球入界队员所在的球队仍然控制着时,该队必须在24秒钟内尝试投篮。在进攻计时钟的信号发出前,球必须离开队员的手而且球离开了队员的手后,必须触及篮圈或进入球篮,否则为违例。

8.球回后场违例

在前场控制活球的队,不得使球非法地回到它的后场,否则为违例。宣判球回后场违例必须符合以下 3 个条件:①该队在前场已控制球。②该队队员在前场最后触及球。③球回后场后,该队队员最先触及球。

9.掷球入界违例

(1)当发生下列情况时,为掷球入界队员违例。①超过 5 秒钟,球才离手。②球在手中时,步入比赛场地内。③掷球入界的球离手后,使球触及界外。④在球触及另一队员前,在场上触及球。⑤直接使球进入球篮。⑥在球离手前,从界外指定的掷球入界地点,在一个或两个方向上横向移动总距离超过 1 米。然而,只要情况许可,掷球入界的队员从界线后退多远都可以。

(2)当发生下列情况时,为除掷球入界队员外的其他队员违例。①在球被掷过界线前,将身体的任何部位越过界线。②当掷球入界地点的界线外任何障碍物和界线之间少于 2 米时,靠近掷球入界队员在1 米之内。

10.脚踢球和拳击球违例

队员不能故意踢或用腿的任何部分阻挡球或用拳击球,否则是违例。然而,球意外地接触到腿的任何部分,或腿的任何部分意外地触及球,不是违例。

11.罚球违例

(1)当发生下列情况时,为罚球队员违例。①可处理球后,球离手的时间超过 5 秒。②球进入篮或触及篮圈前,该队员触及罚球线或进入限制区。③球未触及篮圈也未进入球篮。④做发球的假动作。

(2)当发生下列情况时,为在分位区站位的队员违例。①占据他们无权占据的分位区。②在球离开罚球队员的手前,进入限制区、中立区域或离开他的分位区。③用他的行为扰乱罚球队员。在球进入篮或触及篮圈前,未在分位区内的其他队员不得越过就近的罚球线延长线和3 分投篮线,否则为违例。

（三）常见犯规

含有与对方队员的非法身体接触和(或)违反体育道德的举止的行为是犯规。罚则是登记每一犯规者的犯规并进行相应的处罚。

1.侵人犯规

无论在活球还是死球的情况下,攻守双方队员发生的非法身体接触的犯规是侵人犯规。队员不应通过伸展手、臂、肘、肩、髋、腿、膝、脚或将身体弯曲成"不正常的姿势"(超出他的圆柱体)去拉、阻挡、推、撞、绊对方队员,或阻止对方队员行进,也不得放纵任何粗野或猛烈的动作。当防守控制(正持球或运球)球的队员时,时间和距离的因素不适用;但当防守不控制球的队员时,时间和距离的因素应适用。

罚则:①均应登记犯规队员一次侵人犯规。②如果对未做投篮动作的队员发生犯规:如果犯规的队此时未处于全队犯规处罚状态(即该队本节全队累计犯规次数少于或等于4次),则由非犯规的队在最靠近违犯的地点掷球入界重新开始比赛。如果犯规的队此时已处于全队犯规处罚状态(即该队本节全队累计犯规次数已超过4次),则由被侵犯的队员执行2次罚球后重新开始比赛,从而代替掷球入界。但控制球队犯规、技术犯规、违反体育道德的犯规和取消比赛资格的犯规等除外。如果对正在做投篮动作的队员发生犯规,应按下列所述判给投篮队员若干罚球:如果投篮成功,应计得分并追加1次罚球。如果投篮不成功,则应根据投篮队员的投篮区域,判给相应的2次或3次罚球。

2.双方犯规

双方犯规是两名互为对方的队员大约同时相互发生侵人犯规的情况。

罚则:应给每一犯规队员登记一次侵人犯规,不判给罚球。

3.技术犯规

没有身体接触的犯规是技术犯规。队员和球队席人员均可能发生技术犯规。

(1)主要行为表现:①无视裁判员的警告。②无礼地触碰裁判员、技术代表、记录台人员或球队席人员。③与裁判员、技术代表、记录台人员或对方队员交流中没有礼貌。④使用很可能冒犯或煽动观众的粗话或手势。⑤戏弄对方队员或在他的眼睛附近摇手妨碍其视觉。⑥过分挥肘。⑦在球穿过球篮之后故意地触及球或阻碍对方迅速地掷球入界以延误比赛。⑧跌倒以"伪造"一次犯规。⑨悬吊在篮圈上,致使队员的重量由篮圈支撑。除非扣篮后,队员瞬间地抓住篮圈,或者根据裁判员的判断,他正试图防止自己受伤或另一名队员受伤。⑩在最后一次或仅有一次的罚球中防守队员干涉得分。

(2)罚则:①队员技术犯规:登记该队员一次技术犯规,并计入全队犯规次数中。②球队席人员技术犯规:登记该队教练员一次技术犯规,但不计入全队犯规次数中。③判给由对方教练员指定的队员1次罚球,随后控制球球队在记录台对侧的中线延长线掷界外球。

4.违反体育道德的犯规

根据裁判员的判断,一名队员不是在规则的精神和意图的范围内合法地试图去直接抢球而发生身体接触的犯规是违反体育道德的犯规。

(1)主要行为表现:①在努力抢球中,一名队员造成过分的、严重的身体接触。②防守队员试图阻止一次快攻,从对方队员身后或侧面造成身体接触,并且在进攻队员和对方球篮之间没有防守队员。③在第4节和每一决胜期的最后2分钟,当掷球入界的球在界外并且仍在裁判员手中,或掷球入界队员可处理时,防守队员对进攻队员造成身体接触。

(2)罚则:①应给犯规队员登记一次违反体育道德的犯规。②应判给被侵犯的队员相应的罚球,以及随后在记录台对侧的中线延长线掷球入界,或在中圈跳球开始比赛。③当1名队员在同一场比赛中,被宣判了2次违反体育道德的犯规时,应被取消比赛资格。

5.取消比赛资格的犯规

队员或球队席人员的任何恶劣的违反体育道德的行为是取消比赛资格的犯规。

罚则:①登记犯规队员一次取消比赛资格的犯规,并令其在比赛期间到该队的休息室或离开比赛场地。②判给对方相应的罚球次数及随后在记录台对侧的中线延长线掷球入界，或在中圈跳球开始比赛。

6.手势宣判程序

(1)发生违例时手势宣判的程序：①停止计时钟。②出示违例性质(当发生球出界时，没有此手势)。③出示比赛方向。

(2)发生一般性质犯规时手势宣判的程序：①停止计时钟。②出示罚球次数或指向地面。③跑至离记录台6～8米处，且能让记录员看清的位置停住。④出示犯规队员号码，并停留几秒钟。⑤出示犯规类型。⑥出示罚球次数或比赛方向。⑦跑至比赛将重新开始的合适位置。

(3)发生一般性质犯规并出现投球中篮时手势宣判的程序：①停止计时钟。②出示2分或3分投篮成功或取消得分。③出示罚球次数或指向地面。④跑至离记录台6～8米处，且能让记录员看清的位置停住。⑤出示2分或3分投篮成功或取消得分。⑥出示犯规队员号码，并停留几秒钟。⑦出示犯规类型。⑧出示1次罚球或比赛方向。⑨跑至比赛将重新开始的合适位置。

(4)发生带球撞人或掩护犯规时手势宣判的程序：①停止计时钟。②控制球队犯规(指向犯规队球篮)。③跑至离记录台6～8米处，且能让记录员看清的位置停住。④出示犯规队员号码，并停留几秒钟。⑤出示带球撞人或掩护犯规。⑥控制球队犯规(指向犯规队球篮)。⑦跑至比赛将重新开始的合适位置。

(5)发生双方犯规时手势宣判的程序：①停止计时钟。②出示双方犯规。③跑至离记录台6～8米处，且能让记录员看清的位置停住。④一手指向甲方球队席，出示甲方犯规队员号码，并停留几秒钟。⑤一手指向乙方球队席，出示乙方犯规队员号码，并停留几秒钟。⑥出示进攻方向或跳球(之后根据交替拥有箭头方向)，指出比赛方向。⑦跑至比赛将重新开始的合适位置。

(6)发生队员技术犯规/违反体育道德的犯规/取消比赛资格的犯规时手势宣判的程序：①出示技术犯规/违反体育道德的犯规/取消比赛资格的犯规。②出示罚球次数。③跑至离记录台6～8米处，且能让记录员看清的位置停住。④出示犯规队员号码，并停留几秒钟。⑤出示技术犯规/违反体育道德的犯规/取消比赛资格的犯规。⑥出示罚球次数。⑦一手食指指向中线。⑧跑到比赛将重新开始的合适位置。

第二节 排 球

排球运动是以中间球网为界，在规定的场地上，按一定的规则，双方队员运用排球技术和战术相互攻守，将球击入对方场内以决定胜负的集体攻防对抗的球类运动。

排球运动源于1895年美国麻省好利若城青年会干事威廉·莫根发明的"空中飞球"。1900年排球运动传入亚洲，先后经历了16人制、12人制、9人制和6人制的演变。1917年传入欧洲,在苏联、法国等广泛开展。1947 年国际排球联合会成立,排球运动发展为世界性体育项目。1905 年排球运动传入中国,1951 年中国举办了第一届全国排球赛;20 世纪 60 年代,中国的排球技术、战术都有了较快发展,进入 80 年代,中国女排在世界大赛中曾创下了"五连冠"的光辉成绩。

一、排球运动的基本技术

排球运动的基本技术包括准备姿势与移动、发球、垫球、传球、扣球和拦网。

(一)准备姿势与移动

准备姿势与移动是排球运动的基本技术之一,是完成各项有球技术的前提和基础,并对各项有球技术的运用起串联和纽带作用。

1.准备姿势

按照身体重心的高低,准备姿势可分为半蹲准备姿势、稍蹲准备姿势和低蹲准备姿势。

(1)半蹲准备姿势:两脚左右开立稍比肩宽,一脚在前,两脚尖稍内收,两膝弯曲成半蹲。脚跟稍提起,身体中心稍前倾,两臂放松,自然弯曲,双手置于腹前。身体适当放松,两眼注视来球,两脚始终保持微动。

(2)稍蹲准备姿势:稍蹲准备姿势比半蹲准备姿势身体重心稍向前移,两膝弯曲程度小于半蹲准备姿势。动作方法与半蹲准备姿势基本相同。

(3)低蹲准备姿势:两脚左右、前后开立的距离比半蹲准备姿势更宽一些,两膝弯曲程度更大一些,身体重心更低、更靠前,膝部的垂直线超过脚尖,两手臂置于胸腹之间。

2.移动

从起动到制动的过程称为移动。移动的目的主要是及时接近球,保持好人与球的位置关系,以便击球。迅速的移动可占据场上的有利位置,争取时间和空间。队员能否及时移动到位,直接影响着技战术的质量。移动由起动、移动步法和制动 3 个环节组成。

(1)并步移动:当来球距身体一步左右时可采用并步移动,如向前移动时,则后腿蹬地,前脚向来球方向跨出一步,后腿迅速跟上做好击球准备。

(2)交叉步移动:当来球距离身体 2 米左右时,可以使用交叉步。以向右为例,上体稍向右转,左脚从右脚前面向右迈出一步,右脚再迅速向右迈出一步落在左脚的右边,同时身体向来球方向转动,做好击球前的准备姿势。

3.练习方法

(1)原地做模仿练习。
(2)利用不同方向、不同距离、不同高度的抛球,让学生练习步法移动接球。
(3)看手势做向前、向后、向左或向右的一步和两步移动。

(二)发球

在发球区内由自己抛球,并用一只手将球直接击入对区的技术动作称为发球,发球是比赛的开始,也是进攻的开始。发球的方法很多,这里重点介绍正面下手发球、正面上手发球和侧面下手发球技术。

1.正面下手发球

正面下手发球技术如图5-2-1所示。

(1)准备姿势。面对球网,两脚前后开立,左脚在前,两膝弯曲,上体前倾,左手持球于腹前。

(2)抛球。左手将球轻轻抛起在体前右侧离手约一球高度,同时右臂伸直后摆。

(3)击球。击球时,右脚蹬地,手臂以肩为轴,由后经体侧直臂向前摆动,在腹前以掌根击球后下部。击球后,随身体重心前移迅速入场比赛。

图5-2-1

2.正面上手发球

正面上手发球均以右手为例,如图5-2-2所示。

图5-2-2

(1)准备姿势。面对球网,两脚自然开立,左脚在前,左手托球于体前。

(2)抛球与引臂。左手将球平稳地抛于右肩前上方,同时右臂抬起,屈肘后引,肘部与肩平,上体稍向右侧转动,抬头、挺胸、展腹、手掌自然张开。

(3)挥臂击球。击球时,利用蹬地使上体向左转动,同时收腹,带动手臂向前上方快速挥动。在右肩前上方伸直臂的最高点,用全手掌击球的后中部。手触球时,手指和手掌要张开并与球相吻合,手腕要迅速做推压动作,使击出的球呈上旋飞行。击球后,随着身体重心前移,迅速入场。

3.侧面下手发球

侧面下手发球如图5-2-3所示。

图 5－2－3

（1）准备姿势。左肩对网，两脚左右开立，约与肩同宽，两膝微屈，重心落在两脚之间，上体稍前倾，左手持球于腹前。

（2）抛球。左手将球垂直上抛在身体正前方，离胸前约一臂之距，球离手约一个半球距离。在抛球的同时，右臂摆至右侧后下方。

（3）摆臂击球。利用右脚蹬地向左转体的力量，带动右臂向前上方摆动，在体前腹部高度用全掌、虎口或掌根击球后下方。

4.发球的练习方法

（1）徒手模仿练习或击固定球练习，用以体会协调用力和挥臂动作的要领。

（2）抛球练习。左手持球，反复做抛球动作，要求掌心向上，平稳地向上抛球，使球不旋转。

（3）对挡网或对墙做发球练习，距离 3 米左右，抛球后做完整的发球动作把球发向挡网或墙，高度 3 米左右。

（4）发直线、斜线、前场、后场或指定区域发球。

（5）端线后发球，掌握正确的发球动作。

5.常犯错误与纠正方法

发球技术中常犯错误与纠正方法见表 5－2－1。

表 5－2－1 常犯错误与纠正方法

序号	常犯错误	纠正方法
（1）	抛球不急，高低不当	练习平稳向上抛球
（2）	挥臂太慢	练习徒手快速挥臂
（3）	抛击配合不协调	听口令按节奏练习抛击配合
（4）	击球用不上全身力量	做掷球动作，体会全身用力

（三）垫球

垫球是排球运动的基本技术之一，是防守的主要手段，也是组织进攻的基础。垫球主要用于接发球、接扣球及拦回球。

1.正面双手垫球

正面双手垫球是各项垫球技术的基础,也是最常用的一种垫球技术(如图5-2-4所示)。

(1)准备姿势。面对来球,呈半蹲或稍蹲准备姿势。

(2)垫球手形。两手掌根相靠,手指重叠,手掌互握,两拇指平行前伸,手腕下压(如图5-2-5所示)。

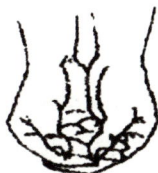

图5-2-4   图5-2-5

(3)垫球动作。当球飞到腹前约一臂距离时,两臂夹紧前伸,插入球下,向前上方蹬地抬臂,以全身协调动作迎向来球,身体重心随击球动作稍向前移。

垫球动作要领可归为插、夹、提、蹬四个字。插:两臂插到球下。夹:两臂夹紧形成平面,含胸收肩。提:提肩送臂,重心前移,腰髋前跟。蹬:支持平稳,顺势前蹬。

(4)击球点。保持在腹前一臂左右距离击球,便于调整手臂角度,控制用力大小方向。

(5)击球部位。利用前臂手腕关节以上10厘米左右的两小臂桡骨内侧所构成的平面击球的后下部(如图5-2-6所示)。

图5-2-6

2.侧面垫球

在接发球和防守时,身体来不及正对球时采用。当球飞来时,向来球一侧做侧弓步,同时两臂并拢伸出,同侧肩上提,臂夹紧内旋对准来球,在体侧用前臂击球后下部,配合蹬地转腰收腹的协调动作将球垫出(如图5-2-7所示)。

图5-2-7

3.垫球的练习方法

(1)徒手练习,随口令做原地垫球动作;看教师手势做前后、左右移动垫球。

(2)垫固定球一人双手持球于腹前,另一人体会手臂触球部位的用力。

(3)连续垫球,两臂抬平向上自垫时注意用身体协调力量;对墙垫球时,要求手臂角度固定,用力适当,控制球的高度。

(4)两人一组,一抛一垫,两人距离由近到远,一人抛,一人原地垫球,然后过渡到移动垫球。

(5)转方向垫球,练习时队员应判断来球方向,选好垫球位置,面对垫球方向,控制垫球弧度和力量。要尽量快速移动,争取正面垫球。

(6)两人相距7~8米,一掷一垫或一发一垫一传。

(7)2~4人一组,相距9米以上,一人发球或抛球,另外的人轮流接发球,要求做好准备姿势,对正来球后垫击球。

(8)3人一组进行发、垫球或隔网一人发球、一人传球、一人垫球。

(9)6人站位接发球练习。

4.常犯错误与纠正方法

垫球技术中常犯错误与纠正方法见表5-2-2。

表5-2-2　常犯错误与纠正方法

序号	常犯错误	纠正方法
(1)	两臂与身体夹角太小	做向上自垫球练习,手臂抬至与地面平行
(2)	不能协调用力、两臂撩球	对墙用身体蹬地伴送力量垫球
(3)	垫击部位不准确	多做移动后插入球下练习,体会前臂垫击部位
(4)	两臂垫击角度不佳	练习根据不同来球采用不同垫击角度

(四)传球

传球是排球比赛中的防守和反攻的衔接技术,它的好坏直接影响战术配合的质量,关系到扣球效果。传球技术动作分为正传、背传、侧传和跳传。传球技术主要用于二传,也可用于其他传球。

1.正面双手传球

正面双手传球是传球中最基本的方法,也是掌握和运用其他传球技术的基础(如图5-2-8所示)。

图 5－2－8

（1）准备姿势。用稍蹲准备姿势，身体站稳，上体适当挺起看球，双手自然抬起置于脸前。

（2）迎球或击球。当来球接近额前时，开始蹬地、伸膝、伸臂、两手微张从脸前向前上方迎球。击球点在额前上方约一球距离处。

（3）手型。当手触球时，两手自然张开呈半球，使手指与球吻合，手腕稍后仰，以拇指、食指和中指托住球的后下部，手指、手腕保持适当的紧张，以承担球的压力，两拇指相对，接近"一"字，两手间要有一定距离（不超过球的直径）。用拇指内侧、食指全部、中指的二三指接触球，无名指和小指在球的两侧辅助控制传球方向。两肘适当分开，两前臂之间约成 90°。

（4）用力。传球动作是由多种力量合成的，如伸臂力量、手指、手腕的反弹力量、身体伸腿蹬地的力量主动屈指屈腕的力量及球的弹力等。正面传球的主要靠伸臂的力量，配合蹬地的力量，通过球压在手上使手腕所产生的反弹力将球传出。

运用正面双手传球，可以传正面一般拉开球、传正面集中球（包括传小夹角球、传大夹角球、传平冲来球、传近网高球、传低球）。

2.传球练习方法

（1）对篮板或墙固定位置传球。

（2）自传高度 2～3 米的球。

（3）自传高低结合的球（高为 3 米以上，低为刚刚离手）。

（4）沿排球场线边移动，边传球。

（5）两人对传，传球弧度一高一平。

（6）两人对传，自传一次，然后再传给对方。

3.常犯错误与纠正方法

传球技术中常犯错误与纠正方法见表 5－2－3。

表 5 - 2 - 3   常犯错误与纠正方法

序号	常犯错误	纠正方法
(1)	找位不及时,对不准来球	多练习移动,保持在脸前接球
(2)	手型不正确	①用传球手型接球,体会手型; ②用一定距离对墙自传球,体会手指触球; ③用篮球传球,强迫将手张开
(3)	用力不协调	①一抛一传,传球后重心移向前脚; ②用蹬地伸臂向前自抛自传远距离球

（五）扣球

扣球是排球的基本技术之一,是得分的主要手段。扣球的成败体现了全队的战术质量和效果,是能否取胜的关键。现代排球运动的扣球技术,已打破位置分工的限制,更多地运用各种变步、变向的助跑起跳,充分利用网长和纵深,采用立体进攻。

1.正面扣球

正面扣球完整技术由准备姿势、助跑、起跳、空中击球和落地 5 部分组成(如图 5 - 2 - 9 所示)。

(1)准备姿势:采用稍蹲姿势,两臂自然下垂,观察来球,做好向各个方向助跑起跳的准备。

(2)助跑:以二步助跑右手扣球为例,助跑时左脚先向前迈出一步,接着右脚再迅速跨出一大步,左脚及时并上,踏在右脚之前,脚尖稍向右转。

图 5 - 2 - 9

(3)起跳:在助跑跨出最后一步的同时,两臂后引,左脚在并上踏地制动过程中,两臂向前摆,配合双脚起跳,用力向上摆动。

(4)空中击球:起跳后挺胸展腹,上体稍向右转、右臂向后上方摆起,身体呈反弓形。挥臂时以迅速转体和收腹动作发力,依次带动肩、肘、腕各关节成鞭甩动作向前上方挥击。击球时五指微屈呈勺形,并保持紧张,以全手掌包满球,掌心为击球中心,击球的后中间,同时主动和力屈腕指向前推压,使扣出的球加速上旋。击球点在起跳的最高点和伸直手臂最高点的前上方。

(5)落地:前脚掌先着地,再过渡到全脚掌着地,顺势屈膝、收腹、缓冲,并控制好下落时的身体平衡。

2.扣球的练习方法

(1)原地做挥臂击球的徒手模仿练习。

(2)助跑起跳练习:助跑起跳挥臂击打树叶。

(3)挥臂和甩腕动作练习:徒手挥臂甩臂练习或挥臂甩臂触一定高度的树叶;设置合适高度的固定球,挥臂抽击;对墙连续扣球练习。

(4)两人一组,相距7~9米,连续做自抛和自扣练习。要求:屈肘高于肩,并向右扭转;扣球在最高处击球;肩、肘、腕的自然放松。

3.常犯错误与纠正方法

扣球技术中常犯错误与纠正方法见表5-2-4。

表 5-2-4   常犯错误与纠正方法

序号	常犯错误	纠正方法
(1)	助跑起跳前冲,起跳点选择不好	①在场地上画出起跳点和落地点; ②助跑起跳掷小皮球或其他球,体会制动与起跳
(2)	助跑起动时机不当	①以口令、信号限制起动时间; ②固定传球高度,减少判断的难度
(3)	击球点保持不好	①改进助跑起跳,把握起跳时机和起跳点; ②扣固定球,体会起跳后击球点的正确位置
(4)	挥臂没有鞭甩的动作	①矮网练习挥臂扣球,体会正确挥臂动作; ②挥臂抽打树叶,体会向上伸臂动作

(六)拦网

拦网是防守的第一道防线,也是得分的重要手段之一。

1.单人拦网

单人拦网技术如图5-2-10所示。

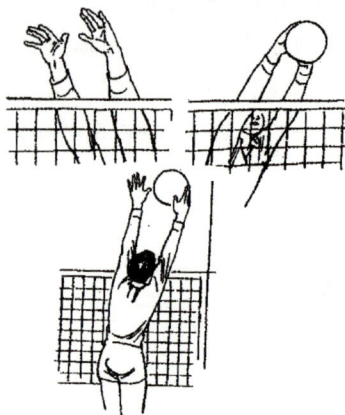

图 5 - 2 - 10

(1)准备姿势：队员面对球网，两脚平行站立，距离 30 厘米左右，约与肩同宽，两膝稍屈，两臂在胸前自然屈肘。

(2)移动：运用并步、交叉点步、跑步移动。

(3)起跳：起跳时重心降低，两膝弯曲，用力蹬地，使身体垂直起跳，起跳技术要与跑步技术相结合。

(4)空中击球：起跳时两手从额前贴近并从平行于球网上沿的前上方伸出，两臂伸直，尽量上提。前臂靠近网，两臂保持平行。拦网时，两臂尽力过网伸向对方上空，两手自然张开，屈指、屈腕呈勺形。当手触球时，两手要突然紧张，手腕用力下压盖住球的前上方。

(5)落地：如已将球拦回，可面对对方，屈膝缓冲，双脚落地。如未拦到球，则在下落时就要随球转头，转身面对后场，做下一个动作的准备。

2.集体拦网

集体拦网有双人拦网和三人拦网两种。集体拦网技术动作除要求具备个人拦网技术外，还应着重注意互相配合。

3.拦网技术的练习方法

(1)原地做拦网徒手练习，体会手向上直伸的拦网动作。

(2)网前做原地起跳拦网和移动起跳拦网的模仿练习。

(3)原地起跳，练习拦网动作。

(4)两人一组相距 1 米对面站立，一人持球于头上，另一人双手上伸做拦网击球动作。当手触球时，五指张开包住球，手腕前屈，两手下压。体会触球时压腕动作。

(5)做向侧跨一步起跳的拦网练习。

(6)两人一组隔网站立，用相同的节奏，做向侧跨步同时起跳的拦网。

4.常犯错误与纠正方法

排球拦网技术中常犯错误与纠正方法见表 5 - 2 - 5。

表 5－2－5　常犯错误与纠正方法

序号	常犯错误	纠正方法
（1）	起跳时机不当	按信号刺激进行起跳练习
（2）	起跳后身体碰网	多练习起跳后的收腹、含胸动作
（3）	拦网时双手扑网	徒手练习提肩直臂屈腕拦击动作
（4）	手离拦网太远	多做原地、移动跳起后双手伸过网的练习

二、排球运动的基本战术

运动员在比赛中，根据排球规则和排球运动的规律及临场竞赛情况的发展变化，有意识地运用合理技术和互相配合所采取的有目的、有针对性的行动就是排球战术。

（一）排球战术的分类

排球战术可分为个人战术和集体战术两大类。

个人战术分为发球个人战术、接发球个人战术、二传个人战术、扣球个人战术、拦网个人战术、防守个人战术 6 个战术系统。

集体战术分为接发球及其进攻（简称一攻）、接扣球及其进攻（防反）、接拦加球及其进攻（保攻）、接传、垫球及其进攻（推攻）4 个战术系统。

（二）阵容配备

阵容配备是指比赛时场上人员的搭配布置。阵容配备的目的是合理地把全队的力量搭配好，更有效地发挥每一个队员的特长和作用。为此，在组织阵容时，应该考虑根据队员的身体素质、技术水平合理安排其在阵容中的位置，把进攻力量强的和防守技术好的队员搭配开，使第一轮次都有较强的进攻能力和较好的防守能力；主攻手、副攻手和二传手分别安插在对称的位置上，以便在轮转时保持比较均匀的攻防力量；根据战术需要和队员间默契程度，把平时配合较好的进攻队员和二传队员安排在相邻的位置上；扣球好的主攻手一开始站在最有利的位置上，如 4 号位；防守好的队员，应站在后排；本方有发球权时，发球好的队员最好站在 1 号位；发球权在对方时，发球好的队员可站在 2 号位；一传较差的队员尽可能不要安排在相邻的位置上，避免形成薄弱地区。

根据各队不同的技术水平和战术特点，一般有以下两种阵容配备。

"四二"配备：即场上两个二传手、四个攻手（其中两个主攻手、两个副攻手），安排在对称的位置上。每一轮次前排都有一个二传队员和两个进攻队员，便于组织前排二传传球的两点进攻和后排二传插上传球的三点进攻。但每个进攻队员必须熟悉两个二传队员的传球特点，配合比较困难（如图 5－2－11 所示）。

"五一"配备:即场上一个二传队员、五个进攻队员。为了弥补有时主要二传队员来不及传球所出现的被动局面,通常在二传队员的对角位置上,配备一名有进攻能力的接应二传队员。二传队员在前排时采用两点进攻,二传队员在后排时采用插上传球的三点进攻,由于前排三个都是攻手,可以加强进攻和拦网的力量。"五一"配备中,全队进攻队员只需适应一名二传队员传球的习惯、特点,容易建立配合间的默契。但防守时,二传队员如在后排,要插上传球,难度较大(如图5-2-12所示)。

图5-2-11

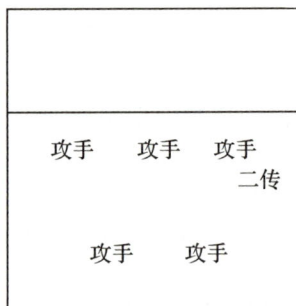

图5-2-12

(三)位置交换

排球规则规定,发球以后,队员在场上可任意交换位置。利用这一规则,各队通常采用专位进攻、专位防守的方法。一般来说,在前排,主攻队员换到4号位,拦网好、移动快、连续起跳能力强的副攻队员换到3号位,二传队员换到2号位。在后排,主攻队员换到5号位,副攻队员换到6号位,二传队员换到1号位。这种位置交换,使队员专位化,便于发挥每个队员的特长,有利于让队员集中学习训练掌握某项实用技术。但专位化也容易造成队员技术的不全面。

换位时应注意:换位前,应按规则的要求站位,防止"位置错误"犯规;当发球队员击球后,立即迅速换到预定位置;对方发球时,应首先准备接球,然后再换位,以免影响接发球;本方发球时,换位队员应面向对方场区,观察对方动态;成死球后,应立即返回原位,及早做好下一个球的准备。

(四)进攻战术

进攻战术是指在接对方发过来、扣过来、拦过来和传、垫过来的球后,全队所采取的有目的、有组织地配合进攻行动。

进攻战术阵形即进攻时所采取的队形。不论是接对方发过来、扣过来、拦过来,还是传、垫过来的球后,进攻时所采用的阵形是基本一致的,有"中二三""边二三""插三二"3种阵形(如图5-2-13所示)。

(1)"中二三"进攻战术阵形:3号位队员作二传,将球传给4、2号位队员进攻的组织形式。其优点是一传向网中 3 号位垫球比较容易,因而有利于组成进攻,适合初学者采用;二传队员在网前接应一传的移动距离近,向 2、4 号位传球的距离较短,容易传准。缺点是战术变化少,对方容易识破进攻意图。

(2)"边二三"进攻战术阵形:2 号位队员作二传,将球传给 3、4 号位队员进攻的组织形式。其优点是右手扣球者在 3、4 号位扣球比较顺手,战术变化较多。缺点是 5 号位接一传时,向 2 号位垫球距离较远;一传垫到 4 号位时,二传传球较为困难。

(3)"插三二"进攻战术阵形:二传队员由后排插上到前排作二传,把球传给前排 4、3、2 号位队员进攻的组织形式。其优点是能保持前排三点进攻,战术配合变化多,并能利用网的全长组织进攻。缺点是对插上二传队员的要求较高。

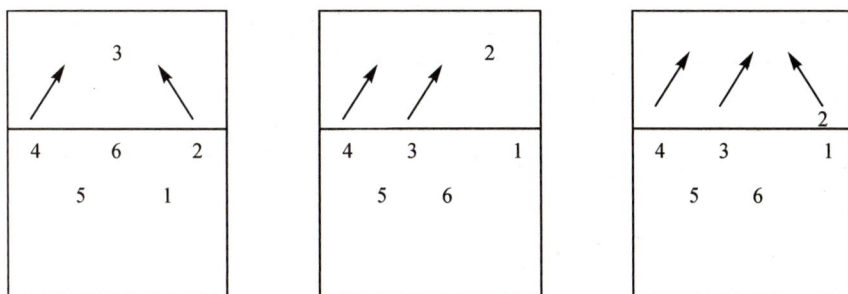

图 5 - 2 - 13

(五)防守战术

排球的防守战术是指组织进攻或反攻战术的基础,没有严密的防守,进攻就无从组织。而一切防守战术都应从积极为进攻和反攻创造条件的角度进行设计和考虑。

1.接发球的防守战术

当对方发球时,本方处于防守地位,也是组织第一次进攻的开始。事先站好位置,摆好阵形,是接好发球的基础。站位的阵形,不仅要有利于接球,也要有利于本方所采用的进攻战术。同时,还要根据对方发球的特点,采取不同的阵形。通常多采用 5 人接发球和 4 人接发球。

(1)5 人接发球站位阵形:除 1 名二传队员站在网前或从后排插上准备二传不接发球外,其余 5 名队员都担负一传任务的接发球站位阵形。其优点是队员均衡分布,每人接发球的范围相对减少;接发球时,已站成了基本的进攻阵形,组织进攻比较方便,适合接发球水平不太高的球队。其缺点是二传队员从 5 号位插上时距离较长,难度大;3 号位队员接球时,不便组成快攻战术;不利于队员间的及时换位;队员之间中间地带较多,配合不默契时,容易互相干扰(如图 5 - 2 - 14 所示)。

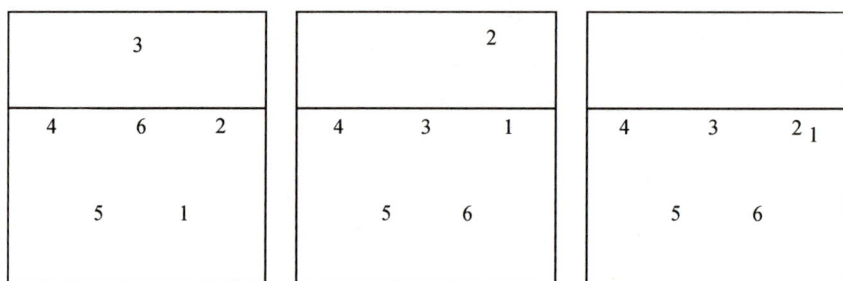

图 5-2-14

(2)4人接发球站位阵形:插上二传队员与同列的前排队员均站在网前不接发球,其他4人站成弧形接发球的站位阵形。其优点是便于后排插上和不接发球的前排队员及时换位;其缺点是对接发球的4人要求有较高的判断、移动能力和掌握较好的接发球技术(如图5-2-15所示)。

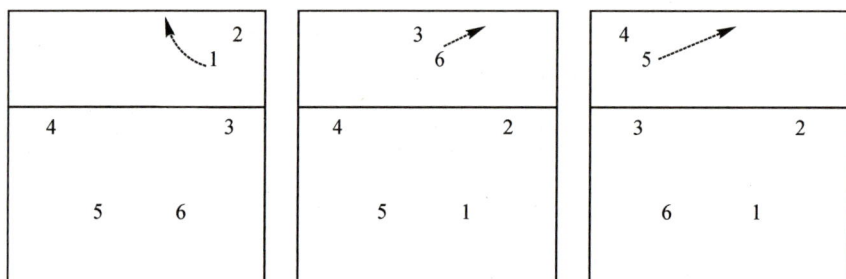

图 5-2-15

不论采用哪种接发球站位阵形,都应做到合理取位、明确范围、互相弥补。

合理取位:5人接发球的基本位置是前三后二。前排两侧队员应站在距中线4～5米、距边线大约1米处,后排队员以前排队员为基准,取前排队员两人之间的位置,避免重叠和影响视线,距端线大约3米为宜。此外,还要根据对方发球的性能、特点随时调整位置。

明确范围:接发球时,每个接发球队员都应明确自己的控制范围。做到分工明确,既不互争互抢,也不互让。特别要重视两人之间的"中间地带"和3人之间的"三角地带"。一般来说可让一传较好的队员主动接球。

互相弥补:不接发球的队员应注意随时弥补同伴的一传。尤其是当后排队员接球时,前排队员应转身注视接球队员,随时准备快速移动弥补垫不到位的球。

2.接扣球的防守战术

接扣球的防守与组织反攻是密不可分的,只有防守成功才能有富有成效的反攻。接扣球的防守战术是前排拦网与后排防守的整体配合,根据对方进攻情况、本队队员特长、防守后的反攻打法,一般可分为不拦网、单人拦网、双人拦网和3人拦网的防守阵形。

不拦网的防守阵形:在对方进攻较弱,没有必要进行拦网时,可以采用不拦网的防守阵形。这种阵形与5人接发球站位阵形相似,前排进攻队员要撤到进攻线后,准备防守和防守后的反攻;后排队员后退,准备防后场球;二传队员留在网前,准备接吊到网前的球和组织进攻(如图5-2-16所示)。

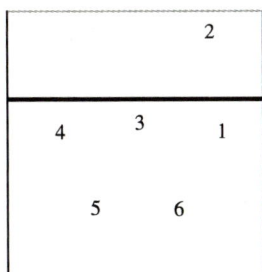

图 5-2-16

单人拦网的防守阵形:当对方扣球威胁不大、扣球路线变化不多、轻打吊球较多时,可以主动采用单人拦网的防守阵形。拦网队员拦扣球人的主要进攻路线,不拦网队员及时后撤防守前区或保护拦网人,后排队员后撤加强后场防守(如图5-2-17所示)。

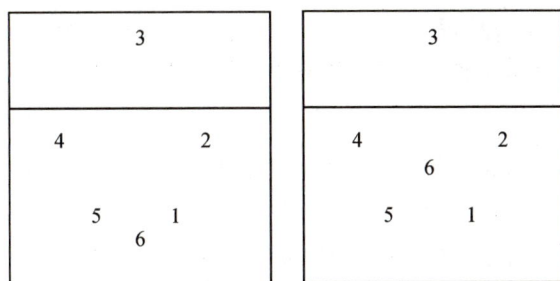

图 5-2-17

双人拦网的防守阵形:对方水平较高、进攻力量较强、进攻线路变化较多时,多采用这种防守阵形,即两人拦网和4人接球。通常分为边跟进和心跟进两种。

边跟进:多在对方进攻较强,吊球较少时采用。当对方4号位队员进攻时,我方2、3号位队员拦网,其他4个队员组成半圆弧形防守。如遇对方吊前区,由边上1号位队员跟进防守。其优点是加强了拦网;缺点是边上的队员既要防直线,又要跟进防前区,比较困难(如图5-2-18所示)。

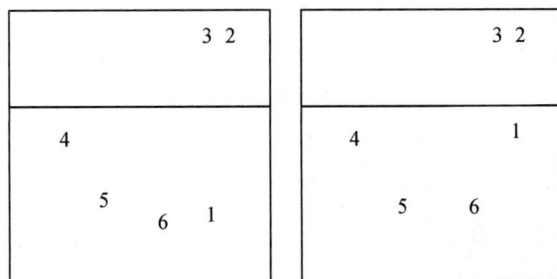

图 5-2-18

心跟进:在本方拦网能力强,对方采取打吊结合时使用。当对方4号位队员进攻时,我方2、3位号队员拦网,后排中心的6号位队员在本方拦网时跟在拦网队员之后进行保护,其余3名队员组成后排弧形防守。其优点是加强了前区的防守能力,缺点是后排防守队员之间的空当较大(如图5-2-19所示)。

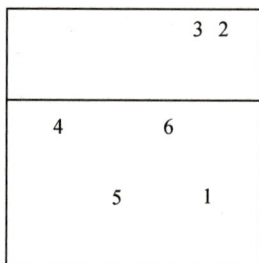

图5-2-19

3.接拦回球的防守战术

本方扣球时必须加强保护,积极防起拦回来的球,并及时组织继续进攻。由于拦网人可以将手伸过网拦网,拦回的球通常速度快、角度小,因而接拦回球的保护阵形应形成多道防线的弧形状,且第一道防线紧跟在扣球人身后。以我方4号位队员进攻,其他5人保护为例。5号位队向前移动和向左后方移动的3号位队员形成第一道防线,6号位队员向前移动和内撤的2号位队员形成第二道防线,1号位队员保护后场,为第三道防线。其他位置进攻时,保护的阵形也可按同样道理布阵(如图5-2-20所示)。

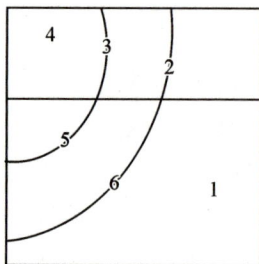

图5-2-20

4.接传、垫球的防守战术

当对方无法组织进攻,被迫用传、垫球将球击入本方时,我方的防守称为接传、垫球的防守。这种情况在初学者中出现较多。由于来球的攻击性小,我方的防守阵形与不拦网情况下的防守阵形相同,即前排除二传队员外,其他的队员都迅速后撤到各自的位置,准备接球后组织进攻。需要注意的是在后撤和换位的过程中,动作要迅速并随时做好接球的准备。

四、排球竞赛主要规则介绍

（一）比赛场地器械

比赛场区为18米×9米的长方形。中线把它分为面积相等的两个场区。其四周至少有3米宽的无障碍区。端线外至少有5米的无障碍区，上空至少要有7米的无障碍空间；比赛场地的地面必须平坦、水平，并且划一，不得有任何可能伤害队员的隐患；场区上所有的界线宽5厘米。边线与端线都包括在比赛场区的面积之内；球网高度为男子2.43米、女子2.24米。

（二）比赛方法

1. 抽签

由双方队长参加，抽签的胜方可优先选择发球、接发球或场区中的意向，另一方选择余下部分。

2. 胜一分、胜一局与胜一场

（1）胜一分。比赛采用每球得分制，胜一球即得一分。

（2）比赛的前4局以先得25分，并同时超出对方2分的队为胜一局。当比分24∶24时，比赛继续进行至某队领先2分为胜一局（如26∶24，27∶25，…）决胜局以先得15分，并同时超出对方2分的队获胜。当比分为14∶14时，比赛继续进行至某队领先2分为止，无最高分线。

（3）正式比赛采用五局三胜制。最多比赛五局，先胜三局的队为胜一场。

（三）比赛当中的犯规

1. 发球犯规

（1）发球次序错误。未按登记的发球次序发球为发球次序错误。出现后应恢复到正确位置，并判失一分。

（2）发球击球时球未抛起或持球手未撤离。

（3）发球8秒。第一裁判员鸣哨后8秒内未将球击出。

（4）发出的球触及本队队员或未能通过球网垂直面。

（5）界外球。球的落点完全在场区界线以外。球触及场外物体、天花板或非比赛成员。球触及标志杆、网绳、网柱或球网标志杆以外部分。球的整体或部分从过网区以外过网。

（6）发球掩护。以挥臂、跳跃或左右晃动等动作妨碍对方接发球，而且发出的球从掩护队员上空飞过。

2. 击球时的犯规

（1）四次击球。每队最多击球三次（拦网除外），将球从球网上两标志杆之间击回对方，超过规定次数的击球为四次击球犯规。

(2)持球。球必须被击出,不得接住或抛出。

(3)连击。一名队员连续击球两次或球连续触及一名队员身体的不同部位为连击犯规。

(4)借助击球。队员在比赛场地内借助同伴或任何物体的支持进行击球,为借助击球犯规。

3.拦网犯规

(1)过网拦网。在对方进攻性击球前或击球时,在对方空间拦网触球为过网拦网犯规。

(2)后排队员拦网。后排队员靠近球网,将手伸向高于球网处阻拦对方来球,并触及球,为后排队员拦网犯规。后排队员参加集体拦网,只要有任何一名队员触球也应判后排队员拦网犯规。

(3)拦发球。拦对方发过来的球为发球犯规。只要队员在球网附近,手高于球网上沿阻拦对方发过来的球,不论拦起、拦死,只要触球即为犯规。

(4)从标志杆外伸入对方空间拦网并触球为犯规。

4.进攻性击球犯规

(1)后排队员在前场区内,或踏及进攻线(或其延长线),击整体高于球网上沿水平面的球,并使球的整体由过网区通过球网垂直面或触及对方拦网队员,则为后排队员进攻性击球犯规。

(2)在前场区对发过来的并且整体高于球网的球,完成进攻性击球为犯规。

(四)比赛间断与延误比赛

1.正常的比赛间断

正常的比赛间断有"暂停"和"换人"。每局比赛中,每队最多请求两次暂停和六人次换人。所有被请求的暂停时间限制为30秒。国际排联世界性比赛第1~4局,每局另外有两次时间为60秒的技术暂停,每当领先队达到8分和16分时自动执行。决胜局(第五局),没有技术暂停,每队在该局中可请求两次30秒钟的普通暂停。

2.延误比赛

一个队拖延比赛继续进行的不正当行动为延误比赛。有换人延误时间、拖延暂停时间、请求不合法的替换、再次提出不符合规定的请求、球队成员拖延比赛的继续进行。在一场比赛中,同一队任何一名队员或其他成员造成任何类型的第二次及其后的延误犯规,则给以"延误判罚",失去一分。

3.局间休息与交换场区

所有局间休息均为3分钟。每局结束后,比赛队交换场区,决胜局除外。决胜局中某队先获8分时,两队交换场区,不休息,队员在原来的位置继续比赛。

(五)关于"自由人"的规定

"自由人"必须穿与本队队员有明显区别的服装,可替换任一后排队员,但必须经过比赛过程。不允许发球和拦网。在任何位置都不可对高于球网的球进行进攻性击球。他可以在比赛成死球时自由地替换队员,且不计换人次数。

第三节　足　球

足球运动是世界体育运动中开展最广泛、影响最大的运动项目,被称为"世界第一运动",深受世界各国人民的欢迎与喜爱。

一、足球运动的基本技术

(一)踢球技术

踢球是指运动员有目的地用脚把球击向预定目标的技术。踢球是足球技术中最重要的技术,主要用于传球和射门。

1.踢球技术动作解析

(1)脚内侧踢球,又称为脚弓踢球。这种踢球技术具有脚与球接触面积大,出球准确平稳,且易于掌握的特点。但由于踢球时要求大腿前摆到一定程度时需要外展且屈膝,故大腿与小腿的摆动都受到限制,因此出球力量相对较小。

①踢定位球。直线助跑,支撑前的最后一步稍大些,支撑脚站在球的侧面约15厘米处,脚尖正对出球方向,支撑腿膝关节微屈。在支撑脚着地时,踢球腿大腿带动小腿由后向前摆动,在前摆的过程中大腿外展,当膝关节的摆动接近球的正上方时小腿做爆发式摆动,在触球前将脚跟送出使得脚内侧部位所形成的平面与出球方向垂直,踢球脚脚底与地面平行,脚尖微微翘起,踝关节功能性地紧张使脚型固定,触(击)球后身体跟随移动,髋关节向前送(如图5-3-1所示)。

图 5-3-1

②踢空中球。根据来球速度和运行轨迹及时移动到位,踢球腿大腿抬起(屈)并外展,小腿屈并绕额状轴后摆,利用小腿绕额状轴由后向前摆动,当摆至额状面时与球接触,击球的中部(如图5-3-2所示)。

图 5 - 3 - 2

③踢反弹球。根据来球落点及时移动到位,支撑脚的站位与球的落点应保持踢定位球时的相对位置。踢球腿摆动与踢定位球时相同。在球着地后刚弹离地面的瞬间用脚内侧击球的中部。

(2)脚背内侧踢球,又称为内脚背踢球。

①踢定位球。斜线助跑,助跑方向与出球方向约成 45°,最后一步稍大,以支撑脚底积极着地,脚尖指向出球方向,距球内侧后方 20~25 厘米,膝关节微屈。在支撑同时,踢球腿已完成后摆,并开始以髋关节为轴大腿带动小腿由后向前摆动,当大腿摆至与支撑腿接近同一平面时,小腿做爆发式摆动,此时脚尖外转、脚背绷直,以脚背内侧部位触击球。击球后踢球腿及身体继续随球向前(如图 5 - 3 - 3 所示)。

图 5 - 3 - 3

②踢各种方向来的地滚球。根据来球的速度、运行轨迹,选好击球时的位置并及时移动到位。在选择支撑点时应考虑到来球的情况和摆腿的速度,以保证脚触球的瞬间,球与脚的相对位置仍能保持规格要求。

③踢反弹球。根据来球的落点及时移动到位,在球离地(反弹)的瞬间踢球,其他的动作要求与踢定位球相同。这种踢球方法多用于踢侧方或侧前方来的空中下落的球。

④踢空中球,又称为侧面半高球。根据来球速度、运行轨迹,选好击球点及时移动到位,身体侧对出球方向,用来球方向的异侧脚支撑,支撑脚脚尖指向出球方向,身体向支撑脚一侧倾斜,展腹。支撑脚站位后,大腿带动小腿由后向前摆动,当大腿摆至接近与击球点成一直线时,小腿做爆发式摆动,用脚背内侧击球的中部。同时身体向出球方向扭转,眼睛始终注视球。击球后,踢球腿顺势前摆以维持身体平衡。

⑤削踢定位球,又称为香蕉球。踢弧线球时,脚背内侧部位击球的后中部,摆腿的方向

不通过球心,沿弧线前摆,在击球的瞬间,踝关节用力向内转,使球侧旋沿弧线运行(如图5-3-4所示)。

图 5-3-4

(3)脚背外侧踢球。这种踢球技术具有预摆动作小、出脚快,能利用膝、踝关节的灵活变化改变出球方向和性质,具有一定的隐蔽性,实用性较强,较难掌握的特点。

①踢定位球。脚背外侧踢球的动作方法类似脚背正面踢球,只是摆踢时,脚面绷直,脚趾向内扣紧并斜下指,用脚背外侧击球的后中部,击球后,踢球腿顺势前摆着地。

②踢地滚球。对踢球腿同侧的来球多用直线助跑,对异侧来球则多用斜线助跑,支撑脚要适当提前选位着地,其他动作则类似踢定位球。

③踢外弧线球。支撑脚踏在球侧后方,踢球腿略呈弧形摆踢,作用力方向与出球方向约成45°,击球点在球内侧后部,脚型同踢定位球。击球后,踢球脚向支撑脚侧斜摆,以加大球的外旋力量。

(4)脚背正面踢球(又称正脚背踢球)。这种踢球技术具有摆幅相对较大,踢球力量大,准确性较强的特点。但受以上因素的影响,出球的方向及性质相对变化也较小。

①踢定位球。直线助跑,最后一步稍大些,支撑脚积极着地支撑,在球的侧面10~12厘米处,脚尖正对出球方向,膝关节微屈,踢球腿随跑动向后摆动,小腿屈曲,支撑的同时踢球腿以髋关节为轴,大腿带动小腿由后向前摆动。当膝关节摆至接近球的正上方时,小腿做爆发式的摆动,脚趾屈,以脚背正面部位击球的后中部。击球后身体及踢球腿随球前移(如图5-3-5所示)。

图 5-3-5

②踢侧面半高球。根据来球速度及运行轨迹,选好击球点,身体侧对出球方向,身体向支撑脚一侧倾斜展腹,踢球腿抬起,大腿伸、小腿屈,大腿带动小腿由后向前急速摆动,用脚背正面击球的中部,同时身体向出球方向扭转,击球后踢球脚随球前摆着地以维持身体平衡

（如图 5-3-6 所示）。

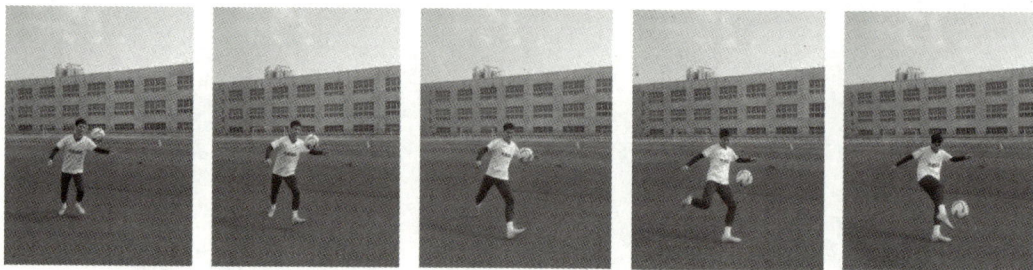

图 5-3-6

③踢反弹球。根据来球的速度、运行轨迹、落点，支撑脚踏在球落点的侧面。在球落地时，踢球腿爆发式前摆，在球刚弹离地面时，用脚背正面击球的中部，并控制小腿的上摆（送髋、膝关节向前平移），出球则不会过高（如图 5-3-7 所示）。

④踢倒勾球。根据来球的速度、运行轨迹，及时移动到位。选择支撑位置时应考虑将击球点放在身体的前上方，支撑腿膝关节微屈，上体后仰，踢球腿以髋关节为轴向上方摆动，当球落到身体前上方适当高度时，用脚背正面击球后部，将球向身后踢出（如图 5-3-8 所示）。

图 5-3-7

图 5-3-8

⑤搓击球。搓击球是使用脚背正面与脚趾连接部位接触球的一种踢球方法。踢球腿的摆动主要依靠小腿的前摆。助跑和支撑与脚背正面踢定位球相同。当脚插入球下部触球的一瞬间，脚背屈，小腿做急速向上提摆动作，施加给球的力量不通过球的重心，使球产生回旋（如图 5-3-9 所示）。

图 5-3-9

（二）运球技术

运球是指运动员在跑动中用脚连续推拨球,使球处于自己控制范围内的触球动作。利用运球可以变换进攻的速度、调节比赛的节奏。

1.运球技术动作解析

(1)脚背内侧运球。跑动时,身体自然放松,步幅要小,上体前倾要稍向运球方向转动;运球脚提起时,膝关节稍弯曲,脚跟提起,踝关节外展,脚尖斜下指,用脚背内侧部位推拨球前进。在比赛中,大多用在改变方向或者为了护球的情况下使用。

(2)脚背外侧运球。跑动时,身体自然放松,上体稍前倾,两臂自然摆动,步幅不要过大;运球脚提起时,膝关节弯曲,脚跟提起,踝关节内旋,脚尖向内斜下指,用脚背外侧部位推拨球前进。在比赛中,大多在快速推进或为超越对手、前方纵深距离较大或者改变方向时使用。

(3)脚内侧运球。运球时,支撑腿向前跨出一步,落在球的侧前方,膝关节微屈,重心落在支撑脚上,上体向带球方向前倾,用运球脚内侧推拨球后中部前进。在比赛中,主要适用于以身体掩护球时。

(4)正脚背运球。运球时,上体前倾,步幅放大,运球脚提起时,膝关节弯曲,脚尖向下,以脚背正面推拨球前进。在比赛中,主要适用于突破对手后做较长距离的快速运球时。

(5)运球过人。运球时要逼近防守者,距对方 2 米左右。身体要保护球并用远离防守者的脚控制球。过人时重心要低并落于两脚之间,有利于假动作使对方失去重心,运用拨、拉、扣、挑等技术动作,突然快速地摆脱越过对手。

（三）停球技术

停球是指运动员有目的地利用身体合理的部位把运行中的球接下来,并控制在所需要的范围之内,以便于更好地衔接下一个技术动作。良好的停球能力可以为球队创造更多的进攻机会,是保证进攻战术顺畅的重要因素。

1.停球技术动作解析

(1)脚内侧停球。这种停球技术具有脚触球面积大、动作简单、容易掌握的特点,在足球运动技术中运用最为广泛的停球技术。

①停地滚球。判断来球的速度和方向,及时调整身体正对来球,观察周围情况,选好支撑脚位置,膝关节微屈。停球脚根据来球的状态相应提起,膝、踝关节旋外,脚趾稍翘,用脚内侧对准来球,触球刹那,停球部位做相应的引撤或变向接球,将球控在所需要的位置上(如图 5－3－10 所示)。

图 5-3-10

②停空中球。选择最佳支撑脚的位置,根据来球确定接球动作的方向,停球腿要屈膝抬起,可根据需要采取引撤或切挡动作,停球落地后,应随即将球在地面控制住或控制在下一个动作的准备中。

③停反弹球。选择最佳支撑脚的位置,同时身体要跟上,停球腿小腿应与地面形成一定的夹角,向下做压推动作时,膝关节要领先,小腿留在后面(如图5-3-11所示)。

图 5-3-11

(2)脚背外侧停球。这种停球技术具有动作幅度小、速度快、灵活机动、隐蔽性强的特点。但是,由于动作难度较大,停球时常伴随假动作和转体动作,因此,通常都会用来停地滚球和反弹球。

①停地滚球。在判断来球状况的同时,观察周围情况,选好支撑脚的位置,运用合理的假动作或转体动作,进行停球。停球腿屈膝提起,踝关节内翻,以脚背外侧对准来球,当球临近时,停球脚以脚背外侧推拨球的相应部位,将球控在所需要位置上。

②停反弹球。要判断好球的落点,抢占有利的接球位置,或运用假动作和转体动作欺骗对手,停球腿小腿应与地面形成一定的夹角,以膝关节领先做扣压动作,防止球的反弹。

③脚背正面停球。这种停球技术具有迎撤动作自如、关节自由度大、接球稳定、变化较少的特点(如图5-3-12所示)。通常将这一技术用于停下落球。

身体正对来球,判断来球路线和速度,支撑脚稳固支撑,停球腿屈膝提起,以脚背正面对球迎出,触球刹那,停球脚引撤下放,膝、踝关节相应放松以增强缓冲效果。欲将球接于体前或体侧时,停球脚跟稍提,触球刹那踝关节适度紧张,通过触球面角度的调整,控制触球方向;欲将球接至身后时,停球脚脚尖要勾翘,踝关节适度紧张,停球刹那引撤速度要快,身体随之转动,控制出球方向。

（4）大腿停球。这种停球技术具有接触球部位面积大、肌肉丰厚有弹性、动作简单易做的特点。通常情况下,这种停球技术用来接有一定弧度的高球。

①停下落高球。身体正对来球,选好支撑脚位置并稳固支撑,停球腿屈膝上抬,以大腿中前部对准来球。触球瞬间,停球腿积极引撤下放,停球部位的肌肉相应放松,以加强缓冲效果,使球触腿后落于体前(如图 5 - 3 - 13 所示)。

图 5 - 3 - 13

②停快速平直运行的空中球。身体正对来球,支撑脚向前跨出屈膝。接球腿膝关节向下,大腿与地面垂直或小于 90°,有时可以跪至地面。在触球刹那,停球腿积极引撤,停球部位的肌肉也相应放松,以加强缓冲效果,使球触腿后落于体前。

（5）胸部停球。这种接球技术具有触球点高、面积大的特点。通常情况下,胸部停球技术主要用于停胸部以上的高空球。

①挺胸式停球。要判断来球的落点,选择适当的停球位置,停球时,身体正对来球,两腿自然开立,膝微屈,两臂自然放置在体侧,上体稍后仰与来球形成一定的角度。触球刹那,胸部主动挺送,使球触胸后向前上方弹起落于体前。

②缩胸式停球。这种停球技术用来接齐胸的平直球,往往会取得理想的接球效果。缩胸停球与挺胸停球的动作差异在于触球刹那。当球接近时,将手臂向后放并张开胸部。当球触胸瞬间,迅速收腹、缩胸,缓冲来球的力量,使球落于体前。

（6）头部停球。这种停球技术具有接触球的点较高、动作实用性较强的特点。通常情况下,头部停球技术主要用来接有一定弧度的高球。

停下落高球,身体正对来球,选好支撑脚位置并稳固支撑,当球接近时,身体不要向后倾斜过多,维持身体姿势,用前额部位对准来球,停球瞬间,稍屈膝下蹲,颈部适当放松,缓冲来球力量,使球触头后落于体前。

(四)头顶球技术

头顶球是指运动员有目的地用前额将球击向预定目标的动作。实践证明,头顶球的击球位置高,是争取时间和空间的主要技术手段。

1.头顶球技术动作解析

(1)额正面顶球。这种头顶球技术具有触球部位平坦、动作发力顺畅、容易控制出球方向、准确性强、出球平稳有力的特点。额正面顶球的运用较为广泛。

①原地顶球。身体正对来球,两脚前后站立或平行站立,膝关节微屈,两眼注视来球,上体稍后仰,两臂自然张开,挺胸展腹,下颌收紧,顶球时,蹬地、收腹、摆体、顶送发力,当头摆至身体垂直部位时,用前额正面顶击球的后中部,顶击球瞬间,颈部肌肉保持紧张,顶球后继续前送,以便于控制出球的方向。

②转身顶球。身体稍侧对来球,出球方向一侧的支撑脚靠前站立,以便转体发力。击球刹那,后脚用力向出球方向蹬转带动身体转动,当身体转向出球方向时加速摆体,用前额部顶击球。

③跳起顶球。要选好起跳位置,两脚前后站立,维持身体平衡,掌握好起跳时机,起跳脚积极蹬跳发力,手臂协调向上提摆,以加强跳起力量。起跳后,挺胸展腹,形成背弓,两眼始终注视来球。跳至最高点时,迅速收腹摆体,下颌收紧,前额积极迎球顶送发力,顶球后屈膝缓冲落地时,看清球的飞行路线,以便进行下一步动作。

④鱼跃顶球。要准确判断来球,掌握好起跳时机和击球点,利用积极后蹬使身体向前水平跃出,两臂微屈前伸,眼睛注视来球。利用身体的水平冲力将球顶出。击球后,两臂屈肘伸手撑地,随后胸、腹和大腿依次缓冲着地。

(2)前额侧面顶球。这种头顶球技术具有击球动作快捷,变换方向突然,顶出球的运行线路难以预测、动作难度较大,侧摆发力和出球方向较难控制的特点。这是一种对球门威胁比较大的头顶球技术。

①原地顶球。选择好击球的方向,身体稍侧对来球,两脚自然前后站立,击球一侧的支撑腿在前,身体稍向侧后微屈,重心落在后腿上,两臂自然张开,眼睛注视来球。顶击球时,后脚向击球方向猛力蹬伸,身体随之向出球方向转动侧摆,同时颈部侧甩发力,用额侧部将球击出。

②跳起顶球。与额正面的跳顶基本相同,只是在起跳上升阶段,上体应向出球的相反方向侧屈转体。跳至最高点时,上体向出球一侧加速转动,摆体侧甩,可利用脚的侧下方蹬地,加快侧摆速度,用额侧部将球顶出(如图5-3-14所示)。

图 5 - 3 - 14

（五）抢断球技术

抢球是指防守队员将进攻队员控制的球直接争夺过来或破坏掉所做的动作方法。断球是指用规则所允许的动作,把对方队员间的传球截获或破坏掉的动作方法。

抢断球技术动作解析具体如下。

（1）正面跨步堵抢。抢球者两脚前后开立,迎着运球者而站,两膝微屈,身体重心下降并置于两脚间,当运球者与抢球者间的距离缩小到一定范围(即抢球者上前跨一大步可能触及球),运球者脚触球后即将落地或刚刚落地时,抢球者后脚用力蹬地并跨步向前,以脚内侧去堵截球,当已堵住球时,另一只脚应迅速上步。若抢球脚堵住球,两位对手也堵住球时,则抢球者应将另一只脚迅速前移做支撑脚,抢球脚在不脱离球的情况下迅速向上提拉,使球从对手脚面滚过,身体重心也迅速跟上并将球控制好(如图 5 - 3 - 15 所示)。

图 5 - 3 - 15

（2）合理冲撞抢球。当防守者并肩与运球者跑动追球时,防守者重心稍下降,靠近对手一侧的手臂紧贴身体,利用对方同侧脚离地的过程,用肘关节以上部位适当冲撞对手同样部位,使对手身体失去平衡,趁机将球控制住(如图 5 - 3 - 16 所示)。

图 5-3-16

(3)正面铲球。移动接近控球者，膝关节微屈，重心下降，当控球者触球脚触球后尚未落地时，抢球者双脚沿地面向球滑铲，随即用手扶地做向一侧的翻滚，并尽快起身。

(4)异侧脚铲球。当双方都不能用正常的动作触球时(指跑动中)，防守者应根据与球的距离，同侧脚用力蹬地使身体跃出，异侧脚向前沿地面对着球滑出，脚底将球铲出，然后小腿外侧、大腿外侧、手依次着地。或铲出球后身体向铲球腿一侧翻转，手撑地后立即起身，使身体恢复到与下一动作衔接的状态和位置(如图 5-3-17 所示)。

图 5-3-17

(5)同侧脚铲球。防守者在跑动中根据双方离球的距离作出判断，当对手不能立即触球时，用异侧脚用力蹬地，使身体向前方跃出，同侧脚沿地面向前滑出的同时向外摆踢(脚踝应有向外的动作)，用脚背外侧将球踢出。也可用脚尖将球捅出，接着向对手一侧翻转，手撑地迅速恢复到下一个动作所需要的位置。

(六)掷界外球技术

掷界外球是指运动员按规则的规定用双手将球掷入场内预定目标的动作。掷球时，掷球队员必须面向球场，用双手将球从头后经头顶用一个连续动作掷入场内，脚可以踩在边线上，但不得越过边线。

掷界外球技术动作解析具体如下。

(1)原地掷界外球。面对出球方向，两脚前后或左右开立，每脚均应有一部分站立在边线上或边线外。膝关节弯曲，上体后仰成背弓，重心移到后脚上(左右开立时，重心在两脚间)，两手自然张开，拇指相对，持球的侧后部，屈肘将球置于头后。掷球时，后脚用力蹬地(或两脚用力蹬地)，两腿迅速伸直，身体重心由后脚移到前脚，收腹屈体，同时两臂急速前摆。当球摆到头上时用力甩腕将球掷入场内。掷球时，后脚可沿地面向前滑动，两脚均不得离地（如图5-3-18所示）。

图 5-3-18

（2）助跑掷界外球。两手持球放在胸前，在助跑迈出最后一步时，上体后仰成背弓，同时将球上举至头后，掷球时的动作与原地掷界外球动作相同。将球掷出后，后脚可在地面上向前滑行，但不得离地。

（七）守门员技术

守门员的位置职责决定了他与场上其他队员在技术、战术、活动方式和心理方面具有极大的区别，他的主要职责是控制罚球区，确保球门安全。

守门员技术动作解析具体如下。

足球守门员的技术动作主要包括准备姿势、移动、接球、扑接球、托球、拳击球及发球，具体如下。

（1）准备姿势。两脚左右开立，与肩同宽，两脚跟稍提起，身体重心落在前脚掌上。两腿屈膝并稍内扣，上体稍前倾，两臂自然屈肘于体前，手指自然张开，目视来球（如图5-3-19所示）。

图 5-3-19

（2）移动。

①侧移步。向左侧滑步时，先用右脚用力蹬地，左脚稍离地面并向左滑步，右脚快速跟上。向右侧滑步时，动作相同，方向相反。

②交叉步。向左侧交叉步移动时，身体先向左侧倾斜，同时右脚用力蹬地，并及时向左前方跨出一步成交叉步，然后左脚向左侧移动，右脚和左脚依次快速移动并蹬地跃出。向右侧交叉步移动时，动作相同，方向相反。

（3）接球。

①接地面球。接地面球的方式有两种，一种是直腿式接球，另一种是跪撑式接球。

直腿式：面对来球，弯腰时两膝伸直，两腿分开，距离不得超过球的直径，两手掌心向上，前迎触球后将球抱于怀中（如图5-3-20所示）。

跪撑式：多用于向侧移步接球。接左侧球时，左腿屈，右腿跪撑于左脚附近，距离不得超过球的直径，其余动作与直腿式接球相同（如图5-3-21所示）。接右侧球时，动作相同，方向相反。

图 5-3-20

图 5-3-21

②接平空球。接球时面对来球,两手掌心向上,两手小指相靠,前迎接球。上体前屈,当手触球时微后撤以缓冲来球力量,将球抱于胸前(如图 5-3-22 所示)。

③接高空球。面对来球,两臂上伸,两手拇指相对呈八字形,其余四指微屈,手掌对球。在最高点手触球瞬间,手指、手腕适当用力,缓冲来球并将球接住,顺势转腕屈肘、下引将球抱于胸前。

图 5-3-22

(4)扑接球。

①扑侧面球。异侧脚用力蹬地,双手快速向侧伸出,一手置于球后,另一手置于球的侧后上方。同时身体向同侧脚方向倒地,落地时以小腿、大腿、臀、肘外侧依次着地,落地后即团身。

②扑平空球。完成这一动作时应注意空中展体,手指用力抓住球,接球后以球、肘、肩、上体、臀、腿外侧依次着地并迅速团身。

(5)托球。判断来球运行路线后,向后跃起托球。托球时手指微张,用手掌前部触球的下部,使球呈弧形越过球门横梁(如图 5-3-23 所示)。

(6)拳击球。准确判断来球运行路线,及时移动到位,握紧拳,在接近球的刹那迅速出拳击球。拳击球有单、双拳击球,单拳击球动作灵活、摆动幅度大、击球力量大(如图5-3-24所示)。

图5-3-23　　　　　图5-3-24

(7)发球。

①手掷球。手掷球的具体方式有两种,一种是单手肩上掷球,另一种是侧身勾手掷球。单手肩上掷球:充分利用后腿蹬地、持球手臂后引、转体挥臂和甩腕力量将球掷出。侧身勾手掷球:由于掷球前球从异侧经头顶后将球掷出,作用力距离长,又能较好地借助腰腹力量,故出球速度快、距离远(如图5-3-25所示)。

图5-3-25

②脚踢球。脚踢球的具体方式也有两种,一种是踢空中球,另一种是踢反弹球。

踢空中球:将球置于体前,在球自由下落过程中踢球。它多用于远距离或雨天场地泥泞时。

踢反弹球:体前抛球,球落地后反弹起来的瞬间将球踢出。它比踢空中球准确性更高,速度较快,出球弧度低,隐蔽性强。

二、足球运动的基本战术

(一)足球运动进攻战术解析

1.个人进攻战术

(1)跑位。跑位是指比赛中队员在无球的情况下,通过有意识地跑动,为自己或同伴创造进攻机会的行动。跑位是整体进攻战术的基础,是本队获得球权的准备行动,也是拉开对方防线,获得必要进攻时间和空间的重要手段。为了保证有限的有球活动顺利、高效地完成,进攻队员就必须通过积极、快速、多变的无球活动来摆脱防守,创造控制、支配球的必要时间和空间。

在进行跑位时,需要注意:第一,要具有敏锐的观察力;第二,要有明确的目的性;第三,跑位的时机要合理;第四,行动要多变。

(2)传球。传球是比赛中运用最多,也是最重要的战术手段。为了能够取得较为理想的传球效果,要做到:第一,传球运用要及时把握传球机会;第二,中距离传球可以加快进攻推进速度,失误又相对较少,所以多采用中距离传球;第三,传球路线应尽量避开对方的抢截半径和断球的可能;第四,传球弧线一般要与接球者跑动切入的方向一致;第五,传中球的弧线要与冲顶射门的同伴的跑动方向相反;第六,顺风进攻时少传直传球和长传球,传球力量适当小些;逆风进攻时多采用短传球和低球,力量适当大些;第七,下雨地滑时多传脚下球;第八,场地泥泞时少传地滚球,多传空中球。

另外,传球过程中,还需要注意的是,传球运用要培养良好传球意识,隐蔽传球意图,提高传球准确性,以及把握传球时机。

(3)运球突破。运球突破并不是在任何时候都能够拿来运用的,而是要在一定的条件下才能够运用的,否则不仅不能取得理想的运球突破效果,而且还有可能造成一定的失误。

运球突破这一战术的运用也是需要一定条件的,具体来说,以下几种情况比较适合采用运球突破这一战术:第一,控球队员在没有射门、传球可能时;第二,同伴处于越位位置而又没有其他更好的传球选择时;第三,控球队员在对手贴身紧逼,失去传球和射门的角度时;第四,在攻守转换过程中,控球队员在进攻范围内,面对最后二名防守队员,而且防守队员身后又有较大空当时。

(4)射门。射门是一切进攻战术配合的最终目的和进攻得分的唯一手段。敏锐观察、及时判断,选择合理射门方法。射门时,队员首先应通过快速的观察作出及时正确的判断,然后根据来球的速度、落点和防守队员及守门员所处位置的情况采用有效的射门方法射门。如果守门员已封住了射门角度,就不要硬射,而要机智地进行摆脱,闪开角度再起脚射门。

射门不是在任何时候都适用的,它的运用是要在一定条件下才能够取得较好的效果的,具体来说,需要注意以下几个方面:第一,强烈的射门意识和欲望;第二,选择最佳射门角度;第三,尽量射低平球;第四,射门必须准确、突然、有力;第五,把握射门时机;第六,力争抢点直接射门。

2.局部进攻战术

(1)传切"二过一"配合。

①局部传切配合。按传切的线路可分为斜传直切、直传斜切。斜传直切"二过一"如图5-3-26所示,直传斜切"二过一"如图5-3-27所示。

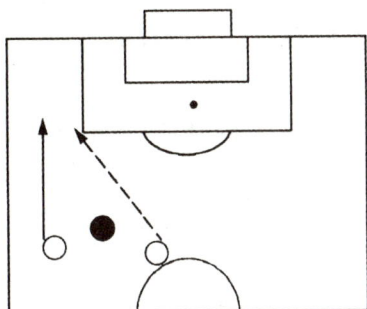

图 5－3－26

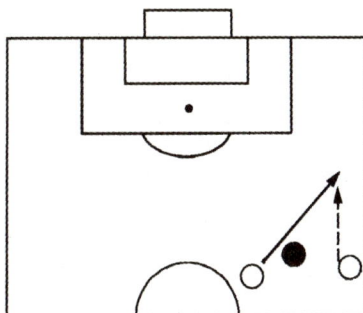

图 5－3－27

②长传转移切入。一侧进攻受阻,长传转移到另一侧,切入队员得球后展开进攻(如图 5－3－28 所示)。

(2)交叉掩护"二过一"配合。

交叉掩护配合是指在局部地区两名进攻队员在运球交叉换位时,以自己的身体掩护同伴越过防守队员的配合方法(如图 5－3－29 所示)。

图 5－3－28

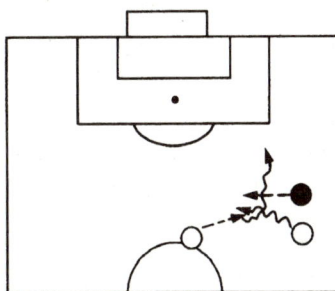

图 5－3－29

(3)其他"二过一"配合。

①踢墙式"二过一"。踢墙式"二过一"是指两名进攻队员通过两次传球越过一名防守队员的配合方法(如图 5－3－30 所示)。

②回传反切"二过一"。回传反切"二过一"是指通过三次传球组成的配合方法(如图 5－3－31 所示)。

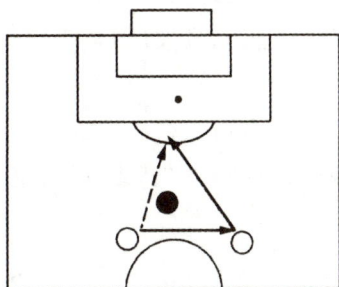

图 5－3－30

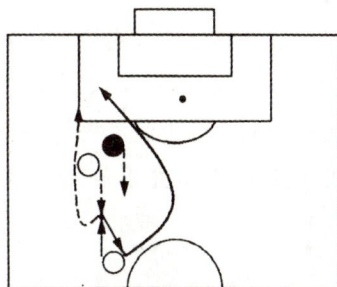

图 5－3－31

（4）"三过二"配合。

"三过二"配合是在比赛中局部地区 3 个进攻队员通过连续配合突破两个防守者的防守。

如图 5-3-32 所示，图中⑦为持球位置，⑥假接应，⑨斜插把防守支开，⑥插上至⑨制造出的空当接⑦的传球，突破防守。

如图 5-3-33 所示，⑨向后跑动接球，再将球传给⑥，⑦假动作并伺机从内线切入接⑥的传球突破防守。

连续"二过一"。连续"二过一"至少由两组"二过一"配合组成（如图 5-3-34 所示）。

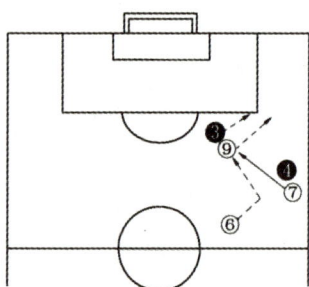

图 5-3-32

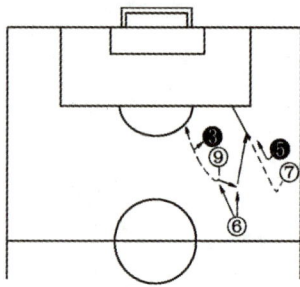

图 5-3-33

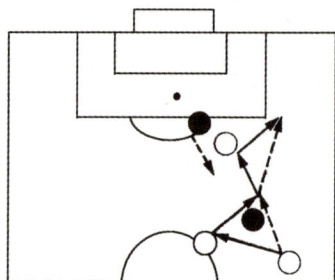

图 5-3-34

3.整体进攻战术

（1）阵地进攻战术。

①中路渗透。中路渗透一般有后场发动进攻、中场发动进攻、前场发动进攻三种形式。

后场发动进攻的具体形式主要有两种：一种是守门员发动进攻（如图 5-3-35 所示）；另一种是后卫发动进攻（如图 5-3-36 所示）。

中路渗透战术的配合主要由中场发动，前卫队员担负着组织核心的重要角色。常常采用短传配合的方法来进行，并以各种"二过一"来摆脱对方的防守。具体战术如图 5-3-37、图 5-3-38 和图 5-3-39 所示。

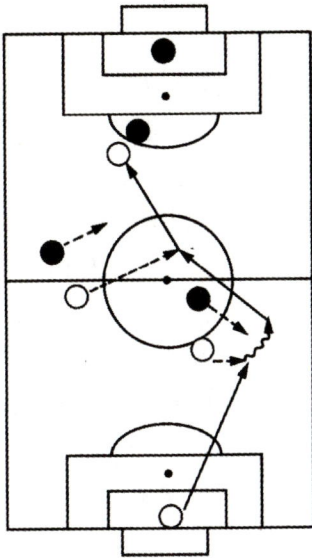

图 5－3－35

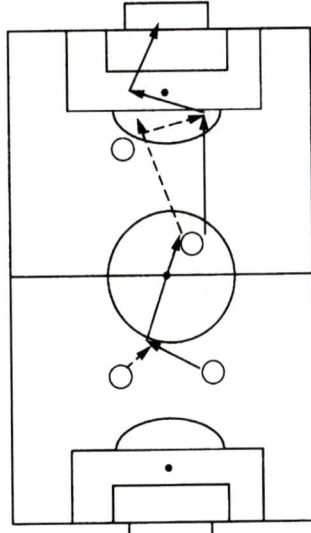

图 5－3－36

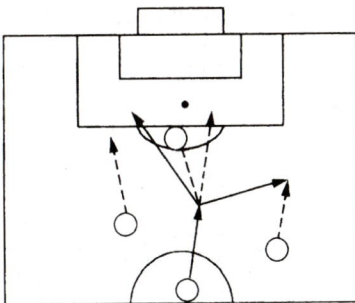

图 5－3－37

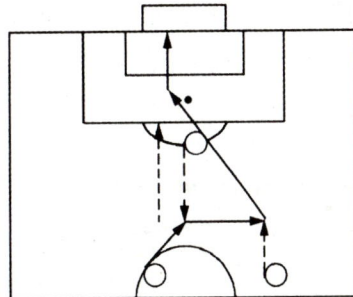

图 5－3－38

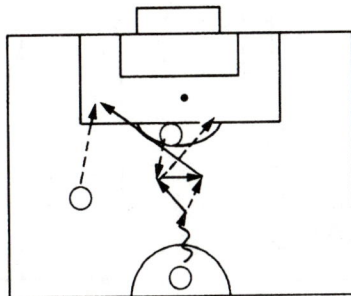

图 5－3－39

　　前场发动进攻主要靠前锋回撤后在其身后形成的空当,由其反切插入,或由后排的前卫、后卫插入。具体方法是在罚球区附近做踢墙式"二过一"的配合,对突破对方中路密集防守有奇效。

②边路传中。边路传中是指在对方半场两侧地区发展的进攻，以传中创造射门为目的。边路进攻直接得分的可能性小，大多数的攻门由边路突破传中后，中路和异侧同伴包抄完成。要想取得较为理想的边路传中的战术运用效果，一定要注意以下几方面的内容。

传中区域：边路发展阵地进攻时，传中的区域主要有两个，一是在对方罚球区的延长线附近，二是在球门线附近。这两个传中点以罚球区的延长线附近居多。

传中落点：边路传中的落点主要有三个，一是近门柱；二是罚球点附近，这一传中点是进攻者攻门的最佳位置；三是远门柱，这一区域既可直接攻门，又可将球传向球门中区由同伴实施攻门。

传中要点：传中的要点主要包括三个方面的内容。首先，要求弧度低、球速快，且带有明显的向内旋转；其次，传中时还可以传平直球；再次，传中时机选在防守者面向自己球门跑动、阵脚未稳、尚未调整好位置时最为有利。

通常情况下，创造传中机会的方法主要有两种，第一种是运球突破，第二种是传球配合，具体如下。第一种：运球突破。运球突破又可以分为三种：速度型、假动作型和两者结合型。其中速度型的运用最为广泛。速度型运球突破者均为起动速度快、爆发力强的队员，运球突破时无须做假动作，用有利的位置将球推向防守者身后，利用自己的速度优势强行突破。第二种：传球配合。传球配合在边路进攻中运用最多。这里主要介绍几种较为常用的战术运用形式：第一种是前锋的配合突破（如图 5-3-40），第二种是前锋插边（如图 5-3-41 所示），第三种是前卫套边（如图 5-3-42 所示）；第四种是边后卫插上（如图 5-3-43 所示）。

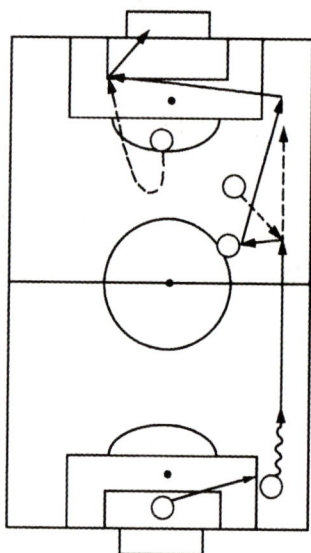

图 5-3-40

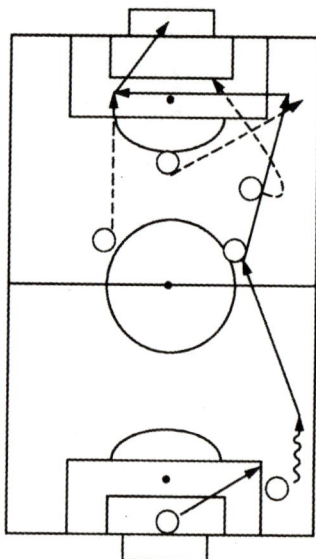

图 5-3-41

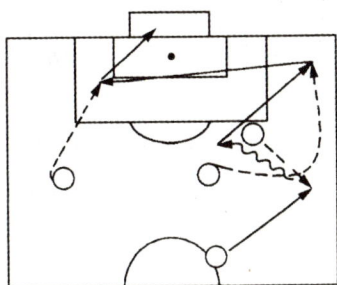

图 5 - 3 - 42

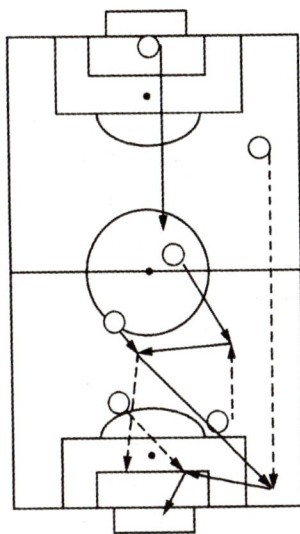

图 5 - 3 - 43

③中边转移。一般来说,比赛中中路都聚集着攻守双方大量的兵力,常使得单一的中路渗透取不到效果。那么在比赛中,中路进攻一旦受阻,应及时往边路转移,以分散中路守方的注意力,然后由边路突破再将进攻方向转到中路。具体战术如图 5 - 3 - 44 所示。

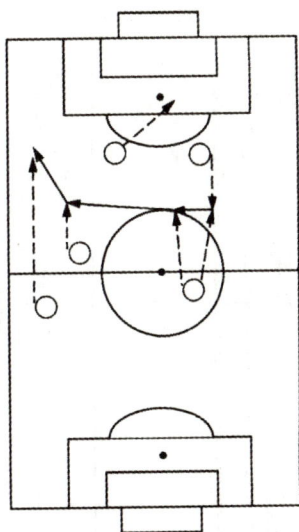

图 5 - 3 - 44

(2)快攻战术。

①中路突破。中路突破快攻主要形式有个人突破和配合突破两种。配合突破是通过整体进攻完成的,具体如图 5 - 3 - 45 所示。

②边路传中。快攻中通过边路的进攻主要有个人突破及边路队员快速插上到防守者的身后接球突破两种形式。图 5 - 3 - 46 为个人突破边路传中。图 5 - 3 - 47,为配合突破边路进攻。

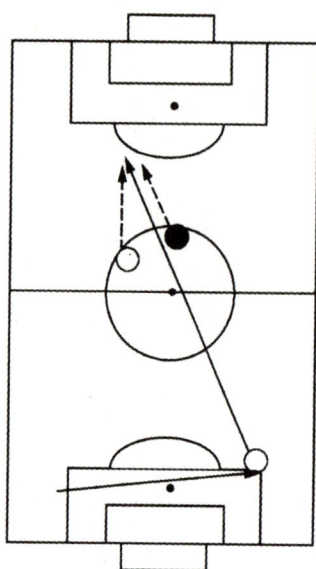

图 5-3-45

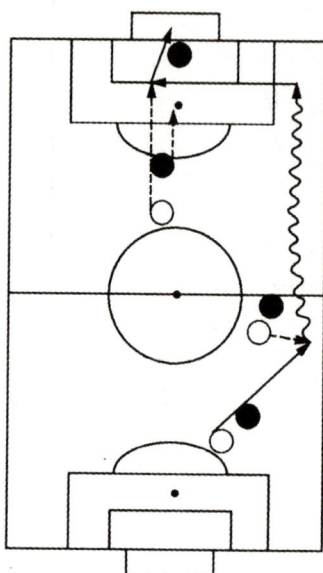

图 5-3-46

③中边转移。快攻中的中边转移主要形式是中后场得球后一次性直接将球长传至边路,由边路队员突破(如图5-3-48所示),或者经过中场的一两次传递后再将球分到边路,由边路队员突破。

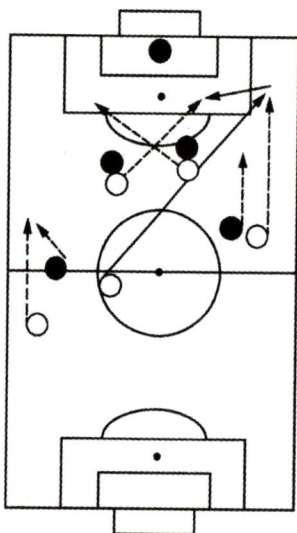

图 5-3-47

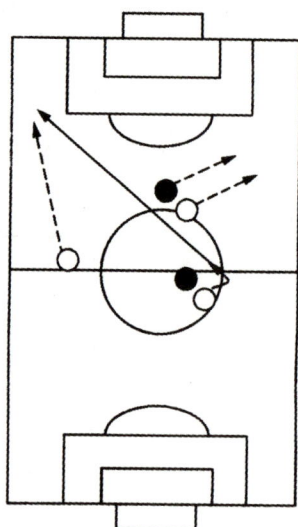

图 5-3-48

(二)足球运动防守战术解析

1.个人防守战术

个人防守战术主要包括选位与盯人、抢球、断球。

（1）选位与盯人。选位是指防守时,根据对方进攻时的方向,防守队员根据自己的防守职责所采用的位置选择。盯人可分为紧逼盯人与松动盯人。盯人的目的是限制对手的活动,及时封堵对手接球或传球的路线。紧逼盯人是贴紧对手不让其有从容活动的机会。松动盯人是与对手保持一定距离,以便随时可靠近对手进行防守或紧逼。

要做好防守工作,选位和盯人都非常重要,二者缺一不可。具体来说,合适的站位能为防守进攻队员提供良好的基础保证,从而及时有效地防住并阻止对方的进攻,但是,只靠合适的站位是不够的,还要分配好盯人的具体战术,以保证有条不紊地完成防守任务。

（2）断球。断球是指将对方的传球从途中截下来或破坏掉的战术行为。断球是转守为攻最主动、最有效的战术行动。

在运用断球战术时,要做到以下几个方面:首先,要确定合理的位置,即偏向有球一侧移动,并"松动"防守;其次,要正确判断持球队员与接应队员的意图,预测传球的时间和路线;再次,还要准确掌握断球的时机,即对方传球的一刹那,先于接球队员快速插向传球路线,将球截断下来。只有按照上述步骤断球,才能够取得较为理想的战术运用效果。

（3）抢球。抢球是指将对方控运的球抢过来或破坏掉的战术行动,是重要的个人战术,是个人防守能力的重要标志。

在运用抢球战术时,主要做到以下几个方面:首先,要选择好正确的站位,选择在持球对手与球门中点之间站位,这是对方运球突破的必由之路;其次,要确定好抢球的距离,通过移动与持球对手保持最适宜的距离;再次,掌握准确的抢球时机也是非常重要的,在对手接控球未稳或控、运球两个触球动作之间的时机,将球抢下来或破坏掉。按照以上几个步骤来进行抢球,才能够取得较为理想的抢球战术运用效果。

2.局部防守战术

足球运动的局部防守战术,主要包括保护、补位、围抢,具体如下。

（1）保护。保护是指给逼抢持球队员的同伴心理和行动上的支持,使其无后顾之忧,全力以赴紧逼对手。在运用保护战术时,为了保证理想的战术运用效果,需要注意以下几个方面。

①保护的距离要合理。保护队员与逼抢队员的距离是动态变化的,根据不同场区应有所不同,后场为3～5米,中前场为4～8米。根据持球队员的不同特点也应有所变化,对技术型队员距离应近些,对速度型队员距离应稍远些。

②保护的角度要科学,并且要随时调整。具体来说,主要包括以下几个方面:第一,保护队员选位要根据临场具体情况随时调整角度;第二,同伴堵内放外,保护队员选位角度偏向外线;第三,同伴堵外放内保护队员选位角度应偏向内侧,配合同伴形成夹击之势。

③队员之间要保持及时的交流。保护队员要通过语言指挥同伴抢截和选位,让同伴知道自己的保护位置。

④双方人数的对比要恰当。不同情况要有针对性地进行人数的安排,比如,二防一时,全力保护、夹击;二防二时,既要保护同伴防突破,又要兼顾自己应盯防的对方接应队员;二防三时,主要是延缓对方的进攻速度,为其他队员争取回防的时间。

（2）围抢。围抢是指两个以上的防守队员从多方位夹击对方的控球队员,把球抢夺回来或破坏掉的战术配合。在运用围抢战术时,要想取得理想的围抢效果,有两个方面的内容需要注意,否则不仅不会取得良好的战术运用效果,反而会出现失误。具体来说,这两方面主要是围抢时的要求和要点。①围抢要求:围抢时,其局部的守方人数要占有优势,而且要思想一致;一般应在边、角场区,对方身体方向和观察角度较差时或在守方门前接球、运球、射门时,坚决展开围抢封堵。②围抢要点:不能疏漏,避免被突破而造成被动;围抢时贴身逼抢,但不可犯规。

（3）补位。补位是指防守队员弥补同伴在防守中出现漏洞时所采取的相互协助的战术配合。影响补位效果的因素有很多,只有处理好这些因素,才有可能取得较为理想的战术运用效果。其影响因素主要包括两个方面,即补位方式和要点,具体如下:①补位方式。具体来说,补位的方式应该根据实际情况和需要进行有针对性的选择和调整,比如,前卫或后卫队员因插上而退守不及时,临近的队员应暂时弥补其空位;对手突破同伴后,保护队员要及时补位防守;守门员出击时,后卫队员要及时回撤到球门线附近,弥补守门员的位置。②补位要点。补位的要点要以场上的实际情况和需要为主要依据来进行适当的选择和调整。比如,防守队员能追上自己的对手时,一般不要交换防守和进行补位;需要补位时,以邻近位置的两名队员之间进行相互补位,尽量避免牵动更多的防守队员交换位置;保证罚球区及附近的危险区域不出现空当。

3. 整体防守战术

整体防守战术是指全队所采取的防守配合。具体来说,整体防守战术的运用形式主要包括四种,即人盯人防守、区域盯人防守、混合防守、造越位战术。

（1）区域盯人防守。每一防守队员占据一定的活动区域,当进攻者进入该防区时,区域防守队员实施严密盯人,以控制进攻者在此区域的一切有效行动,这便是区域盯人防守。区域盯人防守战术在运用时,需要注意以下几方面,这样才能够取得理想的战术运用效果。①区域盯人打法的每一个防守者有明确的任务,同时同伴之间也要协作。②当某一区域盯人防守失败时,邻近队员应及时补位,被突破防守队员应及时地与他换位,以求整体防守的有效性。③区域盯人防守要注意各区域间交界处的防守,这些地方常由于防守职责不明确而给进攻者带来可乘之机。

（2）人盯人防守。除自由人以外,人盯人防守的其他每个队员都有固定盯人对象。为了取得较为理想的人盯人防守的战术运用效果,要求运动员必须做到以下几方面的要求:①每一个队员必须具有较强的个人作战能力。②同伴之间要相互协作,同伴失误时,邻近队员根据场上情况,进行迅速、灵活补位,以保全整体人盯人防守的严密性。③每一防守队员必须有较强的体力素质。

（3）混合防守。混合防守是人盯人防守和区域盯人防守两种形式交织在一起的防守打法,它的最大特点是能根据对手情况,灵活地将人盯人防守和区域盯人防守的优点充分运用,以提高全队防守的效益。混合防守通常是选择体力好、个人作战能力强的队员以人盯人防守盯住对方的核心队员,其他队员采用区域盯人防守。

（4）造越位战术。造越位战术是利用规则而设计的一种防守战术，是一种以巧制胜的省力打法，因而成为一种重要的防守手段。造越位战术配合难度较大，运用不好会适得其反，因此战术往往是为水平较高的球队所采纳，但在一场比赛中也不是多次运用。

三、足球比赛规则简介

足球比赛规则由国际足球联合会（FIFA）制定并修改，是正规足球比赛必须遵守的规则。

（一）比赛场地

足球比赛场地的规格如图 5-3-49 所示。

（1）场地面积：比赛场地必须是长方形，边线的长度必须长于球门线的长度。长度：90～120 米，宽度：45～90 米；国际比赛规格为长度：100～110 米，宽度：64～75 米；世界杯采用的长度是 105 米，宽度是 68 米。

（2）画线：比赛场地是用线来标明的，这些线作为场内各个区域的边界线，包含在各个区域之内。两条较长的边界线叫边线，两条较短的线叫端线。所有线的宽度不超过 12 厘米（5英寸）。比赛场地被中线划分为两个半场。在场地中线的中点处做一个中心标记，以距中心标记 9.15 米（10 码）为半径画一个圆圈。在场地每个角上各竖一根不低于 1.5 米（5 英尺）的平顶旗杆，上系小旗一面。在中线的两端、边线以外不少于 1 米（1 码）处，也可以放置旗杆。

（3）球门区：球门区在场地的两端，规定如下：从距球门柱内侧 5.50 米（6 码）处，画两条垂直于球门线的线。这些线伸向比赛场地内 5.50 米（6 码），与一条平行于球门线的线相连接。由这些线和球门线组成的区域范围是球门区。

（4）罚球区：罚球区在场地的两端，规定如下：从距每个球门柱内侧 16.5 米（18 码）处，画两条垂直于球门线的线，这些线伸向比赛场地内 16.5（18 码）米，与一条平行于球门线的线相连接。由这些线和球门线组成的区域范围是罚球区。在每个罚球区内距球门柱之间等距离的中点 11 米（12 码）处设置一个罚球点。在罚球区外，以距每个罚球点 9.15 米（10 码）为半径画一段弧。

（5）角球区：在比赛场地内，以距每个角旗杆 1 米（1 码）为半径画一个四分之一圆，弧内地区叫作角球区。

（6）球门：球门必须放置在每条球门线的中央。它们由两根距角旗杆等距离的垂直的柱子和连接其顶部的水平的横梁组成。两根柱子之间的距离是 7.32 米（8 码），从横梁的下沿至地面的距离是 2.44 米（8 英尺）。两根球门柱和横梁具有不超过 12 厘米（5 英寸）的相同的宽度与厚度。球门线与球门柱和横梁的宽度是相同的。球门网可以系在球门及球门后面的地上，并要适当地撑起以不影响守门员。球门柱和横梁必须是白色的。

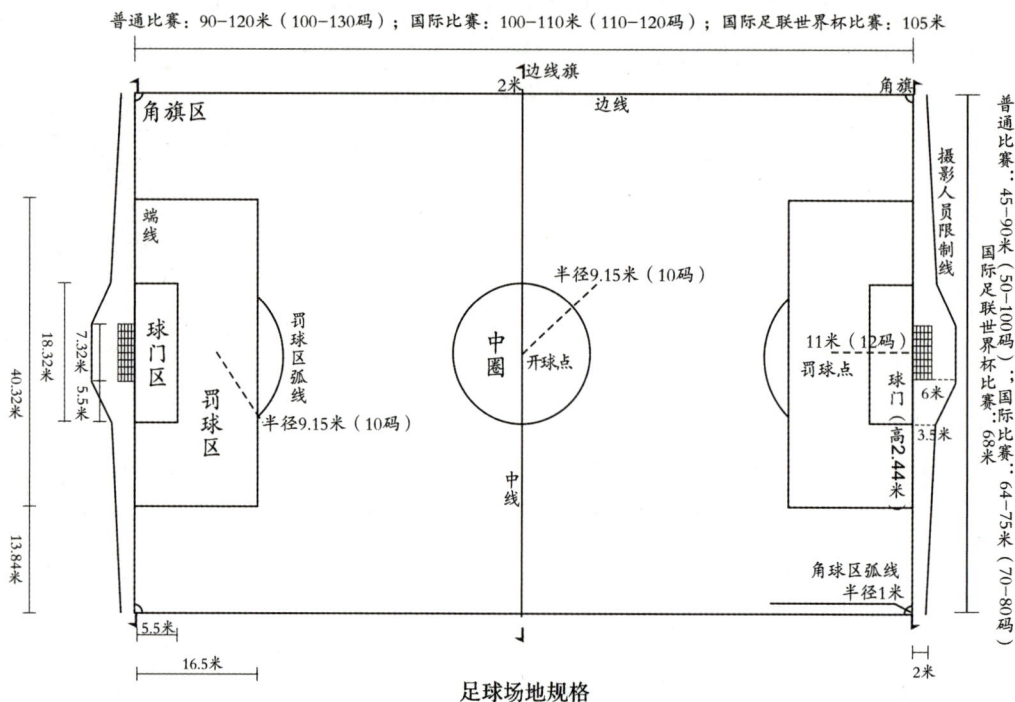

图 5－3－49

足球场地规格

(7)球：比赛用球应为球体，它的外壳应用皮革或其他许可的材料制成，在它的结构中不得使用可能伤害运动员的材料。圆周不长于 70 厘米（28 英寸）、不短于 68 厘米（27 英寸）；

重量在比赛开始时不多于 450 克（16 英两）、不少于 410 克（14 英两）；压力在海平面上等于 0.6～1.1 个大气压力（600～1100 克/平方厘米、8.5～15.6 磅/平方英寸）。

(8)队员人数：一场比赛应有两队参加，每队上场队员不得多于 11 名，其中必须有一名守门员。如果任何一队少于 7 人则比赛不能开始。在由国际足联、洲际联合会或国家协会主办的正式比赛中，每场比赛最多可以使用 3 名替补队员。竞赛规程应说明可以有几名替补队员被提名，从 3 名到最多不超过 7 名。在其他比赛中，可依据下列规定使用替补队员：有关参赛队在最多替补人数上达成协议；在比赛前通知裁判员；如果比赛开始前未通知裁判员或各参赛队未达成任何协议，则可以使用的替补队员人数不得超过 3 名。在所有的比赛中，替补队员名单必须在比赛开始前交给裁判员。未被提名的替补队员不得参加比赛。

(9)比赛时间：比赛分为两个半场，每半场 45 分钟。特殊情况经裁判员和双方同意另定除外。任何改变比赛时间的协议（如因光线不足每半场减少到 40 分钟）必须在比赛开始之前制定，并要符合竞赛规程。

(10)中场休息：队员有中场休息的权利，中场休息不得超过 15 分钟。竞赛规程必须阐明中场休息的时间。只有经裁判员同意方可改变中场休息时间。

(11)扣除损失时间：在每半场比赛中损失的所有时间应被扣除：替换队员；对队员伤势的估计；将受伤队员移出比赛场地进行治疗；拖延时间；任何其他原因。根据裁判员的判断扣除损失的时间。

(12)罚球点球:如果执行罚球点球或重新执行罚球点球,每半场结束时间可延长至罚球点球结束。

(13)决胜期:竞赛规程可以规定再进行两个半场相等时间的比赛。规则第八章的规定也能适用。

(14)中止的比赛:除竞赛规程另有规定外,中止的比赛应重新进行。

(15)比赛开始:预备通过掷币,猜中的队决定上半场比赛的进攻方向,另一队开球开始比赛。猜中的队在下半场开球开始比赛。下半场比赛两队交换比赛场地。

(16)开球:开球是比赛开始和重新开始的一种方式:在比赛开始时、在进球得分后、在下半场比赛开始时、在决胜期两个半场开始时。开球可以直接射门得分。

(17)坠球:坠球是在比赛进行中因竞赛规则未提到的原因而需要暂停比赛之后重新开始比赛的一种方法。裁判员在比赛停止时球所在的地点坠球。当球触地比赛即为重新开始。

(18)比赛成死球:下列情况比赛成死球:当球不论从地面或空中全部越过球门线或边线时;当比赛已被裁判员停止时。

(19)比赛进行:其他所有时间均为比赛进行中,包括球从球门柱、横梁或角旗杆弹回场内;球从比赛场地上的裁判员或助理裁判员身上弹回场内。

(20)计胜方法:当球的整体从球门柱间及横梁下越过球门线,而此前未违反竞赛规则,即为进球得分。在比赛中进球数较多的队为胜者。如两队进球数相等或均未进球,则比赛为平局。

(21)竞赛规程:竞赛规程应说明,若比赛结束为平局,是否采用决胜期或国际足球理事会同意的其他步骤以决定比赛的胜者。

(22)越位位置:队员处于越位位置本身并不是犯规。队员处于越位位置:攻方队员出球时,其中攻方有队员比对方第二名队员更接近于对方球门线且接球队员处于对方半场内。队员不处于越位位置:角球和界外球除外、他在本方半场内、他齐平于倒数第二名对方队员、他齐平于最后两名对方队员。对于任何越位犯规,裁判员应判给对方在犯规发生地点踢间接任意球。

(23)犯规行为。下列情况将被判罚犯规或不正当行为:裁判员认为,如果队员草率地、鲁莽地或使用过分的力量违反下列7种犯规中的任何一种,将判给对方踢直接任意球:踢或企图踢对方队员、绊摔或企图绊摔对方队员、跳向对方队员、冲撞对方队员、打或企图打对方队员、抢截对方队员、推对方队员。如果队员违反下列3种犯规中的任何一种,也判给对方踢直接任意球:拉扯对方队员、向对方队员吐唾沫、故意手球(不包括守门员在本方罚球区内)。在犯规发生地点踢直接任意球。

在比赛进行中无论球在什么位置,如果队员在本方罚球区内违反了上述10种犯规中的任何一种,应被判罚球点球。

(24)警告犯规。如果队员违反下列7种犯规中的任何一种,将被警告并出示黄牌:①犯有非体育道德行为;②以语言或行动表示异议;③持续违反规则;④延误比赛重新开始;⑤当以角球或任意球重新开始比赛时,不退出规定的距离;⑥未得到裁判员许可进入或重新进入比赛场地;⑦未得到裁判员许可故意离开比赛场地。

(25)罚出场犯规。如果队员违反下列7种犯规中的任何一种,将被罚出场并出示红牌:①严重犯规;②暴力行为;③向对方或其他任何人吐唾沫;④用故意手球破坏对方的进球或明显的进球得分机会(不包括守门员在本方罚球区内);⑤用可判为任意球或点球的犯规破坏对方向本方球门移动着的明显的进球得分机会;⑥使用无礼的、侮辱的或辱骂性的语言及动作;⑦在同一场比赛中得到第二次警告。被罚令出场的队员必须立即离开比赛场地附近和技术区域内。

(26)间接任意球。如果守门员在本方罚球区内违反下列4种犯规中的任何一种,将判给对方踢间接任意球:①用手控制球后在发出球之前持球超过6秒;②在发出球之后未经其他队员触及,再次用手触球;③用手触及同队队员故意踢给他的球;④用手触及同队队员直接掷入的界外球。裁判员认为,队员在出现下列情况时,也将判给对方踢间接任意球:①动作具有危险性;②阻挡对方队员;③阻挡对方守门员从其手中发球;④违反规则第十二章以前未提及的任何其他犯规,而停止比赛被警告或罚令出场。在犯规发生地点踢间接任意球。

(27)任意球。任意球分为直接任意球和间接任意球两种。无论是直接任意球还是间接任意球,踢球时必须将球放定,踢球队员在球未经其他队员触及前,不得再次触球。

(28)罚球点球。当比赛进行中,一个队在本方罚球区内由于违反了可判为直接任意球的10种犯规之一而被判罚的任意球,应执行罚球点球。罚球点球可以直接进球得分。在每半场比赛或决胜期上下半场结束时,应允许延长时间执行完罚球点球。

(29)掷界外球。掷界外球是重新开始比赛的一种方法。掷界外球不能直接进球得分。下列情况可判为掷界外球:①当球的整体不论从地面或空中越过边线时;②从球越出边线处掷界外球;③判给最后触球队员的对方。

(30)球门球。球门球是重新开始比赛的一种方法。球门球可以直接射入对方球门而得分。下列情况可判为球门球:当球的整体不论从地面或空中越过球门线,而最后触球者为攻方队员,且根据规则第十章不是进球得分时。

(31)角球。角球是重新开始比赛的一种方法。角球可以直接射入球门而得分,但只能是对方球门。下列情况可判为角球:当球的整体不论在地面或空中越过球门线,而最后触球者为守方队员,且根据规则第十章不是进球得分时。

第六章

小球运动

第一节　乒乓球

一、乒乓球运动概述

（一）乒乓球运动的起源

乒乓球运动起源于19世纪英国，它是由两名或两对选手在球台两端，用球拍隔网轮流击球的一项球类运动。它最初的名字为"table tennis"，即桌上网球。1890年英国工程师詹姆斯·吉布从美国带回一些作为玩具的赛璐珞球，由于拍与球撞击的缘故，使得这种球打起来发出"乒"而落台后发出"乓"的声音，故而又称为"乒乓球"运动。

19世纪末，欧洲盛行网球运动，但由于受到场地和天气的限制，英国有些大学生便把网球移到室内，以餐桌为球台，书做球网，将羊皮纸贴在窄长拍柄、椭圆形球拍两面作为击球工具，用橡胶或软木作球，为了不损坏家具，在外面往往包一层轻而结实的毛线，在餐桌上打来打去。该项运动当时在英国被誉为时髦运动，且球台大小和球网高低都没有统一规定。球拍的长度约为49.5厘米，类似小的网球拍，如图6-1-1所示。1902年，留学英国的日本东京高等师范学校教授坪井玄道将整套乒乓球用具带回日本。

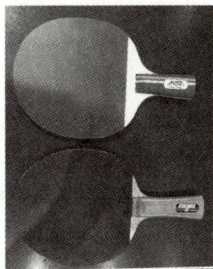

图6-1-1

1904年，上海四马路一家文具店的经理王道平，从日本买了10套乒乓球器材带回上海。为了推销这些器材，他介绍了自己在日本看到打乒乓球的情景并亲自做打球表演。从此，这项运动传入我国。1916 年,上海的基督教青年会设有乒乓球房,一些学生开始参加乒乓球运动,随后这项运动逐渐在京、津、沪等大城市开展起来。

1905 年至 1910 年间,乒乓球运动传入中欧的维也纳、布达佩斯,而后逐步扩展到北非的埃及等地。

20 世纪初,乒乓球运动在欧洲和亚洲蓬勃开展起来。1926 年,在德国柏林举行了国际乒乓球邀请赛。后被追认为第一届世界乒乓球锦标赛。同时,成立了国际乒乓球联合会。

(二)乒乓球运动的特点和健身价值

1.乒乓球运动的特点

乒乓球,球小、速度快、变化多、趣味性强,要求练习者在瞬间对来球有较强的反应能力和应变力。研究表明,正手近台快攻击球总时间为 0.36 秒,其中第一弧线飞行时间为 0.22 秒,第二弧线来球落台后反弹时间为 0.14 秒。因此,它能提高人体神经系统的灵敏性和协调性。通过参与乒乓球单项、双打、团体项目的比赛,可以培养其独立思考和集体主义精神。

2.乒乓球运动的健身价值

乒乓球运动是智能、技能、体能三者兼容,以智能为主的运动项目,特点是速度快、变化多、击球技巧性强、运动兴趣易于激发。乒乓球运动是提高人体反应速度,调节大脑均衡能力的一项非常有意义的智力健康运动项目。经常参加练习,可以发展人的灵敏、协调等素质,提高动作速度,改善心血管系统机能,还能发展人的机智、沉着、勇于拼搏、敢于胜利等品质。其独特的功能和作用体现在以下两点:一是预防近视;二是突出发展灵敏和快速反应能力。

二、乒乓球运动的基本技术

为了更好地学习、交流和传播乒乓球基本技术,每一位同学都要掌握乒乓球基本理论和常用术语的含义。如台面术语、站位术语、击球线路术语、击球 7 要素(击球时间、击球部位、击球拍形、击球点、挥拍方向、用力方式、击球环节)。

(一)握法

1.直拍握法

直拍握法是我国老一批运动员的主要握法,可以分为直拍快攻类握法、弧圈类握法,其中快攻类打法是主流握法。现阶段,随着打法的改变,直拍握拍方法有所改变。以下就直拍快攻的握法和要点进行论述。

直拍快攻标准握法要领:用拇指和食指握住球拍拍柄与拍面的结合部位。拍柄右侧贴在食指的第三关节内侧,食指的第二关节轻压在球拍的右肩,第一关节稍弯曲。拇指的第一关节压住球拍的左肩,其他二指自然弯曲并重叠,以中指的第一关节顶于球拍背后,托于球拍背面 1/3 上端,形成一个便于用力的支点,且保持拍面平稳(如图 6-1-2 所示)。

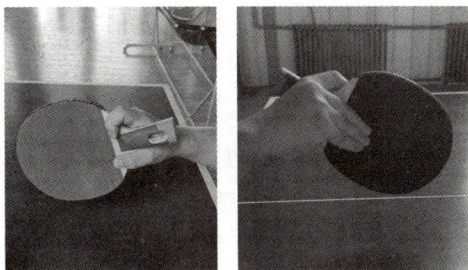

图 6 - 1 - 2

2. 横拍握法

横拍握拍方法是当前运动员的主流握拍方法,分为深握和浅握。

标准握法要领:虎口正对着球拍拍肩的正中间,中指、无名指、小指自然地握住拍柄,拇指在球拍正面轻贴在中指旁边,食指自然伸直斜于球拍的背面,虎口轻微贴拍(如图 6 - 1 - 3 所示)。

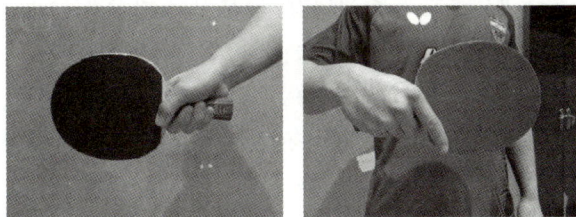

图 6 - 1 - 3

(二)基本站位和准备姿势

乒乓球运动员的基本站位是根据不同类型打法和个人特点有所不同,有的偏左,有的偏中间站;有的偏近,有的偏远站,但是不管是哪种站位方法,基本遵守以下方法站位方法。

正确的站位方法:两脚平行站立(略比肩宽,越是肩宽的 1.2～1.4 倍),提踵、前脚掌内侧用力着地,两膝微屈稍内扣,上体略前倾,重心置于两脚之间,下颌稍向后收,两眼注视来球;持拍手指自然弯曲,置于身体右侧(或左侧),手腕放松,持拍于腹前,离身体 20～30 厘米(如图 6 - 1 - 4 所示)。

图 6 - 1 - 4

准备姿势口诀:立足肩宽微提踵,屈膝弯腰莫挺胸,拍置腹前眼注视,准备移动体放松。

(三)发球

发球是乒乓球比赛中每一分球的开始,它是乒乓球技术中唯一不受对方来球制约的技术,可以让使用者最大限度地实现自己的战术意图,其主动性显而易见。

发球方法是多种多样的,按形式来划分,可分为低抛发球、高抛发球和下蹲式发球;按方位来划分,可分为正手发球、反手发球和侧身发球;按性质来划分,可分为速度类发球、落点类发球、旋转类发球,如侧上、侧下、转与不转、长球、短球等。

发球时传统的准备姿势(以右手持拍为例)为:正手发球,左脚稍前,身体略向右偏斜,左手掌心托球置于身前偏右侧;反手发球,右脚稍前,身体略向左偏斜,左手掌心托球置于身前偏左侧。

发球口诀:伸掌抛球向上空,球落击法有多种,上下侧旋擦球面,长短轻急力不同。

(1)正手平击发球。

特点:平击发球速度一般,略带上旋,是初学者最基本的发球方法,也是掌握其他发球方法的基础。

动作要点:①将球置于手掌伸平,然后将球抛起。②当球从高点下降至稍高于球网时,拍形稍前倾,击球中上部向左前方发力。③击球后的第一落点应在球台中区。如图6-1-5所示。

图 6-1-5

(2)反手发急球。

特点:球速快、弧线低,前冲大,迫使对方后退接球,有利于抢攻。

动作要点:①抛球后,球降至约与网同高时击球。②击球时,拍形稍前倾,击球中上部,同时手臂向前迅速挥拍(发急下旋时,拍形稍后仰,击球中下部)。③发球的第一落点应靠近端线。如图6-1-6所示。

(3)反手发右侧上(下)。

特点:右侧上(下)旋球力强,对方挡住后,向其左侧上(下)反弹。发球落点以左方斜线长球配合中右近网短球为佳。

动作要点:①击球前,拍形稍向右倾斜,前臂和手腕由左向右方挥动。②击球时,拍从球的中上部向右上摩擦,击出的球是右侧上旋;拍稍后仰从球的下部向右侧下摩擦,击的球是右侧下旋。如图6-1-6所示。

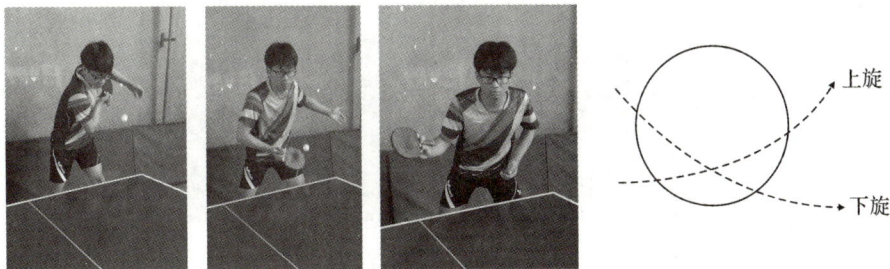

图6-1-6

(4)正手发左侧上(下)旋球。

特点:左侧上(下)旋转力较强,对方挡球时向其右侧上(下)方反弹,一般站在中线偏左或侧身发球。

动作要点:①击球前,拍形稍向左偏斜,前臂和手腕由右向左挥动。②击球时,拍从球的正中部向左上摩擦(发右侧下旋球,拍稍后仰从球的中下部向左侧下摩擦)。如图6-1-7所示。

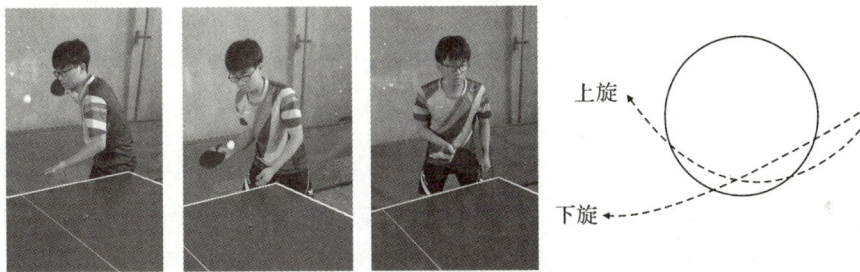

图6-1-7

(5)正手发奔球。

特点:球速急、落点长、冲力大,发至对方右大角或中左位置,对对方威胁较大。

动作要点:引拍时前臂和手腕自然下垂,肘关节高于小臂。①抛球不宜太高;②提高击球瞬间的挥拍速度;③第一落点要靠近本方台面的端线;④击球点与网同高或稍低于网。

(6)正手发转与不转球。

特点:球速较慢,前冲力小,主要用相似的发球动作,制造旋转变化去迷惑对方,造成对方接发球失误或为自己抢攻创造机会。

动作要点:①抛球不宜太高;②发转球时,拍面稍后抑,切球的中下部;越是加转球,越应注意手臂的前送动作;③发不转球时,击球瞬间减小拍面后仰角度,增加前推的力量。如图6-1-8所示。

图 6-1-8

（四）接发球

接发球技术是各项基本技术的综合运用，只有比较全面地掌握各种接发球的方法，才能在比赛中减少被动，力争主动。接发球的方法很多，它是由搓、挑、拧、拨、推、拉、撇侧旋等多种复合技术组成。

1.站位的选择

站位的选择是否合理，主要是根据这种站位是否能为本方直接进攻创造一定的有利条件，而且还要观察对方发球的站位。一般来讲，如果对方站在球台左半台，本方也应站在球台的左半台；若对方站在球台的右半台，本方也应相应调整至球台的中间偏右位置。为了有利于照顾球台的各个部位，有利于前后移动接长短球，站位离球台约30～40厘米为宜。

2.对来球的判断

正确的判断是接好发球的首要环节，对来球的判断包括对方发球的旋转性质、旋转强度、落点的判断。在判断来球旋转性质时候，可以从对方发球时的板型、动作轨迹、出手快慢和球的运行弧线4个方面考虑。

一般情况而言，从板型看，发上旋球时，板形都比较竖，发下旋球时比较平和斜。从动作轨迹看，发上旋和不转球时，球与球拍接触的一瞬间，手腕摆动的幅度一般不是很大。发下旋球或侧下时，手腕摆动的幅度较大。从球飞行弧线看，上旋球和不转球的运行一般较快，常有往前"窜拱"的感觉，发短球时容易出台，弧线低平；下旋球运行比较平稳，弧线略短球不容易出台。从出手快慢看，发上旋球和不转球一般出手比较快；发下旋球时，由于要给球以足够的摩擦时间，所以出手相对要慢一些。

对于发球落点和旋转的判断对于初学者来说比较难。在判断落点时候，主要根据对方发球的第一落点。一般情况下，发长球时候，第一落点靠近端线；发短球时，落点靠近球网。对来球旋转性质的判断时，主要是根据对方的击球方式、用力大小及球飞行弧线高低和快慢综合判断。

3.常用的接球方法

接发球的方法很多，它是由搓、挑、拧、拨、推、拉、撇侧旋等多种复合技术组成。对于初学者来说，要接好对方发球，需要掌握以下基本原则和接发球口诀。

130

接发球口诀:"准备姿势"接发球,来球旋转反向送,上旋推挡下旋搓,长抽短吊争抢攻。

4.接发球的原则

(1)接上旋转(奔球)可采用正反手攻球或推挡回接,拍面适当前倾,击球的中上部,调节好向前的力量。

(2)接下旋长球用搓球、削球、提拉球回接,搓或削时多向前用力。

(3)接左侧上下旋球可采用攻球和推挡(搓球或拉球)回接,拍面稍前倾(后仰)并略向左偏斜,击球偏右中上(中下)部位,以抵消来球的左侧上(下)旋力。

(4)接右侧下、下球可采用攻球或推挡(搓球或拉球)回击,拍面稍前倾(后仰)并向右偏斜,击球偏左中上(中下)部位;回接要点和方法与接左侧上、下旋球相同。

(5)接近网短球用快搓、快点或台内突击回接,主要靠手腕和前臂的力量。

(6)接转与不转接在判断不准的情况下可轻轻地托一板或撇一板,但要注意弧线和落点。

(7)接不同性能球拍的发球长胶、生胶、防弧胶的发球基本属不转球,用相应的方法回接。

(五)推挡技术

1.挡球

挡球的特点是球速慢、力量轻、动作较简单,初学者容易掌握。它可以帮助初学者熟悉球性,认识乒乓球的击球规律,提高控制球的能力。

(1)反手挡球。

动作要点:①引拍时,上臂应靠近身体,并做外旋,拍面接近垂直,前臂与台面接近平行。②击球前,前臂与台面平行伸向来球。③击球时,前臂前伸迎球,手腕手指调节拍形,在上升期击球中部。④击球后,手臂和手腕继续向前随势挥动,快速还原到击球前的准备姿势。如图6-1-9所示。

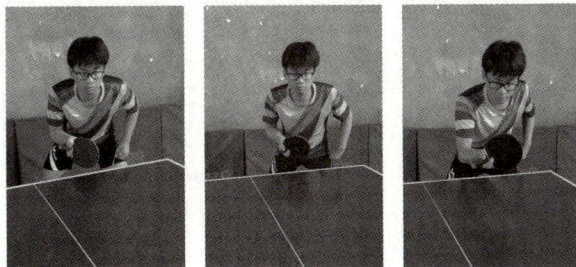

图6-1-9

(2)正手挡球。

动作要点:①引拍时,上臂自然弯曲并做外旋,引拍至身体右侧,前臂与台面接近平行,拍面接近垂直。②击球前,前臂与手腕向前迎球。③击球时,在球上升到上升期击球中部。

④击球后,手臂和手腕继续向前随势挥动,快速还原到击球前的准备姿势。如图 6 - 1 - 10 所示。

图 6 - 1 - 10

2.快推和快拨

特点:动作小,回球速度快,变化多,稳定性比较好。在比赛中,可用落点变化控制对方起到助攻作用。

(1)反手快推。

动作要点:①引拍时,上臂和肘关节内收自然靠近身体右侧,拍面角度稍前倾。②击球前,前臂和手腕迅速向前上推出。③击球时,在来球跳至上升期,拍形前倾,手腕外展,击球的中上部,食指用力,拇指放松。④击球后,手臂和手腕继续向前随势挥动,快速还原到击球前的准备姿势。

(2)反手快拨。

动作要点:①引拍时,两脚平行,两膝微屈,重心在两脚之间,球拍向后下引,肘关节稍前顶,腕内收,右肩稍沉。②击球时,以肘关节为轴拍面稍前倾,在上升期击球的中上部,并向上弹击。③击球后,随势挥拍不宜太长,迅速还原成预备姿势。如图 6 - 1 - 11 所示。

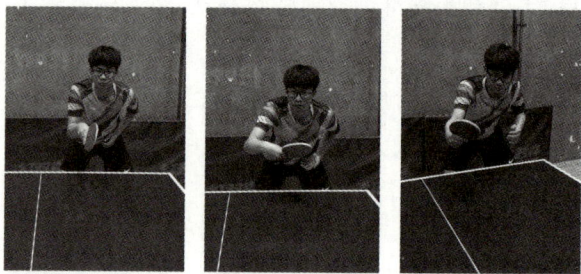

图 6 - 1 - 11

（六）搓球

搓球是近台还击下旋球的一种从本技术,它的特点是动作幅度不大、出手较快、球飞行弧线偏低、旋转变化多、落点丰富,是一种对付下旋球比较稳妥的方法。

搓球口诀:拍先稍仰后平送,向前摩擦球下中,手腕配合小臂动,球转不转靠腕动。

1.慢搓

特点：动作幅度较大，回球速度较慢，稳健性强。适用于回接线路较长，旋转较强的来球。通过旋转和落点变化，可以为进攻创造条件或直接得分。

（1）反手慢搓。

动作要点：①引拍时，前臂内旋使拍面后仰，前臂提起向左上方移动，同时直拍手腕做内屈，横拍手腕做外展。②击球前，手臂向前下方迎球。③击球时，在下降期后段击球中下部。④击球后，手臂向右前下方随势挥拍，并随速还原。如图 6-1-12 所示。

图 6-1-12

（2）正手慢搓。

动作要点：①引拍时，右脚稍前，身体略向右转，前臂和手腕向右上方引拍且外旋，使拍面稍后仰。②击球前，手臂向左前下方移动。③击球时，在来球的下降前期用球拍的下半部，手腕内旋配合用力摩擦球的中下部。④击球后，前臂随势前送，立即放松并迅速还原。如图 6-1-13 所示。

图 6-1-13

2.快搓

特点：动作幅度小、回球速度快、弧线低球，快搓与其他搓球结合能改变击球节奏，缩短对方准备击球的时间。

（1）反手快搓。

动作要点：①引拍时，手臂自然弯曲并内旋使拍面角度稍后仰，前臂向左上方提起，幅度较小。②击球前，手臂向右前下方迎球。③击球时，在上升期，借来球的冲力，击球的中下部。上臂和手腕向前下方用力。④击球后，随势挥拍，动作幅度尽可能小一些，并迅速还原。

（2）正手快搓。

动作要点：①引拍时，手臂自然弯曲并外旋使拍面角度稍后仰，后引动作小前臂向右上方提起，将球拍引至身体右前上方。②击球前，手臂向左前下方迎球。③击球时，在上升期，借来球的冲力，利用上臂前送的力量向左前下方用力，击球的中下部。④击球后，随势挥拍，动作幅度尽可能小一些，并迅速还原。⑤身体重心从右脚移到左脚。

（七）攻球

在比赛中争取主动和获得胜利的最重要的攻击技术，有正反手攻球之分。按站位远近可分为近、中、远台攻球，按击球点和时间又可分为抽、拉、扣和杀高球等技术。以下是常见的几种。

1.正手近台攻球

特点：①站位近台，击球时间早，球的速度快，动作幅度小，是我们近台快攻打法的主要技术之一。②常用于还击正手位的发球、推挡球、一般的上旋球等，使对方措手不及，在对攻中以线路、落点变化相结合，调动对方，伺机扣杀。

动作要点：①引拍时，引拍至身体右侧方，此时右肩稍沉，重拇指用力，食指放松。②击球前，手臂向左前上方迎球。③击球时，充分利用全身协调用力，在身体右前侧和来球的上升期击球的中上部前臂做旋内转动，手腕配合外展。④击球后，身体重心由右脚转移至左脚，手臂向左前上方随挥，并迅速还原。如图6-1-14所示。

图6-1-14

2.正手快带

特点：①出手快、弧线低、借力中发力、落点变化多。②主要用于对付弧圈球、降低对方的回球质量，以便从相持或被动中转变为主动。③在比赛中，由于减弱对方来球的旋转、力量和速度，改变了球的运行节奏，有利于从相持或被动中转为主动。

动作要点：①引拍时，左脚稍前，手臂自然弯曲在身体的右前方，拍稍高于来球，拍形前倾，手腕保持相对稳定。②击球前，手臂和手腕向左前方迎球，腰、髋开始向左转动。③击球时，在来球的上升期击球的中上部，手腕保持相对稳定，不宜晃动。④击球后，手臂继续随势前送，并迅速还原。

3.正手突击

特点：出手快、动作小、突然性强，有一定力量。这是我国快攻运动员的独有技术。专用于对付下旋球,又称为低球起板。它是我国直拍和横拍正胶快攻型选手对付削球或搓球的主要得分技术。

动作要点:①引拍时,左脚稍前,前臂引拍至身体的右前方,同时腰向右,重心在右脚上。②击球时,以前臂发力为主,在来球比网稍高时拍形垂直或稍后仰,在来球的高点时击球的中下部。③手腕除辅助发力外,稍带摩擦动作,帮助制造弧线和控制落点。④击球后,迅速还原。

4. 正手扣杀

特点:动作大、力量重、球速快、攻击性强,在还击半高球时,能充分发挥击球的力量,是得分的一种重要手段。

动作要点:①左脚稍前,击球前持拍手臂向右后方引拍并稍高于台面球拍成半横状。②在高点期前后击球中下部,拍形稍前倾,以撞击为主,向左前下方发力。③击球后,要随势将球拍挥至左胸前,上体左转,重心由后脚移至前脚。如图 6-1-15 所示。

① ② ③

图 6-1-15

5. 反手扣杀

特点:动作较大、出手较快、力量重、攻击性强,是还击反手位半高球的有效方法,也是得分的重要手段之一。它是横拍选手经常采用的主要得分技术。

动作要点:①引拍时,腰、髋向左转动,整个手臂尽可能向左后方引拍,引拍应稍高。②击球时,腰、髋向右转动,肘关节内收,上臂带动前臂在身前横摆,在来球跳至高点期击球中上部,向前向下加速挥动。③击球后,动作随挥,并迅速还原。如图 6-1-16 所示。

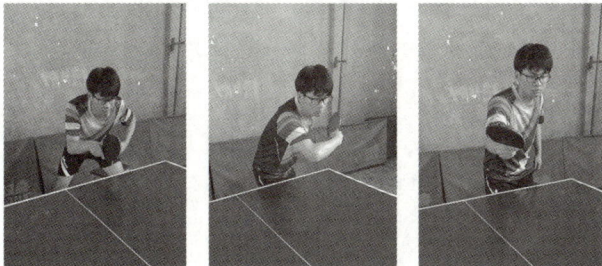

图 6-1-16

（五）弧圈球

弧圈球是将速度、旋转、力量结合为一体的进攻性技术，是比赛中的主要得分手段。弧圈球的发展历史。根据球飞行弧线高低，它可以分为前冲弧圈球、加转弧圈球。

1.正手前冲弧圈球

特点：①飞行弧线低、速度快、前冲力强，落点后弹起不高，但急前冲并向下滑落，能起到与扣杀同样的作用。②常用于对付发球、推挡球、搓以及中等力量的攻球，离台相持时，也可以利用它进行反攻。

动作要点：①引拍时，转腰拉手，将拍自然地拉至身后（约与台面同高），肘关节夹角保持150°～170°。②击球时，在来球高点期或上升后期，用拍摩擦球的中上部。击球瞬间手腕向内向前略微转动。③击球后，重心移至右脚。随势挥拍，迅速调整身体重心并还原。如图6-1-17所示。

图 6-1-17

2.正手加转弧圈球

特点：飞行弧线高、上旋很强、速度较慢，着台后向下滑落较快，对方回击容易出高球，甚至出界，可以直接得分或为扣杀争取机会。它是对付削球、搓球和接出台发球的重要技术。击出的球第一弧线高，第二弧线较低。

动作要点：①引拍时，球拍必须低于来球，但不要下沉太多。②在下降期用拍摩擦球的中部或中下部。③身体重心随右脚蹬地，转腰，挥臂提高。如图6-1-18所示。

图 6-1-18

3. 反手前冲弧圈球

特点：反手拉弧圈球，是横拍握法的优势之一。拉球的速度比正手稍快，但力量和旋转略逊于正手。它可用于发球抢冲、接发球、搓中转拉及一般的对攻的中台对拉，运用得当，可以直接得分，而且能为正手的冲杀创造机会。

动作要点：①击球点不离高身体太近。②充分利用肘关节的杠杆作用，先支肘，再收肘，借以增加前臂的挥摆幅度和力量。③近台快拉的击球时间为上升后期或高点期，中远台发力拉的击球时间为下降期，但不可过分低于台面。

4. 反手加转弧圈球

特点：飞行弧线高、上旋很强、速度较慢，着台后向下滑落较快，对方回击容易出高球，甚至出界，可以直接得分或为扣杀争取机会。它是对付削球、搓球和接出台发球的重要技术。击出的球第一弧线高、第二弧线较低。击球时，重心在两脚间并从下向上提起。

动作要点：①引拍时，手臂稍外旋使拍面角度稍前倾，腰髋向左转动，手臂自然下垂，手腕内收，将球拍引至左下方，约至小腿中间处。②击球时，当球跳至下降期，击球中上部，腰髋向右上方转动，前臂加速向上发力为主略向前，手腕外展。③击球后，手臂随势向前上方挥动，迅速还原成预备姿势。

（六）基本步法及运用

步法是乒乓球运动的灵魂，练球切忌丢步法，击球应先步移动，先动后打是关键，步法混乱手法空。常见步法要领如下。

1. 碎步

(1) 移动方法是双脚不离地，在原地及小范围内作前后左右交替的不规则的交叉不断地移动。

(2) 实际运用于微调即主要对于交换重心、启动、调整还原重心和击球位置，起着微调的作用。

2. 单步

(1) 移动方法以一只脚为轴，另一只脚向前、后、左、右不同方向移动，身体重心随这落在移动脚上。

(2) 实际运用于：①接近网球。②削追身球。③单步侧身攻球，在来球落点位于中线稍偏左右对推中侧身突袭直线或对搓中提拉球时常用。

3. 跨步

(1) 移动方法一脚蹬地，另一脚向移动方向跨一大步，蹬地脚随后跟上半步或一小步，身体重心即移到跨步脚上。

(2) 实际运用于：①近台快攻打法，用来对付离身体稍远的来球。②削球打法，左、右移动击球。③跨步侧身攻,当来球速度较慢,但离身体稍远时,左脚向左前上方跨一大步,右脚随即跟上一小步,同时配合腰部右转动作,完成侧身移动。

4.并步

(1)移动方法一脚先向另一脚并半步或一小步,另一脚在并步脚落地后随即向来球方向移动一步。

(2)实际运用于:①快攻选手在左右移动中攻或拉球;②削球选手正反手削球;③并步侧身攻,多用于拉削球,右脚先向左脚后并一步,以便转体,随之左脚向侧跨一步。

5.跳步

(1)移动方法以来球异侧脚力蹬地,两脚同时离地向来球方向跳动。

(2)实际运用于:①快攻选手左右移动击球,常与跨步结合起来使用。②弧圈类打法由中台向左、右移动时常用。③跳步侧身攻或拉,但在空中需完成转腰动作。④削球选手在接突击时常采用,但以小跳步来调整站位用得较多。

6.交叉步

(1)移动方法以靠近来球方向的脚作为支撑脚,该脚的脚尖调整指向移动方向,远离来球方向的脚在体前交叉,向来球方向跨出一大步,身体随之向来球方向转动,支撑脚跟着向来球方向再迈一步,这是前交叉步。后交叉步是在体后完成交叉动作。

(2)实际运用于:①快攻或弧圈打法在侧身攻、拉后扑打右角空档,或从右大角变反手击球。②在走动中拉削球。③削球打法接短球或削突出击。

三、乒乓球运动的基本战术

在乒乓球比赛中,运动员可根据自己和对手的具体情况,正确而有目的、有意识地运用所掌握的各种技术,充分发挥自己的特点,限制对方的长处,抓住对方的弱点,为战胜对手而采取的合理有效的方法,就形成了战术。

(一)发球抢攻战术

发球抢攻战术是我国直板快攻打法的精髓,是力争主动、先发制人的主要战术。各种类型打法的运动员都普遍采用发球抢攻战术来抢占每个回合的上风。发球抢攻战术运用的效果主要取决于发球的质量和第三板进攻的能力。发球抢攻战术因打法的类型不同而有所差异但常用的发球抢攻战术,主要有以下几种。

1.正手发转与不转球

正手发转与不转球至对方近网或中路,一般先发加转球,后发不转球,出机会抢攻,落点。正手以近网为主,配合底线,使对方难以接发球抢拉或抢攻,或用弧圈球抢拉、抢冲(如图6-1-19所示)。

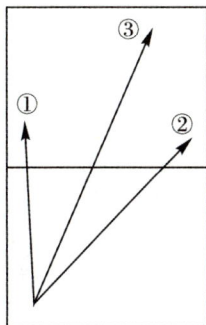

①②正手转与不转短球
③旋发至两大角

图 6 - 1 - 19

2. 侧身正手（高抛或低抛）发左侧上（下）旋球

用相似手法站侧身位用正手发左侧上、侧下旋球，发近网短球与左、右两大角相配合（如图 6 - 1 - 20 所示）。可先发至对方正手近网侧上或侧下旋为突破口，伺机抢攻，配合发异线大角度长球牵制对方；根据个人发球能力，可以运用低抛或高抛两种方式制造机会抢攻、拉冲（如图 6 - 1 - 21 所示）。

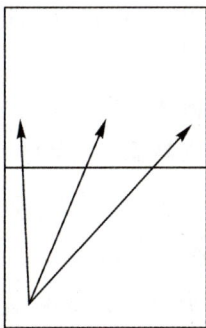

图 6 - 1 - 20

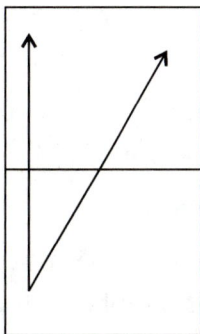

图 6 - 1 - 21

3. 反手发右侧上（下）旋球

以相似手法用反手发右侧上、侧下旋制造机会进行抢攻。先发至近网中左、中右方位，配合底线或追身长球，伺机抢攻、抢拉。发左方底线角度要大，对方站位偏左时，突发右角底线侧（如图 6 - 1 - 22 所示）。上旋，诱使对方移动，用拉接发球，制造机会进行抢攻。

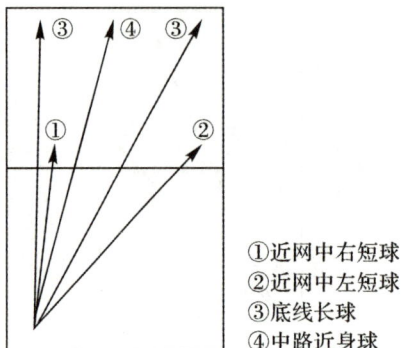

①近网中右短球
②近网中左短球
③底线长球
④中路近身球

图 6-1-22

（二）接发球战术

接发球战术是发球抢攻战术的直接对立面。接发球战术一方面要抑制、扰乱或破坏对方运用发球抢攻战术及战术意图，降低发球抢攻的质量，形成相持状态；另一方面，从被动中求主动，不仅通过过渡性接发球技术力争达到第四板抢先上手，转入对己方有利的战局，更希望瞄准机会果断地接发球抢攻，直接得分或处于明显的战术优势。

1. 接发球战术的指导思想

(1)力争积极主动，克服单纯求稳的思想。尽量少用搓球，应增加用正手侧身接发球的意识。

(2)最大限度地控制对方使其不能抢攻，争取为下板球的进攻制造机会。

(3)接发球后，要有防御的准备，一旦被对方抢攻，应具备从被动转主动的意识和能力。

2. 接发球战术的方法

根据进攻的积极性，接发球战术可分为主动法、稳健法、相持法。

(1)主动法是指接发球时积极主动，抢攻在先。通常台内弧线略高，可用快点、快攻；对于底线长球或半出台球，果断抢拉或抢冲。它要求接发球者对来球的落点、旋转、速度要清楚准确，对发球性能熟悉，击球位置合适，步法要迅速到位，自己感到信心百倍则接发球抢攻。

(2)稳健法是指接发球时，多采用搓、推、削、挡。此战术适合于初学者，对上旋球、侧上旋球、长球用推接，下旋球、侧下旋球用搓接，不转球用挡接。判断不清旋转时，削一板，也会有效果。只求把球平稳过网，不吃发球。能控制对方反手为主，配合变正手或者针对对方弱点处更好。

(3)相持法是指接发球时多用摆短、劈长、撇侧旋加转搓长或半推半搓等方法接球，使对方难以直接在第三板抢攻，形成相持状态。接强烈下旋或侧下旋短球，以快搓摆短为主，配合突然搓两大角；台内侧上、侧下旋球可以侧身用正手挑、劈或撇，角度要大，线路要长，准备对攻战。有意识加转搓长或半推半搓至发球者反手位或薄弱区，常能抑制发球抢攻，而转入相持对抗。

（三）搓攻战术

搓攻战术是进攻型打法的辅助战术之一，主要利用搓球旋转的变化和落点的变化为抢攻创造机会。这一战术在基层比赛中或者初学者经常采用的战术。搓攻战术也是削球型打法争取主动的主要战术之一。常用的搓球战术有：①慢搓与快搓结合；②转与不转结合；③搓球变线；④搓球控制落点；⑤搓中突击；⑥搓中变推或抢攻。

（四）对攻战术

对攻战术是进攻型打法在相持阶段常用的一项重要战术。快攻类打法主要依靠反手推挡（或反手攻球）和正手攻球（或正手拉弧圈球）的技术，充分发挥快速多变的特点来调动对方。常用的对攻战术有①对方反手，伺机抢攻或侧身抢攻、抢拉；②压左突右；③调右压左；④攻两大角；⑤攻追身球；⑥变化击球节奏，加力推和减力挡结合，发力攻、拉与轻打轻拉结合，也可造成对手的被动局面；⑦改变球的旋转性质，如加力推后、推下旋；正手攻球后，退至中远台削一板对方往往来不及反应，可直接得分或创造机会球。

（五）拉攻战术

拉攻战术是指以攻为主的选手对付削球的主要战术。为了发挥拉攻的战术效果，首先要具备连续拉的能力，并有线路、落点、旋转、轻重等变化，其次要有拉中突击和连续扣杀的能力。常用的拉攻战术主要有：①拉反手后，侧身突击斜线或中路追身球；②拉中路杀两角或拉两角杀中路；③拉一角或杀另一角；④拉吊结合，伺机突击；⑤拉搓结合；⑥稳拉为主，伺机突击。

（六）弧圈球战术

由于弧圈球战术把速度和旋转有效地结合起来，稳健性好，具体如下：①发球冲战术；②接发球果断上手；③相持中的战术运用。

四、基本规则

（一）球台规则

（1）球台的上层表面叫作比赛台面，应为与水平面平行的长方形，长 2.74 米，宽 1.525 米，离地面高 76 厘米。

（2）比赛台面不包括球台台面的垂道侧面。

（3）比赛台面应呈均匀的暗色，无光泽。沿每个 2.74 米的比赛台面边缘各有一条 2 厘米宽的白色边线，沿每个 1.525 米的比赛台面边缘各有一条 2 厘米宽的白色端线。

（4）双打时，各台区应由一条 3 毫米宽的白色中线，划分为两个相等的"半区"。中线与边线平行，并应视为右半区的一部分。

（二）球网装置

(1)球网装置包括球网、悬网绳、网柱及将它们固定在球台上的夹钳部分。

(2)球网应悬挂在一根绳子上,绳子两端系在高15.25厘米的倒立网柱上,网柱外缘离开边线外缘的距离为15.25厘米。

(3)整个球网的顶端距离比赛台面为15.25厘米。

(4)整个球网的底边应尽量贴近比赛台面,其两端应尽量贴近网柱。

（三）球

(1)球应为圆球体,直径为40毫米。

(2)球重2.7克。

(3)球应用赛璐珞或类似的塑料制成,呈白色或橙色,且无光泽。

（四）相关术语

(1)回合:球处于比赛状态的一段时间。

(2)球处于比赛状态:从发球时球被有意向上抛起前静止在不执拍手掌上的最后一瞬间开始,直到该回合被判得分或重发球。

(3)球台的端线,包括端线两端的无限延长线。

(4)击球:用握在手中的球拍或执拍手手腕以下部分触球。

(5)越过或绕过球网装置:除从球网和比赛台面之间通过及从球网和网架之间通过的情况外,球均应视作已"越过或绕过"球网装置。

（五）选择方位、发球或接发球

在每场比赛开始前,由双方运动员抽签或协商决定选择方位发球或接发球。中签者如果选择发球或接发球,则由另一方选择方位;中签者如果选择方位,则由另一方选择发球或接发球。中签者也可以让对方先选择。

（六）合法发球

(1)发球时,球应放在不执拍手的手掌上,手掌张开和伸平。球应是静止的,在发球方的端线之后和比赛台面的水平面之上。

(2)发球员须用手把球几乎垂直地向上抛起,不得使球旋转,并使球在离开不执拍手的手掌之后上升不少于16厘米,抛球上升路线与垂线之间夹角不能大于45°。

(3)当球从抛起的最高点下降时,发球员方可击球,使球首先触及本方台区,然后越过或绕过球网装置,再触及接发球员的台区。在双打中,球应先后触及发球员和接发球员的右半区。

(4)从抛球前球静止的最后一瞬间到击球时,球和球拍应在比赛台面的水平面之上。

(5)击球时,球应在发球方的端线之后,但不能超过发球员身体(手臂、头或腿除外)离端线最远的部分。

(6)运动员发球时,有责任让裁判员或副裁判员看清自己是否按照合法发球的规定发球。如果裁判员怀疑发球员某个发球动作的正确性,并且他或者副裁判员都不能确信该发球动作不合法,一场比赛中此现象第一次出现时,裁判员可以警告发球员而不予判分。在同一场比赛中,如果运动员发球动作的正确性再次受到怀疑,不管是否出于同样的原因,不再警告而判失一分。无论是否第一次或任何时候,只要发球员明显没有按照合法发球的规定发球,他将被判失一分,无须警告。运动员因身体伤病而不能严格遵守合法发球的某些规定时,可由裁判员作出决定免予执行,但须在赛前向裁判员说明。

(7)发球次序:每一方运动员在连续发2个球后,就换发球。打到10平或执行"轮换发球法"时,每得一分就换发球,直到这局结束。第一局先发球的一方,第二局应先接发球,以下各局以此类推。

(七)还击

当对方击来的球落在本方台面后,运动员用球拍或持拍手手腕以下部分将球击回,使其越过球网(包括触及球网,从球网伸出台面部分的侧面或下面绕过)落到对方台面。当对方击来的球落在本方台面后,由于球本身的旋转而又越过或绕过球网返回时,在球尚未触及对方台面之前,运动员可以随球过网还击,使球直接落在对方台面。

说明:台面包括球台上边沿,不包括上边沿以下部分(如图6-1-23所示)。

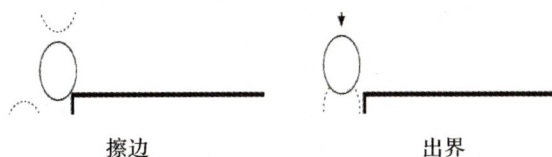

擦边　　　　　　出界

图 6-1-23

(八)重发球

比赛开始后,遇下列情况时,应重发球。

(1)裁判员还没有报分或接发球员没有准备好,发球员已经将球发出。

(2)发球员的发球动作不符合规定,裁判员给予提醒时。

(3)发球时,球擦网落在对方台面或被对方台内阻拦。发球—擦网—拦击,算拦击方失分。

(4)由于运动员不能控制的意外情况,如球破裂、外界球进入比赛场地、走动人员的干扰、运动员受伤、灯光发生故障等影响了还击。

(5)由于纠正发球、接发球次序错误、方位错误或开始执行轮换发球法,以及其他特殊情况而中断比赛。

（九）失分

比赛开始后（发球时把球抛起，比赛就算开始），遇有下列情况时，应判失分：①不符合发球的规定（发球动作不符合规定，一般应先予以提醒）。②对方击来的球还没有落到本方台面，在台面上空碰到运动员的身体或所穿戴的衣物，即"台内阻挡"。③对方击来的球，还没有落到本方台面就碰到球拍或持拍手手腕以下部分，即"拦击"。④球在本方台面连跳两次。⑤还击时，没打到球或连击两次。⑥用球拍不符合规定的一面击球。⑦用不持拍的手击球，或球拍脱手后，球拍把球碰击过去。⑧还击后，球没有过网。⑨还击后，球没有击到对方台面而落地或碰到球网以外的其他物体（不包括"台内阻挡"和"拦击"），即"出界"。⑩运动员的身体，球拍或所穿戴的衣物碰到球网。⑪使台面移动。⑫不持拍手触及台面。

（十）报分

一方得分后，裁判员应及时示意得分，并随后报出比分。裁判员报完比分后，发球员才能发球。报分时，应先报即将发球一方的分数，然后报对方的分数。

（十一）双打的补充规定

1. 球区的规定

(1) 发球时，球应先落在本方台面的右半或中线上，然后直接落到对方台面右半区或中线上。

(2) 双打发球时，只要球和球台接触点在规定的发球区和中线上，即为区内球；否则为发球错区。

2. 发球和接发球次序

(1) 第一局开始先由发球的一方确定谁先发球，再由对方确定谁先接发球。以后每一局，先发球的一方可以任意确定谁先发球，然后按上一局接发球的相反次序确定谁先接发球。

(2) 决胜局当一方先得 5 分时，接发球的一方必须调换接发球员。

(3) 第一局开始，一经确定第一发球员和第一接发球员后，即形成全场比赛发球员与接发球员固定关系。但以后各局的发球员则由发球方自行决定。

(4) 击球次序。每一方的两名运动员应轮流还击，否则应判失分。轮流还击时，两名运动员中任何一人犯规，均应判对方得分。例如乙方 1 号队员在还击，同时乙方 2 号队员用不持拍手触及球台，则不论甲方 1 号队员还击的球是否好球，都应判甲方得分。

（十二）一局比赛

在一局比赛中，先得 11 分的一方为胜方。10 平后，先多得 2 分的一方为胜方。

（十三）轮换发球法

（1）除一局比赛分已达到至少 18 分，将不实行轮换发球法外，一局比赛进行到 10 分钟或在任何时间应双方运动员或配对的要求，应实行轮换发球法。

（2）实行轮换发球法的时间到时，球处于比赛状态，裁判员应立即暂停比赛，由被暂停回合的发球员发球，继续比赛；如果实行轮换发球法时，球未处于比赛状态，应由前一回合的接发球员发球，继续比赛。

（3）实行轮换发球后，每位运动员应轮发 1 分球，直到该局比赛结束。如果接发球方进行了 13 次合法还击，则判接发球方得 1 分。

（十四）单循环赛名次的计算方法

（1）循环赛中，胜一场得 2 分、负一场得 1 分、弃权得 0 分。循环比赛名次以各队得分多者名次列前。

（2）如果在单循环比赛中有 2 个或更多的队得分相等，名次应按各队相互之间的比赛成绩决定。首先计算各队之间获得的场次分数，如相等再计算个人比赛场次的胜负比率，再相等计算局的胜负比率，还相等计算分的胜负比率，直至计算出名次。如分数的胜负比率还分不出来，最后应用抽签的方法来决定。

（3）在团体赛当中，如果有两个队或有两个以上的队获胜次数相等，则根据他们相互之间比赛的胜负比率（胜/负）来决定名次：首先计算次率，然后计算场率，再次计算局率，最后计算分率，直至算出全部名次。

第二节 羽毛球

一、羽毛球运动概述

（一）羽毛球运动的起源

18 世纪时，印度普那城出现了一种游戏，它由绒线编织而成，中间插羽毛，人们手持木拍，隔网将球在空中来回对击。现代羽毛球运动诞生于英国，19 世纪 50 年代，一批退役的英国军官把这种普那游戏带回英国，并不断改进，逐渐使它演变成一项竞技运动。

现代羽毛球运动起源于 1873 年。为了纪念此项运动的诞生地，伯明顿做为一个地名成为羽毛球的英文名字而流传于世界。1877 年，英国制定了第一部羽毛球比赛规则，其中一些内容在今天的羽毛球比赛规则中仍保留使用。1893 年，英国成立了世界上最早的羽毛球协会。1899 年，英国举行了羽毛球锦标赛，此后每年 3 月的最后一周都要在伦敦温布利体育中心进行比赛，即现在的全英羽毛球公开赛。

随着世界上开展这项运动的国家越来越多,1934年,英国、法兰西、荷兰、爱尔兰、苏格兰、威尔士等国家和地区联合成立了羽毛球联合会,总部设在伦敦。1939年世界羽毛球联合会通过了各会员国共同遵守的《羽毛球竞赛规则》。

（二）羽毛球运动的价值

作为一种全身性运动项目,羽毛球运动有着广泛的群众基础,深受大众喜爱。无论是进行有规则的羽毛球比赛还是作为一般性的健身活动,都要在场地上不停地进行脚步移动、跳跃、转体、挥拍,合理地运用各种击球技术和步法将球在场上往返对击,从而增大了上肢、下肢和腰部肌肉的力量,加快了锻炼者全身的血液循环,增强了心血管系统和呼吸系统的功能。据有关资料统计,一场规范的三局二胜制较高水平的单打比赛要进行50～90分钟,每位运动员要在35平方米的场地上,前后、左右不断变换方向地奔跑500多次,总计直线距离在3000米以上。由于球路的千变万化,在奔跑过程中又要急停、起动、弯腰、后仰、起跳、转体,动作接连不断,因而加快了运动员全身的血液循环,增强了心血管系统和呼吸系统的功能,长期锻炼可使心跳强而有力、肺活量加大,从而增强了体质。

二、羽毛球运动的基本技术

（一）握拍（以右手为例）

正确的握拍可使其与人的手有机地融为一体,随心所欲地迎击不同方向、不同速度的来球的前提条件。所以,握拍方法就成了初学者首先必须掌握的羽毛球基本技术之一。羽毛球的握拍分为正手握拍和反手握拍。在实战中为了更好地控制球的落点,应视具体情况,因时、因地细微地调整握拍,但所有这些调整都是建立在正、反手两种基本握拍技术的基础上的。

(1)正手握拍法动作方法是将持拍手的虎口对准拍柄窄面内侧斜棱,拇指和食指在拍柄的两个宽面上,食指和中指稍分开,中指、无名指并拢握住球拍柄,掌心不要贴紧,拍柄底端与手部的小鱼际肌持平,拍面基本与地面垂直。如图6-2-1所示。

① ②

图6-2-1

（2）反手握拍方法是在正手握拍法的基础上，拍柄稍向外转，食指向中指收拢，拇指内侧顶在拍柄内侧的宽面上，中指、无名指和小指并拢握住拍柄，柄端靠近小指根，掌心应留有空隙，拍面稍后仰。如图6-2-2所示。

图6-2-2

（二）发球

1.发球方法

发球方法分为正手发球和反手发球两大类。就球飞行的角度和距离而言，可将发球分为发后场高远球、平高球、平射球和前场小球4种。

一般情况下，单打中多采用正手发球姿势，双打多采用反手发球姿势。正手发球又可分为发高远球、平高球、平射球、网前球；反手发球因受持拍手与身体的限制，挥拍距离较短，一般只能发平高球、平射球和网前球。如图6-2-3所示。

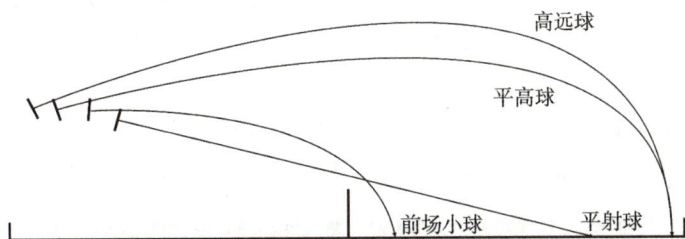

图6-2-3

2.发球的站位方法

（1）单打发球站位。单打的发球站位一般选择距前发球线1米左右的位置。在场地中部这个位置发球，单打中较有利于迎击对方击来的前、后、左、右任何落点的球。三角符号表示发球，圆圈表示接球。如图6-2-4所示。

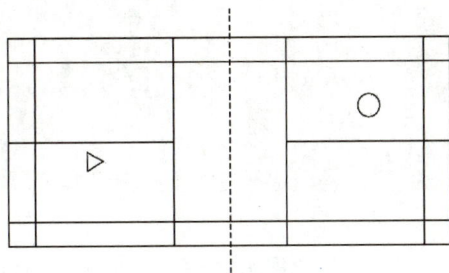

图6-2-4

(2)双打发球站位。双打时,其竞赛特点决定了双打发球的站位位置比单打可稍前一些,这样有利于下一拍的抢网球。如图6-2-5所示。

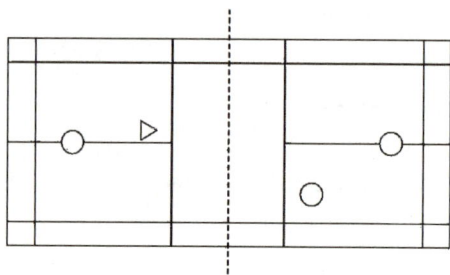

图6-2-5

3.发球技术

(1)正手发高远球。高远球是指球的飞行路线与地面形成角度,要大于45°,使球在对方场区底线附近垂直下落。正手发高远球动作要领如图6-2-6所示。

准备动作:选择在中场附近站位。两脚自然分开,左脚在前,脚尖对网,右脚在后,脚尖稍向右侧,重心放在右脚上;用左手拇指、食指和中指夹持住羽毛球中部,自然举于胸前方;右手正手握拍,右臂自然屈肘举至身体的右后侧,呈发球前的准备姿势。

击球动作:最佳击球点在身体右侧前下方。在拍面与球接触的瞬间,右臂迅速内旋带动手腕快速向前上方闪动、展腕屈指发力,用正拍面将球击出,身体重心随转体动作逐渐由右脚移至左脚。

击球后的动作:身体重心完全移至左脚,持拍手随击球动作完成后的自然惯性向左上方挥动,然后两臂还原成接球前的准备动作。

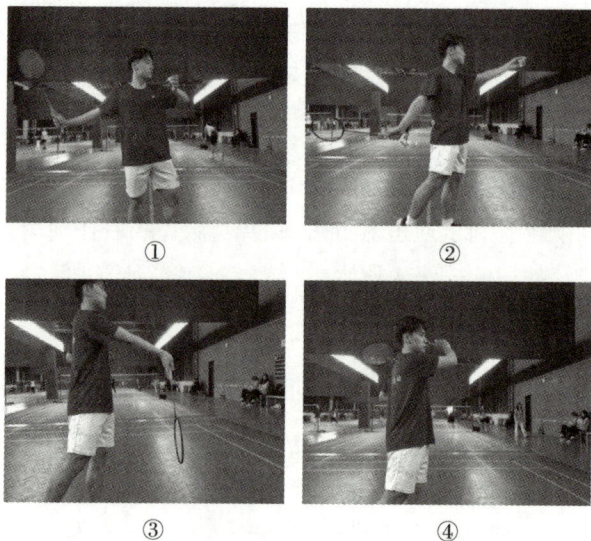

① ②

③ ④

图6-2-6

重点：球拍击球时要控制好拍面的角度，由原来的伸腕经前臂内旋至屈腕击球应有强劲的、向前上方的爆发力。

击球点须在右前下方，腕由伸至展，充分闪动发力将球击出状态。击球瞬间前臂带动手，击球后手腕呈展腕。

（2）正手发平高球姿势、动作和发正手高远球一样，只是发力方向和击球点不同，高平球时球运行的抛物线不大，使球迅速地越过对方场区空中而落到底线附近，球在空中的路线和地面形成的仰角是 45°左右。

重点：挥拍击球时，掌握好击球时球拍的仰角（球与球拍接触时，球拍与地面形成的夹角比发高远球小，成 120°～130°），用前臂带动手腕发力，拍面略微向前推送击球。

（3）正手发网前球。正手发网前球是用正手握拍以正拍面击球，使球轻轻擦网而过，落在对方前发球线附近的一种发球。它的基本动作要领与正手发高远球基本相同，挥动的幅度和手腕后伸程度比发高远球小一些，主要区别在于前臂带动手腕挥拍，大臂动作不明显。击球后，应制动拍子的挥拍，拍子加速不明显，甚至可以缓缓挥动。如图 6-2-7 所示。

重点：球拍接触球时，握拍放松，利用手腕和手指的力量从右向左横切推送，使球贴网而过，正好落在对方前发球线附近的发球区内。

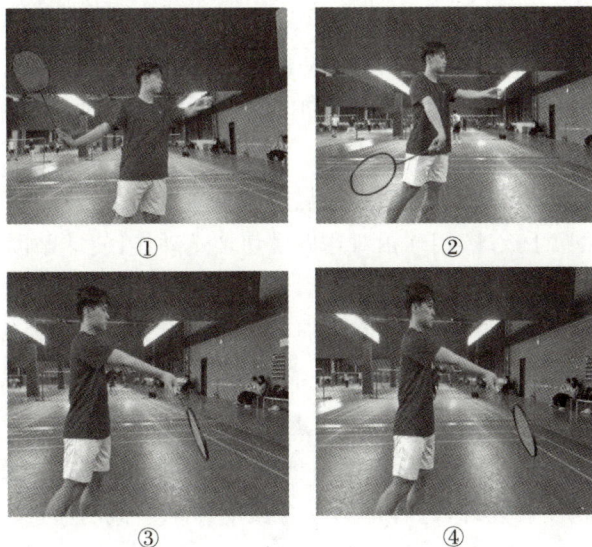

① ②

③ ④

图 6-2-7

（4）反手发网前球。反手发网前球是运用反手发球技术把球发至对方发球区内前发球线附近，击球时球拍由后向前推送击球，是球运行的弧线最高点略高于网顶，球拍触球时，拍面呈切削式击球，使球落到对方场区的前发球线附近。如图 6-2-8 所示。

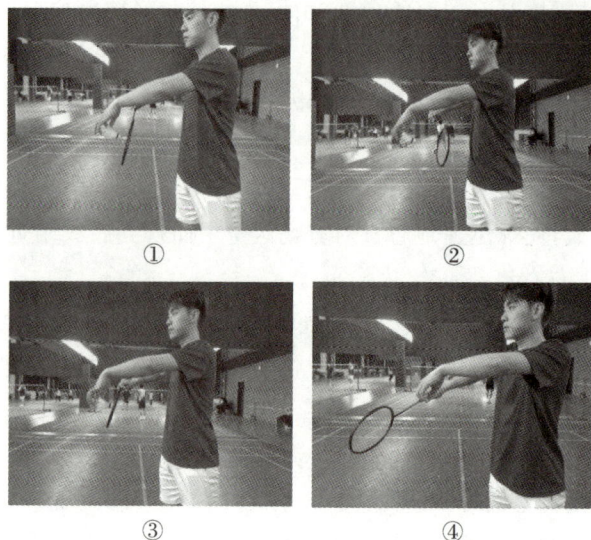

① ② ③ ④

图 6-2-8

准备姿势:两脚与肩同宽,前后斜站。右脚在前,左脚尖侧后点地,重心放在右脚上;左手拇指、中指、食指握住球的羽毛处,将球置于腹前腰部以下;右手弯肘稍向上提起,展腕,用反手握拍以反拍面将球拍自然置于腹前,持球手的后面,两眼正视前方。

引拍动作:左手放球的同时,以肘为轴持拍手小臂内旋,带动展腕由前向后作回环半弧形引拍。

击球动作:击球时,前臂带动手腕使球拍从左下方向右前上方作半弧形挥动。在拍将要击到球之前,左手自然撒手放球,用球拍对球做横切推送动作,使球贴网而过,正好落在前发球线附近的发球区内。

击球后:以制动动作结束发力,并注意将握拍姿势调整为正手放松握拍。

重点:严格控制击球力量和拍子的用力方向。击球时,拍面略后仰,拍子与地面夹角成120°左右。在不过手和过腰的前提下,尽可能地提高击球点。

(5)正手发后场平射球。正手发后场平射球是用正手握拍,以正拍面击出飞行弧度较正手后场平高球还要低的一种发球,这种球的飞行弧度几乎是擦网而过,直射对方后场,因此具有球速快、突击性强的特点,是单、双打发球抢攻战术中常用的一种发球。在比赛中,在发球方有准备而接发球方无准备的情况下,或是对手接发球站位较前的情况下,这种发球可以它的快速、突变使接球方处于被动。

准备动作:击球后的动作均同正手发后场高远球,引拍动作较发后场高远球略小一些。

击球动作:击球时,拍面仰角较小(球拍面与地面形成的仰角一般在110°左右),前臂内旋带动手腕快速闪动屈指向前发力击球。击球点在规则允许的范围内,可争取略高一些。

重点:击球动作小而快,目的性强。

(6)反手发后场平射球。站在发球区内较靠近前发球线位置上,右脚在前,左脚在后,上身自身伸直,重心放在右脚上,右脚尖面对球网。左手以拇指、食指和中指捏住羽毛球,置于腹前面。右手反手握拍,肘部略抬起使拍框下垂于左腰侧,两眼注视对方准备接球的动向。如图6-2-9所示。发球时主要靠挥动前臂和伸腕闪动发力,速度快,动作一致性好。反手发后场平射球主要用于双打比赛。

准备动作:击球后动作要求与反手发网前小球基本一致。关键是拍形的角度和用力方向略有不同。

击球动作:击球时,拍面与地面形成的仰角一般在110°左右,向前推球,用力的方向应平直一些。

重点:发球姿势要与发其他弧线球姿势保持一致,不使对方预见发球意图。要有较强的手腕爆发力,否则出球速度慢,会遭到攻击。利用拇指的顶力屈指发力。

① ②

图6-2-9

(四)接发球

1.接发球站位和姿势

单打站位一般是在离发球线1.5米处。站在右发球区靠近中线的位置;在左发球区则站在中间的位置。这样站位主要是防备对方直接进攻反手部位。一般左脚在前,右脚在后,双脚微屈,收腹含胸,身体重心放在前脚上,后脚脚跟稍抬起。身体半侧向球网,球拍举在身前,双眼注视对方。如图6-2-10所示。

图6-2-10

双打站位中,由于双打发球区比单打发球区短0.76米,发高远球易被对方扣杀,所以双打发球多以发网前球为主。接发球时要站在靠近前发球线的地方。双打接发球准备姿势和单打姿势基本相同。但由于双打速度快,所以接发球时可将球拍适当抬高一些,举至头前上方的位置,在球飞行到网上最高点时击球,争取主动。

2.接发球的方法

根据对方的发球方法,接发球的方法一般分为以下3种。

(1)接后场球。当对方发后场高远球、平高球时,可用平高球、吊球或杀球进行还击。接发后场球可以说是得到了一次主动的进攻机会,处理得好往往能掌握主动(如图6-2-11所示)。

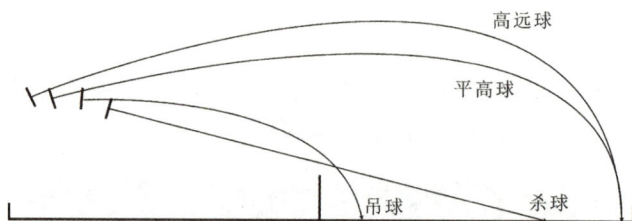

图6-2-11

(2)接前场球。当对方发网前小球,可用放网前球、勾对角球、推后场球还击。当对方发球质量不好,球过网太高时,可抓住机会扑球进攻(如图6-2-12所示)。

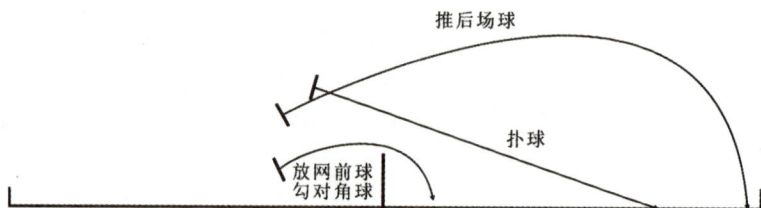

图6-2-12

(3)接平射球。对方发平射球时,可用杀球、平高球还击,以快制快。

(五)击球技术

羽毛球运动有很多击球技术动作,根据击球位置,可以分为后场击球技术、中场击球技术和前场击球技术。根据这些技术动作特点,又可分为击高球、吊球、杀球、搓球、推球、放球、勾球、扑球、抽球、挑球等,每一种技术又可分为正手和反手击球法。在比赛过程中,运动员要根据战术球路的需要,灵活交替使用各种击球方法,控制场上的局面,赢得比赛的主动权。

1.后场击球技术

后场击球技术主要由高远球、平高球、吊球和杀球等几项技术及相应的步法组成,又分成正手和反手两种击球方式。其特点是击球点高、力量大、速度快和威力大,是后场进攻的主要手段。

(1)后场正手击高远球。后场高远球是将对方击至本方后场端线附近的球回击得又高又远,落至对方端线附近的一种球。它分为正手击高远球、头顶击高远球和反手击高远球,是基本的有效击球技术之一。其动作要领如图6-2-13所示。

准备姿势：用后场正手后退步法迅速向来球的方向移动，调整好身体与来球间的位置，是击球点选择在后肩稍前的最上方。两脚与肩同宽自然分离，左脚在前，右脚在后，身体重心放在后面的右脚上，侧身对网（即左肩对球网）。右手正手握拍屈肘举于体侧，上臂、前臂间夹角为45°左右。左手自然上举，保持平衡，双眼注视来球方向，呈击球前的准备姿势。

引拍动作：当球下落到一定的高度时，手肘下抬，手臂后倒引拍，以肩为轴做回环动作，同时身体向左转体，前臂充分向后下方摆动并外旋，手腕充分伸展，准备击球。同时左手随转体动作自然屈臂协调摆至身体左侧。

击球动作：击球时前臂急速内旋带动手腕加速向前上方挥动，手腕屈收，手指屈指发力，用正拍面将球击出。击球点选在右肩的前上方，高度以持拍手臂自然伸直击球为宜。如果是起跳击球，开始转体，同时手臂引拍，在空中高点完成击球动作。

击球后的动作：右手随击球后的惯性向左前下方挥动，然后顺势收回至体前，呈接球前的准备姿势。如起跳击球后，左脚触地的瞬间，左脚前脚掌立刻随身体重心前移而蹬地向前迈步跟进回中心位置。

图 6-2-13

重点:击球点在右肩前上方最高点,击球时手臂几乎是伸直的,击球时前臂外旋带动手腕快速闪动,产生爆发力,以正拍面将球击出。

(2)后场反手高远球。准备动作:右脚向左后场区跨出一步,重心在右脚上,膝关节微屈,左脚在后,背向球网,头上仰眼盯球。以反手握拍,拍头微微翘起至左肩部。

引拍动作:上臂与肘关节.上举与肩平,拍头向下引拍,手腕屈,同时身体转向左侧。

击球动作:肘关节与上臂继续向前上挥动,击球点应在右肩上方,手腕由屈经前臂内旋至加速伸腕闪击,击球的刹那间握紧拍柄,拇指用力,击球。

随前动作:击球后手臂在空中有个制动,身体随惯性转体面向球网,右手持拍自然下落回至胸前。

后场反手高远球动作要领如图 6-2-14 所示。

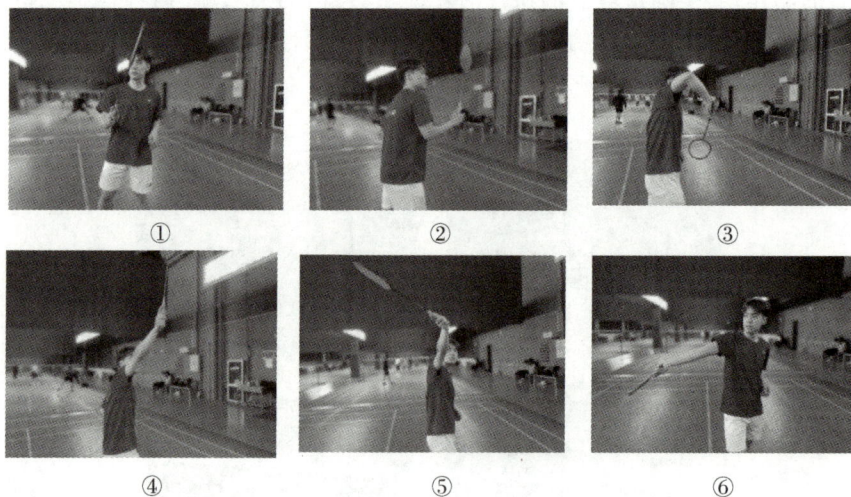

图 6-2-14

(3)后场正手平高球。后场正手平高球是飞行弧度较高远而球低的一种进攻型高球,其高度是以对方起跳拦击不了为准。这是一项身体处在主动情况下所采用的进攻型技术,在比赛中该技术使用频率较高。用于后场正手平高球的速度快、击球动作突然性强,如能选择适当的时机运用高质量的平高球攻击对方后场底线两角,配合前场小球调动对方,效果极佳,可达到控制对方后场,使其被动,为自己创造进攻机会,平高球是后场主要的进攻技术之一。

动作要领:后场正手、头顶和反手击平高球技术的动作要领与后场正手、头顶和反手击高远球技术的动作要领基本相同,不同之处是引拍、击球动作较高远球小而快,击球的瞬间应运用前臂内旋带动手腕的充分闪动,快速发力以比击打高远球仰角稍小些的正拍面将其击出。要求发力击球的时间更短,爆发力更强,突然性更大。

(4)后场正手吊球。后场正手吊直线球击球时,拍面的"包切"动作要小一点,击球瞬间以斜拍面击球托后部右侧偏中的位置,并向前下方切压击球。后场正手吊斜线球击球时,拍面的"包切"动作要大一些,几乎是向前下方侧击球托的右侧部位。如图 6 - 2 - 15 所示。

准备姿势:引拍动作及击球后的动作均与后场正手击打高远球相同。

击球动作:击球点选择在右肩的前上方,较击高远球稍前一点的位置。主要靠手腕、手指的控制力量,击球时手腕由伸腕到屈收带动手指捻动发力,并以手指转动使球拍形成一定的外旋,用斜拍面"切击"球托后部的右侧位置。

动作要求:击打吊球的准备动作、引拍动作必须同击高远球一致。

重点:区别和体会吊直线和斜线球时击球的位置和用力方向。

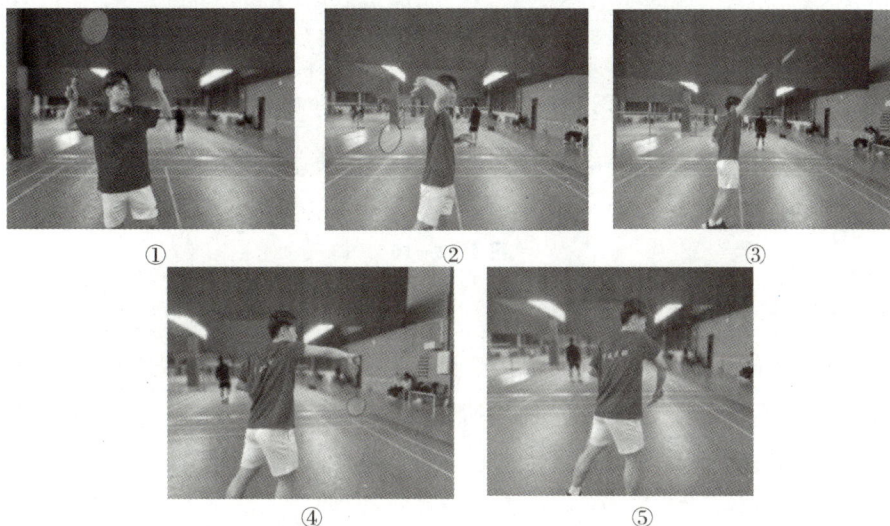

图 6 - 2 - 15

(5)后场正手杀球。后场正手杀球动作要领如图6 - 2 - 16所示。

准备动作:与正手击高远球基本相同。

引拍动作:与正手击高远球动作基本相同,不同点在于,身体向上伸展,重点在后仰、挺胸成反"弓"形。

击球动作:与正手高球基本相同,击球点在肩的前上方(比击高球时的击球点稍前些),身体引拍时的反"弓"形转而运用转体收腹的力量,加上前臂内旋,腕前屈微内收,闪腕发力击球的后部(球拍正面击球),将球击到对方场区内,尽可能将球击到对手的脚下。

随前动作:杀球后,随击球惯性球拍挥向左下方,然后收回至胸前,呈准备姿势。

重点:一是选择最佳的击球点。因为选择适当的击球点是掌握杀球技术的关键,如果击球点太靠前,则杀球不易过网;如果击球点太靠后,则击球角度不好,不利于发力,击出的球漂浮无力,击球点的位置必须恰当,才能取得理想的击球效果。二是全身协调用力。协调用力的关键在于右腿的蹬力,腰腹力,上臂、前臂、手腕及身体重心等各方力量的协调一致,最后用于击球上。假如在击球过程中,有一个动作环节协调不好,就会影响杀球的力量和质量。

①　　　　　　　②　　　　　　　③

④　　　　　　　⑤

图 6 - 2 - 16

2.前场击球技术

前场击球技术同后场击球技术相比,要求手法更灵活、更细腻;球飞行距离较短,落地快,常使对手措手不及而直接得分。即使不能直接得分,也能迫使对方被动回球,创造下一拍的机会。若网前进攻和中后场进攻能机紧密结合起来,则能发挥前后场的连续进攻,掌握主动权。

前场击球技术的击球力量和动作弧度较小,主要以肘为轴,在前臂的带动下靠手腕、手指发力击球。前场击球技术包括网前搓或放小球、网前推后场球、网前勾对角小球、网前扑球和网前挑后场高球。每一种球可分为正、反手两种击法。

(1)正手放网前球。正手放网前球是指当对方将球击至自己正手网前时,以正手握拍法,用球拍轻轻切、托,将球向上弹起恰好一过网就朝下坠落的一种技术。正手放网前球动作要领如图 6 - 2 - 17 所示。

准备动作:运用正手上网步法向来球方向移动,当右脚向前蹬跨时,持拍手于胸前向来球方向伸出,争取高的击球点。左手于身后拉举至与右手对称的反方向,以保持身体的平衡,呈击球前的准备姿势。

击球动作:击球时握拍手完全放松,拍面几乎呈仰平面(相对球托而言)置于球托下,用手指力量轻轻地向上"抬击"球托的底部,使其跃网而过,贴网下落。

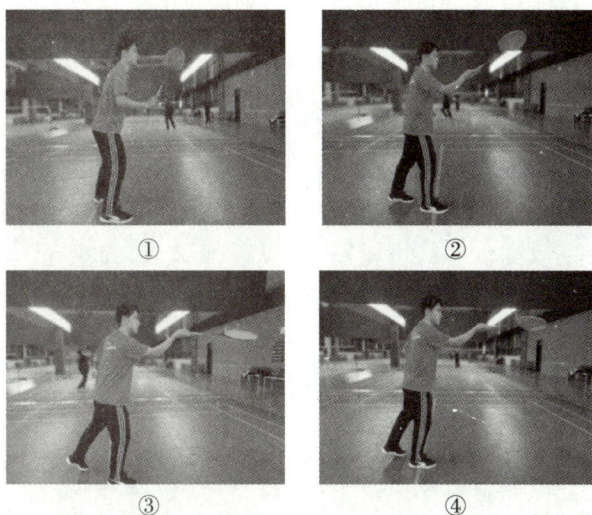

图 6 - 2 - 17

（2）反手放网前球。反手放网前小球是指以反手握拍，以反拍面将网前低手位置的球击至对方网前区域。反手放网前球技术动作要领如图 6 - 2 - 18 所示。

准备动作：引拍动作和击球后的动作均与反手搓网前小球相同。

击球动作：击球时主要靠拇指、食指的力量，轻轻向前上方抖动手腕发力切击球托底部。主要靠小臂的前伸、外旋和手腕由内收至外展的合力，轻托底部把球轻松过网。击球后，整个动作还原成下次击球的准备姿势。

图 6 - 2 - 18

（3）正手网前搓球。正手网前搓球是指正手握拍，用球拍搓切球右斜侧面或球托底部，使球滚动过网的一种技术。正手网前搓球技术的动作要领如图 6 - 2 - 19 所示。

准备动作：运用正手上网步法向来球方向移动，当右脚向前蹬跨时，持拍手于胸前向来球方向伸出，争取高的击球点。左手于身后拉举至与右手对称的反方向，以保持身体的平衡，呈击球前的准备姿势。

引拍动作：在伸拍的同时前臂外旋做半弧形引拍动作。

击球动作：搓球有两种击球方式。一种是手腕动作由展腕至收腕发力，由右向左以斜拍面切击球托的右后侧部位，此时球呈下旋翻滚旋转过网。另一种是腕部由收腕到展腕发力击球,由左向右以斜拍面切击球托的左后侧部位,则球呈上旋翻滚旋转过网。

击球后的动作:击球后手腕伴有一定的制动动作。右脚掌触地后立即蹬地向中心位置回动,同时击球手臂收回至胸前,准备回击下一个来球。

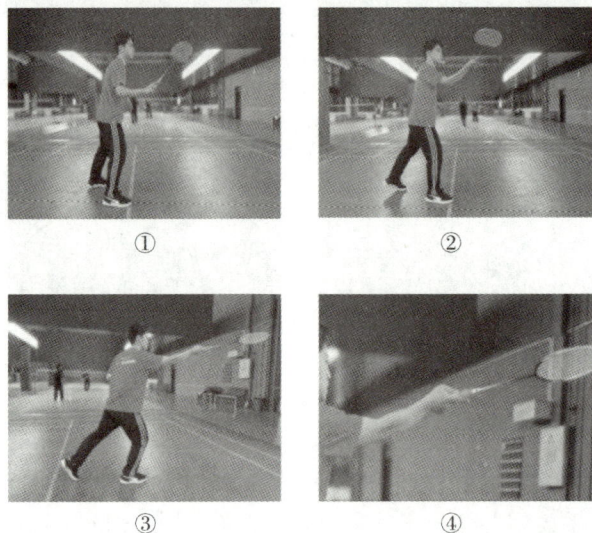

图 6-2-19

(4)反手搓球。反手搓球是指用反手握拍法,以反拍面搓击球,使球侧旋滚动过网后即下落的击球方法。反手网前搓球技术的动作要领如图 6-2-20 所示。

准备动作:运用反手上网步法向来球方向移动,其余击球前的动作与正手网前搓球相同。

引拍动作:在伸拍的同时前臂内旋做半弧形引拍动作。

击球动作:反手网前搓球也有两种击球方式。一种是手腕由展腕至收腕发力,击球时由左至右切击球托的左后侧部位;另一种是手腕由收至展腕发力,以斜拍面由右向左切击球托的右后侧部位。

击球后的动作:与正手网前搓球相同,并注意从反手握拍还原为正手放松握拍。

③　　　　　④

图 6 - 2 - 20

（5）正手网前推后场球。正手网前推后场球是指用正手握拍将网前的来球以正拍面推至对方底线两角的一种方法。由于推球动作预摆幅度较小，发力距离短而快，可加大对方接球的难度。正手网前推后场球技术的动作要领如图 6 - 2 - 21 所示。

击球前的准备动作：引拍和击球后的回位动作均与正手网前搓小球相同。

击球动作：以肘为轴，前臂由外旋回环至内旋带动手腕由伸腕至展腕向前快速挥动发力击球，在击球的瞬间要充分发挥食指力量。正手推直线或是斜线球应以拍面击球的角度来决定，用正拍面向正前方向击球为推直线球，用正拍面向斜前方向（由右向左前方挥动球拍）击球为推斜线球。

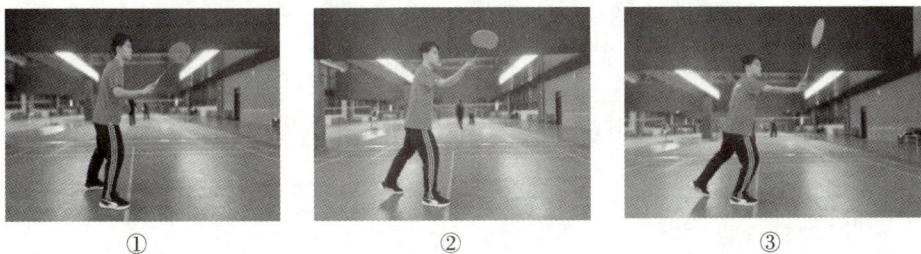

①　　　　　②　　　　　③

图 6 - 2 - 21

（6）反手网前推球。反手网前推球是指以反手握拍，用推击的方法向对方底线击出弧度较平，速度较快的球的一种方法。反手网前推后场球技术的动作要领如图 6 - 2 - 22 所示。

击球前的准备动作：引拍和击球后的动作均与反手网前搓小球相同。

击球动作：击球时上臂稍有一定的内旋至外旋回环带动手腕由展腕至收腕向前挥动，击球瞬间拇指充分前顶，其余的手指接紧拍柄屈指发力将球推击出去。在完成整个动作的过程中，手腕背面几乎保持向上的平行状态。

①　　　　　②　　　　　③

图 6 - 2 - 22

(7)正手挑高球。正手挑高球是指把对方击到右场区的网前球,挑高回击到对方后场去的一种方法。正手挑高球动作要领如图6-2-23所示。

准备动作:与正手放网前球动作相同。

引拍动作:持拍的手前伸,经右侧上方前臂外旋,手腕伸展下放。将球拍引向右侧下方。

击球动作:右脚步向右网前跨出一大步,同时伸臂,手腕伸展下放,以肩为轴,以小臂带动手腕由伸到屈挥拍击球的底部,将球向前上方击出。

随前动作:前臂随惯性向上挥动,逐渐减速,然后收拍于体侧,还原握拍,同时前脚回动复位。

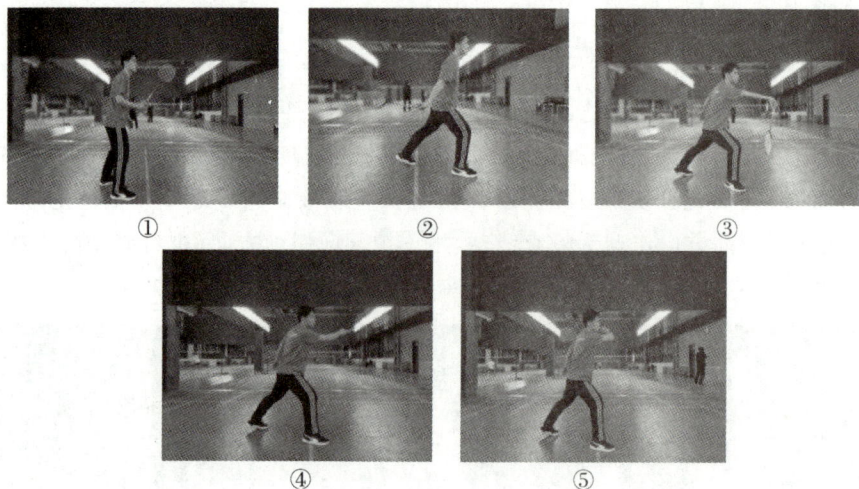

图 6-2-23

3. 中场击球技术

中场区是攻防转换的主要区域,双方的距离较近,球在空中滞留的时间也比较短,因此,中场击球技术要求挥拍预摆幅度小,突出体现一个"快"字。以下主要介绍正手挡直线网前球和正手平抽球。

(1)正手挡直线网前球。该技术多用于接对方快速下压的球。接球前步法移至右场区,身体右倾,手臂右伸,前臂外旋,手腕外展。击球时,前臂内旋稍翻腕带动球拍由右下向前上方挥动击球,把球挡向直线网前;也可在击球时前臂由外旋到内收,带球拍由右向前切送挡直线网前。击球后,身体左转成正面对网,然后右脚上前一步,球拍随身体向左转收至体前(如图6-2-24所示)。

图 6-2-24

（2）正手平抽球。中场正手平抽球是指用正手握拍法，将位于身体右侧高度，并且在肩以下、腰以上的球用拍正面回击的一种方法。击球前肘关节前摆，前臂稍往后带外旋，手腕稍外展至后伸，引拍至体后。击球时前臂内旋，手腕伸直闪动，手指抓紧拍柄，球拍由右后往右前方高速平扫来球的一种方法。击球后手臂顺势左摆，左脚往左前迈进一步，准备迎击第二次来球。

中场正手平抽球的特点是站在右场区中部，两脚平行开立稍宽于肩，重心在两脚间，微屈膝收腹，正手握拍举于右肩前。中场正手平抽球的动作要领如图6-2-25所示。

准备动作：两脚与肩同宽自然分开，脚掌触地，脚跟提起，半蹲准备姿势站立。右手持拍举于肩上或置于胸前，两眼注视来球方向。

引拍动作：以肩为轴，前臂向后经外旋回环带动手腕伸展引拍。

击球动作：击球时迅速向前内旋，肘关节后摆，带动手腕屈收发力，向前推压击球为平抽球。挡球的击球点较平抽球低一些，击球时发力预摆动作小，向前推进发力击球。

击球后的动作：击球后惯性动作小，应迅速收拍，做好回击下个球的准备。

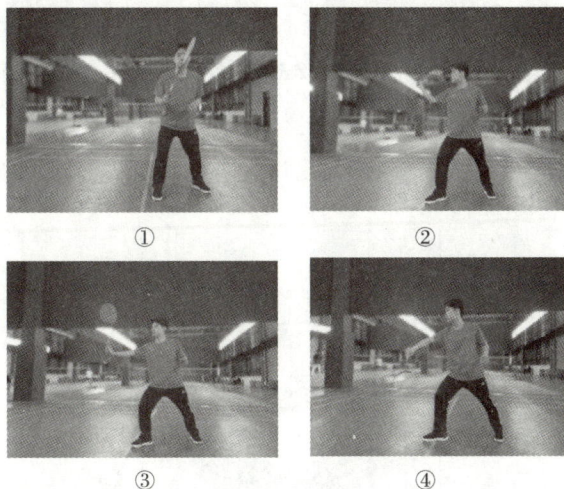

图6-2-25

（3）反手抽球。反手抽球是指用反手握拍法，以反拍面将左侧场区的低球回击的一种方法。中场反手平抽快挡球技术动作要领如图6-2-26所示。

准备动作：反手握拍，用反拍面向来球方向伸出，其余动作同中场正手平抽快挡球。

引拍动作：以肩为轴，上臂带动前臂内旋回环引拍。

击球动作：击球时前臂外旋带动手腕屈收闪动，利用拇指的顶力向前推送发力击球。

击球后的动作：前臂伴有一定的制动动作，其余动作同中场正手挡球技术。

①　　　　　　　②　　　　　　　③

④　　　　　　　⑤

图 6 - 2 - 26

（六）基本步法

1.前场击球步法

前场击球步法的选择和运用要视来球距离的远近。根据距离的远近可运用并步、交叉步、跨步等移动方式,选用一步、二步或三步移动步法击球。通常情况下,来球距离单打心位置最远(中圈外),可采用三步移动步法击球;来球距离中心位置次远(中圈内),可用二步移动步法击球来球距离中位置最近(小圈内),采用一步移动步法击球。如图 6 - 2 - 27 所示。

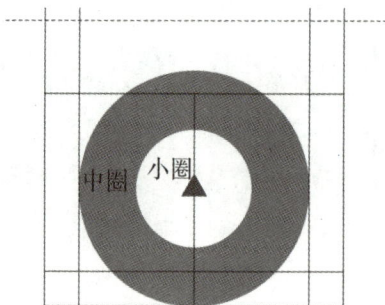

图 6 - 2 - 27

(1)前场正手三步上网步法。来球在中圈外,起动后右脚迅速向身体右侧前一方迈出第一小步,左脚紧接着向前垫第二小步并至右脚后跟处,同时左脚的前脚掌用力蹬地,右脚再向前跨出第三大步,准备击球。击球后,右脚向中心退回一小步,左脚交叉退回第二步,双脚同时再做一小跳步回位。如图 6 - 2 - 28 所示。

(2)前场正手二步上网步法。来球在中圈内,起动后左脚向身体右侧前方迈出第一小步,同时用力蹬地,右脚交叉跨出第二大步击球。击球后,右脚立即往中心撤回第一步,左脚紧跟其后退回第二步回位。如图 6 - 2 - 29 所示。

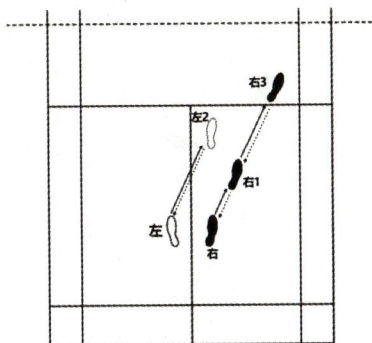

图 6－2－28

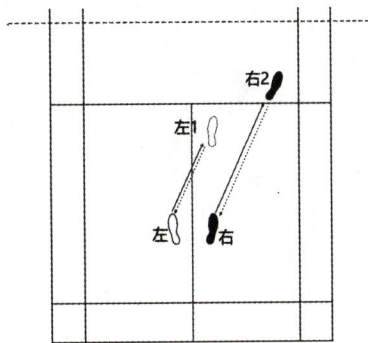

图 6－2－29

(3)前场正手一步上网步法。来球在小圈内,起动后左前脚掌用力蹬地,右脚向来球方向跨出一大弓箭步击球。击球后,左右脚立即往中心位置退步回位。如图6－2－30所示。

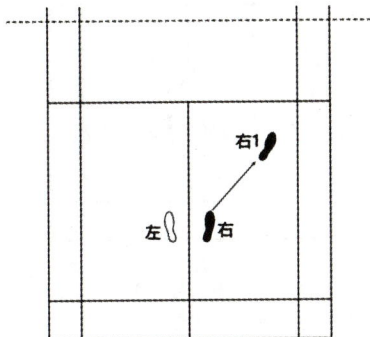

图 6－2－30

(4)前场反手三步上网步法。来球在中圈外距离身体较远,起动后右脚迅速向身体左侧前方迈出第一小步,左脚向前交叉迈出第二小步,同时左前脚掌用力蹬地,右脚又向前跨出第三步击球。击球后右脚向中心位置撤回第一步,左脚紧跟退回第二步,两脚再向中心位置迈回最后一小跳步回位。如图6－2－31所示。

(5)前场反手二步上网步法。来球在中圈内,起动后左脚向身体左前来球方向迈出第一小步,右脚向前方交叉跨出第二步击球。击球后右脚立即往中心位置撤回第一步,左脚退回第二步。左右脚同时再做一小跳步回位。如图6－2－32所示。

(6)前场反手一步上网步法技术。来球在小圈内,起动后左脚蹬地,右脚向来球方向跨大弓箭步击球。击球后右脚向中心位置撤回一步,左脚再撤一小步回位。如图6－2－33所示。

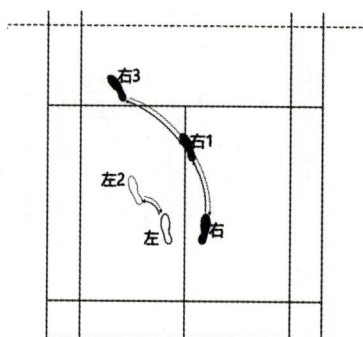

图 6-2-31

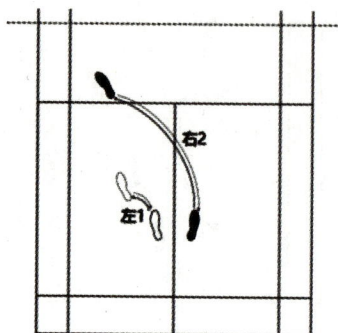

图 6-2-32

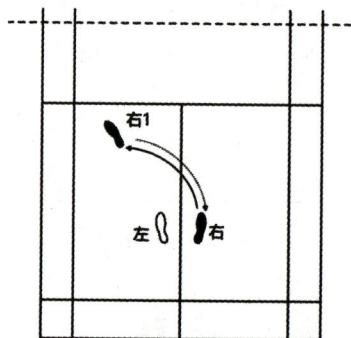

图 6-2-33

2.中场击球步法

中场击球步法是由场地中心位置向中场身体右侧区域位置移动击球的步法。中场击球步法可分为中场正手接杀球步法和中场正手腾空击球步法。中场正手接杀球步法根据击球位置不同可选择一步蹬跨步、二步垫步击球步法接杀球，中场正手一步腾空步子法。如图6-2-34至图6-2-38所示。

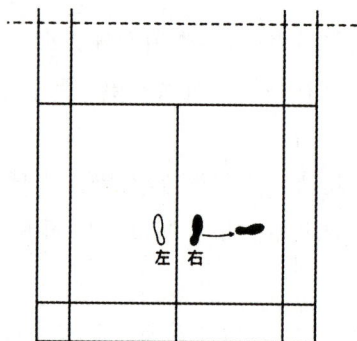

图 6-2-34

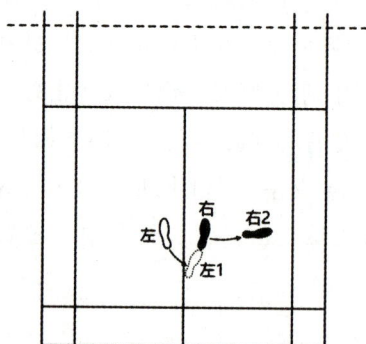

图 6-2-35

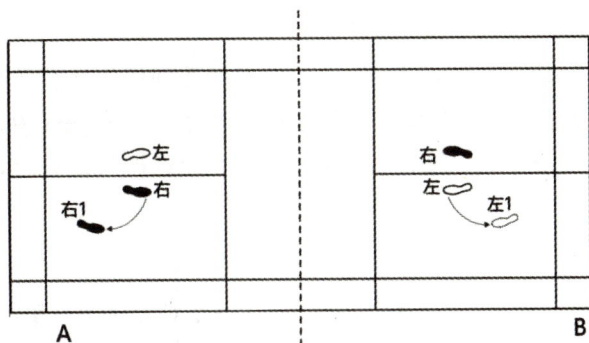

图 6 - 2 - 36

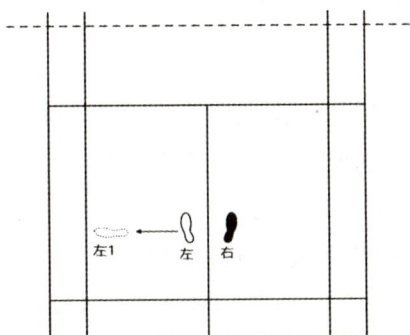

图 6 - 2 - 37

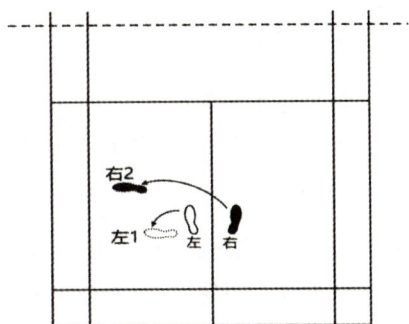

图 6 - 2 - 38

三、羽毛球运动的基本战术

羽毛球战术是指运动员在比赛中为表现出高超的竞技水平和战胜对手而采用的计谋和行动。我国羽毛球战术指导思想是"以我为主,以快为主,以攻为主"。"以我为主"即不要脱离自己的技术、身体条件、身体素质、心理素质、打法特点去选择战术;"以快为主"即在战术的变化和转换上要体现"快"的特点;"以攻为主"即在制定战术时要强调进攻的主导思想,在防守时也要强调积极防守。战术培养离不开战术意识的培养,战术意识是战术的灵魂。

(一)单打战术打法

1. 发球战术

(1)发后场高远球。这是单打中常用的发球,要求把球发到对方端线处,迫使对方后退还击,给对方进攻制造难度。发高远球虽然弧线高、飞行时间长,但由于离网距离远,球从高处垂直下落,后场进攻技术差的对手较难下压进攻。

(2)发网前球。发网前球能减少对方把球往下压的机会,发球后立即进入互相抢攻的区域。把球发到前发球内角,球飞行的路线较短,容易封住对方攻击自己后场的角度。发球到前发球线外角位能起到调动对方离开中心位置的作用。

2.接发球战术

接发球虽然处于被动、等待的状态,但由于发球时受到规则诸多的限制,使发球不能给接发球者带来太大的威胁。发球者发球只能发到对角线的接发球区内,而接发球者只需防守半个不到区域,却可还击到对方整个场区。所以,接发球者若能处理好这一拍,也可取得主动。

3.逼反手

使对方反手区露出空档,然后把球打到反手区,迫使对方使用反拍击球。

4.平高球压底线

用快速、准确的平高球打到对方后场两角,在对方不能拦截的前提下尽量降低球的飞行弧线,把对方紧压在底线,当对方回击半场高球时,就可以扣杀进攻。

5.拉、吊结合杀球

此战术是把球准确地打到对方场区的 4 个角上,使对方每次击球都要在场上来回奔跑。使用这种战术时,对不同特点的对手要采用不同的拉、吊方法。

6.防守反攻

比赛开始,先以高球诱使对方进攻,在对方只顾进攻而疏于自己的防守时,即可突击进攻。或者在对方体力下降、速度减慢时再发动进攻。这种开始固守、乘虚而入、以逸待劳、后发制人的战术有时效果也较好。

(二)双打战术打法

双打战术打法主要分为以下几种。

1.快攻压网

从发球抢攻开始,以左、右分边站位,平抽平打快速杀球为主,压在前场进攻。这种打法要求运动员要有较好的半场平抽打技术和较强的封网意识,力争在前场解决战斗。

2.前场打点

通过网前搓、勾对角及推半场球或找空隙进攻,打乱对方站位,创造后场进攻机会。它要求运动员有细巧的网前技术。

3.后攻前封

两运动员基本保持前后站位,后场逢高球就下压,当对方还球到前半场或网前时,即予以致命的扑杀。这种打法要求站在后场的运动员具有连续扣杀的能力,站在前场的运动员具有较强的封网意识和技术。

4.抽压底线

以快速的平高球或长抽球压住对方底线两角,即使在对方扣杀时也能以平抽反击或挑高球达到对方两底角来调动对手,伺机进攻。它要求运动员具有较强的防守能力和较好的底线平抽球技术。

四、羽毛球规则简介

（一）球场与器材

1.球场

如图6-2-39所示,羽毛球场地长13.40米,双打宽6.10米,单打宽5.18米,双打球场对角线长14.723米,单打球场对角线长14.366米。羽毛球场地地面应平坦,线的颜色为白色或与地面相比容易辨别的颜色。所有的线宽均为4厘米。划线时,中线的宽度应平均分在左右发球区,其他所有线的宽度都划在相应的场区面积以内。场地四周2米以内、球场上空9米以下不得有障碍物。

2.网柱

网柱高1.55米,网柱应放置在双打边线的中点上。

3.球网

球网中央顶端离地面高1.524米,羽毛球球网宽76厘米。

4.羽毛球

羽毛球应有16根羽毛固定在由软皮革包裹的软木制成的球托上,球重4.74~5.50克。

5.球拍

球拍长不超过68厘米,宽不超过23厘米。

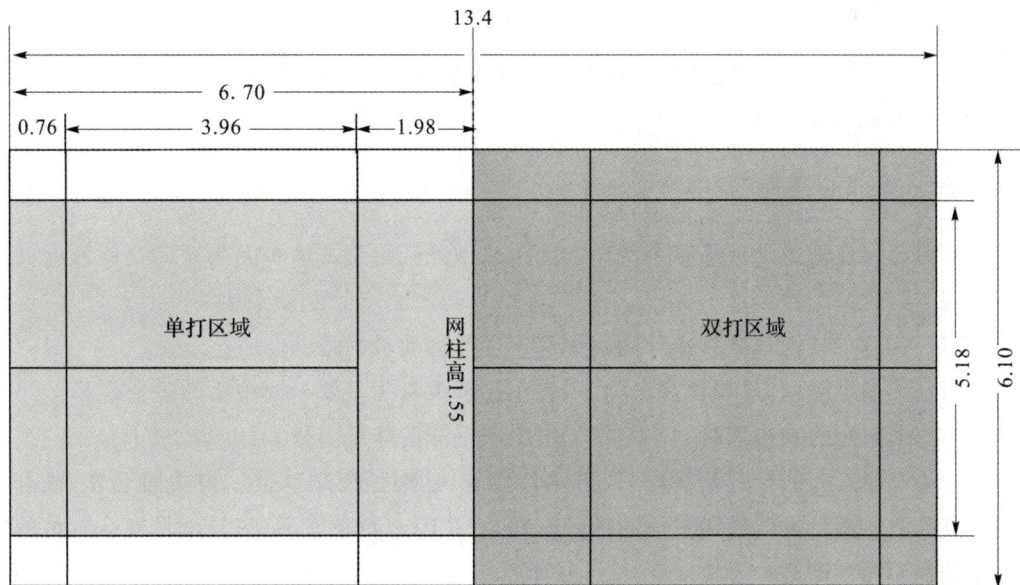

单位:米

图6-2-39

（二）计分方法

（1）采用 21 分制，即双方分数先达 21 分者胜出，3 局 2 胜。每局双方打到 20 分平后，一方领先 2 分即算该局获胜；若双方打成 29 分平后，一方领先 1 分，即算该局取胜。

（2）新制度中每球得分，并且除特殊情况（比如地板湿了，球打坏了），球员不可再提出中断比赛的要求。但是，每局一方以 11 分领先时，比赛进行 1 分钟的技术暂停，让比赛双方进行擦汗、喝水等。

（3）得分者方有发球权，如果本方得单数分，从左边发球；得双数分，从右边发球。在第三局或只进行一局的比赛中，当一方分数首先到达 11 分时，双方交换场区。

（三）单打比赛

（1）在每局比赛的开始（0—0）或者当发球方的分数为偶数时，发球方从场地右侧发球。

（2）当发球方的分数为奇数时，则从场地左侧发球。

（3）如果发球方赢得该球，则得到一分并从场地另一侧继续发球。

（4）如果接发球方赢得该球，则此方变为新的发球方。

（四）双打比赛

（1）一方只有一名发球者。

（2）在每局比赛的开始（0—0）或者当发球方的分数为偶数时，发球方从场地右侧发球。

（3）当发球方的分数为奇数时，则从场地左侧发球。

（4）如果发球方赢得该球，则得到一分并从场地另一侧继续发球。

（5）每一方的运动员不能改变自己在发球区的站位，直到该方赢得一分。如果运动员的站位发生改变，必须立即调整。

（五）发球时违例

发球时是指发球运动员从第一次向前挥拍或抛球开始至击球瞬间为止的这一段时间间隔。出现下列现象为违例。

（1）过腰：球的任何部分在击球的瞬间高于发球运动员的腰部。

（2）过手：击球瞬间，球拍顶端未朝下，整个拍框没有明显低于握拍手的整个手部。

（3）未先击球托：在击球瞬间不是首先击中羽毛球的球托部分。

（4）不正当行为：一旦开始发球，双方站好位置，这时任何运动员不得做假动作，或有意妨碍对方或故意拖延发球或接发球的准备时间，有企图占便宜等不正当行为（发球队员的向前挥拍动作不得中断）。

（5）发球方位错误：发球时，发球队员（双打时包括接发球队员）未站在该站的发球区内发球或接发球。

（6）顺序错误：双打中发球和接发球队员，没有按照正确顺序进行发球或接发球。

（7）脚违例：发球时，发球或接发球队员，不得有踩线、任何一脚离开地面、移动等动作。

发球队员违例，则失去发球权；接发球队员违例，则判发球方得分。另外，羽毛球发球中球擦网的处理与排球和乒乓球不同，球擦网而过落入发球区，仍为有效球。

（六）比赛进行时违例

从发球时结束至成"死球"为止的这一段时间间隔，称为比赛进行时。出现下列现象为违例。

（1）连击：运动员在击球时两次挥拍连续击球两次，或双打时同队两名队员连续各击球一次。

（2）持球：击球时，球停滞在拍上紧接着又有拖带动作。

（3）过网击球：球拍与球的接触点不在击球者这一边（如在本方击球后，则球拍允许随球过网）。

（4）触网：比赛进行中，运动员的球拍、身体或衣服触及球网或网的支撑物。

（5）侵入对方场区：比赛进行中运动员的球拍和身体任何部分进入对方的场区。

（6）妨碍：当对方运动员在靠近网前上空有机会向下击球时，将球拍在网前举起企图拦截使球反弹过去。

（七）羽毛球双打比赛规则

羽毛球双打比赛，A&B VS C&D，比赛开始时，由 A 率先发球，C 接发球，详见表 6 - 2 - 1。

表 6 - 2 - 1　羽毛球双打比赛规则

比赛进程的说明	比分	发球区	发球人与接发球人	该比赛回合的获胜方	图解
比赛开始	0—0	右侧半场发球	A 发球，C 接发球	A&B	
A&B 得一分，A&B 将换边，A 在左侧半场继续发球，C&D 保持各自所在半场不变。	1—0	左侧半场发球	A 发球，D 接发球	C&D	
C&D 得一分，ABCD 均保持各自所在半场不变。	1—1	左侧半场发球	D 发球，A 接发球	A&B	
A&B 得一分，在右半场发球，ABCD 均保持各自所在半场不变。	2—1	右侧半场发球	B 发球，C 接发球	C&D	
C&D 得一分，在右半场发球，ABCD 均保持各自所在半场不变。	2—2	右侧半场发球	C 发球，B 接发球	C&D	

比赛进程的说明	比分	发球区	发球人与接发球人	该比赛回合的获胜方	图解
C&D得一分,C&D将换边,C在左侧半场继续发球,A&B保持各自所在半场不变。	2—3	左侧半场发球	C发球,A接发球	A&B	
A&B得一分,在左半场发球,ABCD均保持各自所在半场不变。	3—3	左侧半场发球	A发球,C接发球	A&B	
A&B得一分,A&B将换边,A在右侧半场继续发球,C&D保持各自所在半场不变。	4—3	右侧半场发球	A发球,D接发球	C&D	

第三节 网球

一、网球运动概述

(一)网球运动的起源

网球运动起源于法国。现代网球运动是从1873年开始的。那年,英国人沃尔特·克洛普顿·温菲尔德将早期的网球打法加以改进,使之成为夏天在草坪上进行的一种体育活动,并取名"草地网球"。同年他还出版了《草地网球》一书,对这种活动进行宣传和推广。所以温菲尔德被称为"近代网球的创始人"。此后网球运动成为一项室内、户外都能进行的体育项目。1875年建立了全英网球运动俱乐部。这个俱乐部建造了世界上第一个网球场地,并于1877年举办了全英草地网球男子单打锦标赛,即后来闻名于世的温布尔登网球赛。

1874年,在百慕大度假的美国女士玛丽·奥特布里奇在观看了英国军官的网球比赛后,对这项体育活动颇感兴趣,于是将网球规则、网拍和网球带到纽约。在美国,网球运动最初是在东部各学校中开展的,不久就传到中部、西部,进而在全美得到普及。此时网球运动已经由草地上演变为可以在沙土地上、水泥地上、柏油地上举行比赛,于是"网球"(tennis)的名称就慢慢替代了"草地网球"(lawn tennis)的名称,这是我们今天网球(tennis)名称的由来。

网球运动的由来和发展可以用4句话来概括:孕育在法国,诞生在英国,普及在美国,现在盛行于全世界。网球运动现被称为世界第二大球类运动。

170

（二）网球运动的特点与价值

1.网球运动的特点

（1）比赛时间长。网球正式的比赛，男子为五盘三胜、女子为三盘二胜。一般比赛时间在3～5小时，历史上最长的比赛时间达到6个多小时。

（2）跑动距离长。一场水平相当紧张激烈的比赛男子的跑动距离接近6000米，女子达到5000米。

（3）挥拍次数多。一场比赛挥拍次数上千次。

（4）心理要求高。网球除团体比赛在交换场地时教练可以进行场外指导，其他任何时候的比赛都不允许有教练进行指导。整个比赛全靠个人独立作战，没有好的心理素质，要想取得比赛的胜利是不可能的。

2.网球运动的价值

（1）健身价值。网球运动是一个以有氧为主、无氧为辅的运动项目，所以经常进行网球运动可以提高人的心血管系统的能力，防止高血压等疾病。

（2）健心价值。网球场是结识朋友的好场所。因为这小小的网球使人们相识、交流、交心、知心，没有年龄的障碍、没有性别的阻挡。人们在网球场上挥舞着球拍，网球犹如一个编织的梭在空中飞来飞去，在人们的欢声笑语中编织出一幅友谊的桥梁。尊重网球场上的一切人和物，是打网球者最起码的行为准则和道德标准。

二、网球运动的基本技术

（一）握拍技术

1.东方式握拍

（1）东方式正手握拍。拍面与地面垂直，手握拍柄就好像与人握手一样。准确地说，用握拍手的虎口对正拍柄右上侧棱，手掌根与拍柄右斜面紧贴，拇指垫握住拍柄的左垂直面，食指稍离中指压住拍柄右垂直面，五指握紧拍柄（如图6-3-1所示）。这种握法能增大正手击球的力量。

（2）东方式反手握拍。从正手握拍法把手向左转动90°（或拍柄向右转动90°），使虎口对正拍柄左侧棱面上，即用手掌根压住拍柄的左上斜面，拇指直贴在拍柄的左垂直面上，食指压住拍柄右上斜面（如图6-3-2所示）。

图 6-3-1

图 6-3-2

2.大陆式握拍

虎口对准拍柄上面棱面正中间,手掌根抵住拍柄上部的小平面,拇指直伸围住拍柄,食指紧贴拍柄右上斜面,无名指和小指都紧贴拍柄的大陆式握拍法对正、反手击球都无须变换握拍,始终如一。将球拍侧立,从上而下握拍,犹如手握铁锤柄的姿势(如图 6-3-3 所示)。

3.西方式握拍

在美国西部加利福尼亚州的水泥硬地球场上发展起来的。这种握法的正反手击球都使用网拍同一个面。用这种握法,在打反弹球时,正手能打出强劲的上旋球,反手多打斜球。特别适合打跳球和齐腰高球,但对截击球和低球,特别是反手近网球,极不方便(如图 6-3-4 所示)。

图 6-3-3

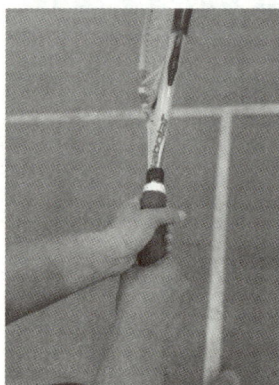

图 6-3-4

(1)西方式正手握拍。拍面与地面平行,用手从拍上面抓住拍柄,手掌根贴在拍柄右下斜面,拇指和食指都不前伸,拇指压在拍柄上部小平面,食指下关节握住拍柄的右下斜面。

(2)西方式反手握拍。虎口"V"字形向右转动,对准拍柄右垂直面,掌根贴往右下斜面。与拍柄底部齐平。拍面翻转,用与正拍击球时同一拍面击球。即正手握拍后,把球拍上下颠倒过来,用同一拍面击球。

4.双手握拍

(1)双手正手握拍。右手是东方式握拍法,握在拍柄的后(上)方,左手是东方式反手握拍法,握住拍柄的前(下)方。

(2)双手反手握拍。双手反手握拍法即右手以反手东方式握法,左手以正手东方式握法,左手紧贴右手上方(如图6-3-5所示)。双手反手握拍法适合初学者,这是因为初学者打网球时,由于力量小,握不紧拍,也挥不动拍或反手存在些毛病,所以只好用双手反手握拍法去击反手球。

图6-3-5

(二)击球技术

1.正手击球

以右手握拍为例,左肩对网,左脚与底线约成45°,右脚与底线平行,左臂屈肘前伸,协助保持身体平衡。当右手引拍到两肩在一条直线上的时候,拍头向上略高于手腕,拍面要保持平放,拍头指向身体后面。击球时,应以肩关节为轴,手腕要关闭(不要动),用大臂挥动,带动小臂、手腕及球拍。球拍面在整个击打过程中应保持与地面垂直或者略开一点。球拍从后引开始到向前挥击,应是一个完整动作。当球拍击中球的瞬间,应该是球拍的"甜点"(网球拍的中点)击在球体水平轴的后部。球拍与球撞击后,整个击球动作并没有结束,而应该是继续向前充分随挥,拍子的打势要结束在左肩的后上方(如图6-3-6所示)。

① ② ③ ④ ⑤

图6-3-6

正手击球有上旋球、下旋球、平击球、侧旋球等不同旋转的打法,网球的各种打法与球的旋转有关系,下面介绍几种不同的正手击球法。

(1)上旋球。上旋球是球拍自后下方向前上方挥动摩擦整个球体产生球由后下方朝前上方转动。这种打法是在击球时,加大向上提拉挥动的幅度,使球产生较为急剧的上旋。

上旋球的特点是飞行幅度高、下降快、落地弹起的反射角度较小、前冲力较大。打上旋球最大的优点是便于加力控制,是正手击球中既能发力大,又能控制进入场区减少失误的击球方法,由于是快速跑动,故调整精确的击球点很难。而上旋球则有较大的把握性,其他击法容易失误,另外,正拍上旋球的飞行路线呈彩虹状,过网后有急剧下降的特点,可以打出短的斜线球,把对方拉出场外回击取得主动。上旋球还是破坏对方上网的有力武器。较低的上旋球落在对方上网人的脚下,使其难以还击。

(2)下旋球。和上旋球相反方向的是下旋球,俗称"削球"。击球时,球拍稍向后倾斜,挥拍是由后上方至前下方打球的后下部产生下旋转,球是由前上方向后下方旋转并向前飘行,过网时很低,落地后弹起也很低并伴有同弹(走)现象。下旋球的特点是其落点容易控制,也可以打对方的深区,常用于随击上网,可以协调连贯地把随击与上网结合起来,利用球的飞行时间和深而准的落点冲至网前截击,也可以作为变换旋转和节奏的打法,扰乱对方的节奏,使之失误。

(3)平击球。挥拍击球的路线向上较平缓,击球时拍面几乎垂直地面。击球的正后部,用同样的力量击球。平击球的特点是球速特别快、球落地后前冲力大、球的飞行路线较平直。但其准确性和控制力较差,因此这种击法在比赛中较少使用。

(4)侧旋球。击球时球拍由后部向内侧平行挥动(也称"滑击"),使球产生由外向内的侧旋转,故称侧旋球。侧旋球的特点是球飞行路线呈水平向外侧的弧线飞行,落地后向外跳,常用于正拍直线进攻。在实践中,球的旋转常是混合性能的,球的旋转与来球的方向、力量、旋转速度和击球时的挥拍路线、触球时的拍面角度等因素有关。因此,要掌握正拍击球的不同旋转球方法,需要在平时训练中反复练习。

2.反手击球

(1)单手反手击球。以右手握拍为例,从准备姿势开始,以左脚为轴,向左转肩转髋,同时右脚跨出一步,使两脚与肩同宽,身体右侧对球网,重心移至左脚上。转肩同时左手转动拍颈使右手成东方式反手握拍,并带动球拍后引与身体平行,击球肘贴近身体,左手轻持拍颈,拍头略低于来球。击球时身体重心移至右脚,左手放开拍颈,以右脚为轴向右转髋转肩,带动右手臂由下向前上挥拍,击球中部偏下,击球点在右脚侧前方。击球后球拍随惯性继续挥至右肩上方,并迅速恢复成准备姿势,随时回击下一次来球(如图6-3-7所示)。

① ② ③ ④

图 6 - 3 - 7

(2)双手反手击球。当判断准来球是飞向反手方向时,在移动到位的最后一步应保持右脚在前,身体右侧朝向来球方向。双手握球拍向左后方摆动,右臂伸展较大,左臂弯曲。在迎球过程中,挥臂与转体动作配合,使球拍由低向高挥动,击球点在右脚侧前方,拍面垂直,触球的中部。击球后双手随势挥至右侧头部高度,身体重心移向右脚。动作完成后,迅速恢复成准备姿势(如图6-3-8所示)。

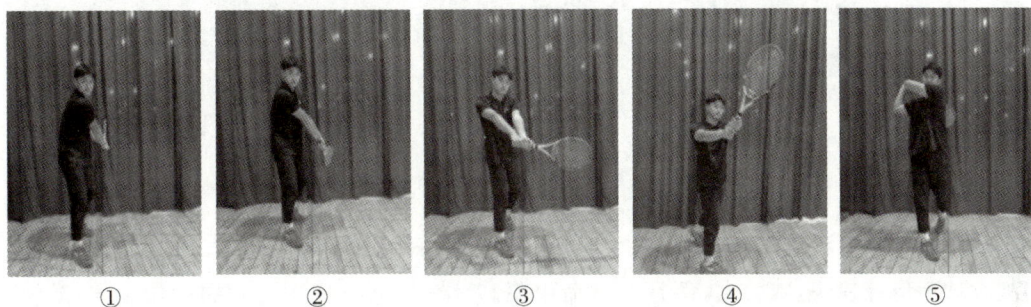

① ② ③ ④ ⑤

图 6 - 3 - 8

(三)发球技术

1.平击发球

侧对球网站立,前脚与端线约成45°,指向右侧网柱,身体重心在左脚上,左手托住球拍的拍颈,手臂放松,稍微弯曲并保持在胸部的高度。双臂同时稍下放,在其最低点抛球手臂与击球手臂分开,但以不同的速度向上摆动;在眼睛的高度将球抛出,击球臂向后、向下、向上引拍,身体重心移至右腿上;在手臂伸展到最高点时,身体重心又移到左腿上,同时,通过髋关节前移,降低身体重心;左腿支撑身体向前、向上运动。击球肩膀转向前面,前臂旋内,充分向前、向上伸展击球臂,在最高点击球,击球瞬间,拍面几乎垂直地面。击球后右前臂继续向外转动,球拍随挥至身体的左侧,左臂在体前的位置做相反运动。击球后随球上网或站在端线附近准备击球(如图6-3-9所示)。

图 6 - 3 - 9

2. 切削发球

切削发球是一种以左侧旋转（略带下旋）为主的发球法，是由球的右上往左下切削发球。切削发球不但球速快，威胁大，而且发球命中率高。在发球时把球抛到右侧斜上方，球拍快速从右侧方至左下方挥动。击球部位在球的中部偏右侧，使球产生右侧旋转。

3. 下手发球

面对球网，两膝微屈，身体重心落在前脚掌，左手持球，右手持拍放松。上体向右后方扭转，球拍后摆，左脚向前上步，左手将球稍向上抛，两眼始终盯着球。肩向前扭转，手腕关节微打开，在球落地前，在身体一侧的前面击球。击球后，击球手臂和球拍顶端尽可能地向前上方随挥，重心前移，然后还原成准备姿势，准备下一次击球。

4. 旋转发球

旋转发球的抛球要比平击球和切削发球抛得更靠近身体，在头后偏左的位置。旋转发球发力越强，旋转越快，弧线就越大，命中率也就越高。落地后反弹较高，给对方回击球造成困难，同时也给发球上网带来了时间。为了造成所需的旋转，球拍应向上翻越过球，这就需要与切削球和平击球发球有不同的击球位置和明显的扣腕动作。

挥拍的前半部分与切削球和平击发球基本相同。要求球拍后拉平稳，身体后仰成弓形，重心落在后面，然后两腿蹬地，向上挥拍并猛扣手腕。球拍快速从左下向右上挥动，从下向上擦击球的背面，并向右带出使球产生右侧上旋。如果以一个钟面来说明，即站在 12 点位置,击球点在钟面的10~12点钟位置,挥拍路线必须从7点钟急速地向上擦击球并翻越到1点钟位置上。球拍向上的力量来自击球时手腕的扣击动作,扣腕要从击球持续到球离开拍面。向前的动作来自挥拍时手臂和身体的向前运动以及两腿蹬地后身体重心的前移。击球后球拍继续向前运动,在身体的一侧或者正前方挥下,利用惯性作用随挥至身体的另一侧。击球后,球拍横挥过身,结束随挥动作。

（四）接发球技术

接发球技术是指还击对方发球的技术。比赛中接发球的好坏将直接影响比赛的局势,特别是随着发球技术的进步,为争取主动,对接发球的技术提出了更高的要求,因此在学练中要加强练习,以求在比赛中争取主动,打破对方发球的优势。

握拍法要根据运动员的习惯来决定。当球一离开对方的球拍,就应该决定是否要转变球拍。向后小拉拍时改换握拍法要做到迅速及时,才能还击好来球。做准备姿势要以最快的速度还击来球为原则。当对方发球前,可以膝盖弯曲,两腿叉开,拍头保持向上,身体向前弯下,重心放在前脚掌;当对方抛球准备击球时,可以重心升起两脚快速交替跳动,并判断来球迎前回击。通常第一发球和第二发球的接发球位置是不同的。一发接球一般站在底线后稍远的地方,而二发接球则相对比较近一些,可以在场地内。判断清楚来球后,迅速转动完成引拍动作,握紧球拍,手腕固定,主动迎前顶击来球,尽量加长球拍触球的时间,做好随挥动作。对于较弱的发球,应抓住时机,采用攻击性较强的抽击球,以先发制人。不论来球快慢,接发球者眼睛必须盯住来球,击球后应立刻移动到自己场地的中央,准备下一次接球(如图6-3-10所示)。

① ② ③

④ ⑤ ⑥

图 6-3-10

（五）截击球技术

1.正手截击球

截击时站在网前 2～3 米的位置，准备姿势与一般击球基本相同，但球拍要举得高一些，约与眼部同高。截击时后摆动作要小，击球点保持在身体前方，拍触球瞬间手腕固定，用力握紧球拍，更加向前推击的动作。截击较近的球，左脚跨出一小步，截击较远的球要跨出一大步（如图 6-3-11 所示）。

① ② ③ ④

图 6-3-11

2.反手截击球

准备姿势同正手截击球。击球点要比正手截击球靠前一些，因此要及早跨出右脚，重心也要置于右脚。击球时手腕固定，用力紧握球拍，拍面稍前倾，触球中上部。击球后右臂伸展，向前下方压送（如图 6-3-12 所示）。

① ② ③ ④

图 6-3-12

3.近身截击球

网前截击时，朝身体飞来的"追身球"要采用近身截击球技术，即把球拍放在身体的前面用反拍截击，保持手腕笔直和绷紧，拍面在体前正对着球截击，如要加力截击，身体向左转，没有后摆动作直接把球击出。击球后，身体前倾，球拍对准球落地的方向，随挥出去（如图 6-3-13 所示）。

①   ②

图 6 - 3 - 13

4.近网截击球

近网截击球的站位比中场截击靠前,位于中线发球线前 1～1.5 米,它是在中场截击基础上,网前得分的主要手段。一个好的近网截击能给对方以致命的一击。因此,必须掌握好近网截击球技术。上网截击要十分警惕对方的破网和挑高球,因此站位的选择是很重要的。一般要站在位于对方破网的直线和斜线之间所形成夹角的平分线上,并多注意保护直线空当。

近网正手截击要判断清楚对方来球的质量,包括球速、球离网高及球的角度,以便于迅速起动调整位置,控制拍面。如来球快而平,球拍面应稍开,击球中下部,手腕紧固,以短促的动作向前向下顶撞来球。如来球快而高,并略带上旋,拍面应竖起垂直,击球中部,以短促的动作向下向前顶撞来球,手腕紧固。身体重心向前,后摆动作小,转体带动后摆同时也完成后摆动作,击球点在身体侧前方。击球时左脚应向侧前方跨出,同时重心落在左脚上,肘关节与身体距离不应太远(除扑击球外),以便顶住重球。动作短促简单,随球动作小,并迅速准备下一板截击球(如图 6 - 3 - 14 所示)。

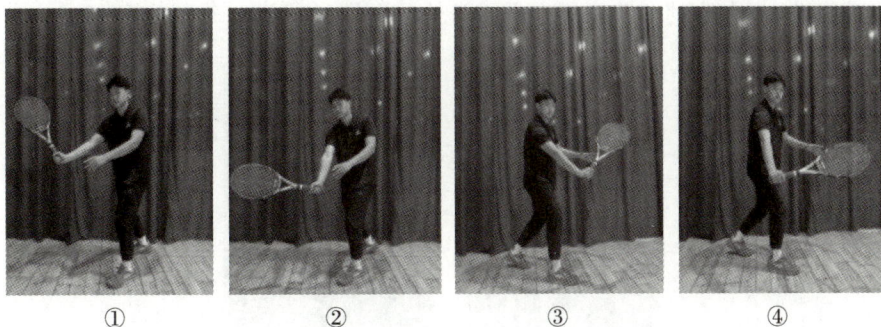

①   ②   ③   ④

图 6 - 3 - 14

5.中场截击球

准备动作与正拍相同,判断来球后,向左侧转肩转胯同时左手托拍颈向后引拍,拍面略开至身体前面,后引动作不超过左肩。击球时右脚向侧前方 45°跨出,重心落在后脚上,同时向前向下截击来球,击球点位于右脚尖前面,手腕固定,肘关节微屈,利用前臂与手腕向前下方击球。击球后的跟进动作与中场正拦一样,稍长一些,但要简短,随时准备截击下一板球。不论正拍还是反拍截击中场球,拍面应随着对方来球的高度随时进行变化,截击中场高球,拍面应向前向下击球;截击中场低球拍面应打开,击球的中下部向前搓顶球(如图6-3-15所示)。

① ② ③

图 6 - 3 - 15

(六)高压球技术

高压球又称猛扣或者扣杀,即将对方挑过来的高球,自上而下扣压到对方场区。高压球打得好不好,取决于能否尽早进入有利的扣球区域。一旦对手在挑高球,应马上侧身向右,抬起头注视高高飞来的球,做跳跃式垫步后退,重心放在前脚掌上。在移动身体的同时,右手应举起球拍,并以左手指向飞来的球,眼睛始终盯住来球。击球时,身体要转过来朝着网的方向,一般双脚不同时离地,以保持身体平衡,同时也利于控制高压球的落点。击球时,手腕用力下压,拍面稍朝下,身体如同一根直立的弹簧片,击球前用力向后弯曲,击球时伸直,击球后向前弯曲,靠右脚的向前跟进来保持身体的平衡(如图6-3-16所示)。

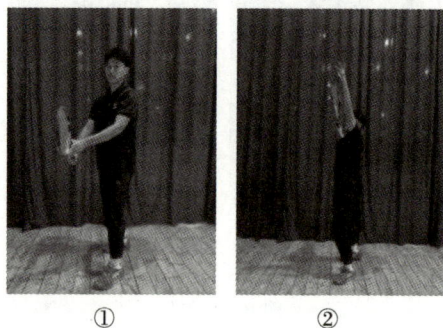

① ②

图 6 - 3 - 16

根据对方挑过来的球高低程度不同,高压球可分为跳起高压球、落地高压和凌空高压三种。

1.跳起高压球

跳起高压球类似于羽毛球的跳起扣杀动作,其目的是不让球从头上方漏过去,失去主动进攻得分的机会,并能从高处增加击球的力量和角度。基本要领是:面向较高的来球,快速侧身滑步或交叉步向后退,同时持拍手直接后引向上举起球拍。到达击球位置时,一般以与持拍手同一侧的脚蹬地起跳同时挥拍,击球应尽量在最高点,利用手腕旋内扣腕动作将球压入对方场地。落地时异侧脚先着地,挥拍击球时双脚在空中有个前后换位的动作,这是转体发力所产生的维持平衡的自然动作。

2.落地高压球

落地高压球是指以高压球技术迎击落地反弹高的来球的技术动作。在来球很高时,可以让球落地反弹后再寻找高点扣杀。打落地高压球需要一边侧身跑位,一边用小的垫步快速调整,同时高举球拍准备扣杀。击球点的位置和发球一样,在身体的前上方,双脚蹬地,充分伸展手臂,手腕击球时做"旋内"的扣腕动作,争取最高点击球。在击球的瞬间,手臂、手腕和球拍保持在一条直线上,身体稍向前倾。击球之后扣腕动作仍旧继续,手臂顺势向下,在身体的另一侧完成随挥动作。当落地球弹跳不够高时,可做屈膝半蹲高压。

3.凌空高压球

凌空高压球是指以高压球技术迎击对方高空来球的技术动作,多在中前场使用。凌空高压球比打落地高压球难度大。因为凌空球下落的速度比反弹起来再下落的球快很多,击球时机不容易把握,打早了或迟了都会影响击球的效果,所以除了要求准确的判断和熟练的步法以外,拉拍动作应该更加迅速、及时,挥拍击球也应该更加果断。

(七)挑高球技术

挑高球用于防守和进攻。防守挑高球的弧线很高,常从一边端线放到另一边端线附近。进攻性挑高球采用突然袭击方式,将球挑到使对方难以到位救球,从而得分。

1.防守性挑高球

当跑到离球场很远的地方接一个非常被动的球时,势必要使用防守性挑高球。眼睛要注视着球,在跑向球时要让球拍后摆,直到球拍后摆指向身后的拦网,击球动作与普通的正手相同,使对手不知道你是抽球还是挑高球。击球时,拍面要打得更开些,击球的下部,可以打下旋球,手腕绷紧,球拍与球接触时间要长一些,拍和手向前上方送出,眼睛始终盯住球,尽量往高处和深处打。球拍顺着球飞行路线向上做随挥动作,动作在身体前面高处结束,然后迅速跑回到场地的有利位置上(如图6-3-17所示)。这时挑高球的目的,是为了调整站位。恢复到有利的击球位置,因此,挑高的球要高些,落点要深些。如果以抽球的假动作迷惑对手,则效果更佳。

挑高球的基本技术同正反手击球相似,只是拍面上仰,击球的后下部,并带有向上送球的动作。实际比赛中,可根据具体情况打出上旋球、下旋球和不旋转的高球。

图 6 - 3 - 17

2.进攻性挑高球

通过放网前短球,或是让对手误以为要打"穿越球",将对手引诱到网前,或利用对方随球上网,待球的质量不高的时机,再挑高球的打法。在准备挑高球的时候,要注意隐蔽自己的意图,后摆是应顺着球向后收拍,让击球点靠后。击球前要保持正确的姿势,像打落地球那样击球,同时要注意肩部不要过于用力,以免造成动作变形。基本技术同打落地球相似,区别在于要拍面上仰,击球瞬间迅速向前上方提拉,使球产生强烈的上旋,越过对方至底线或者是对手无法回球的角度上(如图 6 - 3 - 18 所示)。

①   ②   ③

图 6 - 3 - 18

(八)放短球技术

1.正手放短球

放短球时,使用击打落地球的握拍方法,或用大陆式的握法来增加旋转,向后高引拍,比截击球的引拍动作要大一些。当球拍向前挥动时,握拍要放松,拍的底边在前面,直接向前下方挥拍,保持拍头高于手腕。当球拍要接触到球时,打开拍面准备击球,用球拍的底边去切球,使球产生向后的旋转,击球后要保持放松握拍。随着球和拍的渐渐分离,球拍继续前挥,高于球网,拍面对准击球方向,使用不持拍的手帮助保持平衡。

2.反手放短球

转肩,向后高引拍,使用反手旋转球的方法握拍,眼睛注视来球。用球拍的下边缘摩擦球的下部,然后向前挥拍,保持拍面打开,这样可使球容易过网,向前随挥球拍,在身体的远端触球,击球点向前一些,保持拍面的方向,同时头部稳定,另一侧肩向后,拍头对准击球方向,使用不持拍的手帮助保持平衡。

三、网球运动的基本战术

(一)发球战术

发球是一分的开始,只有发好球才能确保处于有利的局面。最好的发球是力量、落点及旋转的完美结合。发球采用速度较快的平击发球,发向对方场地的内角或外角。以加强攻击性,给对方造成压力。第二发球都采用旋转强烈且稳定性高的上旋、侧旋球,发向对手的中路或其薄弱之处。通常第一发球快速、冲击力强;第二发球应具有稳健性,以保持较高的命中率,可尽量减少双误。具体表现在以下几个方面。

1.发球的站位

单打发球的站位一般来说距中点较近,因为有利于准备下一次击球,但根据自身的特点和对手的站位可以有所改变。例如,右区选手稍靠近边线一侧站位发球,有利于发出角度更大的外角球,可以充分将对手拉出场地,更有利于下一拍球的进攻。

2.发对手的内角

用带切的侧旋发球发对手的外角,用稳健的上旋球发对手的在右区,通常用平击球发对手的内角,用带切的侧旋发球发对手的外角。中路迫身在左区,通常采用平击球发对手的内角或外角,用带切的侧旋发球发对手的内角,用上旋球发对手的中路迫身或外角。

3.发球上网

是否要发球上网在发球之前就应该决定,如果准备在第一发球后上网,发球时可站在靠近端线中点标志的地方,发球要深,一发发向对方接发较弱的一边。这种发球通常抛球要更靠前一些,并尽量向前上方跳起,然后向网前冲去在对方击球时,应该立刻跳步停住,以便判断来球的方向,然后再对着球,向前去做网前第一次截击,多数情况下,利用良好的一发上网截击得分,至于移动到什么地方击球,则取决于发球的落点和接球员回球的角度,尽可能地沿回球线路移动上网截击。要注意的是:不要希望在第一次截击时得分,除非对方回球又高又软,否则应当力图把球打深,但尽量击向对手的弱处,使对手留在端线,迫使其回球质量不高,同时使自己可以来到网前,站在更具有威胁性的位置上,再通过第二拍击垮对手。大部分中上水平的运动员,特别是专业运动员,都会利用第一发球的成功,立即上网截击。

(二)接发球战术

在接对方发角度大而弹出边线的球时,若球速快,可用进攻方法还击,亦可还击大角度球,以牵制对方发球后的抢攻。接大角度球时,不要向后跑,而应向球落点处直线迎击球,用抽球还击。接发球时应选择合适位置,其标志是正手和反手各有50%的机会接球。切忌在中场等球,应将中场视为接球时不站人的区域。

如果用一种方法接发球效果不佳,就应改变或使用不同的方法,站位的前后变化,打的轻重变化、角度大小的变化等。对付不同的发球,可用不同的接发球战术以赢得主动。

1.接一发

(1)接一发时要稳,力求不让对方一发"轻易"得分。

(2)如对手留在后场,接发球时用挡击打一个深的直线球,或有角度的球或用上旋高球送至对方反手。根据接发球的类型,上网截击或留在后场。

2.接二发

(1)每当出现机会时,应有攻击二发的意识。攻击二发时,当球上升至肩高时击球,以保持场上的主动。

(2)用正手侧身攻或跑动中正手打直线球,偶尔打一个轻吊球。

3.对不同的区域、不同的发球类型有针对性应答

(1)对方左区平击发球:球至外角,坚决地沿发球飞行的轨迹还击.

(2)对方左区侧旋发球:球至内角,以一深度球还击到对方的底线中央。

(3)对方左区上旋发球:球至外角后高跳,可还击至对方的反手角或以小斜线还击。

(4)对方右区平击发球:利用深度和速度沿发球飞行的轨迹还击。

(5)对方右区侧旋发球:尽可能早还击至发球队员一侧,对方如上网,则对准其脚面还击或对准其人体还击。

(6)对方右区上旋发球:球至外角,坚决地将球还击至对手的脚边或以小斜线还击。

(三)底线战术

底线战术是以底线正反拍击球为基础组织的战术。它的指导思想必须是用速度、旋转、落点的变化来创造进攻机会。底线型打法的主要战术有对攻、拉攻、侧身攻、紧逼攻、防反攻等。

1.对攻战术

底线型打法的两面对攻战术,是利用底线正反手连续抽击进攻能力,配合速度和落点变化与对方展开阵地战,达到限制对方的目的。具体战术方法如下。

(1)以正反拍抽击球的速度、力量攻击对方的弱点,用速度压住对方。

(2)用正反拍强有力地抽击球,连续攻击其一点。

(3)用正反拍的有力击球,调动对方大角度跑动,同时寻找进攻得分。

(4)在调动对方两边跑动时,突然连续打重复球,再突然变线。

(5)在3/4的场地内用正手进攻和回击所有可能的回球。

(6)反手打斜线是为了底线对攻,打直线是为了随球上网抢分。

(7)感到紧张时,勿放小球。

(8)坚持打深,使用斜线对攻战术以争取时间和控制。伺机采用组合击球战术(如打深的直线球后接打对角斜线球)。

2.拉攻战术

拉攻战术是底线型打法中比较普遍的一种战术。它是以正、反手拉上旋球,或正拍拉上旋球,或反拍切削球,来使对方左右跑动,一旦出现机会,立即致命一击。

(1)正、反拍拉强力上旋球于对方底线两角深处,不给对方上网及底线反攻的机会,寻找机会进行突击。

(2)正、反拍拉上旋球时,适当增加拉正、反拍小斜线球,增加对方跑动距离并出现质量低的回球,然后伺机进攻。

(3)逼拉对方反拍深区,伺机正拍偷袭。

四、网球比赛规则

网球比赛分为单打和双打两种形式。球员用网球拍将球击过网,落入对方的场地上。每位球员的目的都是尽力将球打到对方的场地上去。就这样一来一回,直到有一方将球打出界或没接到球为止。在正式比赛前,需要确定比赛由谁先发球。整个比赛中,双方球员轮流发球。发球员在发球前应先站在端线后,中点和边线的假定延长线之间的区域里。发出的球应从网上越过,落在对角的对方发球区内。每局第一分球记为15,第二分球为30,接下来为40。每局比赛中,至少要比对手多2分球才能结束该局比赛。双打新规则内只多1分就可以赢。

(一)发球规则

1.发球前

发球员在发球前应先站在端线后、中点和边线的假定延长线之间的区域里,用手将球向空中任何方向抛起,在球接触地面以前,用球拍击球(仅能用一只手的运动员,可用球拍将球抛起)。球拍与球接触时,即算完成球的发送。

2.发球时

发球员在整个发球动作中,不得通过行走或跑动改变原站的位置,两脚只准站在规定位置,不得触及其他区域。

3.打球中

(1)每局开始,先从右区端线后发球,得或失一分后,应换到左区发球。

(2)发出的球应从网上越过,落到对角的对方发球区前的方格内,或其周围的线上。

4. 发球失误

未击中球;发出的球,在落地前触及固定物(球网、中心带和网边白布除外);违反发球站位规定。发球员第一次发球失误后,应在原发位置上进行第二次发球。

5. 发球无效

过去的规则是擦网发球作废,重新发球,但 2013 年国际网联修改了规定,擦网不再影响发球是否成功,以球擦网后的落点判断。如果球下网或落到对角发球区外,则发球失误;或对方接球员未作好接球准备。

6. 交换发球

第一局比赛终了,接球员成为发球员,发球成为接球。以后每局终了,均依次互相交换,直至比赛结束。

(二)通则

1. 交换场地

(1)双方应在每盘的第 1、3、5 等单数局结束后,以及每盘结束双方局数之和为单数时,交换场地。

(2)在抢 7 分比赛中,双方分数相加每 6 分更换一次场地。

2. 失分

发生下列任何一种情况,均判失分。

(1)在球第二次着地前,未能还击过网。

(2)还击的球触及对方场区界线以外的地方、固定物或其他物件。

(3)还击空中球失败。

(4)故意用球拍触球超过一次。

(5)运动员的身体、球拍,在还击期间触及球网。

(6)过网击球。

(7)抛拍击球。

(8)发球双失误。

(9)击球时人的身体触网。

3. 压线球

落在线上的球都算界内球。

4. 休息时间

(1)分与分之间,捡到球后直至发出,最大间隔 25 秒。

(2)单数局结束交换场地时可休息 90 秒。

(3)每盘结束可休息 120 秒。

(4)每盘的第一局结束后,交换场地时不能休息。

(5)在抢 7 分比赛中,双方分数相加 6 分,更换场地时不能休息。

(三)双打规则

1.双打发球次序

每盘第一局开始时,由发球方决定由哪一名队员首先发球,对方则同样地在第 2 局开始时,决定由哪一名队员首先发球。第 3 局由第 1 局发球方的另一球员发球。第 4 局由第 2 局发球的另一球员发球。以下各局均按此顺序发球。

2.双打接球次序

先接球的一方,应在第 1 局开始时,决定哪一名队员先接发球,并在这盘单数局,继续先接发球。对方同样应在第 2 局开始时,决定哪一名队员接发球,并在这盘双数局继续先接发球。他们的同伴应在每局中轮流接发球。

3.双打还击

接发球后,双方应轮流由其中任何一名队员还击。如运动员在其同队队员击球后,再以球拍触球,则判对方得分。

(四)计分方法

1.胜一分

遇到下列情况时,判对方胜 1 分。

(1)发球员连续两次发球失误或脚误时。

(2)接球员在发来的球没有着地前用球拍击球,或球触及自己的身体及所穿戴的衣物时。

(3)在球第二次落地前未能还击过网时。

(4)还击球触及对方场区界线以外的地面、固定物或其他物件时。

(5)还击空中球失败时。

(6)在比赛中,击球员故意用球拍拖带或接住球,或故意用球拍触球超过一次时。

(7)"活球"期间运动员的身体、球拍(不论是否握在手中)或穿戴的其他物件触及球网、网柱、单打支柱、绳或钢丝绳、中心带、网边白布或对方场区以内的场地地面。

(8)还击尚未过网的空中球(过网击球)。

(9)除握在手中(不论单手或双手)的球拍外,运动员的身体或穿戴的物体触球。

(10)抛拍击球时。

(11)比赛进行中,运动员故意改变其球拍形状。

(12)对方发球或回球时出界。(注意:出界的判法为球的第一个落点是否过第二白线)

2.一局

(1)每胜1球得1分,先胜4分者胜1局。

(2)双方各得3分时为平分,平分后,净胜两分为胜1局。

3.一盘

(1)一方先胜6局为胜1盘。

(2)双方各胜5局时,一方净胜两局为胜1盘。

4.决胜局计分制

在每盘的局数为6平时,有以下两种计分制。

(1)长盘制:一方净胜两局为胜1盘。

(2)短盘制(抢七):决胜盘除外,除非赛前另有规定,一般应按以下办法执行。①先得7分者为胜该局及该盘(若分数为6平时,一方须净两分)。②首先发球员发第1分球,对方发第2、3分球,然后轮流发两分球,直到比赛结束。③第1分球在右区发,第2分球在左区发,第3分球在右区发。④每6分球和决胜局结束都要交换场地。

5.短盘制的计分

(1)第1个球(0∶0),发球员A发1分球,1分球之后换发球。

(2)第2、3个球(报1∶0或0∶1,不报15∶0或0∶15),由B发球,B连发两分球,先从左区发球。

(3)第4、5个球(报3∶0或1∶2,2∶1,不报40∶0或15∶30,30∶15),由A发球,A连发两球后换发球,先从左区发球。

(4)第6、7个球(报3∶3或2∶4,4∶2或1∶5,5∶1或6∶0,0∶6),由B发1分球之后交换场地,若比赛未结束,B继续发第7个球。

(5)比分打到5∶5,6∶6,7∶7,8∶8……时,需连胜两分才能决定谁为胜方。但在记分表上则统一写为7∶6。

(6)决胜局打完之后,双方队员交换场地。

6.赛制

实行淘汰赛。一场比赛中,男子单打比赛除大满贯赛事采用五盘三胜制以外,其他均使用三盘两胜制。女子比赛全部采用三盘两胜制。

(五)场地规则

1.球场

球场应为长23.77米、宽8.23米的矩形。中间由一条挂在最大直径为0.8厘米粗的绳索或钢丝绳上的球网分开,具体如图6-3-19所示。

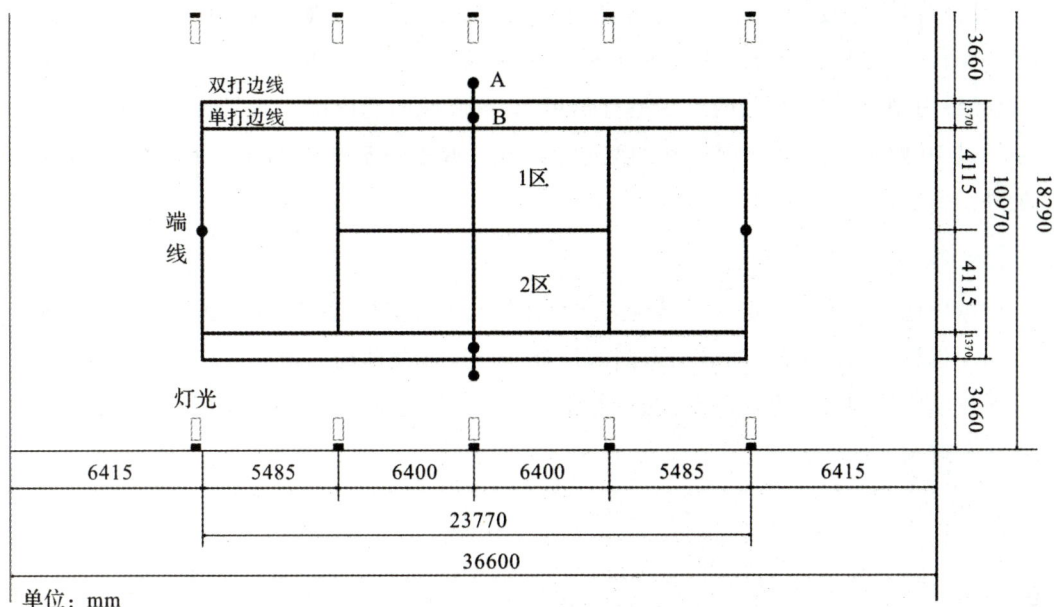

双打网柱中心点距离双打边线外沿为304mm
单打网柱或支架中心点B距离单打边线外沿为304mm
通常硬地端线为100mm宽，其他线均为50mm宽

图 6-3-19

2.球网

球网粗绳索或钢丝绳最大直径为 0.8 厘米,网的两端应附着或挂在两个网柱顶端,网柱应为边长不超过 15 厘米的正方形方柱或直径为 15 厘米的圆柱。网柱不能超过网绳顶端 2.5 厘米。每侧网柱的中点应距场地 0.914 米,网柱的高度应使网绳或钢丝绳顶端距地面的垂直距离为 1.07 米。

在单双打两用场地上悬挂双打球网的进行单打比赛时,球网应该由两根高度为 1.07 米的"单打支杆"支撑,该支杆截面应是边长小于 3 英寸(7.5 厘米)的正方形方柱或直径小于 7.5 厘米的圆柱。每侧单打支杆的中点应距单打边线 0.914 米)。

球网需要充分拉开,以便能够有效填补两根支柱之间的空间,并有效打开所有网孔,网孔大小以能防止球从球网中间穿过。球网中点的高度应该是 0.914 米,并且用不超过 5 厘米宽的完全是白色的网带向下绷紧固定。球网上端的网绳或钢丝绳要用一条白色的网带包裹住,每一面的宽度介于 5 厘米到 6.35 厘米。在球网、网带及单打支杆上都不能有广告。

3.球场线

球场两端的界线叫作底线,两边的界线叫作边线。在距离球网两侧 6.4 米的地方各画一条与球网平行的线,为发球线。

球网与每一边的发球线和边线组成的场地再被发球中线分为两个相等的区域,为发球区,发球中线是一条连接两条发球线中点并与边线平行的线,线宽须为 5 厘米。每一条底线都被一条长 10 厘米、5 厘米的发球中线的假定延长线分为相等的两个部分,由一条短线分隔,该短线为中点,它与所处的底线呈直角相连,自底线向场内画。除了底线的最大宽度可以不超过 10 厘米以外,所有其他线的宽度均应在 2 厘米到 5 厘米之间。所有的测量都应以线的外沿为准。

3.永久固定物

网球场地上的永久固定物不只包括球网、网柱、单打支杆、网绳、钢丝绳、中心带及网带,以下情况也算永久固定物,如球场四侧的挡板、看台、环绕球场固定或可移动的椅子、观众,以及所有场地周围和上方的配套设施,还有出于各自预定位置的裁判、司网裁判、脚误裁判、司线员和球童。

第七章

民族传统体育运动

第一节　24 式简化太极拳

一、24 式简化太极拳概述

《24 式简化太极拳》是在 1956 年由国家主管部门审定的武术教材,全套共有 24 个动作,全部动作选自传统杨氏太极拳,风格鲜明,动作柔缓舒展,老幼皆宜,易于普及。自《24 式简化太极拳》发行后,中国城乡出现了普及太极拳的热潮。现在,24 式简化太极拳不仅在中国广泛流传,同时传遍了五大洲的一百多个国家。曾在 1996 年,一代伟人邓小平题词"太极拳好",以此,24 式简化太极拳的编写和推广,为广大群众提供了方便,也为太极拳的繁荣、普及和走向世界开拓了新道路,进一步传承和弘扬我国优秀的传统文化。

二、24 式简化太极拳的练习特点

练习太极拳最重要的是要做到"松静结合,意气合一"。"松"即精神和身体都要放松,全神贯注;"静"是要求思想意识全部集中,排除杂念,要完全进入安静的状态,"意气合一"是指把控制意念和调整呼吸结合起来,以意领气(即所谓"调身""调息""调神")达到调整、提高神经系统的功能,使人体各个系统脏腑间的机能活动达到阴阳的平衡。初学者在练习时要注意体会以下动作方法。

(1)虚领顶劲。练习太极拳要求身正、头正,有利于姿势稳定、精神振作、意气运用。因此,在练习过程中切忌藏头缩脑、摇头晃脑、猫腰驼背,但也不是头颈紧张僵硬,失去虚领本意。故在练习过程中要表情自然、虚领顶劲。

(2)沉肩坠肘。练习者在练习过程中要求肩关节保持松沉,不可耸肩,也不可故意前扣或后张。肘关节要保持自然弯曲,并含有轻微垂坠的姿势,不可紧绷伸直,抬肘夹肩。这样可使动作姿势自然、沉稳、柔和。

(3)含胸拔背。含胸是指胸部不能外挺,要保持舒松自然;拔背是指背部舒展开阔。这与太极拳的松柔圆活运动特点相适应。关键点在于自然舒展,不能缩胸驼背,失去中正。

(4)动作柔和。24式简化太极拳的动作非常柔和,强调缓慢、连贯、流畅,有利于放松身心,缓解压力。

(5)注重呼吸。太极拳强调呼吸与动作的协调,练习时需保持呼吸平稳、深长,有助于提高肺活量和心血管功能。

(6)强调意识。太极拳强调意识与动作的协调,练习时需要将注意力集中在动作上,有助于提高专注力和精神集中力。

(7)培养内气。太极拳强调内气的培养,练习时需要将注意力集中在丹田部位,有助于提高身体的内在素质。

(8)调整心态。太极拳的动作和呼吸需要保持平和、稳定,有助于调整心态,减轻焦虑和抑郁等负面情绪。

(9)气沉丹田。吸气时横隔下降,增加通气量,促进血液循环,增加内脏活动,同时有助于重心稳定及肌肉放松。

(10)易于坚持。24式简化太极拳的动作简单易学,容易坚持,长期练习可以带来明显的健身效果。

三、24式简化太极拳的动作说明与图解

(一)动作名称

24式简化太极拳的动作名称如下。

第一节
1.起式
2.左右野马分鬃
3.白鹤亮翅
4.左右搂膝拗步
5.手挥琵琶
6.左右倒卷肱
第三节
1.右蹬脚
2.双峰贯耳
3.转身左蹬脚
4.左下势独立
5.右下势独立
6.左右穿梭

第二节
1.左揽雀尾
2.右揽雀尾
3.单鞭
4.云手
5.单鞭
6.高探马
第四节
1.海底针
2.闪通臂
3.转身搬拦捶
4.如封似闭
5.十字手
6.收式

（二）动作说明与图解

24式简化太极拳第一节

1.起式

动作要领：

（1）左脚开步，左脚向左开步，与肩同宽，两脚尖向前。

（2）两臂前举，两臂缓慢向前平举，与肩同高、同宽，两臂自然伸直，肘关节稍微屈，掌心向下，指尖向前。

（3）屈腿按掌，两腿缓慢屈膝半蹲，重心落于两腿之间，呈高马步，同时两掌按于腹前，上体正直，两眼平视前方。

起式的动作要领如图7－1－1所示。

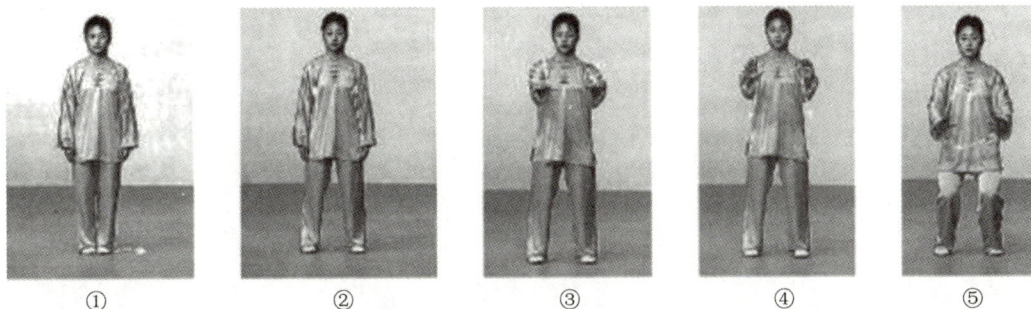

① ② ③ ④ ⑤

图 7－1－1

教学要点：

（1）两脚尖平行向前，开步时轻起轻落。

（2）手臂前举和下按应匀速、柔和、缓慢。

（3）手臂前举时，两手由腿外侧将掌心转向后方，再向前平举。

（4）下蹲时上体要保持正直。

易犯错误：

（1）开步身体左右摇晃。

（2）两臂前举和下按时，两肘关节外撑、上扬，耸肩折腕。

（3）屈膝下蹲时上体前俯后仰。

2.左右野马分鬃

动作要领：

（1）左野马分鬃。

①抱手收脚，上体稍右转；右臂屈抱于右胸前，手高不过肩，肘略低于手，手心向下；左臂屈抱于腹前，手心向上，两手上下相对，如在右胸前抱球状；左脚收至右脚内侧，脚尖点地；眼看右手。

②转体上步，上体左转；左脚向左前方迈出一步，脚跟轻轻着地，重心仍在右腿。

③弓步分手，上体继续左转；重心前移，左脚踏实，左腿屈膝；右腿自然蹬直，右脚跟外

展,呈左弓步;同时两掌前后分开,左手分至体前,高与眼平,手心斜向上;右手按至右胯旁,手心向下,指尖朝前;两臂微屈;眼看左掌。

(2)右野马分鬃。

①转体撇脚,重心稍向后移,左脚尖翘起外撇,上体稍左转;两手准备翻转"抱球";眼仍看左手。

②抱手收脚,上体继续左转,左手翻转成手心向下,在左胸前屈抱;右手翻转前摆,手心向上,在腹前屈抱,两手上下相对,如在左胸前抱球;重心移至左腿,左脚踏实,右脚收至左脚内侧,脚尖点地;眼看左手。

③转体上步,上体稍右转;右脚向右前方迈出一步,脚跟轻轻着地。

④弓步分手,上体继续右转;重心前移,右脚踏实,右腿屈膝前弓;同时左腿自然蹬直,左脚跟外展成右弓步;两手前后分开,右手分至体前,高与眼平,手心斜向上;左手按至左胯旁,手心向下,指尖向前;两臂微屈;眼看右手。

左右野马分鬃动作要领如图7-1-2所示。

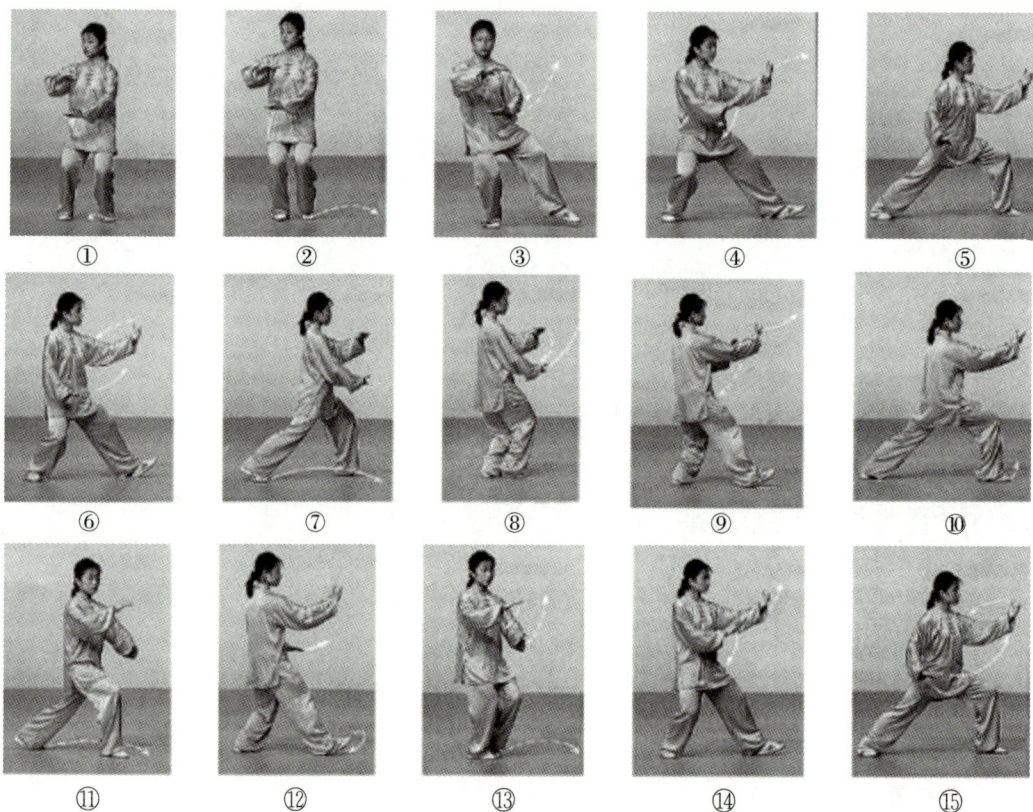

图7-1-2

教学要点:

(1)左野马分鬃。

①转体和抱手在转体的带动下同时协调完成,两臂动作不可过紧过松,右臂高于肩平,

肩部放松，肘略低于肩，腕略低于手，五指微屈，自然分开。前臂与胸部之间的距离保持20～30厘米。左臂的摆动要走弧形，还要伴随着前臂的旋转。定式时左臂也要呈弧形，前臂与腹部距离约10厘米。

②右脚收向左脚内侧时，脚尖不应点地。右野马分鬃也同样如此。

③左脚上步时要脚跟先着地，随重心前移全脚踏实。要求一腿支撑身体、稳定重心，另一腿轻起轻落，点起点落地迈出，不可落脚沉重，重心过早转移。弓步过程要由腰部旋转，左腿屈弓和右腿后蹬三者协调配合，不可先蹬直右腿，再屈左膝。

(2)右野马分鬃。

①转体翘脚时，身体重心平稳地稍后移，与上体左转协调并进。运转过程中，上体要保持正直。重心移动的幅度以左脚可以轻灵地转动，周身上下相随，协调动作为准。

②抱手收脚时，两手先略放松，随即左掌内旋，右掌外旋，两手翻掌画弧抱球。同时收拢后脚。

③收脚时，主要是通过重心前移，转体合胯，以腰腿的力量轻轻地把后脚提起，慢慢地屈膝向前提收，至前脚内侧。

易犯错误：

(1)第一个野马分鬃由于转体不够，左脚上步落点偏右，造成左弓步两腿"拧麻花"。后面两个弓步容易出现两脚横向宽度不够，形成"走钢丝"的错误。

(2)弓步时后脚跟没有外展后蹬，造成挺胸、侧肩、开胯、敞裆的错误。

(3)腕指过于僵硬或松软。

(4)动作中，上体俯仰歪斜或低头弯腰。

3.白鹤亮翅

动作要领：

(1)跟步抱手，上体稍左转；右脚向前收拢半步，前脚掌轻轻落地，与左脚相距约一脚长；同时两手翻转相对，在胸前屈臂"抱球"。左手在上，手心向下，右手在下，手心向上；眼看左手。

(2)后坐转体，重心后移，右脚踏实；同时上体后坐，并向右转体；两手开始交错分开，右手上举，左手落下；眼看右手。

(3)虚步分手，上体转正；左脚稍向前移动，前脚掌着地，成左虚步；同时右手向上分至右额前，掌心向内，左手按在左髋旁；眼平视前方。

白鹤亮翅的动作要领如图7-1-3所示。

① ② ③

图7-1-3

教学要点:

(1)上体松正,重心稳定。跟步时,要求步法轻灵,重心移动平稳,两腿虚实转换清楚。

(2)动作过程中应注意腰部的旋转,即右脚前跟时腰部微左转,身体后坐时腰部微右转,最后调整步型时身体再转向正前方。同时眼神要与运动协调配合。跟步抱手时眼看左手;后坐转体时,向右转看右手;最后上体转正,眼平视前方。

(3)随着两手右上左下分开,应注意顶头竖脊,两手分撑,松腰松胯,精神贯注。

易犯错误:

(1)虚步时常出现的错误有:上体后仰,挺髋挺腹;上体前俯,挺胸突臀;前腿膝部挺直,后腿膝部里扣;两脚横向距离过大或过小;两腿虚实不明,重心落于两腿之间。

(2)两臂弯曲,夹腋折臂。

4.左右搂膝拗步

动作要领:

(1)左搂膝拗步。

①转腰挥臂,上体稍左转;右手摆至体前,手心转向上;眼看右手。

②摆臂收脚,上体右转;两臂交叉摆动,右手自头前下落,经右胯侧向右后方上举,与头同高,手心向上;左手自左侧上摆,经头前向右画弧落至右肩前,手心向下;左脚回收落在右脚内侧,脚尖点地;头随身体转动,眼看右手。

③上步收掌,上体稍左转;左脚向左前方迈出一步,脚跟轻轻落地;右臂屈肘,右手收至肩上头侧,虎口对耳,掌心斜向前;左手落在腹前;眼看前方。

④弓步搂推,上体继续左转;重心前移,左脚踏实,左腿屈弓,右腿自然蹬直成左弓步;左手经左膝前向左搂过,按于左腿外侧,掌心向下,指尖向前;右手向前推出,指尖与鼻尖相对,掌心向前,指尖向上,右臂自然伸直,肘微屈;眼看右手。

(2)右搂膝拗步。

①转体撇脚,重心稍后移,左脚尖翘起外撇,上体左转;两臂外旋,开始向左摆动;眼看右手。

②收脚摆臂,上体继续左转;重心前移,左脚踏实,右腿收至左脚内侧,脚尖点地;右手经头前画弧摆至左肩前,掌心向下;左手向左上方画弧上举,与头同高,掌心向上,左臂自然伸直,肘微屈;头转看左手。

③上步收掌,上体稍右转;右脚向右前方迈出一步,脚跟轻轻落地;左臂屈肘,左手收至肩上头侧,虎口对耳,掌心斜向前;同时右手下落至腹前,手心向下,肘微屈;头转看前方。

④弓步搂推,上体继续右转;重心前移,右脚踏实,右腿屈弓,左腿自然蹬直成右弓步;右手经右膝前上方向右搂过,按于右腿外侧,掌心向下,指尖向前;左手向前推出,指尖与鼻尖相对,掌心向前,指尖向上,左臂自然伸直,肘微屈;眼看左手。

(3)左搂膝拗步。

①转体撇脚,重心稍后移,右脚尖翘起外撇,上体右转;两臂外旋,开始向右摆动;眼看左手。

②收脚摆臂,上体继续右转;重心前移,右脚踏实,左脚收至右脚内侧,脚尖点地;左手画弧,经头前摆至右肩前,掌心向下;右手向右上方画弧上举,与头同高,掌心向上,右臂自然伸直,肘微屈;头转看右手。

③上步收掌,上体稍左转;左脚向左前方迈出一步,脚跟轻轻落地;右臂屈肘,右手收至肩上头侧,虎口对耳,掌心斜向前;同时左手下落至腹前,掌心向下,肘微屈;头转看前方。

④弓步搂推,上体继续左转;重心前移,左脚踏实,左腿屈弓,右腿自然蹬伸成左弓步;左手经左膝前上方向左搂过,按于左腿外侧,掌心向下,指尖向前;右手向前推出,指尖与鼻尖相对,掌心向前,指尖向上,右臂自然伸直,肘微屈;眼看右手。

左右搂膝拗步动作要领如图 7 - 1 - 4 所示。

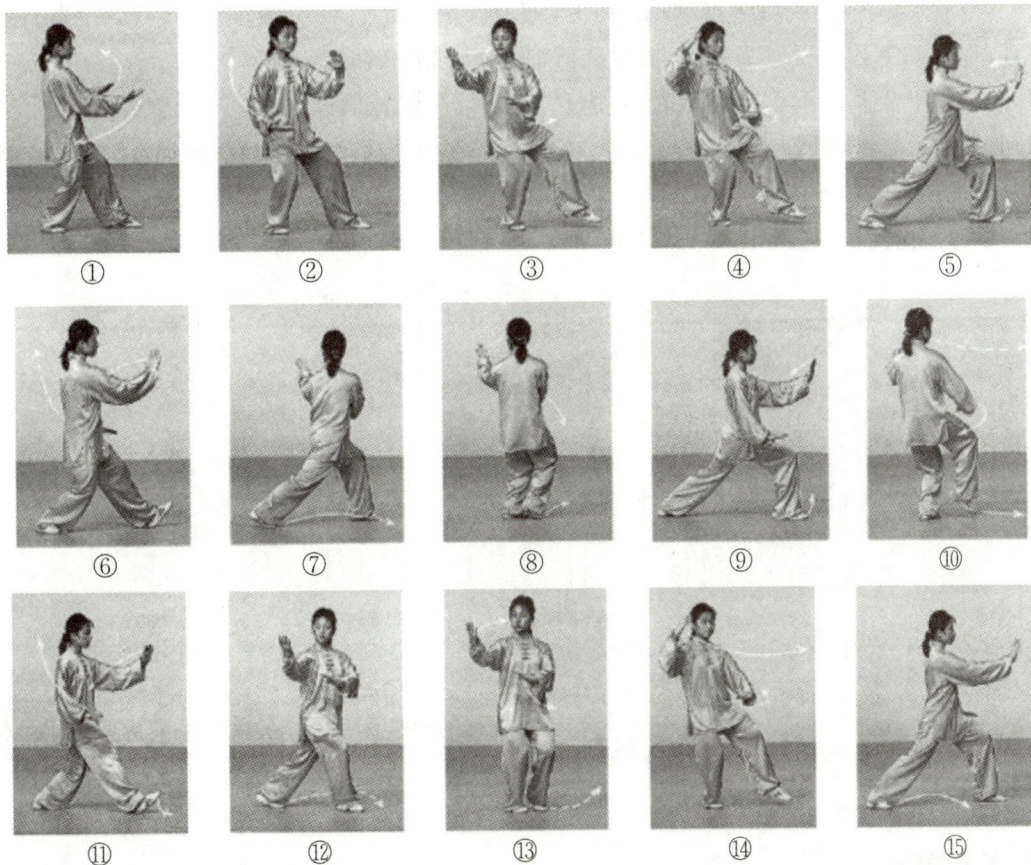

图 7 - 1 - 4

教学要点:

(1)两脚的左右宽度一定要保持 30 厘米左右,切忌两脚踩在一条直线上或左右交叉。

(2)上步时后脚经过支撑脚内侧时不停不落,连贯稳健地向前迈出。

(3)前推、下搂的两掌和弓腿上下相随,同步行动。

易犯错误:

(1)推掌过直过远,搂手屈肘后拉,造成肩、臂紧张,上体前俯。

(2)摆臂时腰部不转动,动作生硬机械。

(3)弓步横向宽度不够,上体紧张歪扭,重心不稳。

(4)前推、下搂的两掌快慢不一,互不协调。

(5)上下脱节,腿快手慢,弓腿已达顶点,两手仍在途中。

5.手挥琵琶

动作要领:

(1)跟步展臂,右脚向前收拢半步,脚前掌轻落于左脚后,与左脚相距约一脚长;右臂稍向前伸展,腕关节放松。

(2)后坐引手,重心后移,右脚踏实,上体右转;左手向左、向上画弧摆至体前,手臂自然伸直,掌心斜向下;右手屈臂后引,收至胸前,掌心斜向上;转眼看左手。

(3)虚步合手,上体稍向左回转,左脚稍向前移,脚跟着地,呈左虚步;两臂外旋,屈肘合抱,两手前后交错,侧掌合于体前。左手与鼻相对,掌心向右;右手与左肘相对,掌心向左,两臂犹如抱琵琶的样子;眼看左手。

手挥琵琶动作要领如图7-1-5所示。

①　　　　　　②　　　　　　③

图7-1-5

教学要点:

(1)后坐引手时,以重心后坐和转体来带动两臂的前摆和后引;在做合手和虚步时,身体向左回转协调上下肢动作。

(2)两臂应半屈成弧,舒展圆满。

易犯错误:

(1)定画时两臂过分弯曲团缩,夹肋夹腋,动作不展。

(2)虚步俯身突臀,或仰身挺腹。

6.左右倒卷肱

动作要领：

(1)右倒卷肱。

①转腰撤手，上体稍右转；右手随转体向下经腰侧向后上方画弧，右臂微屈，手与头同高，手心翻转向上；左手同时翻转向上停于体前；头随身体转动，眼向右平视。

②退步收掌，上体稍左转；左脚提收向后退一步，脚前掌轻轻落地；右臂屈卷，右手收至肩上耳侧，掌心斜向下方；左手松沉，开始后收；眼看左手。

③虚步推掌，上体继续左转；重心后移，左脚踏实，右脚以脚掌为轴扭直，脚跟离地，右膝微屈成右虚步；右手推至体前，腕与肩同高，掌心向前；左手向后、向下收至左腰侧，手心向上；眼看右手。

(2)左倒卷肱。

①转腰撤手，上体稍左转；左手向左后上方画弧，与头同高，掌心向上，左臂微屈；右手翻转停于体前；头随身体转动，眼向左平视。

②退步收掌，上体稍右转；右脚提收向后退一步，脚前掌轻轻落地；左臂屈卷，左手收至肩上耳侧，掌心斜向前下方；右手松沉，开始后收；眼看右手。

③虚步推掌，上体继续右转；重心后移，右脚踏实，左脚以脚掌为轴扭直，脚跟离地，左膝微屈成左虚步；左手推至体前，腕与肩同高，掌心向前；右手向后、向下画弧，收至右腰侧，掌心向上；眼看左手。

(3)右倒卷肱。

①转腰撤手，上体稍右转；右手随转体向后上方画弧，右臂微屈，手与头同高，手心向上；左手翻转停于体前，掌心向上；头随身体转动；眼向右平视。

②退步收掌，上体稍左转；左脚提收向后退一步，脚前掌轻轻落地；右臂屈卷，右手收至右肩上耳侧，掌心斜向下方；左手松沉，开始后收；眼看左手。

③虚步推掌，上体继续左转；重心后移，左脚踏实，右脚以脚掌为轴扭直，脚跟离地，右膝微屈成右虚步；右手推至体前，腕与肩同高，掌心向前；左手向后、向下画弧，收至左腰侧，手心向上；眼看右手。

(4)左倒卷肱。

①转腰撤手，上体稍左转；左手向左后上方画弧，手与头同高，掌心向上，左臂微屈；右手翻转停于体前，掌心向上；头随身体转动，眼向左平视。

②退步收掌，上体稍右转；右脚提收向后退一步，脚前掌轻轻落地；左臂屈卷，左手收至肩上耳侧，掌心斜向前下方；右手松沉，开始后收；眼看右手。

③虚步推掌，上体继续右转；重心后移，右脚踏实，左脚以脚掌为轴扭直，脚跟离地，左膝微屈成左虚步；左手推至体前，腕与肩同高，掌心向前；右手向后、向下画弧，收至右腰侧，掌心向上；眼看左手。

左右倒卷肱动作要领如图7-1-6所示。

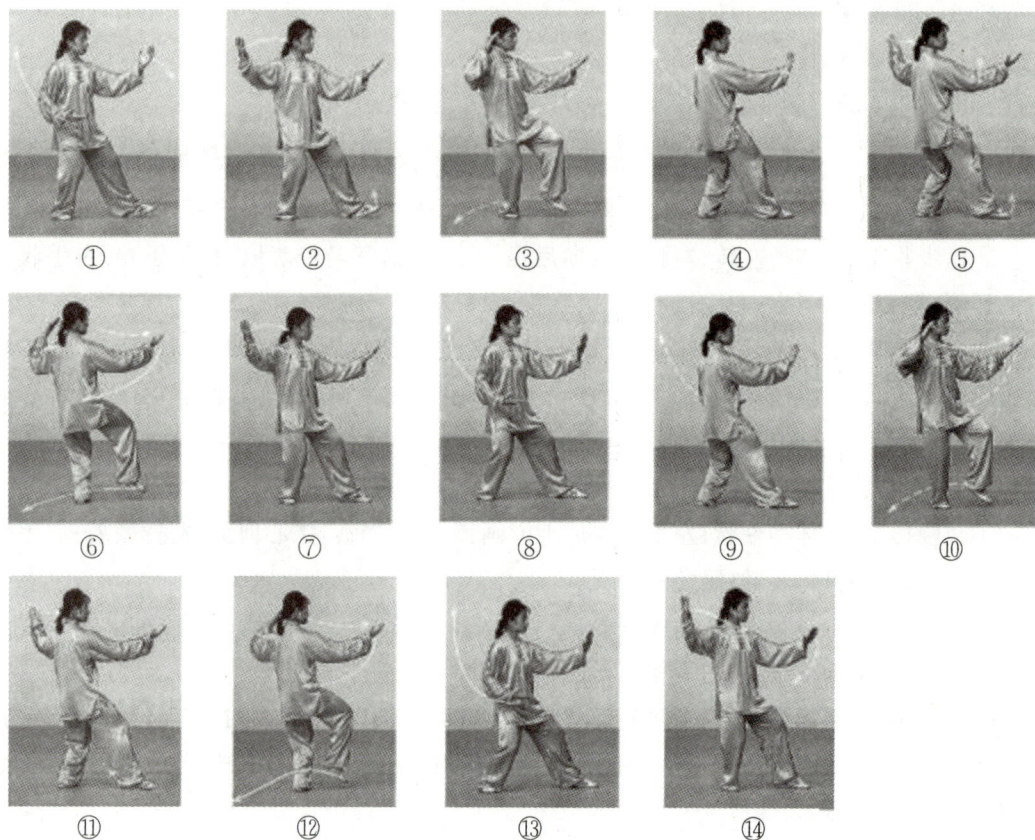

图 7-1-6

教学要点:

(1)提腿时身体重心不要升高,落步时重心不要降低,身体不要在退步中出现明显的起伏,提脚时先提脚跟,落脚时先落脚掌,不可提脚猛蹬急收,落脚沉重砸地。

(2)卷肱动作应屈肘折臂,避免屈指卷腕,当推掌到顶点时,要有意识地坐腕、展掌、舒指。

(3)撤手时手要走弧线,不要直抽直拉。两掌在体前有一个两掌交错的过程,不要相距太远。

(4)眼神应随着转体先向侧看,再转看前手。

易犯错误:

(1)定式动作为"虚步推掌"。这时,眼睛注视前手,上体舒展伸拔。

(2)退步时上体歪扭,两腿"拧麻花"。

(3)退步时重心控制不稳,身体过早后坐,造成落脚沉重,脚快手慢,上下不协调。

24 式简化太极拳第二节

1.左揽雀尾

动作要领:

(1)转腰撤手,上体微右转;右手由腰侧向右上方画弧,右臂微屈,手与肩同高,掌心斜向上；左手在体前放松，手心向下；头随身体转动，眼向右平视。

（2）抱手收脚，右手屈臂抱于右胸前，掌心翻转向下；左手画弧下落，屈抱于腹前，掌心转向上，两手上下相对如"抱球"状；左脚收至右脚内侧，脚尖点地；眼看右手。

（3）转腰上步，上体微左转，左脚向左前方迈出一步，脚跟轻轻落地；眼看前方。

（4）弓步前掤，上体继续左转；重心前移，左脚踏实，左腿屈膝前弓，右腿自然蹬直，呈左弓步；两手前后分开，左臂半屈向体前掤架，腕与肩同高，掌心向内；右手向下画弧按于右胯旁，掌心向下，五指向前；眼看左手。

（5）转腰摆臂，上体稍左转；左手向左前方伸出，掌心转向下；同时右臂外旋，右手经腹前向上、向前伸至左前臂内侧，掌心向上；眼看左手。

（6）坐腿后捋，上体右转，重心后移，身体后坐，右腿屈膝，左腿自然伸直；两手同时向下经腹前向右后方画弧后捋，右手举于身体侧后方，与头同高，掌心向外；左臂平屈于胸前，掌心向内；头随体转，眼看右手。

（7）转腰搭手，上体左转，正对前方；右臂屈肘，右手收至胸前，搭于左腕内侧，掌心向前；左前臂仍屈收于胸前，掌心向内，指尖向右；眼看前方。

（8）弓步前挤，重心前移，左腿屈弓，右腿自然蹬直成左弓步；右手推送左前臂向体前挤出，与肩同高，两臂撑圆；眼看前方。

（9）后坐引手，重心后移，上体后坐，右腿屈膝，左腿自然伸直，左脚尖翘起；左手翻转向下；右手经左腕上方向前伸出，掌心也转向下。两手左右分开与肩同宽，两臂屈收，两手后引，经胸前收到腹前，手心斜向下；眼向前平视。

（10）弓步前按，重心前移，左脚踏实，左腿屈弓，右腿自然蹬直成左弓步；两手沿弧线推按至体前，两腕与肩同高、同宽，两掌心向前，指尖向上；眼看前方。

左揽雀尾动作要领如图7-1-7所示。

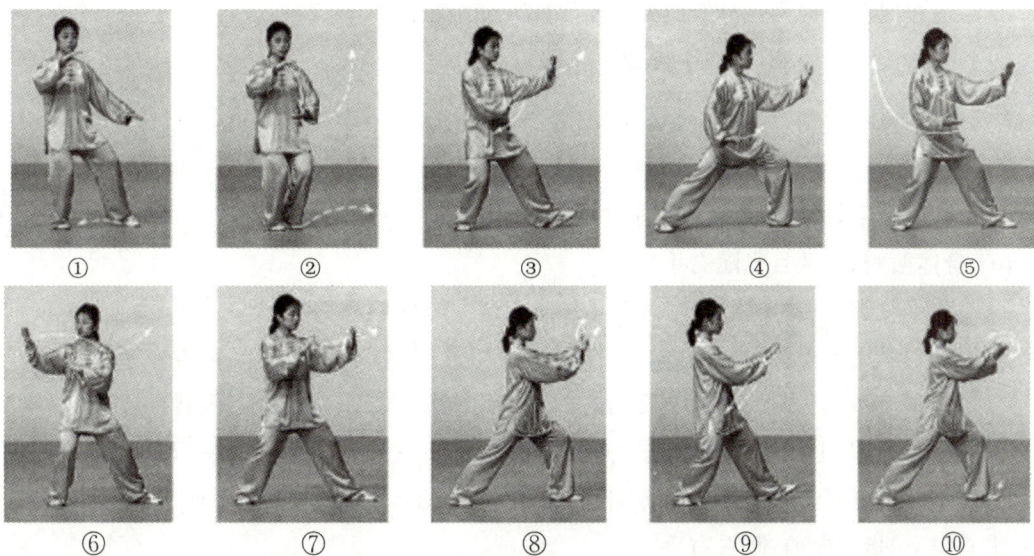

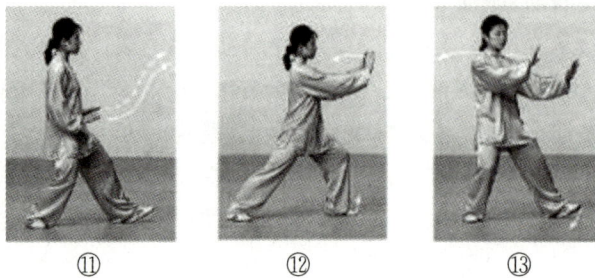

⑪　　　　　　⑫　　　　　　　⑬

图 7 - 1 - 7

教学要点：

(1)重视上下肢的配合。掤、挤、按时要与弓腿协调一致；将手和引手要与屈腿后坐一致。前弓和后坐时，重心移动要充分，同时要保持上体松正舒展。弓腿时要顶头、沉肩、竖脊、展背；坐腿时要松腰、敛臀、屈膝、落胯。

(2)本式的步型是顺弓步，两脚间的横向距离以不超过 10 厘米为宜。第二动抱手收脚，应逐渐做到提收后脚尖不点地。

(3)做前掤时，转体分手和屈膝弓腿要同时到位。后将时，两臂要与腰部旋转协调一致。

(4)将式完成时，两手向侧后方斜向 45°。后坐引手时，左脚尖翘起，左腿膝部不要挺直，上体勿挺腹后仰。同时，两手保持与肩同宽，收至胸前。弓步前按时，两手要沿弧线向上、向前推按。

易犯错误：

(1)前掤和前挤时，两臂不松展，出现紧张夹腋或松软无力。

(2)前弓和后坐过程中，后脚脚跟随意扭动，全脚不能踏实地面。

(3)前按时两手向两侧分开画弧，或两掌自下画弧上挑。

(4)手脚配合不协调，腿快手慢或手快腿慢。

2.右揽雀尾

动作要领：

(1)转体分手，重心后移，上体右转，左脚尖内扣；右手经头前画弧右摆，掌心向外，两手平举于身体两侧；头及目光随右手移转。

(2)抱手收脚，左腿屈膝，重心左移，右脚收至左脚内侧，脚尖点地；左手屈抱于左胸前，手心向下；右手屈抱于腹前，手心向上，两手上下相对，在左胸前"抱球"；眼看左手。

(3)转腰上步，上体微右转，右脚向右前方迈出一步，脚跟轻轻落地；眼看前方。

(4)弓步前掤，上体继续右转，重心前移，右脚踏实，右腿屈膝前弓，左腿自然蹬直，呈右弓步；两手前后分开。右臂半屈向体前掤架，腕与肩同高，掌心向内；左手向下画弧按于左胯旁，手心向下，指尖向前；眼看右手。

(5)转腰摆臂，上体稍右转；右手向右前方伸出，掌心转向下。同时左臂外旋，左手经腹前向上、向前伸至右前臂内侧,掌心向上;眼看右手。

(6)坐腿后捋,上体左转,重心后移,身体后坐,左腿屈膝,右腿自然伸直;两手同时向下经腹前向左后方画弧后捋,左手举于身体侧后方,与头同高,掌心向外。右臂平屈于胸前,掌心向内;头随体转,眼看左手。

(7)转腰搭手,上体右转,正对前方;左臂屈收,左手收至胸前,搭于右腕内侧,掌心向前,右前臂仍屈于胸前,掌心向内,指尖向左;眼看前方。

(8)弓步前挤,重心前移,右腿屈弓,左腿自然蹬伸成右弓步;左手推送右前臂向体前挤出,与肩同高,两臂撑圆;眼看前方。

(9)后坐引手,重心后移,上体后坐,左腿屈膝,右腿自然伸直,右腿尖翘起;右手翻转向下,左手经右腕上方向前伸出,掌心也转向下。两手左右分开与肩同宽,两臂屈收,两手后引,经胸前收到腹前,手心斜向下;眼向前平视。

(10)弓步前按,重心前移,右脚踏实,右腿屈弓,左腿自然蹬直成右弓步;两手沿弧线推按至体前,两腕与肩同高、同宽,两掌心向前,指尖向上;眼看前方。

右揽雀尾动作要领如图 7-1-8 所示。

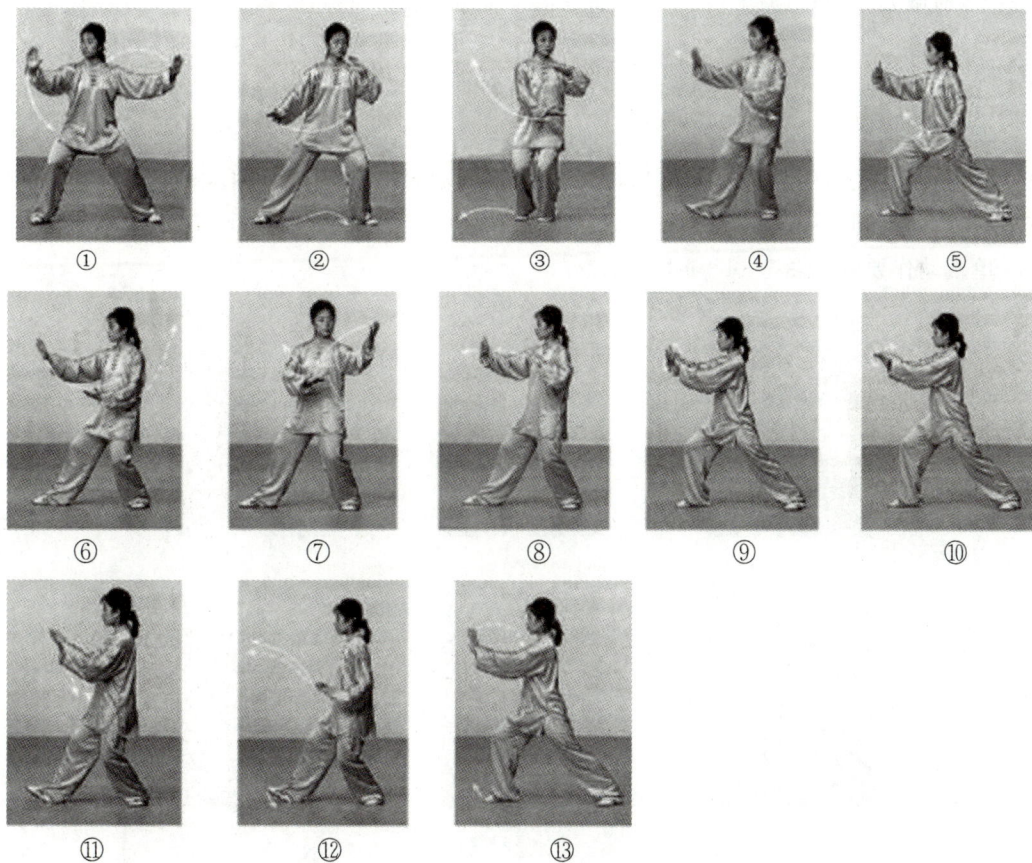

图 7-1-8

教学要点：

转体分手时，右腿屈膝落胯，左脚尽力内扣，上体保持中正，重心不可升高。右手随转体水平向右画弧，两手分开约120°。此时左手不要随之右摆。

易犯错误：

(1)身体右转时左脚尖内扣不充分，影响右脚上步，方向不正，上体紧张歪扭。

(2)转身分手时右腿屈蹲不充分，造成上体前俯，重心升高。

3.单鞭

动作要领：

(1)左转摆臂，重心左移，上体左转，右脚尖内扣；两臂交叉运转，左手经头前向左画弧摆至身体左侧，掌心向外；右手经腹前向左画弧摆至左肋前，掌心转向腹部；视线随左手运转。

(2)右转摆臂，上体右转，重心右移，右腿屈膝，左腿伸直；右手向上向右画弧，经头前摆至右肩前，掌心向内；左手向下、向右画弧摆至腹前，掌心转向内；视线随右手移转。

(3)勾手收脚，左脚收至右脚内侧，脚尖点地；右手伸向身体右前方，五指捏拢成勾手，勾尖朝下，肘微屈，腕高与肩平；左手向上画弧至右肩前，掌心向内；眼看勾手。

(4)转体上步，上体左转；左脚向左前方迈出一步，脚跟落地；左手经面前向左画弧，掌心向内；眼看左手。

(5)弓步推掌，上体继续左转，重心前移，左脚踏实，左腿屈弓，右腿自然蹬直，脚跟外展，呈左弓步；左手经面前翻转向前推出，腕与肩同高，左肘与左膝上下相对；右勾手举于右后方，腕与肩同高；眼看左手。

单鞭动作要领如图7-1-9所示。

图7-1-9

教学要点：

(1)单鞭的弓步应斜向左前方不超过30°。两脚的左右宽度约10厘米。左臂、左腿的方向一致。勾手伸举方向为斜后方45°。

(2)身体左右转动时，重心移动要充分，两腿虚实要分明。

(3)推掌时，随着上体左转，左腿前弓，左手边翻掌边向前推出，到达顶点时，配合松腰、松胯、沉气，同时沉腕、展掌、舒指。

(4)动作熟练时，收脚后脚尖不需点地。

易犯错误：

(1)勾手时，腕关节绕转，形成"腕花"；五指先后不一，捏拢不同时；腕关节僵直，勾尖向后。

(2)弓步时，右脚跟蹬转不够，造成开裆展胯，上体侧倾。

(3)定式时，出现挺胸塌腰或身体前俯。

4.云手

动作要领：

(1)转体摆掌，重心后移，上体右转；左脚尖内扣，右腿屈蹲；左手向下、向右画弧，经腹前摆至右肩前，掌心向内；右勾手松开变掌，掌心向外；眼看右手。

(2)左云并步，上体左转，重心左移；右脚向左并拢半步，脚前掌先着地，随之全脚踏实，两腿屈膝半蹲，两脚平行，脚尖向前，两脚相距10～20厘米；左手向上经头前向左画弧云转，掌心渐渐翻转向外。右手向下经腹前向左画弧云转，掌心渐渐翻转向内。左掌停于身体左侧，高与肩平，右手停于左肩前；视线随左手转移。

(3)右云开步，上体右转，重心右移；左脚向左横开一步，脚前掌先着地，随之全脚踏实，脚尖向前；右手经头前向右画弧云转，掌心逐渐翻转向外，左手向下经腹前向右画弧云转，掌心逐渐翻转向内。右掌停于身体右侧，高与肩平，左掌停于右肩前；视线随右手转移。

(4)左云开步，上体左转，重心左移；右脚向左并拢半步，脚前掌先着地，随之全脚踏实，两腿屈膝半蹲，两脚平行，脚尖向前，两脚相距10～20厘米；左手经头前向左画弧云转，掌心渐渐翻转向外；右手向下经腹前向左画弧云转，掌心渐渐翻转向内。左掌停于身体左侧，高与肩平，右掌停于左肩前；视线随左手转移。

(5)右云开步，上体右转，重心右移；左脚向左横开一步，脚前掌先着地，随之全脚踏实，脚尖向前；右手经头前向右画弧云转，掌心渐渐翻转向外；左手向下经腹前向右画弧云转，掌心渐渐翻转向内。右掌停于身体右侧，高与肩平，左掌停于右肩前；视线随右手转移。

(6)左云开步，上体左转，重心左移；右脚向左并拢半步，脚前掌先着地，随之全脚踏实，两腿屈膝半蹲，两脚平行，脚尖向前，两脚相距10～20厘米；左手经头前向左画弧云转，掌心渐渐翻转向外；右手向下经腹前向左画弧云转，掌心渐渐翻转向内。左掌停于身体左侧，高与肩平，右掌停于左肩前；视线随左手转移。

云手动作要领如图7-1-10所示。

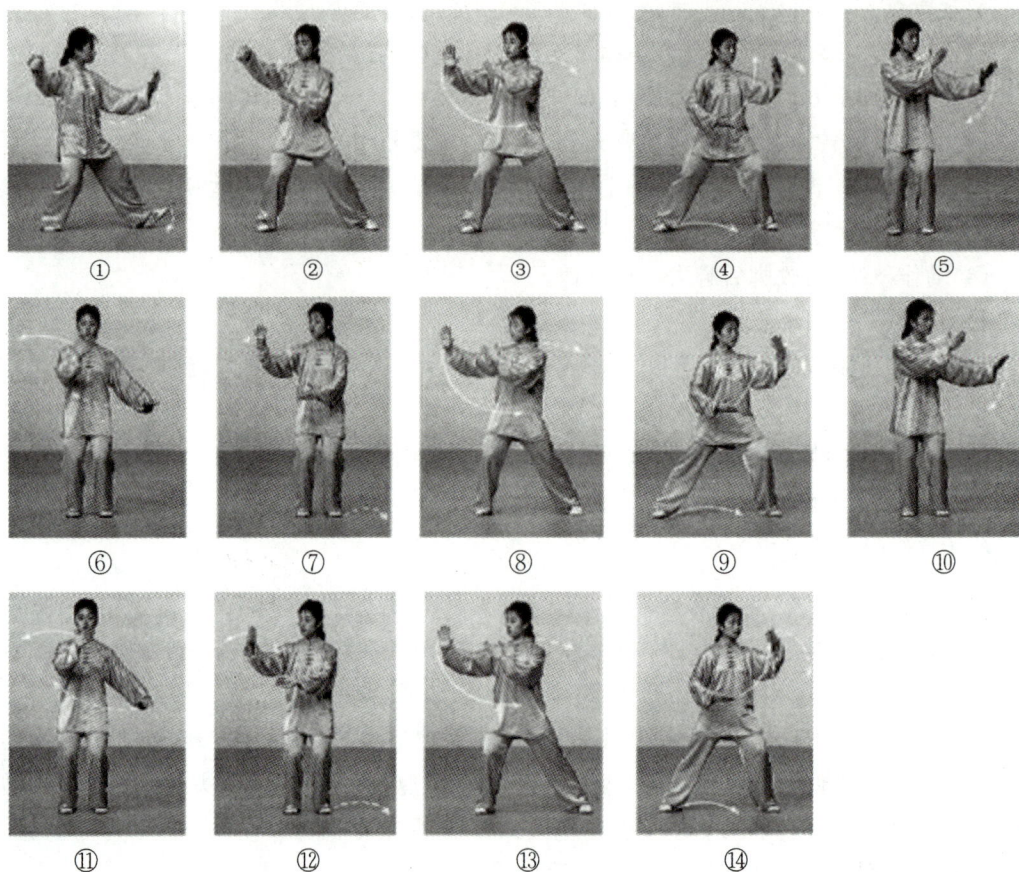

图 7 - 1 - 10

教学要点：

（1）两手的云转摆动要与重心的移动、腰的旋转和侧行步法协调配合，手、眼、身、步完整一体。

（2）本式的并步不是两脚并拢，而是小开步，要求两脚平行向前，相距 10～20 厘米。

（3）云手的步法是侧行步，做侧行步时要注意以下几点：第一，掌握"点起点落""轻起轻落"的步法规律。在侧行中，左脚轻灵地提起向左分开，右脚轻灵地向左并拢落地。两腿轮换支撑体重，重心移动要充分，两腿虚实要分明。第二，步幅要适度。侧行步的步幅是一腿屈膝支撑体重，另一腿自然伸直横向迈出一步。第三，移步时要立身中正，上体不可俯仰歪斜或摆晃。第四，重心平稳。始终保持拳架的同一高度，身体不可起伏。

（4）云手手法是两手交错向左或向右画立圆，同时伴随旋臂翻掌。手臂经过头前画圆时应半屈成弧，距头不要过近。向下画圆时，肘微屈，臂自然伸直。

易犯错误：

（1）侧行步呈现"八字脚"或两脚靠拢并紧。

（2）眼神随视上手云转时，没有张弛变化，始终紧张、死板地盯着手掌。

（3）腰不旋转，单纯两臂抡摆。

(4)腿动作与手臂的动作没有协调配合,上下脱节,扭摆腰胯。

5.单鞭

动作要领:

(1)转体勾手,上体右转,重心移向右腿,左脚跟提起;右手经头前向右画弧,至右前方时,掌心翻转变勾手;左手向下经腹前向右画弧至右肩前,掌心转向内;眼看勾手。

(2)转体上步,上体左转;左脚向左前方上步,脚跟落地;左手经面前向左画弧,掌心向内;眼看左手。

(3)弓步推掌,上体继续左转;重心前移,左脚踏实,左腿屈弓,右腿自然蹬直,脚跟外展,呈左弓步;左手经面前翻转向前推出,腕与肩平,左肘与左膝上下相对;右勾手举于侧后方,腕与肩平;眼看左手。

单鞭动作要领如图 7-1-11 所示。

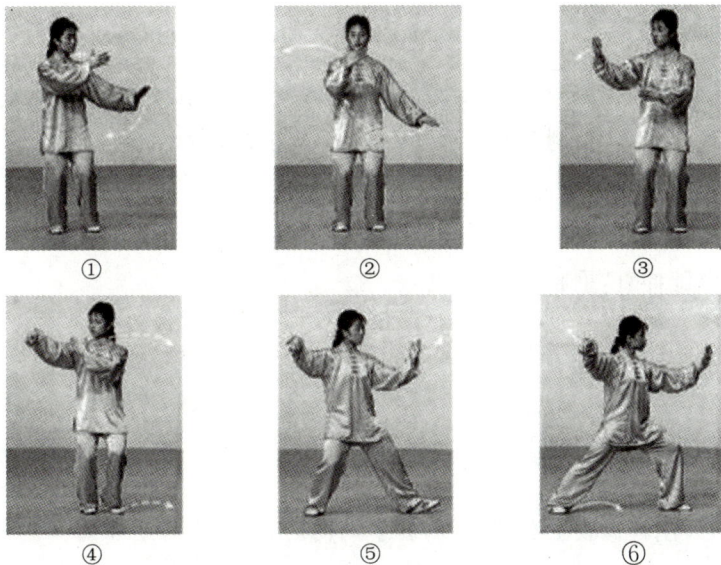

① ② ③

④ ⑤ ⑥

图 7-1-11

教学要点:

同"3.单鞭"。

易犯错误:

同"3.单鞭"。

6.高探马

动作要领:

(1)跟步收脚,后脚向前收拢半步,脚前掌着地,距前脚约一脚长;眼看左手。

(2)后坐翻掌,上体稍右转;重心后移,右脚踏实,右腿屈坐,左脚跟提起;右勾手松开,两手翻转向上,两臂前后平举,肘关节微屈;眼看右手。

(3)虚步推掌,上体左转,右脚向前移动,脚前掌着地,呈左虚步;右手屈收,经头侧再向前推出,腕与肩同高,手心向前;左臂屈收,左手收至腹前,掌心向上;眼看右手。

高探马动作要领如图7-1-12所示。

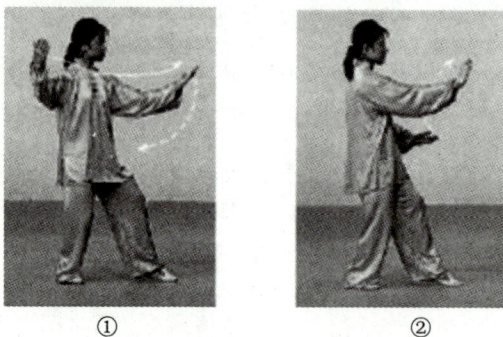

图 7-1-12

教学要点:

本式和倒卷肱的区别是:本式虚步为拗步,左脚在前,右手进攻;倒卷肱虚步为顺步。本式右手扑面,左手收至腹前;倒卷肱右手击胸,左手收于腰侧。

易犯错误:

(1)后坐翻掌时,过分转头看右手,造成头颈紧张。

(2)定式时两腿伸直,重心升高。

(3)两臂靠紧身体,夹肋紧腋。

24式简化太极拳第三节

1.右蹬脚

动作要领:

(1)收脚穿手,左脚提收至右踝内侧;右手稍向后收,左手经右手背向右前方穿出,两手交叉,腕关节相交,左掌心斜向上,右掌心斜向下;眼看左手。

(2)上步翻掌,上体左转;左脚向左前方迈出、脚跟着地;左手内旋,两手虎口相合举于头前,手心皆向外;眼看左手。

(3)弓腿分手,重心前移,左脚踏实,左腿屈弓,右腿自然蹬直;两手同时向左右分开,掌心向外,两臂外撑;眼看右手。

(4)收脚抱手,右脚收至左脚内侧,脚尖点地;两手向腹前式弧相交合抱,举至胸前,右手在外,两掌心皆向内;眼看右前方。

(5)蹬腿分手,左腿支撑,右腿屈膝上提,右脚脚尖上勾,脚跟用力慢慢向右前上方蹬出。左腿微屈,右腿伸直;两手手心向外撑开,两臂展于身体两侧,肘关节微屈,两腕与肩平。右腿与右臂上下相对,方向为右前方约30°;眼看右手。

右蹬脚动作要领如图7-1-13所示。

图 7-1-13

教学要点:

(1)在"穿掌—分手—合抱—撑开"的整个过程中,双手两次交叉和分开。穿掌应随着转体收脚,左手经右手背向前上方伸穿,两腕交叉,与肩同高,两臂分手与抱手,是一个完整的两臂立圆回环过程。分手时,两手边内旋翻掌,边向左右画弧分开。合抱时,两手不停顿地边外旋翻掌,边向下画弧经腹前交叉合抱举于胸前;第四动分手外撑动作,两手向右前和左后方画弧,举手不要超过头的高度,分撑后两臂微屈,顶头沉肩,上体自然中正。

(2)穿手时眼看左手;分手时眼看右手;抱手时眼看右前方蹬脚方向;蹬脚时眼看右手。

(3)定式时顶头立腰,蹬脚高于水平,重心保持稳定。

易犯错误:

(1)单腿支撑不稳,身体摇晃,上体后仰或前倾。

(2)撑开的两臂一高一低。独立的左腿过于弯曲。

(3)右臂和右腿上下不相对应。

(4)肩部上耸,胸部紧张憋气,弯腰低头。

2.双峰贯耳

动作要领:

(1)收脚并手,右腿屈膝回收,脚尖自然下垂;左手经头侧向体前画弧,与右手并行落于右膝上方,掌心皆向上,指尖向前;眼看前方。

(2)落脚收手,右脚向右前方下落上步,脚跟着地,脚尖斜向右前方;两手收至两腰侧,掌心向上。

(3)弓步贯拳,重心前移,右腿踏实,右腿屈弓,左腿自然蹬直,呈右弓步;两手握拳经两侧向上、向前画弧摆至头前,两臂半屈成弧,两拳相对成钳形,相距同头宽,前臂内旋,两拳眼斜向下；眼看前方。

双风贯耳动作要领如图 7-1-14 所示。

①   ②   ③   ④

图 7-1-14

教学要点：

(1)定式方向应与右蹬脚的方向一致。

(2)落脚前支撑的左腿先屈蹲，降低重心，然后右脚再向前上步落地。

(3)贯拳时力点在拳面，两拳眼斜向下，立身中正，沉肩坠肘。

易犯错误：

(1)贯拳时两臂平直，拳眼相对。

(2)定式时耸肩缩脖，低头拱背，俯身突臀。

(3)握拳过紧或过松。

3.转身左蹬脚

动作要领：

(1)转体分手，重心后移，上体左转；左腿屈坐，右腿伸直，脚尖内扣；两拳松开，左手经头前向左画弧，两臂微屈举于身体两侧，两掌心向外；眼转看左手。

(2)收脚抱手，重心右移，右腿屈膝后坐，左脚收至右脚内侧，脚尖点地；两手向下画弧，于腹前交叉合抱，举至胸前，左手在外，手心皆向内；眼看左前方。

(3)蹬脚分手，右腿支撑，左腿屈膝高提，左脚脚尖上勾，脚跟用力向左前上方慢慢蹬出；两臂内旋，两掌心转向外，两手向左前方和右后方画弧分开，两臂微屈举于身体两侧；左腿蹬直，与左臂上下相对；眼看左手。

转身左蹬脚动作要领如图 7-1-15 所示。

①   ②   ③

④　　　　　　　⑤　　　　　　　⑥

图 7 - 1 - 15

教学要点：

转体分手时，上体保持正直，右脚尽量内扣，重心移动要充分，两手同时向两侧画弧分开。

易犯错误：

(1)转身时低头弯腰，身体前俯。

(2)重心左右移动不充分，两腿虚实不清。

4. 左下势独立

动作要领：

(1)收脚勾手，左腿屈收，左脚下落收于右踝内侧；上体右转；右臂稍内合，右手捏成勾手，勾尖朝下；左手经头前画弧摆至右肩前，掌心向右，指尖向上；眼看右勾手。

(2)屈蹲开步，右腿屈膝半蹲，左脚脚前掌落地，沿地面向左侧伸出，随即全脚踏实，左腿伸直；左手落于右肋前；眼看勾手。

(3)仆步穿掌，右腿屈膝全蹲，上体左转成左仆步；左手经腹前沿左腿内侧向左穿出，掌心向外，指尖向左；眼看左手。

(4)弓腿举手，重心移向左腿；左脚尖外撇，左腿屈膝前弓；右脚尖内扣，右腿自然蹬伸，重心恢复至弓步高度；左手继续前穿并向上举至体前；右勾手内旋，背于身后，勾尖朝上；眼看左手。

(5)独立挑掌，上体左转，重心前移；右腿屈膝前提，脚尖自然下垂；左腿微屈独立支撑，呈左独立步；左手下落按于左胯旁；右勾手变掌，经体侧向前挑起，掌心向左，指尖向上，高与眼平；右臂半屈成弧，肘关节与右膝上下相对；眼看右手。

左下势独立动作要领如图 7 - 1 - 16 所示。

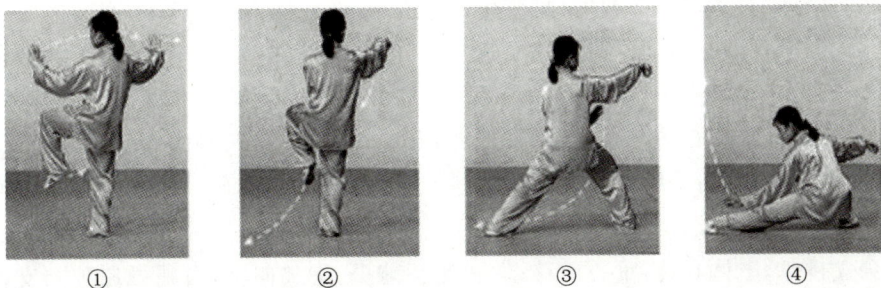

①　　　　　　②　　　　　　③　　　　　　④

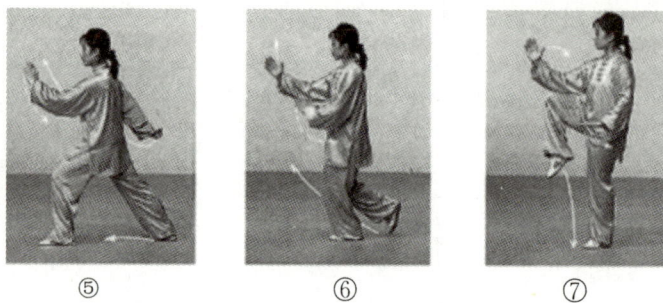

⑤ ⑥ ⑦

图 7－1－16

教学要点：

（1）仆步前先把左脚收靠在右踝内侧。此时视线随左手右移，转看右勾手，勾手的方向是侧后方约45°。

（2）左脚开步时应沿地面向左伸出。仆步完成后右腿全蹲，左腿伸直，两脚全脚掌踏实地面。

（3）向左穿掌时，左臂先屈后伸，上体微向前倾。

（4）定式时，右臂要半屈撑圆，左手下按，左臂微屈。右腿独立，微屈站稳，右腿前提，大腿高于水平。

易犯错误：

（1）屈蹲开步时眼看左侧，转头过早。

（2）仆步时左脚掌外侧"掀脚"，右脚跟离地"拔跟"。

（3）仆步时右腿屈蹲不到位，出现弯腰、抬臀、低头等错误。

（4）由仆步转独立时，右脚不是脚尖内扣，而是后蹬脚跟，致使两腿距离过大，屈膝提腿困难。或是左脚没有充分外撇，造成上体歪扭，独立不稳。

5.右下势独立

动作要领：

（1）落脚勾手，右脚落于左脚右前方，脚前掌着地；上体左转至正南，左脚以脚掌为轴随之扭转；左手变勾手提举于身体左前方，高与肩平；右手经头前向左画弧摆至左肩前，掌心向左；眼看左勾手。

（2）屈蹲开步，右脚提起至左踝内侧，然后以脚前掌落地，沿地面向右伸出，随即右腿伸直，右脚全脚踏实；右手落至左肋前；眼看左勾手。

（3）仆步穿掌，左腿屈膝全蹲，上体右转呈右仆步；右手经腹前沿右腿内侧向右穿出，掌心向外，指尖向右；眼看右手。

（4）弓腿举手，重心移向右腿；右脚尖外撇，右腿屈膝前弓；左脚尖内扣，左腿自然蹬直，重心恢复至弓步高度；右手继续前穿并向上举至体前；左勾手内旋，背于身后，勾尖向上；眼看右手。

（5）独立挑掌，上体右转，重心前移；左腿屈膝前提，脚尖向下，右腿微屈独立支撑，呈右独立步；右手下落按于右胯旁，左勾手变掌，经体侧向体前挑起，掌心向右，指尖向上，高与眼平；左臂半屈成弧，肘关节与左膝相对；眼看左手。

左下势独立动作要领如图 7-1-17 所示。

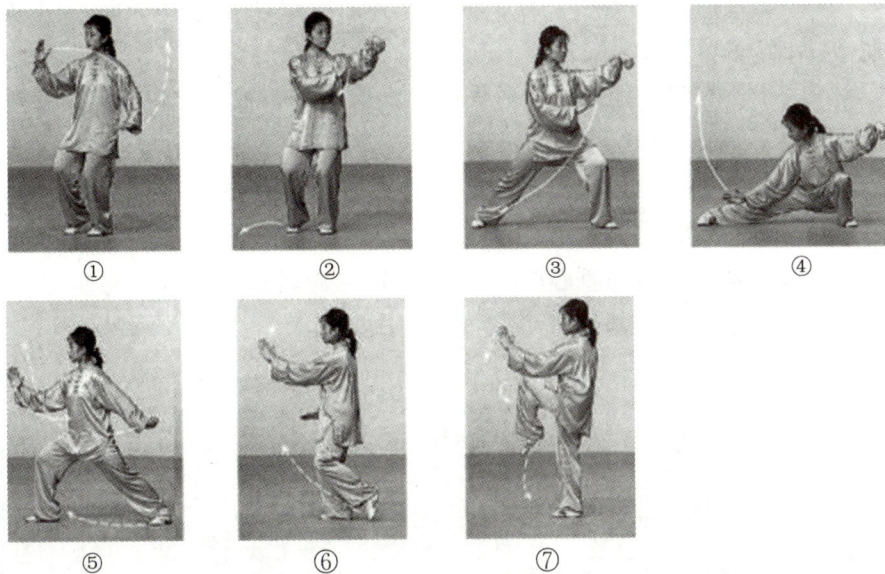

图 7-1-17

教学要点：

(1)右脚应落在左脚右前方约 20 厘米处，当左脚跟内转之后，右脚的位置恰在左脚弓内侧。

(2)向左转身时，身体重心应始终在左腿上。

(3)右脚开步时应先提起再向右伸出，不要直接擦地而出。

易犯错误：

(1)落脚转身时重心移向右腿，转身后重心再移向左腿。

(2)落脚转身时右手向下画弧，经腹前摆至左肩前。

6.左右穿梭

动作要领：

(1)右穿梭。

①落脚翻掌，左脚向左前方落步，脚跟着地，脚尖外撇；上体左转，左手内旋，手心翻转向下；眼看左手。

②收脚抱手，上体左转，右脚收于左踝内侧；两手在左肋前上下相抱，左手心向下，右手翻转，掌心向上；眼看左手。

③上步错手，上体右转，右脚向右前方上步，脚跟着地；右手由下向前上方画弧，左手由上向后下方画弧，两手交错；眼看右手。

④弓步架推,上体继续右转;重心前移,右脚踏实,右腿屈膝前弓,呈右弓步;右手翻转上举,架于右额角前上方,掌心斜向上;左手推至体前,腕高与肩平;眼看左手。

（2）左穿梭。

①转体撤脚,重心稍后移,右脚尖向下外撤,上体右转;右手下落于头前,左手稍向左画弧,落至腹前,准备"抱球";眼看左手。

②收脚抱手,上体右转,重心前移;两手在右胸前上下相抱;左脚收至右脚内侧;眼看右手。

③上步错手,上体左转,左脚向左前方上步,脚跟着地;左手由下向前上方画弧,右手由上向后下方画弧,两手交错;眼看左手。

④弓步架推,上体继续左转;重心前移,左脚踏实,左腿屈膝前弓,呈左弓步;左手翻转上举,架于左额角前上方;右手推至体前,腕高与肩平;眼看右手。

左右穿梭动作要领如图7-1-18所示。

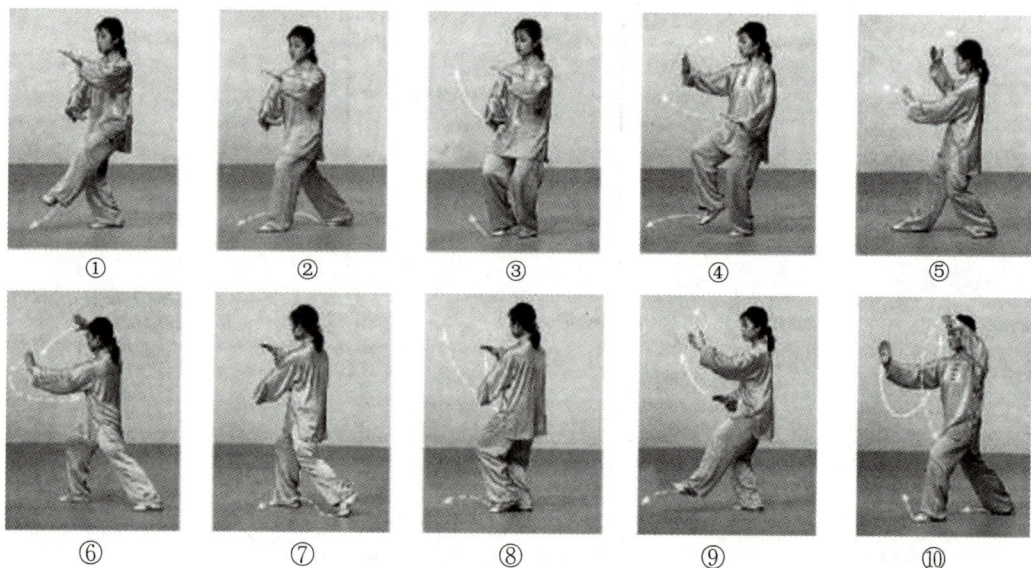

图7-1-18

教学要点：

（1）左右穿梭均是拗步推掌,弓步方向和推掌方向一致,与中轴线约成30°斜角。两脚的横向宽度保持30厘米左右。

（2）本式上架手翻掌举于额前上方,力点在前臂;前推手先收到肋前或腰间蓄劲,而后随转腰顺肩向前推出。

易犯错误：

（1）架掌时耸肩抬肘,上体歪扭。

（2）定式时,推掌方向与弓步方向不一致。

（3）前脚尖外撤过大,造成后脚上步困难。

24 式简化太极拳第四节

1. 海底针

动作要领：

(1)转腰跟步，上体稍右转；右脚向前收拢半步，脚前掌落地，距前脚约一脚长；眼看前方。

(2)坐腿提手，重心后移，右腿屈坐，上体右转，左脚跟提起；右手下落经体侧屈臂抽提至耳旁，掌心向左，指尖向前；左手向右画弧下落至腹前，掌心向下，指尖斜向右；眼看前方。

(3)虚步插掌，上体左转，稍向前倾身；左脚稍前移，脚前掌着地成左虚步；右手从耳侧向前下方插掌，掌心向左，指尖斜向下；左手经左膝前画弧搂过，按至大腿外侧；眼看右掌。

海底针动作要领如图 7-1-19 所示。

①　　　　②

图 7-1-19

教学要点：

(1)虚步插手时上体要舒展伸拔，上体前倾角度不超过 45°。

(2)两手的路线是：右手随转体在体侧画一个立圆，插掌时力点放在指尖。左手随转体下落，经腹前向左画平弧搂于左胯旁。

(3)跟步后转体后坐，右脚以前脚掌为轴内转脚跟。定式时虚步前脚正向前方，右脚斜向西北约 45°。

易犯错误：

(1)右手插掌做成"前劈"或"下砍"。

(2)腰肢脱节，动作散乱，没有用腰部的转动来带动和协调手脚的动作。

(3)定式时出现低头、弯腰，两腿虚实不清。

2. 闪通臂

动作要领：

(1)提手收脚，上体右转，恢复正直，右腿屈膝支撑，左脚回收至右脚内侧；右手上提至身前，指尖朝前，掌心向左；左手屈臂收举，指尖贴于右腕内侧；眼看前方。

(2)上步分手，左脚向前上步，脚跟着地；两手内旋分开，手心皆向前；眼看前方。

(3)弓步推撑，左腿屈弓，右腿蹬直，重心前移，呈左弓步；左手推至体前，指尖与鼻尖对齐;右手撑于头侧上方,掌心斜向上,两手前后分展;眼看左手。

闪通臂动作要领如图7-1-20所示。

图 7-1-20

教学要点:

(1)上下肢的配合应协调一致。

(2)闪通臂是顺弓步,两脚左右宽度10厘米,前臂、前腿要上下相对。弓步与推掌方向皆为正前方。

易犯错误:

(1)架掌时耸肩抬肘。

(2)定式时扭胯侧身,做成侧弓步。

(3)脚快手慢,上下动作不合拍。

3.转身搬拦捶

动作要领:

(1)转身摆掌,重心后移,右腿屈坐,左脚尖内扣,身体右转;两手向右摆动,右手摆至身体右侧,左手摆至头前,两掌心均向外;眼看右手。

(2)坐腿收掌,重心左移,左腿屈坐,右脚以脚掌为轴扭直;右手握拳向下、向左画弧收于左腹前,拳心向下;左掌举于左额前上方;眼向右平视。

(3)摆步搬拳,右脚提收至左脚踝关节内侧,再向右前迈出,脚跟着地,脚尖外撇;右拳经胸前向前搬压,拳心向上,高与胸平,肘部微屈;左手经右前臂外侧下落,按于左胯旁;眼看右拳。

(4)收脚收拳,上体右转,重心前移,左脚收于右脚内侧;右臂内旋,右拳向右画弧至体侧,拳心向下,右臂半屈。左臂外旋,左手经左侧向体前画弧;眼平视右拳。

(5)上步拦掌,左脚向前上步,脚跟着地;左掌拦至体前,高与肩平,掌心向右,指尖斜向上;右拳翻车收至腰间,拳心向上;眼看左掌。

(6)弓步打拳,上体左转,重心前移,左腿屈弓,左脚踏实,右腿自然蹬直,呈左弓步;右拳自腰间向胸前打出,肘微屈,拳心转向左,拳眼向上;左手微收,掌指附于右前臂内侧,掌心向右;眼看右拳。

转身搬拦捶动作要领如图7-1-21所示。

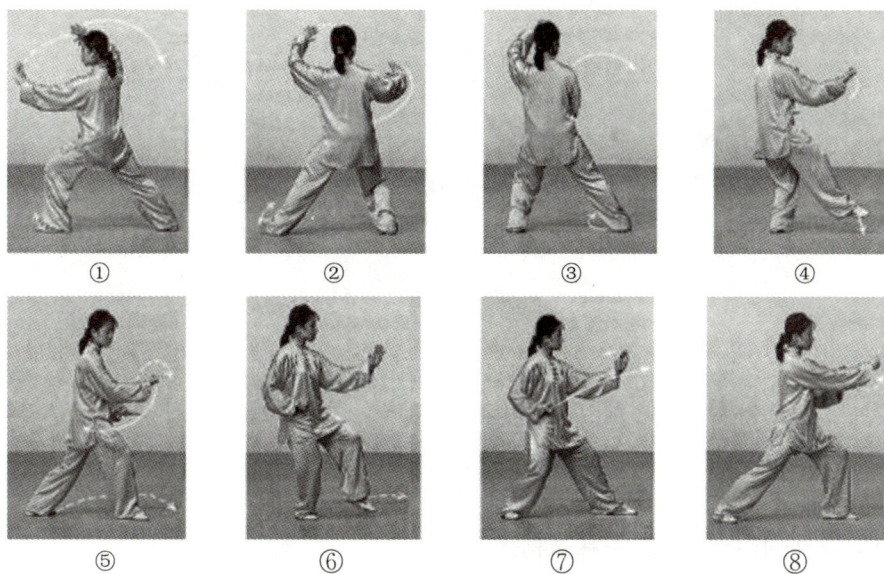

①　　　　②　　　　③　　　　④

⑤　　　　⑥　　　　⑦　　　　⑧

图 7 - 1 - 21

教学要点:

搬拦捶的转身动作要做到松腰松胯,虚实清楚,转换轻灵,重心平稳。切不可重心起伏,上体歪扭。

易犯错误:

(1)拦掌、收拳时两臂画弧过大。或两臂直伸直收,画弧过小。

(2)转身时腿不屈胯不落,挺膝挺髋,重心升高,上体歪斜。

4.如封似闭

动作要领:

(1)穿手翻掌,左手翻转向上,从右前臂下向前穿出;同时右拳变掌,也翻转向上,两手交叉伸举于体前;眼看前方。

(2)坐腿引手,重心后移,右腿屈坐,左脚尖翘起;两臂屈收,两手边分边内旋后引,分至与肩同宽,收至胸前,掌心斜向下;眼看前方。

(3)弓步按掌,重心前移,左腿屈弓,左脚踏实,右腿自然蹬直成左弓步;两手向上、向前推出,与肩同宽,腕高与肩平,掌心向前,五指向上;眼看前方。

如封似闭动作要领如图 7 - 1 - 22 所示。

①　　　　　　②　　　　　　③

④　　　　　⑤　　　　　⑥

图 7-1-22

教学要点：

（1）后坐引手时，两手要屈肘旋臂后引，不可前臂上扬，两手卷收。

（2）按掌时，两掌要平行向前，沿弧线向前推出。

易犯错误：

（1）后坐引收时右腿挺髋，上体后仰。

（2）按掌时身体前俯。

5.十字手

动作要领：

（1）转体摆手，上体右转，重心右移，右腿屈坐，左腿蹬伸，左脚尖内扣；右手向右分摆至头前；眼看右手。

（2）弓腿分手，上体继续右转，右脚尖外撇，右腿屈弓，左腿自然伸直，呈右横裆步；右手继续向右画弧，摆至身体右侧，两臂平举于身体两侧，掌心皆向外，指尖斜向上；眼看右手。

（3）转腰搭手，上体左转，重心左移，左腿屈弓，右腿自然伸直，脚尖内扣；两手下落画弧，在腹前交搭，抱于胸前，右手在下，左手在上，两掌心皆向上；眼平视前方。

（4）收脚抱手，上体转正；右脚轻轻向左收回半步，脚前掌着地，随之全脚踏实，两腿慢慢直立，体重平均放于两腿，两脚平行向前，与肩同宽，呈开立步；两手交叉合抱于体前，掌心向内，两臂撑圆，两腕交搭成斜十字形，高与肩平；眼平视前方。

十字手动作要领如图 7-1-23 所示。

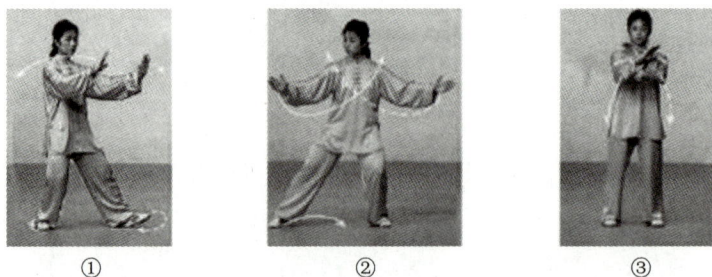

①　　　　　②　　　　　③

图 7-1-23

教学要点：

(1)本式双手合抱体前，手、腰转动和重心移动幅度比较大，同时配合两脚的扣转、外撇和收并。整个动作要保持平稳连贯，一气呵成，中途不要断劲。

(2)收脚合抱时，上体保持端正，不可低头弯腰。两臂要撑圆，不可抱得过紧。

易犯错误：

(1)第一、二动身体右转时，动作不连贯，中途停顿。

(2)左转搭手时，低头弯腰，上体前俯。

(3)合抱动作耸肩、夹肘，两臂没有掤圆。

6.收式

动作要领：

(1)翻掌分手，两臂内旋，两手翻转向下，左右分开，与肩同宽；眼平视前方。

(2)垂臂落手，两臂徐徐下垂，两手落于大腿外侧；眼平视前方。

(3)并脚还原，左脚轻轻提起与右脚并拢，脚前掌先着地，随之全脚踏实，恢复成预备姿势；眼看前方。

收式动作要领如图 7-1-24 所示。

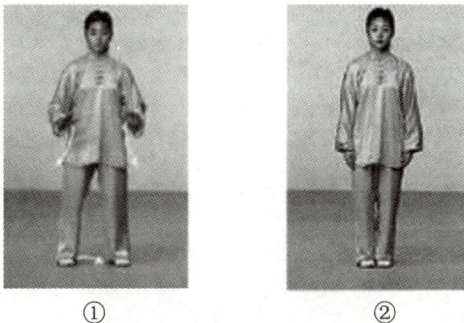

① ②

图 7-1-24

教学要点：

(1)翻掌分手时，两手应边分边翻转。

(2)并步还原时，左脚应注意"点起点落""轻起轻落"。

(3)收式动作应精神贯注，善始善终。

易犯错误：

(1)翻掌分手时腕关节屈折挽花。

(2)垂臂落手时两臂屈伸，两手收按。

(3)并脚时身体左右摇晃。

(4)收式松懈、草率。

第二节　初级长拳第三路

一、初级长拳第三路概述

初级长拳第三路是一种姿势舒展、动作灵活、快速有力、节奏鲜明,并有蹿蹦跳跃、闪展腾挪、起伏转折和跌扑滚翻等动作与技术的拳术。它主要包括拳、掌、勾 3 种手型,弓、马、仆、虚、歇 5 种步型,一定数量的拳法、掌法、肘法和屈伸、直摆、扫转等不同组别的腿法,以及平衡、跳跃、跌扑、滚翻动作。长拳技术以姿势、方法、身法、眼法、精神、劲力、呼吸、节奏等为八要素。长拳套路主要包括适用于普及的初级、中级套路,以及适用于竞赛的规定套路和自选套路,本节主要讲述初级长拳第三路,整套分四段共 36 个动作。

二、初级长拳第三路的基本手型与步型

初级长拳第三路基本手型包括拳、掌、勾 3 种,基本步型包括弓步、马步、虚步、仆步、歇步 5 种。

（一）手型

(1)拳:四指并拢卷握、拇指紧扣食指和中指第二指节(如图 7 - 2 - 1 所示)。
(2)掌:四指并拢伸直、拇指弯曲,紧扣于虎口处(如图 7 - 2 - 2 所示)。
(3)勾:五指第一指节捏拢在一起,屈腕(如图 7 - 2 - 3 所示)。

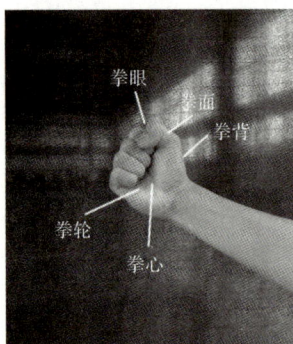

图 7 - 2 - 1

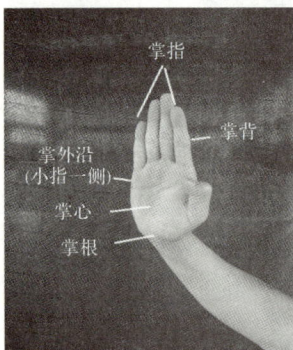

图 7 - 2 - 2

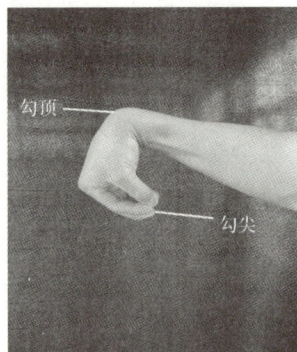

图 7 - 2 - 3

（二）步型

(1)弓步:左脚向前一大步(为本人脚长的 4~5 倍),脚尖微内扣,左脚屈膝半蹲(大腿接近水平)小腿垂直。右腿挺膝伸直,脚尖内扣(斜向前方),两脚全脚掌着地。上体正对前方,

眼向前平视,两手抱拳于腰间(如图7-2-4所示)。

(2)马步:两脚平行开立(约为本人脚长的3倍),脚尖正对前方,屈膝半蹲,膝部不超过脚尖,大腿接近水平,全脚掌着地。身体重心落于两腿之间,两手抱拳于腰间(如图7-2-5所示)。

(3)虚步:两脚前后开立,右脚外展45°,屈膝半蹲,左脚跟离地,脚面绷平,脚尖稍内扣;虚点地面,膝微屈,重心落于后腿上,两手叉腰,眼向前平视。左脚在前为左虚步,右脚在前为右虚步(如图7-2-6所示)。

图7-2-4 图7-2-5 图7-2-6

(4)仆步:两脚左右开立,右腿屈膝全蹲,大腿和小腿靠紧,膝部和膝关节外展,左脚挺直平仆,脚尖里扣,全脚掌着地,两手抱拳于腰间,眼向左方平视,仆左腿为左仆步,仆右腿为右仆步(如图7-2-7所示)。

(5)歇步:两腿交叉靠拢全蹲,左脚全脚掌着地,脚尖外展,右脚前脚掌着地,膝部贴近左腿外侧,臀部坐于右腿接近脚跟外,两手抱拳于腰间,眼向左前方平视。左脚在前为左歇步,右脚在前为右歇步(如图7-2-8所示)。

图7-2-7 图7-2-8

三、初级长拳第三路动作说明与图解

（一）动作名称

初级长拳第三路动作名称

预备势
1.虚步亮掌
2.并步对拳
第一节
1.弓步冲拳
2.弹腿冲拳
3.马步冲拳
4.弓步冲拳
5.弹腿冲拳
6.大跃步前穿
7.马步击掌
8.马步架掌
第二节
1.虚步栽拳
2.提膝穿掌
3.仆步穿掌
4.虚步挑掌
5.马步击掌
6.叉步双摆掌
7.弓步击掌
8.转身踢腿马步盘肘

第三节
1.歇步抡砸拳
2.仆步亮掌
3.弓步劈拳
4.换跳步弓步冲拳
5.马步冲拳
6.弓步下冲拳
7.叉步亮掌侧踹腿
8.虚步挑拳
第四节
1.弓步顶肘
2.转身左拍脚
3.右拍脚
4.腾空飞脚
5.歇步下冲拳
6.仆步抡劈拳
7.提膝挑掌
8.提膝劈掌弓步冲拳
收势
1.虚步亮掌
2.并步对拳
还原

（二）动作说明与图解

初级长拳第三路预备势

动作要领：

两脚并步站立，两臂自然下垂至身体两侧，五指并拢贴靠腿外侧，目视前方（如图7-2-9所示）。

图7-2-9

教学要点：头部端正，下颌微收，挺胸塌腰收腹。

1.虚步亮掌

动作要领：

(1)右脚向右后方撤步成左弓步；右掌向右、向下、向前画弧，掌心向上；左臂屈肘，左掌提至腰侧，掌心向上，目视右掌。

(2)右腿微屈，重心后移；左掌经胸前从右臂上向前穿出伸直；左脚并于右脚，两臂自然打开；左臂与肩同高，右臂与头齐高，掌心向上；目视右掌。

(3)重心继续后移，左脚稍向右移，脚尖点地，成左虚步；左臂内旋向左、向后画弧成勾手，勾尖向上；右手架于右侧，屈肘抖腕，在头前上方成亮掌（又称横掌），掌心向前，掌指向左，目视左方。

虚步亮掌动作要领如图7-2-10所示。

图7-2-10

教学要点：三个动作必须连贯；成虚步时，重心落于右腿上；右大腿与地面平行，左腿微屈，脚尖点地。

2.并步对拳

动作要领：

(1)右脚蹬直，左脚提膝，脚尖内扣，上肢姿势不变。

(2)左脚向前落步，重心前移；左臂屈肘，左勾手变掌经左肋前伸；右臂外旋向前下落至左掌右侧，两掌同高，掌心均向上。

(3)右脚向前一步，两臂下垂后摆。

(4)左脚向右脚并步，两臂向外经胸前屈肘下按，两掌变拳，拳心向下，停于小腹前，目视左侧。

并步对拳动作要领如图7-2-11所示。

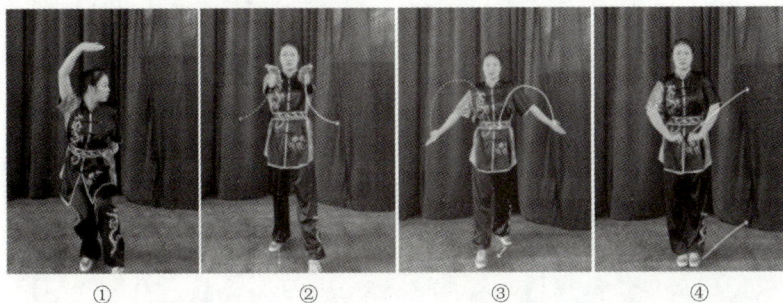

图7-2-11

教学要点:并步后挺胸、塌腰;对拳、并步、转头同时完成。

初级长拳第三路第一节

1.弓步冲拳

动作要领:

(1)左脚向左上一步,脚尖向斜前方;右腿微屈,成半马步;左臂向上向左格打,拳眼向后,拳与肩同高;右拳收至腰侧,拳心向上,目视左拳。

(2)右脚蹬直成左弓步。左拳收至腰侧,拳心向上;右拳向前冲出,高与肩平,拳眼向上,目视右拳。

弓步冲拳动作要领如图7-2-12所示。

①　　　　　　②

图7-2-12

教学要点:成弓步时,右腿充分蹬直,脚跟不离地;冲拳时尽量转腰顺肩。

2.弹腿冲拳

动作要领:

重心前移至左脚,右腿屈膝提起,脚面绷直,猛力向前弹出伸直,高与腰平,右拳收至腰侧;左拳向前冲出,目视前方(如图7-2-13所示)。

教学要点:支撑腿可微屈,弹出的腿要用爆发力,力点达于脚尖。

3.马步冲拳

动作要领:

右脚向前落步,脚尖内扣,上体左转;左拳收至腰侧,两腿下蹲成马步;右拳向前冲出,目视右拳(如图7-2-14所示)。

图7-2-13　　　　**图7-2-14**

教学要点：成马步时,大腿要平,两脚平行,脚跟外蹬、挺胸,塌腰。

4.弓步冲拳

动作要领：

(1)上体右转90°,右脚尖外撇向斜前方,成本马步;右臂屈肘向右格挡,拳眼向后,目视右拳。

(2)左腿蹬直成右弓步;右拳收至腰侧;左拳向前冲出,目视左拳。

弓步冲拳动作要领如图7-2-15所示。

①　　　　　　　②

图7-2-15

教学要点：与本节弓步冲拳相同,只是左右相反。

5.弹腿冲拳

动作要领：

重心前移至右腿,左腿屈膝提起,脚面绷直,猛力向前弹出伸直,高与腰平。左拳收至腰侧,右拳向前冲出。目视前方(如图7-2-16所示)。

图7-2-16

教学要点：与本节的弹腿冲拳相同,只是左右相反。

6.大跃步前穿

动作要领：

(1)左腿屈膝;右拳变掌内旋、以手背向下,挂至左膝外侧,上体前倾,目视右手。

(2)左脚向前落步,两腿微屈。右掌继续向后挂,左拳变掌,向后向下伸直,目视右掌。

(3)右腿屈膝向前提起,左腿立即猛力蹬地向前跃出,两掌向前向上画弧摆起,目视左掌。

(4)右腿落地全蹲,左腿随即落地向前铲出成仆步。右掌变拳抱于腰侧,左掌由上向右向下画弧成立掌,停于右胸前。目视左脚。

大跃步前穿动作要领如图7-2-17所示。

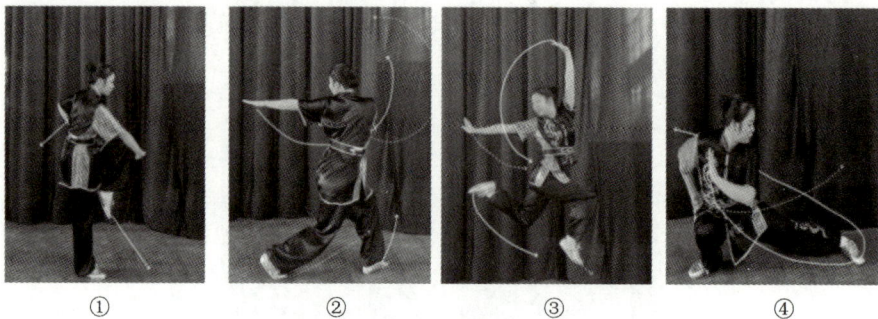

图 7-2-17

教学要点: 跃步要远,落地要轻,落地不停接下势。

7.弓步击掌

动作要领:

右脚猛力蹬直成左弓步;左掌经左脚面向后画弧至身后成勾手,左臂伸直,勾尖向上;右拳由腰侧变掌向前推出,掌指向上,掌外侧向前,目视右掌(如图7-2-18所示)。

图 7-2-18

8.马步架掌

动作要领:

(1)重心移至两腿中间,左脚脚尖内扣成马步,上体右转,右臂向左侧平摆,稍屈肘;同时左勾手变掌由后经左腰侧从右臂内向前上穿出,掌心均朝上,目视左手。

(2)右掌立于左胸前;左臂向左上屈肘抖腕亮掌于头部左上方,掌心向前,目视右方。

马步架掌动作要领如图7-2-19所示。

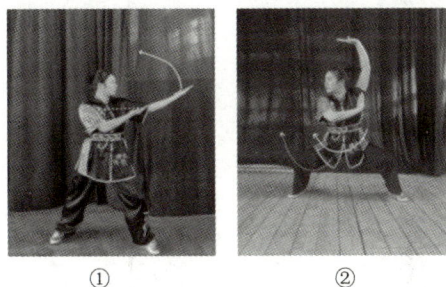

① ②

图 7 - 2 - 19

教学要点:与本节马步冲拳相同。

初级长拳第三路第二节

1.虚步栽拳

动作要领:

(1)右脚蹬地,屈膝提起;左脚伸直,以前脚掌为轴向右后转体180°;右掌由左胸前向下经右腿外侧向后画弧成勾手;左臂随体转动并外旋,掌心朝右,目视右手。

(2)右脚向右落地,重心移至右脚,下蹲成左虚步;左掌变拳下落至左膝,拳眼向里,拳心向后;右勾手变拳,屈肘向上架于头右上方,拳心向前,目视左方。

虚步栽拳动作要领如图7-2-20所示。

① ②

图 7 - 2 - 20

教学要点:本动作为第一段路线的转折动作,练习时要路线清楚;虚步要立腰、挺胸虚实分明。

2.提膝穿掌

动作要领:

(1)右腿稍伸直。右拳变掌收至腰侧,掌心向上;左拳变掌由下向左向上画弧盖压于头上方,掌心向前。

(2)右腿蹬直,左腿屈膝提起,脚尖内扣,右掌从腰侧经左臂内向右前上方穿出,掌心向上;左掌收至右胸前成立掌,目视右拳。

提膝穿掌动作要领如图7-2-21所示。

图 7 - 2 - 21

教学要点:支撑腿与右臂充分伸直。

3.仆步穿掌

右腿全蹲,左腿向左后方铲出成左仆步。右臂不动,左掌由右胸向下经左腿内侧,向左脚面穿出。目随左掌转视(如图 7 - 2 - 22 所示)。

图 7 - 2 - 22

教学要点:两臂伸直成一条线,挺胸塌腰,目视左侧。

4.虚步挑掌

动作要领:

(1)右腿蹬直,重心前移至左腿,成左弓步;右掌稍下降,左掌随重心前移向前挑起。

(2)右脚向左前方上步,左腿半蹲,成右虚步,身体随上步左转 180°;右脚上步的同时,左掌由前向上向后画弧成立掌,右掌由后向下向前挑起成立掌,指尖与眼同高,目视右掌。

虚步挑掌动作要领如图 7 - 2 - 23 所示。

图 7 - 2 - 23

教学要点：上步迅速,虚步要稳。

5.马步击掌

动作要领:

(1)右脚落实,脚尖外撇,重心稍升高并右移,左掌变拳收至腰侧;右掌俯掌向外捋手。

(2)左脚向前上一步,以右脚为轴向右后转体180°,两腿下蹲成马步;左掌从右臂上成立掌向左侧击出;右掌变拳收至腰侧,目视左掌。

马步击掌动作要领如图7-2-24所示。

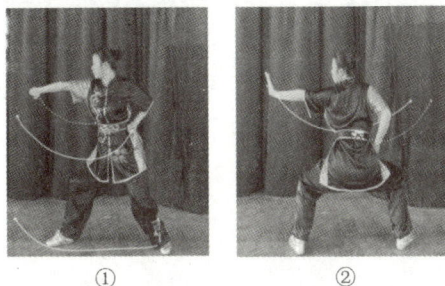

①　　　　②

图7-2-24

教学要点:右手做捋手时,使臂稍内旋、腕伸直,手掌向下向外转,接着臂外旋,掌心经下向上翻转同时抓握成拳;收拳与击掌动作同时进行。

6.叉步双摆掌

动作要领:

(1)重心稍右移,同时两掌向下向右摆,掌指均向上,目视右掌。

(2)右脚向左腿后插步,前脚掌着地。两臂继续由右向上向左摆,停于身体左侧,均成立掌,右掌停于左肘窝处。目随双掌转视。

叉步双摆掌动作要领如图7-2-25所示。

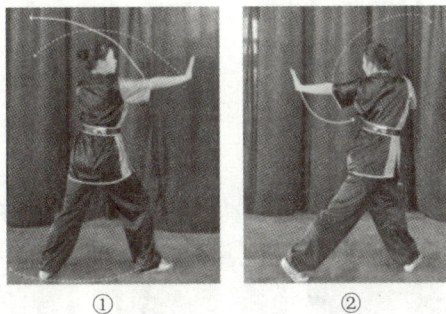

①　　　　②

图7-2-25

教学要点:两臂画立圆,幅度大,摆掌与后插步配合一致。

7.弓步击掌

动作要领:

(1)两腿不动;左掌收至腰侧,掌心向上;右掌向上向右画弧,掌心向下。

（2）左腿后撤一步，成右弓步；右掌向下向后伸直摆动，成勾手，勾尖向上；左掌成立掌向前推出，目视左掌。

弓步击掌动作要领如图7-2-26所示。

① ②

图7-2-26

教学要点：与本节的弓步冲拳相同，方向相反。

8.转身踢腿马步盘肘

动作要领：

（1）两脚以前脚掌为轴向左后转体180°。在转体的同时，左臂向上向前划半立圆，右臂向下向后划半圆。

（2）上动不停，两脚不动，右臂由后向上向前画半立圆，左臂由前向下向后划半圆。

（3）上动不停，右臂向下成反臂勾手，勾尖向上；左臂向上成亮掌，掌心向前上方，右腿伸直，脚尖勾起，向额前踢。

（4）右脚向前落地，脚尖里扣。右手不动，左臂屈肘下落至胸前，左掌心向下，目视左掌。

（5）上体左转90°，两腿下蹲成马步。同时左掌向前向左平掳变拳收至腰侧，右勾手变拳，右臂伸直，由体后向右向前平摆，至体前时屈肘，肘尖向前，高与肩平，拳心向下，目视肘尖。

转身踢腿马步盘肘动作要领如图7-2-27所示。

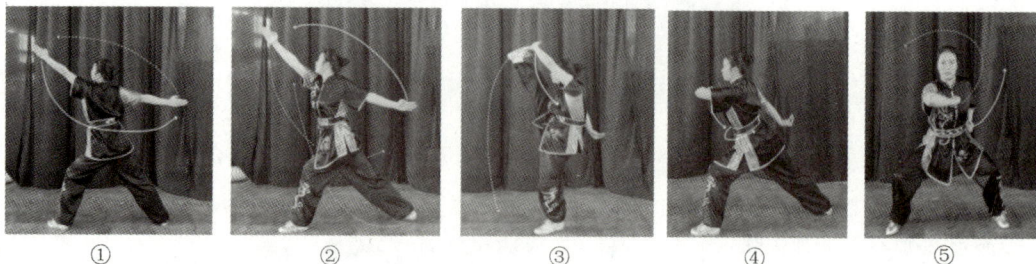

① ② ③ ④ ⑤

图7-2-27

教学要点：两臂抡动时画立圆，动作连贯；盘肘时快速有力，右肩前顺。

初级长拳第三路第三节

1.歇步抢砸拳

动作要领：

（1）重心稍升高，右脚尖外撇；右臂由胸前向上向右抡直；左拳向下向左，使臂抡直，目视右拳。

（2）上动不停，两脚以前脚掌为轴，向右后转体180°，右臂向下向后抡摆，左臂向上向前随身体转动。

（3）紧接上动，两腿全蹲成歇步；左臂随身体下蹲向下平砸，拳心向上，臂部微屈；右臂伸直向上举起，目视左拳。

歇步抢砸拳动作要领如图7-2-28所示。

①　　　　　　②　　　　　　③

图 7-2-28

教学要点：抡臂动作连贯完成，画成立圆，歇步两腿交叉全蹲，左腿大、小腿靠紧，臀部贴于左小腿外侧，膝关节在右小腿外侧，脚跟提起；右脚尖外撇，全脚着地。

2.仆步亮掌

动作要领：

（1）左脚由右腿后抽出前上一步，左腿蹬直，右腿半蹲，成右弓步；上体微向右转；左拳收至腰侧，右拳变掌向下经胸前向右横击掌；目视右掌。

（2）右脚蹬地屈膝提起，上体右转。左拳变掌从右掌上向前穿出，掌心向上；右掌平收至左肘下。

（3）右脚向右落步，屈膝全蹲，左腿伸直成仆步；左掌向下向后画弧成勾手，勾尖向上；右掌向右向上画弧微屈，抖腕成亮掌，掌心向前；头随右手转动，成亮掌时，目视左方。

仆步亮掌动作要领如图7-2-29所示。

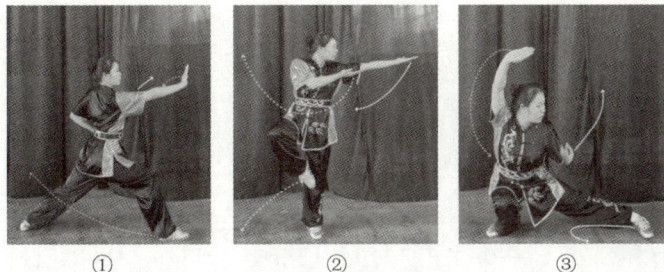

①　　　　　　②　　　　　　③

图 7-2-29

教学要点: 仆步时,左腿充分伸直,脚尖内扣,右腿全蹲,两脚脚掌着地,上体挺胸塌腰,稍左转。

3.弓步劈掌

动作要领:

(1)右腿蹬地立起;左腿收回并向左前方上步;右掌变拳收至腰侧,左勾手变掌由下向前上经胸前向左做搂手。

(2)右腿经左腿前方向左绕上一步,左腿蹬直成右弓步;左手向左平搂后再向前挥摆,虎口朝前。

(3)左手平搂同时,右拳向后平摆,再向前向上做抢劈拳,拳高与耳平,拳心向上,左掌外旋接扶右前臂;目视右拳。

弓步劈掌动作要领如图 7-2-30 所示。

① ② ③

图 7-2-30

教学要点: 左右脚上步稍带弧形。

4.换跳步弓步冲拳

动作要领:

(1)重心后移,右脚稍向后移动。右拳变掌臂内旋以掌背向下画弧挂至右膝内侧;左掌背贴靠右肘外侧,掌指向前,目视右掌。

(2)右腿自然上抬,上体稍向左扭转。右掌挂至体左侧,左掌伸向右腋下,目随右掌转视。

(3)右脚以全脚掌用力向下震踩,与此同时,左脚急速离地抬起;右手由左向上向前搂盖而后变拳收至腰侧;左掌伸直向下、向上、向前屈肘下按,掌心向下,上体右转,目视左掌。

(4)左脚向前落步,右腿蹬直成左弓步。右拳向前冲出,拳高与肩平;左掌藏于右腋下,掌背贴靠腋窝,目视右拳。

换跳步弓步冲拳动作要领如图 7-2-31 所示。

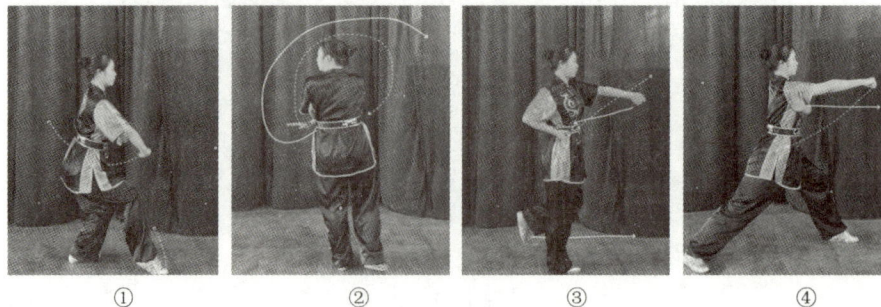

① ② ③ ④

图 7-2-31

教学要点: 换跳步动作要连贯、协调。震脚时腿弯曲,全脚着地,左脚离地不要高。

5.马步冲拳

动作要领:

上体右转 90°,重心移至两腿中间,成马步。右拳收至腰侧,左掌变拳向左冲出,拳眼向上。目视左拳(如图 7 - 2 - 32 所示)。

教学要点: 马步脚尖内扣、立腰,左冲拳力达拳面。

6.弓步下冲拳

动作要领:

右脚蹬直,左腿弯曲,上体稍向左转,成左弓步。左拳变掌向下经体前向上架于头左上方,掌心向上,右拳自腰侧向左前斜下方冲出。目视右拳(如图 7 - 2 - 33 所示)。

图 7 - 2 - 32　　　　图 7 - 2 - 33

教学要点: 左拳要经体前画弧架于头上。

7.叉步亮掌侧踹腿

动作要领:

(1)上体稍右转,左掌由头下落至右手腕,右拳变掌,两手交叉成十字,目视双手。

(2)右脚蹬地向左腿后插步,前脚掌着地;左掌由体前向下向后画弧成勾手,勾尖向上;右掌由前向右向上画弧抖腕亮掌,掌心向前。目视左侧。

(3)重心移至右腿,左腿屈膝提起,向左上方猛力踹出,上肢姿势不变,目视左侧。

叉步亮掌侧踹腿动作要领如图 7 - 2 - 34 所示。

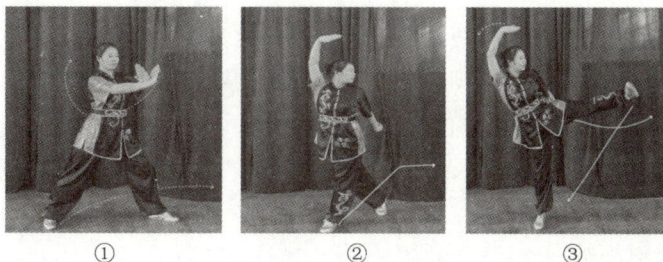

①　　　　　　②　　　　　　③

图 7 - 2 - 34

教学要点:插步时上体稍向右倾斜,腿、臂的动作要一致,侧端高度不能低于腰,大腿内旋,着力点在脚跟。

8.虚步挑拳

动作要领:

(1)左脚在左侧落地;右掌变拳稍后移,左勾手变拳由体后向左上挑,拳背向上。

(2)上体左转180°,微含胸前俯;左拳继续向前向上画弧上挑,右拳向下向前画弧挂至右膝外侧,同时右膝提起,目视右拳。

(3)右脚向左前方上步,脚尖点地,重心落于左脚,左腿下蹲成右虚步;左拳向后画弧收至腰侧,拳心向上;右拳向前屈臂挑出,拳眼斜向上,拳与肩同高,目视右拳。

虚步挑拳动作要领如图7-2-35所示。

图7-2-35

教学要点:虚步与上肢的动作要协调一致。

初级长拳第三路第四节

1.弓步顶肘

动作要领:

(1)重心升高,右脚踏实;右臂内旋向下直臂画弧以拳背下挂至右膝内侧,左拳不变,目视前下方。

(2)左腿蹬直,右腿屈膝上抬;左拳变掌,右拳不变,两臂向前向上画弧摆起,目随右拳转视。

(3)左脚蹬地起跳,身体腾空,两臂继续画弧至头上方。

(4)右脚先落地,右腿屈膝,左脚向前落步,以前脚掌着地。同时两臂向右向下屈肘停于右胸前,右拳变掌,左掌变拳。右掌心贴靠左拳面。

(5)左脚向左上一步,左腿屈膝,右腿蹬直成左弓步,右掌推左拳,以左肘尖向左顶出,与肩同高,目视前方。

弓步顶肘动作要领如图7-2-36所示。

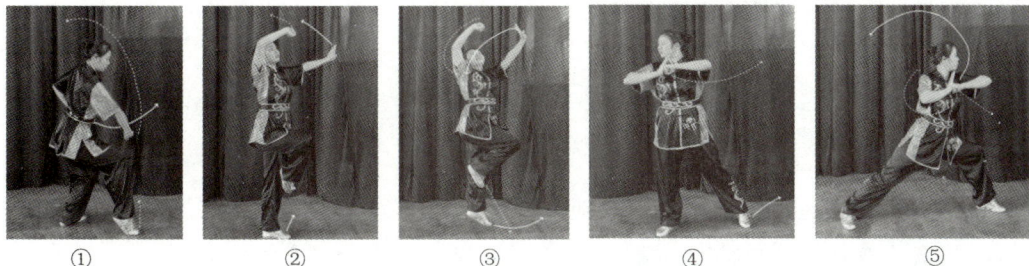

图 7-2-36

教学要点：交换步时不要过高，但要快，两臂抡摆时要成圆弧。

2.转身左拍脚

动作要领：

(1)以两脚前脚掌为轴向右后转体180°。随着转体，右臂向上、向右向下画弧抡摆，同时左拳变掌向下向后向前上抡摆。

(2)左腿伸直向前上踢起，脚面绷平。左掌变拳收至腰侧，右掌由体后向上向前拍击左脚面。

转身左拍脚动作要领如图 7-2-37 所示。

图 7-2-37

教学要点：右掌拍脚时手掌稍横过来，拍脚要准而响亮。

3.右拍脚

动作要领：

(1)左脚向前落地，左拳变掌向下向后摆，右掌变拳收至腰侧。

(2)右腿伸直向前上踢起，脚面绷平。左拳变掌由后向上向前拍击右脚面。

右拍脚动作要领如图 7-2-38 所示。

图 7-2-38

教学要点:与本节转身左拍脚相同。

4.腾空飞脚

动作要领:

(1)右脚落地。

(2)左脚向前摆起,右脚猛力蹬地跳起,左腿屈膝继续前上摆。同时右拳变掌向前向上摆起,左掌先上摆而后下降拍击右掌背。

(3)右腿继续上摆,脚面绷平。右手拍击右脚面,左掌由体前向后上举。

腾空飞脚动作要领如图7-2-39所示。

① ② ③

图 7-2-39

教学要点:蹬地向上,不要太向前冲,左膝尽量上提;击响要在腾空时完成,右臂伸直成水平。

5.歇步下冲拳

动作要领:

(1)左、右脚先后落地。左掌变拳收至腰侧。

(2)身体右转90°,两腿全蹲成歇步。右掌抓握、外旋变拳收至腰侧;左拳由腰侧向前下方冲出,拳心向下。目视左拳。

歇步下冲拳动作要领如图7-2-40所示。

① ②

图 7-2-40

教学要点:落地要稳,右拳抓握动作要快速,歇步与左冲拳的动作要一致,力达拳面,目视左拳。

6.仆步抡劈拳

动作要领：

(1)重心升高,右臂由腰侧向体后伸直,左臂随身体重心升高向上摆起。

(2)以右脚前脚掌为轴,左腿屈膝提起,上体左转270°,左拳由前向后下画立圆一周;右拳由后向下向前上划立圆一周。

(3)左腿向后落一步,屈膝全蹲,右腿伸直,脚尖里扣成右仆步。右拳由上向下抡劈,拳眼向上;左拳后上举,拳眼向上,目视右拳。

仆步抡劈拳动作要领如图7-2-41所示。

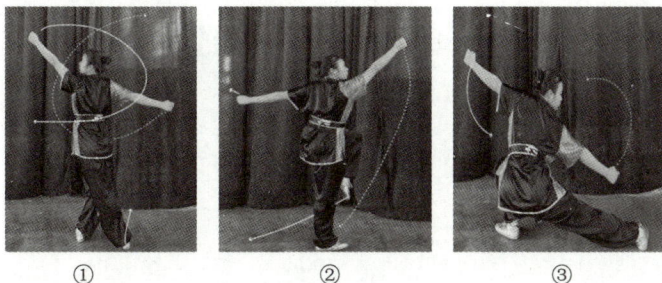

① ② ③

图 7-2-41

教学要点：抡臂时画立圆。

7.提膝挑掌

动作要领：

(1)重心前移成右弓步。同时右拳变掌由下向上抡摆,左拳变掌稍下落,右掌心向左,左掌心向右。

(2)左、右臂在垂直面上由前向后各画立圆一周;右臂伸直停于头上,掌心向左,掌指向上;左臂伸直停于身后成反勾手,同时右腿屈膝提起,左腿挺膝伸直独立,目视前方。

提膝挑掌动作要领如图7-2-42所示。

① ②

图 7-2-42

教学要点：抡臂时画立圆。

8.提膝劈掌弓步冲拳

动作要领:

(1)下肢不动;右掌由上向下猛劈伸直,停于右小腿内侧,用力点在小指一侧;左勾手变掌,屈臂向前停于右上臂内侧,掌心向左;目视右掌。

(2)右脚向右后落地;身体右转90°。同时左掌变拳收至腰侧,右臂内旋向右画弧做劈掌。

(3)上动不停,左腿蹬直成右弓步。右手抓握变拳收至腰侧,左拳由腰侧向左前方冲出,目视左拳。

提膝劈掌弓步冲拳动作要领如图7-2-43所示。

图 7-2-43

教学要点:右搂手动作要快,右弓步与左冲拳要协调一致。

初级长拳第三路收势

1.虚步亮掌

动作要领:

(1)右脚扣于左膝后,两拳变掌,两臂右上左下屈肘交叉于体左前。目视右掌。

(2)右脚向右后落步,重心后移,右腿半蹲,上体稍右转。同时右掌向上、向右、向下画弧停于左腋下,左掌向左、向上画弧停于右臂上与左胸前,两掌心左下右上,目视左掌。

(3)左脚尖稍向右移,右腿下蹲成左虚步。左臂伸直向左、向后画弧成反勾手;右臂伸直向下、向右、向上画弧抖腕亮掌,掌心向前。目视左方。

虚步亮掌动作要领如图7-2-44所示。

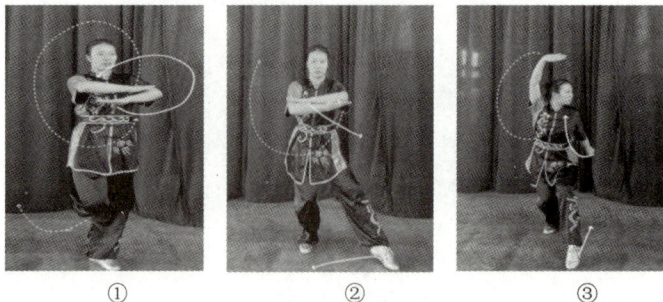

图 7-2-44

教学要点:亮掌要和摆头相互协调,要体现出长拳的精气神。

2.并步对拳

动作要领:

(1)左腿后撤一步,同时两掌从腰侧向前穿出伸直,掌心向上。

(2)右腿后撤一步,同时两臂向体后下摆。

(3)左脚后退半步向右脚并拢;两臂由后向上经体前屈臂下按,两掌变拳,停于腹前,拳心向下,拳面相对;目视左方。

并步对拳动作要领如图7-2-45所示。

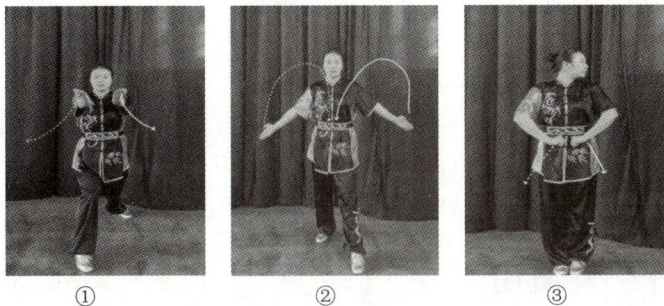

图7-2-45

初级长拳第三路还原

两臂自然下垂,目视前方(如图7-2-46所示)。

图7-2-46

第三节 红 拳

一、红拳的源流

红拳起源于周秦,昌名于唐宋,盛行于明清,是华夏武学的重要一脉,也是中华文化的重要组成部分。红拳历经千百年风雨沧桑,扎根于三秦故土,其内容丰富、套路繁多、技法全面,以撑补撑斩为其母、勾挂缠粘为其能、化身闪绽为其妙、钻身贴靠、腿法凌厉、刁打巧击为其法。习红拳者以德艺双馨享誉武林。红拳立名,一说是因民间红拳传承人世代流传红拳讲究"出手见红""出手一点红"而得名;二说是据传宋太祖赵匡胤随陈抟老祖学得拳套三十二势,后正名为太祖红拳三十二势。

红拳包括打手对抗、套路运动两类形式和盘、法、势、理4个方面内容,突出表现了"八字八法"的主要内容。

①盘:红拳基础训练,分为软十大盘和硬十大盘功。

②法:即打法,零手有百,汇编成串,组排成套。与组手排子(如五虎样羊、六把扇子、蜜蜂采花、六合手、八排手、九手排子、三十六排子手,十二镫捶手)。九滚十八跌、打手母子九拳及打手跑拳程式门子,相辅并习,形成红拳完整的打手体系。

③势:即套路,红拳以七大拳系组成:红拳、花拳、炮拳、子拳、醉拳、九拳、通臂,套路有200余套之多。红拳器械160余套。

④理:即拳法理论。遗有专篇(如红拳打手歌5篇),谱本记有套路与动作名称及打手要言、口诀扎子、用武要言、图谱等。红拳有拳有谱,有拳有序,拳序相辅相承,有视肩以防手,视胸以防腿,视神知变,闻呼打吸的特色。

二、红拳十三势概述

红拳十三势是根据红拳的基本动作,由陕西省武术协会和陕西红拳文化研究会共同聘请著名武术家马振邦、高西安,红拳专家昝文林、周润生、靳根生、杨明星、邵智勇、党选民、吴法泰、李少阳、和志强、田琨、李自强、刘文成、马文国、民族传统体育硕士研究生李全海、卢佳、张洁等共同编制便于推广普及的红拳套路。红拳十三势本着易学、易懂、易练、易用的原则,选用红拳中典型的十三势动作,在不失红拳风格、劲力及红拳技击打法风格的前提下,突出传统红拳健身、养生、技击的特点,编委会认真负责,经过反复论证编排而成。

红拳十三势根据不同的年龄分为快慢两种练习方法,初学者要由慢到快,对于老年人可以缓慢习练,长期习练会增强人体的协调性、灵活性、柔韧性,对强身健体、延长运动生命有着不可估量的作用,尤其是对青少年骨骼的发育、身体的协调发展有重要的功效。

三、红拳十三势的动作名称与要领

(一)红拳十三势动作名称

预备势

1.海底捞月鹦鸽架	2.撑补势
3.叶子手	4.群拦势
5.却地龙	6.吊手单片
7.抹手贴金	8.卸手抱头
9.连五捶	10.拦斩揭膀
11.抹手捅捶	12.打虎势
13.狮子抖毛	收　势

（二）红拳十三势的动作要领

预备势

动作要领：双手抱拳迅速上提收至腰间，同时迅速摆头目视左侧（如图7-3-1所示）。

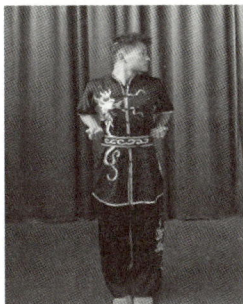

图7-3-1

教学要点：双手抱拳上提收于腰间，与摆头动作同时到位。

易犯错误：双手抱拳上提未收至腰间，摆头后眼神晃动。

1.海底捞月鹦鸪架

动作要领：

（1）两手由拳变掌，两臂伸直，指尖朝下，放于腿外侧掌心朝前弯腰、双腿伸直，使双掌贴腿外侧至指尖接触地面、双掌至脚内侧，目视脚尖。

（2）接上势不停，起身立正同时两臂内卷至胸前交叉成"十"字状，双臂微曲，双手"十"字不变，两臂向前推出，双臂与肩同高，目视前方。

（3）双手打开，放在身体两侧，与肩平齐，呈掌状，然后伸直，外旋180°，保持掌心向上，虎口向外，目视右手掌方向。

（4）反手向下、虎口朝内、握掌成拳，双眼目视左拳，收拳与腰间，拳心向上，目视左侧。

海底捞月鹦鸪架动作要领如图7-3-2所示。

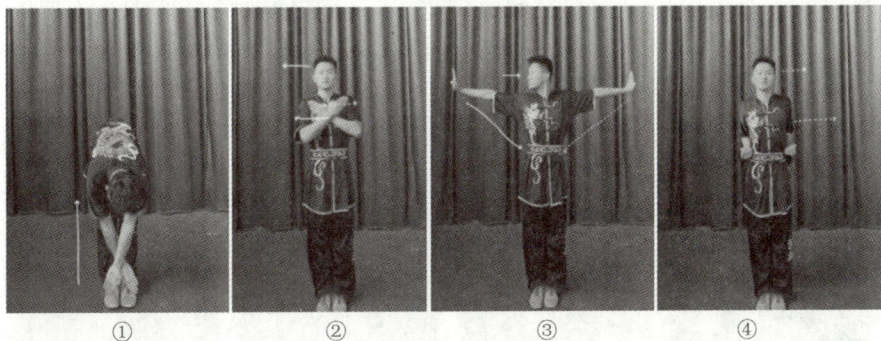

① ② ③ ④

图7-3-2

教学要点：弯腰时大腿要保持直立，十字手后平推反掌迅速，摆头要利落干脆。

易犯错误:弯腰时大腿跟随身体弯曲,十字手贴近身体,摆头未与收拳结合。

2. 撑补势

动作要领:

(1)接上势,左拳由腰间向前提、与眼同高,左小臂与大臂成90°,拳心朝内,目视拳心,同时左膝绷平脚尖。

(2)仆步左撑锤右冲拳,落脚成仆步,打开左拳、拳心朝上,左拳紧贴大腿内侧,目视左拳。

(3)左拳贴紧腿内侧向前探至拳出左脚面,抬头目视前方,重心前移至左腿,左拳继续前撑小臂向外滚动成弓步上架,右拳自腰间向前冲,冲拳过程中右臂内旋成右拳,拳眼朝上。

撑补势动作要领如图7-3-3所示。

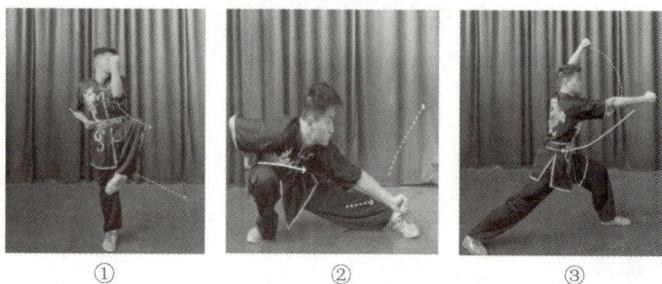

图 7-3-3

教学要点:左拳与眼同高,提膝腿,大腿呈平行,前脚掌扣在支撑腿膝盖上,滚架上格时左弓步,左拳从胯往前滚架至脚面,架拳有力,出拳迅速。

易犯错误:提膝时身体不稳,滚架上格从裆部慢慢延伸至脚面,成弓步时重心过早移动。

3. 叶子手

动作要领:

(1)右拳变掌收于胸前,左拳变掌从头顶下按至胸前。右掌迅速从左掌上侧插出,同时向前探右肩,掌尖与下巴同高,目视右掌方向。

(2)接上势,右臂不动,右手掌从外到内,从面前下按至胸前,左掌从右掌上插出,同时身体向前探出左肩,掌尖与下颌同高。

叶子手动作要领如图7-3-4所示。

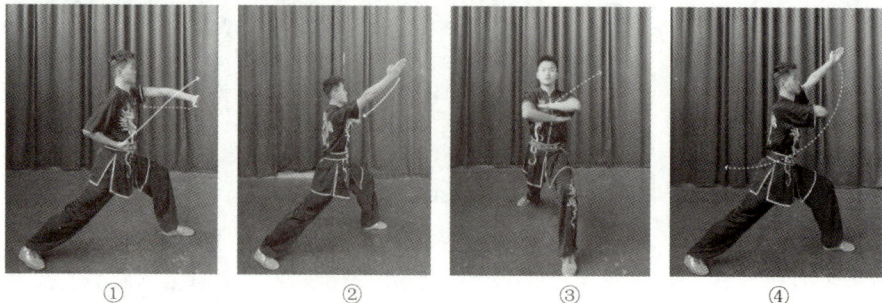

图 7-3-4

教学要点:左拳变掌按至胸前,右拳变掌从上侧插出高度与眼同高。

易犯错误:掌按压位置错误,上插高度未与眼同高。

4.群拦势

动作要领:

(1)左掌变勾手向斜后方挂,左臂伸直,勾尖朝上,身体向右后方旋转90°,同时右臂向后用掌背打出,掌心朝内、虎口朝上,掌尖与头同高,重心移至右腿,左腿伸直,成右弓步,目视右掌。

(2)接上势,身体向左后方旋转90°,同时右臂由后向上从头顶亮掌,右臂微屈呈弧形、掌心朝上、指尖朝左,亮右掌同时迅速摆头,目视左侧,左臂伸直、右手勾手不变,勾尖尽量与肩同高,左脚回收、脚尖点与右脚心内侧,左腿紧贴右腿内侧,屈左膝下蹲,左肩与左膝相合,收臀挺胸,目视左方。

群拦势动作要领如图7-3-5所示。

图 7 - 3 - 5

教学要点:外挂时手紧贴身体,成右弓步时左手勾手不变。

易犯错误:外挂时未紧贴身体,翻掌曲臂时手弯曲过大。

5.却地龙

动作要领:

(1)挎腿按掌,左掌变拳收于腰间,重心前移,左腿伸直站立、右腿提膝,立于左胸胸前、右掌由上向下从右腿外侧挎过,同时迅速转头目视右侧,右掌挎过不停、收于右侧腰间,左拳变掌,由腰间向右方下按,左掌与肩同高,目视左掌。

(2)插掌穿喉,接上势,右掌由腰间斜上插出,与眼同高,目视前方。

(3)仆步穿掌,右掌变勾手,迅速摆头,目视左方,弓步变左仆步,右手勾尖朝上,左掌由右胸前打开,左掌和左臂紧贴大腿内侧,伸出脚面,目视左方。

却地龙动作要领如图7-3-6所示。

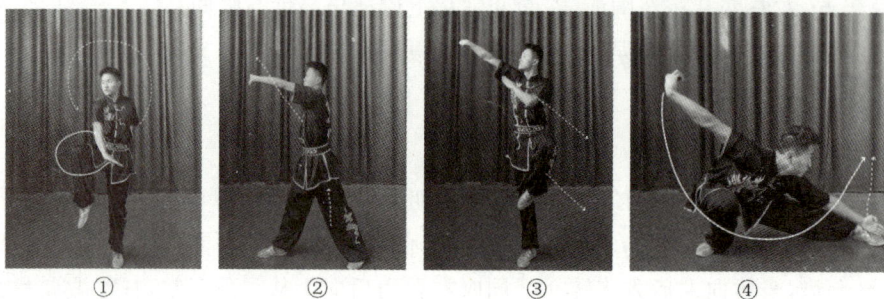

图 7-3-6

教学要点：挂腿时，右手紧贴提膝腿，右掌变掌前插与头齐高，右掌边勾手勾尖朝上。

易犯错误：支撑不稳，弓步未到位，右掌边勾手时并未勾尖朝上。

6.吊手单片

动作要领：

接上势，左掌向前撑起，重心前移，上体直起成左弓步，右掌自下而上、由后向前抡起，前撑交掌击响于头顶上方、左掌变拳收于腰间，右掌由头顶向右耳侧屈肘回格，同时侧身调肩，右肩在前左肩在后，调肩时左脚脚尖向外拧转90°、成交叉步，然后迅速起右脚绷平脚面向上正踢，右掌由耳侧向前击打右脚面于体前，目视前方（如图7-3-7所示）。

图 7-3-7

教学要点：击响于额头上方，右脚前踢脚面绷直。

易犯错误：呈吊手时掌心并未向上，右脚前提高度不够。

7.抹手贴金

动作要领：

（1）抹手，接上势，右脚朝前落，左右臂伸直，右掌由上向下劈，同时左拳变掌由腰间斜向下劈出，上左步成弓步，双手交于体前，两臂伸直，与眼同高，目视劈掌方向，双手前抹，右手向下自然击打右腿面，左掌前探后下击打左腿面，目视向前。

（2）贴金，接抹手，右掌迅速从腰间推出，掌尖朝上，目视前方，同时左手立掌护于右肘下方，左掌贴右臂外侧。

抹手贴金动作要领如图7-3-8所示。

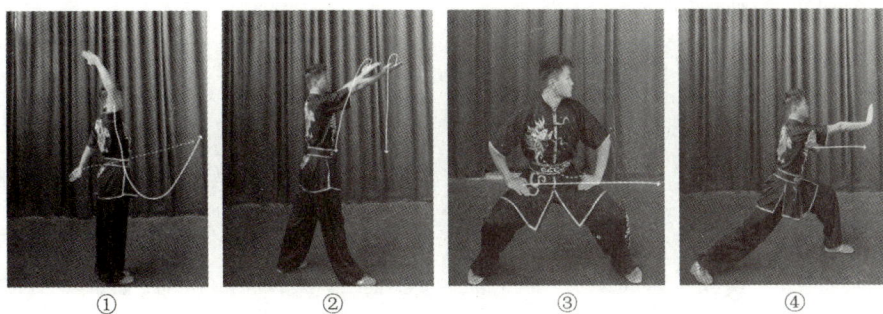

图 7-3-8

教学要点：双掌同时拍打大腿面。

易犯错误：双掌未同时拍打大腿面，右掌从掌心出掌，形成左掌在内。

8.卸手抱头

动作要领：

左掌顺右臂向前卸手于左耳侧，右手回抽握拳，右拳由内向外抡拳向左侧击打左掌于左耳侧，左手立掌垂肘，同时并右步、迅速转头，目视右侧（如图 7-3-9 所示）。

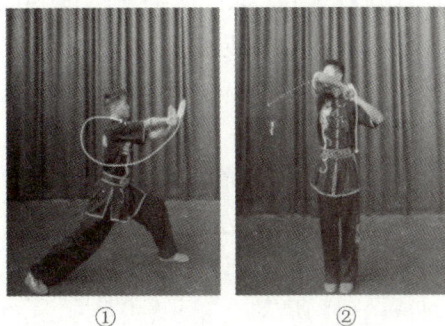

图 7-3-9

教学要点：抡击左掌心与摆头同时进行。

易犯错误：并步、抡击左掌心、摆头 3 个动作未同时到位。

9.连五捶

动作要领：

(1)开右步，右脚向前迈半步，脚尖点地成右虚步，同时右拳由左耳侧向下抡砸——一捶。

(2)左掌变拳收于腰间，动作不停，重心前移至右脚，左腿提膝、左脚跨于右腿裹窝处，左拳同时由腰间提起由上而下、向前抡砸——两捶。

(3)左拳下砸与胯同高时，制动并由下向上挑左拳，左臂伸直，拳心朝上——三捶。

(4)同时落左脚成左弓步，左拳回抽同时右拳由腰间从左臂下冲拳——四捶。

(5)拳眼朝上，拳面与肩同高，左弓步不变，右臂回抽上架于头顶，回抽时旋转右臂（也叫滚架），上架同时左拳从腰间冲出，拳眼朝上，左弓步变马步——五捶。

连五捶动作要领如图 7-3-10 所示。

图 7-3-10

教学要点：出拳有力,摆头迅速。

易犯错误：扣腿重心不稳,出拳软绵无力。

10. 拦斩揭膀

动作要领：

(1)拦斩,右拳收于腰际,左脚收回半步,右腿站直,左拳回收变掌收于左胯处,动作不停,左脚向前迈一步成左弓步,同时左臂提起、左掌向前下按,用掌外缘由上向下拦,步行不变,右拳由腰间提起肘部上提使拳贴于耳侧,同时伸大臂、展小臂、拳外翻,拳背由上向下抡砸至裆部时左掌与右小臂交错,为"斩",左掌立于右胸前,右拳斩于小腹前,拳眼朝外,目视前方,右臂下斩同时,屈左腿,提右膝使右脚贴于左腿裹窝处。

(2)揭膀,接上势,屈右腿成提膝状,向前落右脚成右弓步时两臂伸直右掌掌心朝内、虎口朝上,左掌掌心朝外、虎口向下,右臂向前、左臂向后,两臂同时由上而下揭起,揭起自然、两膀放松。

拦斩揭膀动作要领如图 7-3-11 所示。

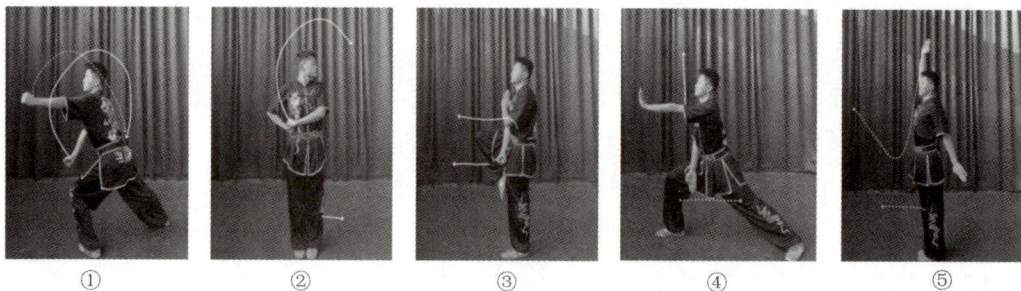

图 7-3-11

教学要点：下拦掌心向下,向下斩时身体立直,揭膀紧贴身体。

易犯错误：向下斩时重心不稳,前移、揭膀时两手分散。

11. 抹手捅捶

动作要领：

(1)抹手,接上势,顺两臂下落,上左步成左弓步,右臂下落至面部时,左掌掌尖朝前,由腰间向前从右手上穿插,右手向下抹,右手下落自然击打腿面,左手向前拓。

（2）上步捅锤,上右步成右弓步,同时右掌变拳向前捅捶,拳眼朝上,拳与肩同高,左手立掌护于右大臂内侧,目视前方。

抹手捅捶动作要领如图7-3-12所示。

图7-3-12

教学要点:抹手时,两手同时击打腿面。

易犯错误:上步出错,动作不协调。

12.打虎势

动作要领:右脚向回收半步震脚,起左脚微提左膝、左脚提于右腿裹窝处,两手握拳、拳心朝内、拳眼朝上、两臂打开、右臂伸直,右臂微曲、左拳与头同高,右拳与胯同高,目视右拳,左脚向前落成左弓步左掌变拳,拳面朝下栽于左膝处、左肘顶起、左肩顶紧,右拳由后向上从头顶打出、拳面朝前,目视前方(如图7-3-13所示)。

图7-3-13

教学要点:提膝时全身上拔,架拳有力,拳面放于膝盖。

易犯错误:提膝时支撑腿重心不稳,右臂直接上架。

13.狮子抖毛

动作要领:右臂打开向后抡,拳眼朝上,左臂打开向上抡,同时重心移至右腿成右弓步,目视右拳方向,接上势不停,左臂继续由后向前、由上向下抡,右臂由前向后、由下向上抡,抡至两臂打开于肩同高,步型不变,目视左拳,接上动不停,大臂不动、小臂同时向内栽,双拳拳面抵于两腿膝盖处,抬头挺胸,目视左侧(如图7-3-14所示)。

图 7 - 3 - 14

教学要点:抡臂高度与眼同高,栽拳两拳拳面放至大腿上。

易犯错误:栽拳时拳眼或拳心放至大腿面上,摆头不迅速。

收势

动作要领:

(1)接上势,上体直立,并左脚成立正姿势,同时双拳回收收于腰间,拳心朝上,目视左方。

(2)双拳回收于腰间,双拳变掌自然放下,身体放松,目视前方。

收势动作要领如图 7 - 3 - 15 所示。

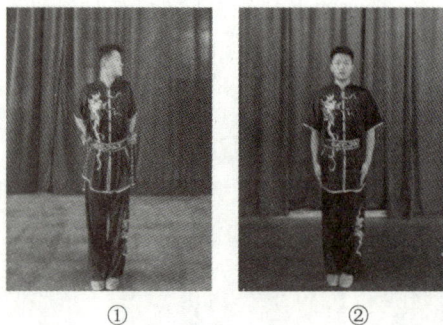

①   ②

图 7 - 3 - 15

教学要点:身体垂直,两目有神。

易犯错误:收拳时两肘未夹紧,拳头超过小腹。

第四节　传统武术

一、传统武术套路竞赛通则

武术套路项目,是武术项目的一个分项,是按照攻守进退、动静疾徐、刚柔虚实等武术运动规律,以踢、打、摔、拿、击、刺等武术攻防动作组成的拳术、器械的演练。竞赛项目有一类、二类、三类、四类等其他类型拳术,可分为个人单项、个人多项、集体项目和团体项目。

二、武术套路裁判法

传统武术套路评分是由动作质量分和演练水平分构成,其中动作质量分为 5 分、演练水平分为 5 分。

(一)动作质量分的评判

武术套路是由诸多武术单个动作所组成,每一个完整的武术动作又是由"型"和"法"所构成。这里讲的"型"是指手型、步型、身型。套路演练中,定势动作主要看其"型"正确是否。这里的"法"是指手法、步法、身法、腿法、眼法、跳跃、平衡和各种器械的方法。对"法"的评判重点要看方法是否正确,运行线路是否合理、清楚,力点是否准确等。

拳谚中的"势正招圆"实际上就是对动作"型"与"法"的基本要求。套路演练中的各种"型"与"法"在规则中都分别有相应规格的表述,因此,熟记和灵活运用规则中"动作规格常见错误内容及扣分标准"是评判好的动作质量分的基础。

对于动作质量的评分,原则是动作出现错误内容,扣 0.10 分;一个动作出现多种错误内容,均一次性扣 0.10 分。比赛场上,运动员的演练速度很快,裁判员应该在边看边记的过程中,切实把动作规格方面的扣分点清楚地一一表示出来,以便达到快速而准确的评判目的。

(二)演练水平的评判

演练水平的评分属于抽象部分评分,不像动作质量分的评判那样扣分依据较为明显、能够具体实扣,它是通过比较法得出结果的。因此,裁判员在评分时,通过观看运动员的现场发挥水平,在全面把握的基础上,具体分析,认清档次,使评分趋于合理。演练水平评分标准见表 7-4-1。

表 7-4-1 传统武术套路演练水平评分标准

档次	级别	分数段	评分标准
好	一级	5.00~4.81	劲力充足,用力顺达,力点准确,手眼身法步及身体配合协调,节奏分明,风格突出、动作与音乐和谐一致
	二级	4.80~4.51	
	三级	4.50~4.21	
一般	四级	4.20~3.81	劲力较充足,用力较顺达,力点较准确,手眼身法步及身体配合协调,节奏较分明,风格较突出、动作与音乐和谐一致
	五级	3.80~3.41	
	六级	3.40~3.01	

档次	级别	分数段	评分标准
不好	七级	3.00～2.51	劲力不充足,用力不顺达,力点不准确,手眼身法步身体配合不协调,节奏不分明,风格不突出、动作与音乐不和谐一致
	八级	2.50～2.01	
	九级	2.00～1.51	

第五节　跆拳道

一、跆拳道概述

跆拳道是一种起源于朝鲜的格斗术,主要利用手、脚等部位进行格斗对抗,是一项注重礼仪修养的体育运动。跆拳道是经东亚文化发展的一项朝鲜武术,以"始于礼,终于礼"的武道精神为基础。

跆拳道于 1988 年奥运会时被列为示范项目;从 1992 年的巴塞罗那奥运会开始成为试验比赛项目,到 2000 年的悉尼奥运会成为正式比赛项目。跆拳道在全世界的组织主要有两个:国际跆拳道联盟(ITF)和世界跆拳道联盟(WTF)。1995 年 8 月正式成立了中国跆拳道协会,魏纪中当选为第一任主席。1995 年 11 月,中国跆拳道协会成为世界跆拳道联盟(WTF)正式会员。

二、跆拳道的特点及功能

（一）跆拳道的特点

1.手脚并用，以腿为主

跆拳道主要以腿法为主,腿法在跆拳道运动中占70％。根据跆拳道的运动理论,腿的力量要比手臂的力量大得多,而且腿法攻击威力大、攻击路线长,能够有效地保护自身容易遭受攻击的部位。

2.直来直往，以刚制刚

在跆拳道比赛中,以躲闪作为防守的方法很少被采用,大多采用手臂、手掌、拳进行格挡防守,直接接触、以刚制刚,方法更加简练硬朗。

3.功力测试，方法独特

跆拳道练习者经过系统训练,可以使其四肢能够发挥出巨大的威力。无论是在跆拳道表演、晋级考试还是在比赛或训练中,功力测试都是一项非常重要的内容。

4. 发声扬威, 以气催力

无论是跆拳道品势练习, 还是相应的训练或比赛, 练习者都应该具备威武磅礴的气势。

5. 内外兼修, 身心合一

跆拳道不仅强调身体的外在训练, 同时还注重心智的内在修炼, 要求内外同修, 身心合一。

6. 礼始礼终, 谦和恭让

"礼"是跆拳道运动中最为重要的训练内容, 它贯穿于跆拳道训练的整个过程之中。

(二)跆拳道的功能

1. 修身养性, 完善人格

跆拳道运动不仅推崇"以礼始、以礼终"的尚武精神, 同时还将"礼义廉耻, 忍耐克己, 百折不屈"作为自身的宗旨。

2. 健体防身, 磨炼意志

跆拳道运动具有很强的对抗性, 它紧张激烈, 对于人的力量、速度、耐力、灵敏性和柔韧性等身体素质的提高具有积极作用, 能够提高人体内脏器官的机能, 尤其是能够促使神经系统的灵敏性得到明显提高。

3. 娱乐欣赏, 陶冶情操

跆拳道是一项具有很强对抗性的运动形式。参与跆拳道比赛的双方运动员除了要斗勇之外, 还要斗智、斗心, 特别是跆拳道腿法高超精妙, 具有很好的观赏价值。

三、跆拳道的基本技术

1. 前踢

在跆拳道运动中, 前踢是学习横踢的基础, 在品势中常常被使用。

技术分析: 右架站立, 身体的重心转移到左腿; 提起右大腿的同时髋部略向左转, 膝盖朝前, 脚面稍微绷直, 双手握拳自然垂直放在身体的两侧; 继续将髋关节前送, 右大腿向前抬提, 当大腿抬至水平或者稍高时, 将小腿向前弹出, 用脚面击打目标; 直接向右转髋使右小腿折叠快收回到原来的位置, 之后右腿后撤, 还原成右架的准备动作。

动作要领: 如图 7-4-1 所示, 提起右腿时, 两大腿内侧之间的距离应该尽量缩小, 即右腿尽量直线出腿。为了保持身体的重心, 躯干可以稍微向后倾, 尽可能将髋部向前送出, 如果是高前踢, 髋部则应该尽可能向上向前送。击打时脚面绷直, 小腿弹出之后, 在弹直的一瞬间, 使脚产生鞭打的效果。脚尖的方向向前上方, 用前踢主要攻击对方的面部及下颚。

图 7-4-1

练习步骤:先练踢后腿,同时向前送髋,再进行弹出小腿的练习。进行前踢动作的完整练习并能够熟练使用,左右架交替进行练习,空动作练习一段时间之后,脚靶配合进行练习。两人一组,交替进行前踢的练习,逐渐提高前踢动作的高度与远度。

2.横踢与反击横踢

(1)横踢。

横踢是跆拳道比赛中最为常用的一种技术动作,同时也是运动员得分的重要技术之一。

技术分析:右架站立,身体的重心转移到左腿;提起右大腿的同时髋部略向左转,膝盖朝前,大小腿折叠,脚面绷直;继续将右大腿向前提高,左脚向外侧转动,右腿快速鞭打踢出小腿,膝盖朝向左侧;用脚面击打对方胸腹部、面部及身体的两肋(或者是所有被护具包围的部位);击打之后,右脚自然落下成左架,之后后撤右脚,还原成右架的准备动作。

动作要领:如图7-4-2所示,横踢与前踢相似,不同之处在于横踢腿的膝盖方向在击打的一瞬间是瞬时转髋朝向对方的腹部,而前踢腿的膝盖方向是向前上方;提起右腿时,两大腿内侧之间的距离应该尽可能小,即右腿尽可能直线踢出;为了保持身体的重心,躯干稍微向左后倾从而配合快速转髋;击打时脚面稍微绷直,但是踝关节要保持放松;小腿弹出后,在弹直的一瞬间应该有一个制动的过程,使脚面产生鞭打的效果;提膝应该尽可能随着转髋同时进行,不能完全转髋之后再提膝,这样会导致膝盖过早偏向左侧;左脚应该配合髋部的转动,转动时可以稍微有一些踮起;用横踢主要攻击对方胸腹部、面部及身体的两肋。

图 7-4-2

(2)反击横踢。

技术分析:反击横踢是按照横踢的要领来完成技术动作,不同之处就是支撑腿随着身体重心的移动轨迹向后或者向斜后方移动。当对方发起进攻时,自己要迅速向后移动重心,并通过反击横踢得点。

动作要领：如图 7 - 4 - 3 所示，先进行前踢的练习，等动作熟练之后再进行横踢的动作练习；提后腿（提膝）的同时转髋；弹出小腿；熟练之后可以进行横踢击打头部（高横踢）的练习；左右架进行交替练习，让两腿都可以熟练横踢；脚靶配合进行练习；高横踢击打脚靶；两人为一组，交替进行横踢的护具练习；结合步法移动进行横踢的动作练习；进行反击横踢的练习。

图 7 - 4 - 3

3.后踢与反击后踢

（1）后踢。

后踢是跆拳道比赛中比较常用的一种技术动作，同时也是反击对方进攻的主要技术（如图7 - 4 - 4 所示）。此处动作要领略，主要做技术分析。

技术分析：右架站立，身体的重心移到左腿；以左脚尖为轴，左脚跟外旋，身体向右后方转动，同时右大腿提起，使大小腿几乎成折叠，然后脚尖勾起，头部稍微向右后方转动；右腿向后平伸后蹬，在蹬直前膝盖稍外翻（向右侧）；用脚跟部位击打对方的腹部与胸部，击打之后，右脚落下成左架，之后右脚向后撤，还原成右架的准备姿势。

图 7 - 4 - 4

（2）反击后踢。

技术分析：反击后踢是按照后踢的动作要领完成动作，只是支撑腿向前跳。当对方进攻时，自己应该快速向前移动身体，采用反击横后踢得点。其目的在于与对方保持一定的距离，实际是后跃步加后踢。

动作要领：如图 7 - 4 - 5 所示，开始练习时可以用手扶支撑物，从而更好地体会后蹬的感觉，转身的同时要提膝；平伸后蹬；进行完整的后踢动作练习，用固定靶进行练习；在熟练掌握动作之后可以进行后踢击打头部（高后踢）的练习；左架右架可同时进行练习；练习反击后踢；以沙袋为道具进行后踢的动作练习；同伴手持脚靶来进行反应靶练习；同伴穿护具进行反应护具的练习。

图 7 - 4 - 5

4.劈腿与腾空劈腿

（1）劈腿。

劈腿也称为下劈，是跆拳道运动的一种常用技术动作，同时也是进攻与反击对方进攻的重要技术(如图 7-4-6 所示)。

技术分析:右架站立,身体的重心先移到左腿;右大腿提起,同时略转髋向左并向上送髋,使右腿膝盖与胸部尽可能贴近,身体的重心向上;右脚高举过头,右腿伸直贴紧上体,上体保持正直或者稍微向前倾,身体的重心向上;右脚脚面稍微绷直,右腿迅速下压,用脚掌或者脚后跟砸对方的头部,身体的重心前移到右腿上,身体应该稍微向后仰来控制身体的重心;击打之后,右脚自然下落成左架,之后后撤右脚,还原成右架的准备姿势。

图 7-4-6

(2)腾空劈腿。

技术分析:左架准备姿势站立,先把身体的重心移到左腿,右腿提膝向上,身体向上跃起的同时左脚蹬地起跳腾空,左腿用劈腿向前击打对方的面部。

动作要领:如图 7-4-7 所示,腾空劈腿通常是在与对方处于中、远距离时使用,动作要求两臂有力上摆,配合右腿上提与左腿蹬地而使自己的身体迅速腾空。腾空劈腿主要是进攻对手的面部。

图 7-4-7

5.后旋踢与侧踢

(1)后旋踢。

后旋踢是跆拳道比赛中的一种常用动作,同时也是运动员反击对方进攻的一项重要技术(如图 7-4-8 所示)。此处只做技术分析,动作要领略。

技术分析:右架站立,以左脚尖为轴,左脚跟外旋,身体的重心转移到左腿;身体向右后方转动,右大腿同时提起向斜后方向 40°左右蹬伸,头部向右后方转动;继续旋转身体,右腿借助旋转的力量,向后划一个半圆形的水平弧线,快速屈膝同时用脚掌击打对方的头部;击打之后,身体的重心仍然在左腿上,右脚自然下落,然后还原成行架的准备动作。

图 7-4-8

（2）侧踢。

侧踢主要用以阻挡对方的进攻,它并不是主要的得分技术动作。

技术分析:右架准备姿势站立,将身体的重心转移到左腿,同时以左脚前掌为轴脚跟内旋;右大腿直线提起,弯曲小腿的同时向左转髋,身体右侧侧对对方;膝盖方向朝内,勾脚面,走直线平蹬出右腿,用脚掌外侧攻击对方;右腿自然落下,并撤回到原来的位置。

动作要领:如图7-4-9所示,侧踢大致等同于武术散手中的侧踹;也可以用前腿(左腿)直接侧踢对方;左脚应该配合向前进行移动;用侧踢主要攻击对方身体的两肋及胸腹部。

图7-4-9

练习步骤:①先进行提腿转髋的练习;②再进行平蹬腿的练习;③进行侧踢的完整练习;④进行前腿的侧踢练习;⑤进行侧踢击头的动作练习;⑥用护具或者沙袋进行侧踢的练习。

6. 鞭踢

鞭踢主要是用前腿进行击打,在跆拳道比赛中并不经常使用。

技术分析:右架站立,身体的重心转移到左腿,以左脚前脚掌为轴脚跟内旋;身体向左方转动,同时提起右大腿向前,头部向左方转动;右腿膝盖朝左内扣,右小腿由外向内有一定弧度地摆动并伸小腿,身体也随之侧倾;突然屈膝,用脚掌向右横着鞭打对方的面部;击打之后,右脚自然落下,还原成右架的准备动作。

动作要领:如图7-4-10所示,为了增加击打的力度,右腿应该先从外向内有一定弧度的摆动,之后再突然向右方鞭打;击打过程中,小腿与足尽可能横着鞭打;身体转动时,头部应该配合同向转动;在开始时,小腿要自然放松,在接触对方头部前再瞬时绷紧脚面,用脚掌击打;左脚要配合髋部的转动,同时调整好身体的重心;用鞭踢主要是击打对方的面部。

图7-4-10

练习步骤：①开始练习时可手扶支撑物，体会向前蹬腿的感觉；②练后用小腿鞭打；③进行完整的鞭踢动作练习；④可同时进行左架右架的练习；⑤两个人用脚靶配合练习，开始先固定靶；⑥之后进行反应靶练习。

四、跆拳道品势的基本特点与教学方法

（一）跆拳道的基本特点

1.注重基本功的练习

跆拳道品势的基本内容丰富多彩、形式多样。品势练习能有效提高学生的力量、速度、灵敏性、柔韧性、平衡等身体素质，同时它也是培养学生坚强的自信心、顽强的意志品质和健康的心理素质的有效途径与手段。

2.注重动作规格

跆拳道品势的内容繁多、动作复杂，但路线方向相对变化较简单，多以直线转折为主，所有演示路线类似中国的九宫八卦图。

3.突出风格特点

攻防技击是跆拳道的显著特点，品势则是跆拳道运动在漫长的历史发展演变过程中对技击动作精华的浓缩。因此，在品势教学中，教师应紧紧抓住技击这个特点，对动作进行分析，使学生明确每个动作的用法，加深其对动作攻防技击内涵的理解。

4.讲究形神兼修

在品势教学中，提高演练技巧是其重要特点之一。品势的观赏价值较高，给人以刚劲有力的阳刚之美，并通过演练展示出跆拳道深厚的文化内涵和礼仪礼节。它外形要求全身协调配合，内重精神与意识、呼吸与劲、力相统一，并伴有发声来振奋精神。

（二）跆拳道的教学方法

跆拳道品势教学中通常采用的方法有直观教学法、完整教学法、分解教学法、预防与纠正错误法。

1.直观教学法

直观教学法是品势教学中最基本的一种方法。它是以标准的动作为范例，使学生通过直观来了解动作的形象、结构、要领和方法，使学生较为全面地观察教师的示范动作，这突出了示范的目的，也取得了很好的教学效果。

2.完整教学法

完整教学法是指对一个动作从开始到结束，不分阶段、段落，完整地进行教学的方法。这种方法有利于保持动作的完整性，不割裂动作各部分之间的内在联系，便于学生完整地掌握动作。

3．分解教学法

分解教学法是从掌握完整动作出发，把完整的动作按其技术结构分成几段或按身体活动的部位分成几个部分，逐段或按部分进行教学和练习，最后完整地掌握动作的方法。

4．预防与纠正错误法

学生在学习和掌握每个动作的过程中会出现各种错误，教师应及时发现错误并指出正确的动作要领，提出解决问题和预防问题的方法。

五、跆拳道的基本规则与裁判法

（一）跆拳道竞技竞赛基本规则

跆拳道的竞赛项目按照竞赛可分为个人赛和团体赛；按照赛制可分为单败淘汰制和循环赛制。竞赛场地为 8 米×8 米，比赛时间为每局 2 分钟，共 3 局，局与局之间休息 1 分钟，比赛得分分为有效得分和不计分情况。

1．有效得分

(1)有效拳的技术击中躯干护具得 1 分。

(2)有效腿的技术击中躯干护具得 2 分。

(3)有效旋转技术击中躯干护具得 4 分。

(4)有效腿的技术击中头部护具得 3 分。

(5)有效旋转技术击中头部护具得 5 分。

(6)给出一个"严重警告"判罚，对方运动员得 1 分。

2．不计分情况

(1)攻击后故意倒地。

(2)攻击后有犯规行为。

(3)使用任何犯规动作进攻每个合理的攻击点得分。

（二）跆拳道品势竞赛基本规则

1．品势竞赛场地

比赛区域安排在比赛场内部，大小为 10 米×10 米（自由品势团体为 12 米×12 米）的正方形，水平且无障碍物，地面为有弹性的垫子或木地板。但根据需要，比赛场可以设置高度为 0.5～0.6 米的比赛台，考虑到安全性，应呈现 30°以内的倾斜角。

2．比赛类别

(1)公认品势项目。①男子个人赛；②女子个人赛；③男子团体赛；④女子团体赛；⑤混双比赛。

(2)自创品势项目。①男子个人赛；②女子个人赛；③混双比赛；④团体赛（由 3 名男运动员与 2 名女运动员以上所组成的 5 人团体)。

3.比赛方式

比赛方式有淘汰赛制、循环赛制、积分赛制、混合方式为积分赛制加淘汰赛制。

4.比赛场地与时间规定

公认品势:个人、混双、团体比赛场地为 10 米×10 米,规定时间为 30~90 秒以内。

自创品势:个人、混双比赛场地为 10 米×10 米,团体(男女至少各两个人)比赛场地为 12 米×12 米,规定时间为 60~70 秒以内,不足或超过的,每 5 秒扣 0.1 分。两套品势之间休息时间为 30~60 秒。

5.评分标准

(1)公认品势(10.0 分)。①正确性;②表现力。

(2)自创品势(10.0 分)。①技术性(6.0 分);②表现力(4.0 分);③气的表现;④音乐与动作编排。

(3)对于腿法难度技术的种类标准,每年由世界跆拳道联盟(WTF)品势委员会制定。①评分标准:技术性(6.0 分),演练品势完成度(分值为 5.0 分);②腿法技术的完成度(1.0 分);③表现力(4.0 分)。

第六节 射 艺

一、射艺概述

射艺,是中国传统体育文化中的一个重要分支,起源于远古时期的狩猎活动与军事训练,历经数千年发展,逐渐演化为一种集军事技能、体育竞技、艺术表现、道德修养和哲学思考于一体的综合性文化现象。

1.定义与起源

射艺,即射箭之技艺,专指使用弓箭进行射击的技能及其相关的理论、礼仪、文化内涵。其源头可以追溯到人类早期为了生存而进行的狩猎活动,随着社会的发展,射箭技艺逐渐规范化、系统化,并在军事训练中占据核心地位。在中华文明史上,射艺更是被纳入古代贵族教育体系"六艺"(礼、乐、射、御、书、数)之中,成为培养士人品格、锻炼身心的重要手段。

2.技术层面

(1)技术体系:射艺技术包括对弓的选择与使用、箭矢的制作与保养、瞄准方法、射姿控制、呼吸调节、力量运用、心理素质等多方面的综合技艺。古代射艺中有"五射"之说,即白矢、参连、剡注、襄尺、井仪,分别代表了射箭的不同技术和标准。

(2)弓箭类型:射艺通常以使用中国传统弓(华弓)为主,其制作材料、工艺独特,拉力适中,讲究人弓合一。历史上也曾有其他类型的弓箭如弹弓、弩等,但传统射艺更侧重于对传统弓技艺的研习。

3.礼仪与仪式

射礼是射艺的重要组成部分,是一种兼具竞技、祭祀、社交功能的庄重仪式。射礼中,参与者须严格遵循规定的步骤、动作和礼节,如正衣冠、献祭、致祝词、行揖礼、开弓射箭、收箭退场等,整个过程体现出对秩序、尊卑、和谐、公正的崇尚,以及对天地自然的敬畏。

总之,射艺是中国传统文化中极具特色的元素,它不仅是一种体育技能,更是一种生活哲学和道德实践,蕴含着丰富的历史积淀、人文精神和审美情趣,至今仍在中国乃至全世界范围内得到传承和发展。

二、射艺的分类

射艺作为中国传统文化中的射箭技艺,其分类可以从不同角度进行阐述。

1.从技术角度分类

古代对射箭技术的一种传统划分是分为"五射",具体包括:①白矢:箭矢射出后,箭尾部的羽毛保持白色,表明箭矢直飞而出,力道饱满,无偏斜。②参连:连续快速发射三支箭,要求箭箭相连,展现射手连续射击的稳定性与节奏感。③剡注:箭矢离弦后迅速而有力地射向目标,犹如箭头削物一般锐利,强调的是瞬间爆发力与精准度。④襄尺:射手在拉弓射箭时,手肘位置必须高于腰部("襄"),同时箭矢要贴着弓弣("尺")飞行,确保射箭动作的标准与规范。⑤井仪:四箭连发,分别命中靶子的四个角,形成"井"字形,要求极高精度与一致性。

2.从仪式角度分类

根据目的、规模、参与者身份的不同,射礼可分为以下几种:①大射,天子或诸侯在祭祀前举行的大规模射箭活动,目的是选拔参加祭祀的人选,同时展示君主威仪与臣属才艺。②宾射,诸侯朝见天子或诸侯间互访时举行的射礼,用于外交场合,展示主人的礼遇与宾客的技艺,增进双方友谊。③燕射,宴饮时举行的娱乐性射箭活动,旨在活跃气氛、增进宾主之间的感情。④乡射,地方上的射箭比赛,常与农闲时节的娱乐、教育活动相结合,旨在提升民众的射箭技艺与道德素养。

3.从现代应用角度分类

现代射艺活动包括:①竞技射箭,包括奥林匹克射箭、野外射箭、室内射箭等,以竞赛规则为标准,追求精准度、速度、距离等竞技指标的提升。②传统射箭,以恢复和传承古代射艺为核心,使用传统弓(如反曲弓、复合弓、华弓等)进行射箭练习,注重射箭技艺的传统韵味与文化体验。③休闲射箭,如箭术俱乐部活动、射箭主题团建、户外射箭体验等,旨在提供娱乐、健身或团队建设的平台,对技术要求相对较低,重在参与和享受射箭过程。④教育射艺,在学校教育、传统文化课程或兴趣班中教授射箭技艺,旨在培养学生的身体素质、心理素质及传统文化素养。

4.从文化与哲学角度分类

从文化与哲学的角度来划分,射艺可分为:①德育射艺:强调射箭与个人道德修养的关系,通过射箭实践培养人的谦逊、专注、公正、自律等品格。②美学射艺:探讨射箭过程中的动态美、力与美的结合、人与弓箭的和谐统一等美学价值。③哲思射艺:深入挖掘射箭中蕴含的哲学思想,如道家的无为而治、儒家的中庸之道、禅宗的当下即悟等。

因此,射艺的分类可以从技术、仪式、现代应用及文化哲学等多个维度进行,体现了射艺作为一门综合性技艺的丰富内涵与多元价值。

三、传统弓射艺的动作要领与方法

传统弓射艺的动作要领与方法涵盖了从准备阶段到完成射击全过程的技术细节与心理调适,旨在确保射箭的精准度、稳定性及安全性。其传统弓射艺的步骤主要有静心、站立、搭箭、握弓、钩弦、转头举弓、开弓、靠弦、瞄准、撒放、暂留、收势,具体动作要领与方法如下。

1.准备阶段

(1)装备检查:确保弓、箭、护指(如有)、扳指(如有)等装备完好,穿戴舒适且适合个人的手型。

(2)安装扳指:如果使用扳指,将其戴在大拇指根部,用于保护拇指关节免受弓弦强烈压力的伤害,同时也可以增加撒放时的顺畅度和射程。

2.开始阶段

(1)静心。

①心态调整:射箭前进行深呼吸,排除杂念,专注于即将进行的射箭过程。

②心理暗示:可以默念射箭口诀或进行内心对话,提醒自己保持冷静、专注,提升自信心。

(2)站立。

①站位:站在起射线上,面向目标靶位,双脚分开与肩同宽或稍宽,保持身体平衡。

②头部:头部保持稳定,眼睛平视前方,聚焦在靶心。

③脚部:双脚分开,与肩同宽或略宽,身体重量均匀分布在两脚上。左脚(对于右撇子)稍微向前,以保持身体平衡。

④身体:身体侧对靶子,保持自然直立,背部挺直,不要弯腰或耸肩。

3.基本阶段

(1)搭箭。

①箭尾插入:将箭尾插入弓弦的箭巢内,确保箭尾槽牢固地扣在弓弦的箭扣上。

②箭身定位:箭杆放置在右手大拇指上,大拇指第一关节弯曲,以钩状方式钩住弓弦,此时大拇指的侧面与弓弦接触。

（2）握弓。

①左手持弓：左手握住弓把，手心朝上，手指自然弯曲，虎口部位紧贴弓把，提供稳定的支撑。

②右手握弓：右手主要负责拉弦，通常采用中指、食指和无名指扣弦，食指置于箭尾上方，中指和无名指置于下方。握弓方式应保证在拉弦过程中手指关节不过分弯曲，避免压力集中导致疲劳或受伤。

（3）钩弦。

①大拇指钩弦：右手大拇指第一关节弯曲，以钩状方式钩住弓弦，此时大拇指的侧面与弓弦接触。

②食指配合：食指指腹轻轻压在大拇指第一关节的内侧，形成一个锁扣结构，帮助控制撒放时的力度和方向。

（4）转头举弓。

①头部转向：头部缓慢转向目标方向，眼睛通过弓窗观察目标。

②举弓：在转头的同时，双手配合，将弓平稳地举至胸前高度，准备开弓。

（5）开弓。

①左肩推右肩拉：利用左肩推右肩拉的力量，平稳地拉开弓弦。随着拉距增大，逐渐转移身体重心，保持整体的稳定。

②力量传导：开弓过程中，力量从脚底开始，通过腿部、腰部、背部、肩部、手臂直至手指，逐级传递，形成完整的发力链。

（6）靠弦。

靠位：右手"虎口"靠位下颌，确保拉弓手的位置固定，利于撒放时的稳定性。传统大拉距射法可能不强调后手靠位，而是依赖于身体的整体协调和稳定。

（7）瞄准。

①调整瞄准点：根据射程、风向、箭重等因素，调整瞄准点，使箭镞对准目标。

②辅助瞄准：传统射法中可能采用箭镞与视线齐平的方式，或者利用"口吐翎花"（箭杆贴着下嘴唇和下巴窝）进行瞄准。

（8）撒放。

①撒放时机：当箭镞对准目标，身体与弓箭形成稳固的一体化结构时，通过放松扣弦手指（或大拇指）实现撒放。

②撒放动作：撒放应力求瞬间且无多余动作，以减少对箭矢飞行轨迹的影响。

4.结束阶段

（1）动作暂留。

①保持姿势：撒放后，继续保持射击姿势直至箭矢击中目标，观察箭矢飞行情况，评估射击效果。

②稳定心态：不论箭矢是否命中预期位置，都要保持冷静，为下一次射击做好心理准备。

（2）收势。

①确认安全:确保箭矢已安全落地或被靶子阻挡,周围无安全隐患。

②放下弓臂:缓慢放下弓臂,松开左手对弓把的握持,右手收回,恢复到初始状态。

③整理装备:取下已射出的箭矢,检查弓箭及装备状况,做好下一轮射击的准备。

5.注意事项

(1)力量分配:拉弦过程中,主要由大拇指承担大部分拉力,食指作为辅助,防止大拇指滑弦。注意避免过度弯曲手指关节,防止受伤。

(2)扳指使用:如果使用扳指,确保其大小合适,不会在拉弦过程中移动或引起不适。

(3)练习与适应:初次尝试大拇指钩弦法可能会感到不适应或疼痛,需要通过逐步练习和适当休息来逐渐适应这种拉弦方式。

6.心理与修养

(1)静心。起射前须摒除杂念,保持内心平静,专注于当前的射箭过程,做到心无旁骛。

(2)德育。射艺不仅是一项技术活动,更是一种道德修炼。在射箭过程中,射手应展现出谦逊、专注、公正、自律等品质,体现"射以观德"的理念。

7.传统弓射艺的安全注意事项

始终遵守射箭场地的安全规定,确保射箭方向无人畜及障碍物,与其他射手保持安全距离,佩戴必要的护具,如护臂、护胸、护指套等。

因此,传统弓射艺的动作要领与方法要求射手在技术、心理与道德修养等方面全面协调,以达到射箭技艺与人格修养的双重提升。在实际操作中,应不断练习与调整,以适应个人特点与环境变化,逐步提高射箭的精准度与稳定性。

第八章

操舞体育运动

第一节 健美操

一、健美操概述

（一）现代竞技健美操的诞生与发展

健美操的起源可追溯到两千多年前。古希腊人对人体美的崇尚举世闻名。他们喜爱采用跑跳、投掷、柔软体操和健美舞蹈等各种体育项目进行人体美的锻炼。20世纪80年代初，随着遍及全球的健身热和娱乐体育的发展，健美操以其强大的生命力风靡世界。

竞技健美操的首次国际化比赛是由国际健美操联合会（IAF）在1983年举办的第一届国际健美操比赛，有近百名运动员参加。此外，比较著名的比赛还有由国际健美操冠军联合会（ANAC）举办的世界健美操冠军赛，而且在1998年的此项赛事中还增加了少儿健美操比赛。国际体联（FIG）每年从1995年开始，每年举办国际体联（FIG）健美操世界锦标赛，每届均有30多个国家、百名以上运动员参赛，各健美操国际组织还单独或联合举办各种世界健美操巡回赛和大奖赛，以扩大健美操运动在世界范围的影响，这些都表明竞技健美操是一项具有生命力的竞技体育项目。目前，健美操界正在为使健美操成为奥运会正式比赛项目而努力。

竞技健美操在中国的发展非常迅速。1986年4月6日在广州举办了首届"全国女子健美操邀请赛"，设有集体6人和个人两项比赛。1987年5月，在北京举办了我国首届正式的竞技健美操比赛——长城杯健美操邀请赛。这次比赛吸收了美国阿洛别克健美操的比赛项目，结合我国健美操的比赛特点，举行了男女单人、混双、男女3人、混合6人等项目的比赛。1989年1月，在贵州举行的第3届长城杯健美操邀请赛上，正式使用了国家体委审定的具有中国特色的健美操竞赛规则。1988年6月在北京举办了长城杯国际健美操邀请赛，中国、美国、日本、巴西等国家的30多名运动员参赛，同时在北京还成立了国际健美操协会委员会。

1992年9月中国健美操协会（CAA）在北京成立，先后制定了《全国健美操指导员专业等级实施办法》《全国健美操大众锻炼标准实施办法》和《健美操等级运动员规定动作》,这些举措对我国健美操运动的普及与提高有重大意义。1999年我国正式使用FIG国际健美操评分规则,这标志着我国竞技健美操竞赛与国际接轨。

1992年2月,中国大学生体育协会健美操艺术体操分会(CSARA)成立,协会每年举行一届大学生健美操艺术体操锦标赛,在这次大赛上,中国选手取得了三人操的第7名。2004年5月在保加利亚举行的第8届健美操世界锦标赛上,我国选手取得了六人操第3名的好成绩。更可喜的是我国选手在2007年健美操世界锦标赛上,荣获六人操冠军。近年来,中国健美操队在世界健美操锦标赛中成绩斐然,不断攀升。2010年获三人操冠军,2012年和2014年连续两届获三人操、六人操、有氧舞蹈和有氧踏板4项冠军,目前中国的竞技健美操技术水平已达到世界强国水平。

(二)健美操运动的基础知识

1.健美操运动的概念

健美操是在音乐伴奏下,以身体练习为基本手段,以有氧运动为基础,达到增进健康、塑造形体和娱乐目的的一项体育运动。

健美操起源于传统的有氧健身运动,是有氧运动的一种。它通常采用徒手或轻器械进行练习,是在氧供应充足的情况下,以人体有氧系统提供能量的一种运动形式,其运动特征是持续一定时间的、中低强度的全身性运动,主要锻炼练习者的心肺功能,是有氧耐力素质的基础。

近年来,随着健身运动的不断发展,人们对健身的理解进一步加深,知识水平和健身的科学化程度不断提高,对健身的需求也更加多样化和个性化,因此出现了多种新的健身形式,如近年来兴起的水中健美操和利用移动器械的集体力量练习,以及在特殊场地进行的固定器械的有氧练习等。这些新的健身形式使健美操运动的内容更加丰富,适合的人群更加广泛,健身的效果更好,同时降低了运动损伤的可能性。健美操运动正是在此大环境下得到了迅速发展,呈现出更加多样化和科学化的发展趋势。

在长期的实践过程中,健美操已从一项单纯的健身运动逐步发展成为一项独立的体育竞赛项目,在运动形式、动作技术特征及竞赛组织方法等方面有其自身特点。

2.健美操运动的特点

(1)健身性健美操的特点。

①保持有氧代谢过程。健身性健美操的动作及套路设计,都是以保证健身者在运动过程中能够最大限度地摄入氧气并充分利用氧化来燃烧体内的糖原、突出燃烧脂肪作为能量供给为前提的,以此实现加快体内新陈代谢,重新建立人体更高机能水平的目的。在有氧运动中,呼吸系统、心血管系统及大脑中枢神经都得到良好的锻炼,特别是对于肥胖体形的人们来说,在消除体内多余脂肪、调节脂肪静态平衡、保持健康、增强体质等方面具有良好的效果。

②广泛的适应性。健身性健美操练习形式多样,多以徒手进行锻炼,不受场地、环境、气

候等条件的影响,无论是公园、厅堂、家里等地方,都能进行锻炼;同时,健美操也可借助轻器械进行锻炼,如哑铃、踏板、橡皮筋、健身球等;另外,水中健美操对于中老年人和一些慢性病、身体创伤的康复病人能起到较好的辅助治疗作用。

③注重个体差异。健身健美操以其生动活泼和轻松自如的运动形式被大众所接受。健身健美操的动作套路形式多样,节奏有快有慢,动作有难有易,运动量和强度可任意调节,适合于不同阶层、不同行业、不同年龄、不同性别和不同体质的人群进行锻炼,各种人群都能从健美操练习中找到合适自己的方式,都能从健美操练习中得到乐趣。

④健身的安全性。健身性健美操所设计的运动负荷及运动节奏,充分考虑了由运动而产生一系列刺激结果的可行性,使之适合一般人的体质,甚至弱体质的人都能承受的有氧范围。人们在平坦的地面上,在欢快的音乐声中,跟随快慢有序的节奏进行运动,十分安全,而且有效。

(2)竞技健美操的特点。

①高度的艺术性。健美操是一项追求人体健与美的运动项目,因此健美操属健美体育的范畴,具有高度的艺术性。健美操动作协调、流畅和有弹性,练习者不仅锻炼了身体,增强了体质,而且从中得到了美的享受,提高了审美意识和艺术修养。健美操运动员在比赛中表现出的健美的体魄、高超的技术、流畅的编排和充沛的体能等,无不给观众留下深刻的印象,充分体现出健美操运动的"健、力、美"特征和高度的艺术性。

②强烈的节奏性。健美操动作具有强烈的节奏性特点,并通过音乐充分地表现出来,因此音乐是健美操运动不可缺少的组成部分。健美操音乐的特点是节奏强劲有力,旋律优美,具有烘托气氛、激发人们热情的效果。现代音乐给健美操带来了活力,动作与音乐强烈的节奏性使健美操更具有感染力,使其比赛和表演更具有观赏性。

③高难度、高体能。健美操运动是靠人的身体语言来传递和表达内心信息的运动,是完成连续复杂和高难度动作的能力的运动。竞技健美操的成套动作必须展示连续的动作组合、柔韧性和力量,并在综合运用7种基本步法的同时,完美地完成各类难度动作。优秀的健美操运动员必须具备良好的身体素质、体能及高质量完成高难度动作的能力。因此,高体能、高难度是当今竞技健美操的典型特点。

④保留大众体育特色。竞技健美操起源于传统的健身健美操运动员,其本质和基础的内容来源于健美操运动。运动技术水平的高低,在于运动员本身的体能、素质及运用技巧的能力。不同年龄、不同体能的运动员,无论水平高低均可参加竞技健美操运动。因此,高水平的竞技健美操仍保留着大众化的特色。

3. 健美操运动的意义

健美操作为一项新兴的体育运动项目,是对学生进行全面素质教育的重要的形式、手段和内容之一。通过健美操运动不仅对学生可以育体,还有育德、育智、育美等方面的功能,实现健美操运动健身、健心、健智、健美的目的。

(1)健美操运动使人的身心得到全面发展。

健美操运动拓展了传统的学校体育教学模式,改善、丰富并活跃了体育课堂气氛,健美操还由于它的音乐和美学的特性,能使学生产生强烈的兴趣,能充分调动人们参与学习的积极性和主动性,能充分满足学生的生理、心理需求,引导学生积极参加体育锻炼,进一步促进学生身体正常发育和身体功能的发展,使学生的协调性、灵敏性、柔软性和速度、力量、耐力等身体素质得到全面发展。

(2)健美操运动注重个性发展。

健美操项目内容丰富多彩,形式多种多样,可以满足不同学生的兴趣和爱好,注重培养和促进他们的艺术特长和表演特长,为学生生动活泼、积极主动地进行学习和锻炼创造良好条件。健美操是一个根据有关规则不断进行创新的运动项目,健美操的比赛和表演又十分注重个人的自信和表现力,项目本身给学生提供了个性发展和创新能力培养的空间。学生在健美操的创编的过程中,可以充分运用科学文化知识,运用其对社会、生活、艺术的认识和理解,创造性地发挥个人的才能。健美操运动为人们提供了一个能充分展示自我的舞台,从而体验对人生、理想、事业的追求,体验个人对社会的一种价值观念。

(3)健美操运动能提高学生的审美素质。

健美操的审美教育主要是指通过健美操的学习,提高学生对自然美、社会美、艺术美等方面的感受能力、鉴赏能力和创造能力。健美操运动给人们带来身体的健康、肌肉的匀称、体态的高雅、动作的优美,以及各种表演、比赛带来成功的喜悦、欢乐的情绪、美的体验,从而进一步培养学生良好的体育审美爱好与情趣。通过健美操运动挖掘与表现出来的人体美、健康美、动作美、姿态美,是培养学生良好审美观念的重要教育内容。

(4)健美操运动能丰富校园文化。

健美操运动既可以培养学生的良好身体姿态,塑造学生的形体美、动作美和姿态美,还可以通过各种教学竞赛和表演吸引众多学生加入健美操行列,为学校体育增添新的内容,注入新的活力,给校园文化注入勃勃的生机,使校园文化更加丰富多彩,形成一个良性的循环;校园文化也会因此而产生更加强大的凝聚力和吸引力,使更多的学生参与健美操运动,使他们剩余的精力得到正当的释放,既锻炼了学生的身体,陶冶了他们的心灵,又提高了他们的审美情趣,培养了他们的高尚情操。此外,还可抵御社会有害文化的侵袭,净化了校园环境。

二、健美操基本动作训练

健美操的基本动作训练主要包括身体姿态训练、手臂动作训练、基本步伐训练。

(一)身体姿态训练

身体姿态训练是健美操锻炼的一个非常重要的方面,决定着完成健美操动作的质量、人们在健美操运动中所表现出来的气质及健美操的锻炼效果。健美操的基本姿态指完成动作时正确的形态和身体的标准位置,包括躯干、后背、骨盆的稳定性和腹肌的收缩,上体的关节位置,颈肩的姿态,以及颈椎相对于脊椎的位置,踝关节和膝关节的相对位置等,这些是体现健美操姿态特色的关键。身体姿态的训练一般包括两个部分:一是健美操基本动作的身体姿态训练,二是健美操操化动作与难度动作中身体姿态的控制。

　　健美操的身体姿态是根据现代人的人体与行为美的标准而建立的。在非特殊条件下，人体整个运动应保持自然挺拔，头部稍稍昂起，颈部挺直，挺胸收腹，腰背挺立，脊柱正直，头、颈、躯干和腿保持在一条垂直线上，四肢的位置根据具体的动作要求，应该在准确的位置上。最常见的动作有：站立——躯干保持上面所说的状态，臀部收紧，保持整个身体垂直于地面并屈膝。基本动作的身体姿态训练方法通常有两种：动作控制法和舞蹈训练法。

（二）动作控制法

　　动作控制法是指身体处于某一动作位置时，保持该动作的正确身体姿态，使该动作控制一段时间的方法。该方法的目的是让锻炼者找到控制该动作的肌肉感觉，起到强化动作的作用，使锻炼者在大脑中形成正确动作的概念，找到控制该动作的正确的肌肉感觉。

（三）舞蹈训练法

　　舞蹈训练法是通过拉丁舞、爵士舞、现代舞、民间舞等不同的舞蹈，练习体会不同的表现意识、不同的气质与风格。通过徒手、把杆等大量舞蹈动作的训练，进一步改变身体形态的原始状态，逐步形成正确的站姿、坐姿、走姿，提高形体动作的灵活性。如经常采用芭蕾舞形体训练中的把杆练习来发展运动员的身体形态。

1.上肢动作训练

（1）手形及训练规范。

　　手形的变化不仅可以使手臂的动作更加丰富多彩，生动活泼，表现出美感；而且有助于加强动作的力度。在健美操中手形有多种，它是从爵士舞、芭蕾舞、西班牙舞、迪斯科和武术等手形中吸收和发展起来的。常用健美操手形有以下几种。

　　①掌（如图 8 - 1 - 1 所示）。并掌：大拇指指关节弯曲内扣，其余四指并拢伸直。手腕伸直，使手臂成一条直线。腕关节或掌指关节适度紧张。开掌：五指用力分开，并伸直。立掌：手掌用力上屈，五指自然弯曲。

①　　　②　　　③

图 8 - 1 - 1

　　②拳（如图 8 - 1 - 2 所示）。实心拳：四指卷握，大拇指末关节压住食指、中指的第二关节。空心圈：四指弯曲，大拇指末关节压住食指、中指的末关节，拳呈空心状。

①　　　　　②

图 8 - 1 - 2

③其他手形(如图 8-1-3 所示)。西班牙舞手形:五指分开,小指内旋,拇指稍内收。剑指:食指和中指并拢伸直,拇指、无名指和小指内收。V 指:拇指与小指、无名指弯曲,食指与中指伸直并尽力分开。响指:无名指与小指屈握,拇指与中指、食指摩擦后,中指击打大鱼际处产生响声。

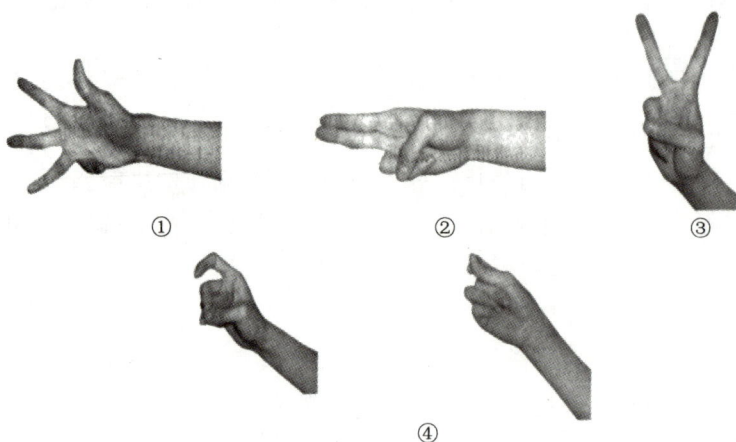

①　②　③

④

图 8-1-3

(2)手臂动作及训练规范。

手臂动作训练是健美操锻炼的重要组成部分,它与健美操的基本步伐组合共同构成了丰富多彩的健美操动作内容。

①摆动。

动作描述:屈肘前后摆动,两手握拳(如图 8-1-4 所示)。

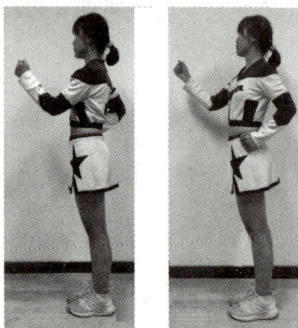

图 8-1-4

技术要点:屈肘角度不宜过小或过大,保持 60°左右,向前摆动手臂时,手不超过躯干。

动作变化:可同时摆动,也可依次摆动。

②举。

动作描述:以肩关节为轴,臂伸直向某方向抬起,臂的活动范围不超过 180°并停止在某一部位(如图 8 - 1 - 5 所示)。

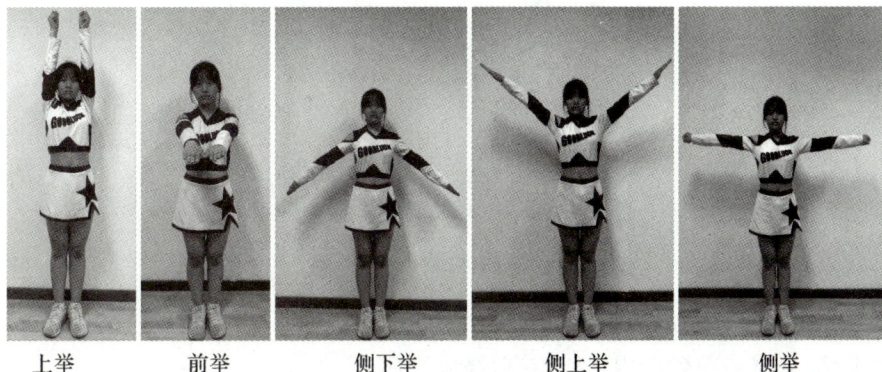

上举　　　前举　　　侧下举　　　侧上举　　　侧举

图 8 - 1 - 5

技术要点:动作到位,路线清晰,有力度感。

动作变化:前举、上举、前上举、前下举、侧举、下举、侧下举、侧上举。

③屈伸。

动作描述:上臂固定,以肘关节为轴,肘关节由弯曲到伸直或由伸直到弯曲的动作。屈臂时肱二头肌收缩,伸臂时肱三头肌收缩(如图 8 - 1 - 6 所示)。

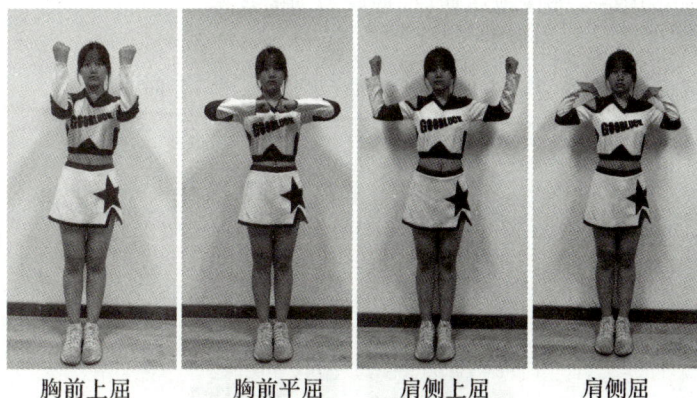

胸前上屈　　　胸前平屈　　　肩侧上屈　　　肩侧屈

图 8 - 1 - 6

技术要点:关节有弹性地屈伸。

动作变化:胸前屈、胸前平屈、肩侧上屈、肩侧下屈、胸前上屈、腰侧屈、头后屈。

④绕、绕环。

动作描述:两臂或单臂以肩为轴做弧线运动。上臂固定,前臂以肘关节为轴做弧线运动(如图 8 - 1 - 7 所示)。

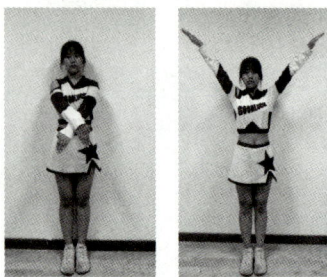

图 8 - 1 - 7

技术要点:路线清晰,起始和结束动作位置明确。

动作变化:两臂或单臂向内、外、前、后绕或绕环。

(3)基本步伐训练。

基本步伐是健美操动作中最基本的单位,是进行健美操练习的一个重要组成部分,通过基本步伐的练习,能培养练习者的协调性和节奏感。

1)无冲击力步伐概念及其分类

无冲击力步伐动作是指两腿始终接触地面的动作,主要包括并腿类和分腿类。

a.并腿类。

动作描述:这类动作两脚始终接触地面,并且两脚始终并拢,脚尖朝前。

技术要点:膝关节要有弹性地屈伸,把握好弹动的技术。

①膝弹动。

动作描述:两腿并拢,膝关节有弹性地屈伸(如图8-1-8所示)。

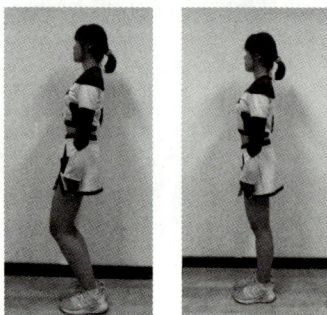

图 8 - 1 - 8

技术要点:膝关节由弯曲到还原,还原时膝关节应处于微屈状态。

②踝弹动。

动作描述:两腿伸直或屈膝,踝关节有弹性地屈伸(如图8-1-9所示)。

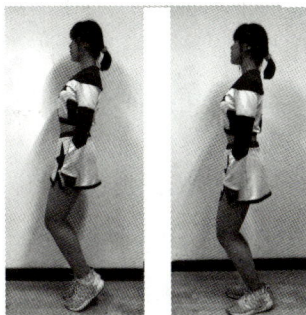

图 8 - 1 - 9

技术要点:脚尖或脚踝抬起时,保持身体的稳定性和踝关节的弹性。

b. 分腿类。

动作描述:这类动作是指两腿分开,膝关节有弹性地屈伸。

技术要点:膝关节屈伸要有较好的弹性,重心移动要平稳自如。

①半蹲。

动作描述:两腿有控制地屈和伸,可分为并腿半蹲和分腿半蹲(如图 8 - 1 - 10 所示)。

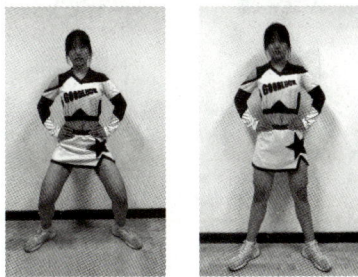

图 8 - 1 - 10

技术要点:分腿半蹲时,两腿左右分开稍大于肩,脚尖向外开,膝关节角度不小于 90°,方向与脚尖方向一致,臀部向后 45°方向下蹲,上体保持直立。

动作变化:并腿半蹲,迈步半蹲、迈步转体下蹲。

②弓步。

动作描述:两脚前后分开,平行站立,下蹲(如图 8 - 1 - 11 所示)。

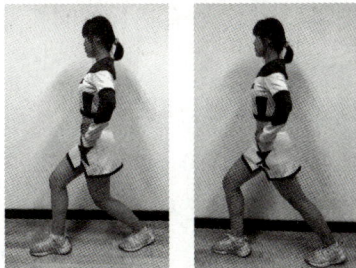

图 8 - 1 - 11

技术要点: 半蹲时,后腿膝关节向下,大腿垂直于地面;重心在两脚之间,两腿膝关节弯曲不能超过 90°,膝关节不能超过脚尖。

动作变化: 原地前后弓步、原地左右弓步、转体弓步。

③移动重心。

动作描述: 由两腿开立为初始动作,两腿屈膝下蹲后,身体向右侧移重心,然后两腿伸直,右脚全脚掌着地,左脚脚尖点地(如图 8-1-12 所示)。

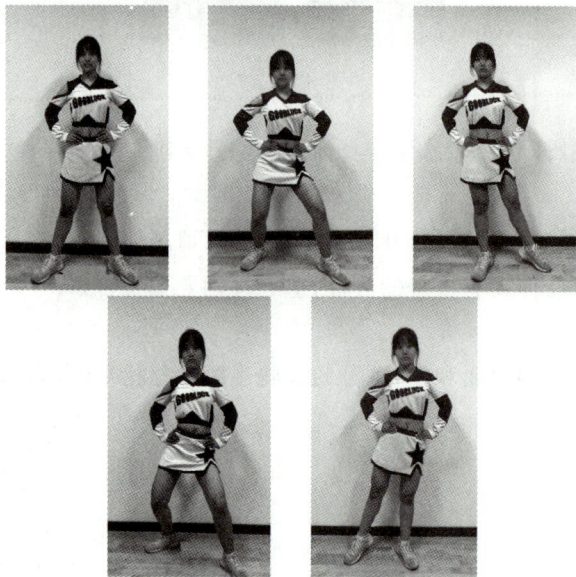

图 8-1-12

技术要点: 身体重心的移动要保持平衡。

动作变化: 左右移重心、前后移重心。

2)低冲击力步伐概念及其分类

低冲击力步伐动作是指在做动作时一脚着地,另一脚离地的动作。低冲击力步伐动作是目前健身健美操编排运用最多的动作类型。主要有踏步类、点地类、迈步类和抬腿类。

a.踏步类。

动作描述: 此类动作两脚依次抬起,在下落时膝、踝关节有弹性地缓冲。

技术要点: 注意两腿的相对位置及脚尖膝盖的朝向,做动作时注意膝关节、踝关节有弹性地缓冲,另外,根据动作的需要,躯干部分要有适当的起伏变化,与基本步伐协调一致。

①踏步。

动作描述: 两腿原地依次抬起,依次落地(如图 8-1-13 所示)。

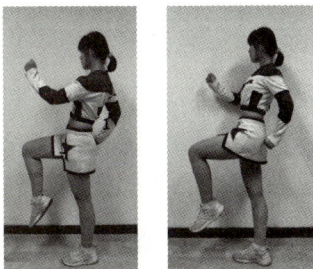

图 8 - 1 - 13

技术要点:下落时,踝、膝、髋关节依次有弹性地缓冲。

动作变化:踏步转体、踏步分腿、踏步并腿、弹动踏步。

②走步。

动作描述:迈步向前走时,脚跟先落地,过渡到全脚掌;向后走时则相反。

技术要点:落地时,踝、膝关节有弹性地缓冲(如图 8 - 1 - 14 所示)。

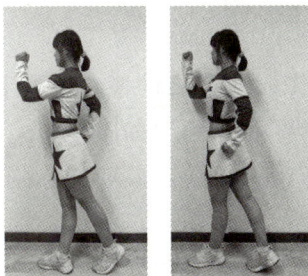

图 8 - 1 - 14

动作变化:向前向后走步,向侧前和侧后走步,向左右转体或弧线走步。

③一字步。

动作描述:一脚向前一步,另一脚并于前脚,然后依次还原(如图 8 - 1 - 15 所示)。

技术要点:向前迈步时,脚跟先着地,过渡到全脚掌;前后均要有并腿过程;每一拍动作膝关节始终有弹性地缓冲。

动作变化:向前向后的一字步、转体的一字步。

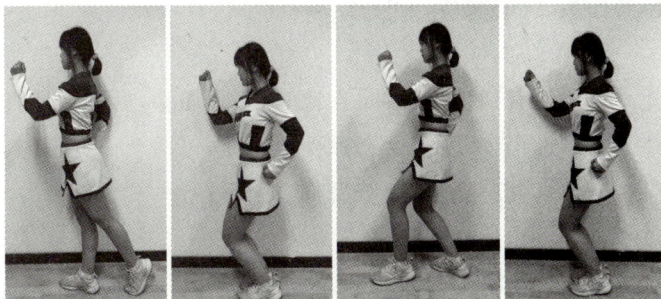

图 8 - 1 - 15

④V 字步。

动作描述:一脚向前侧方迈一步,另一脚随之向另一方迈一步,成两脚开立,屈膝,然后依次退回原位(如图 8-1-16 所示)。

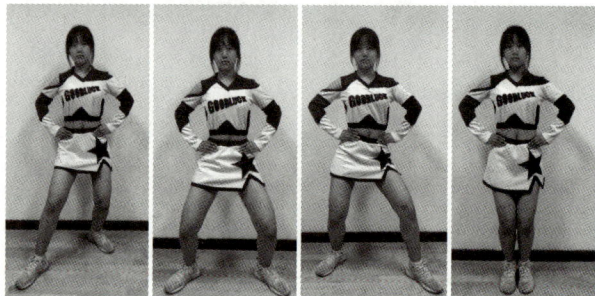

图 8-1-16

技术要点:两腿膝、踝关节始终保持弹动状态,分开后成分腿半蹲,重心在两腿之间。

动作变化:倒 V 字步、转体 V 字步、跳的 V 字步。

⑤漫步。

动作描述:一脚向前迈出,屈膝、重心随之前移,另一脚稍抬起,然后原地落下;或向后撤一步,重心后移,另一脚稍抬起,然后原地落下(如图 8-1-17 所示)。

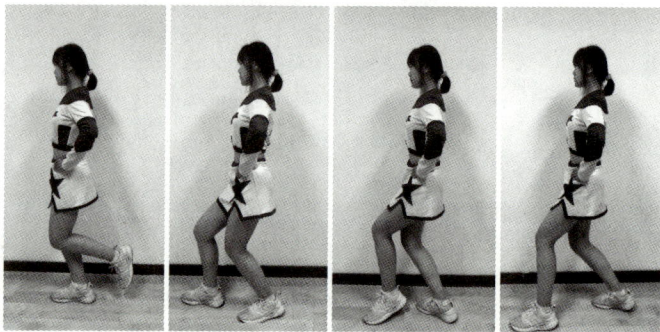

图 8-1-17

技术要点:两脚始终保持交替落地,身体重心随动作前后移动,但始终在两脚之间。

动作变化:转体的漫步、跳的漫步。

b.点地类。

动作描述:此类动作两腿有弹性地屈伸,点地时,一腿屈膝,另一腿伸直。

技术要点:在整个动作过程中,膝盖要有弹性地屈伸,包括动作完毕时,两腿膝盖也应处于微屈状态,而不应过分伸直,以免破坏健美操特有的弹性。

动作变化:前点地、侧点地、后点地。

①脚尖点地。

动作描述:一腿稍屈膝站立,另一腿伸出,脚尖点地,然后还原到并腿姿势(如图 8-1-

18 所示)。

图 8-1-18

技术要点:支撑腿始终保持屈膝站立,并且随动作有弹性地屈伸。

动作变化:脚尖前点地、脚尖侧点地、脚尖后点地。

②脚跟点地。

动作描述:一腿稍屈膝站立,另一腿伸出,脚跟点地,然后还原到并腿姿势。只可做向前和向侧的脚跟点地(如图 8-1-19 所示)。

图 8-1-19

技术要点:支撑腿始终保持屈膝站立,并且随动作有弹性地屈伸。动作始终保持高度的弹性和节奏感。

动作变化:脚跟前点地、脚跟侧点地。

c.迈步类。

动作描述:一条腿迈出一步,重心移到这条腿上,另一条腿用脚跟、脚尖点地或吸腿、屈腿、踢腿等,然后向另一个方向迈步。

技术要点:注意重心之间的转换和跟进。

①并步。

动作描述:一脚迈出,另一脚随之并拢屈膝点地,再向反方向迈步(如图 8-1-20 所示)。

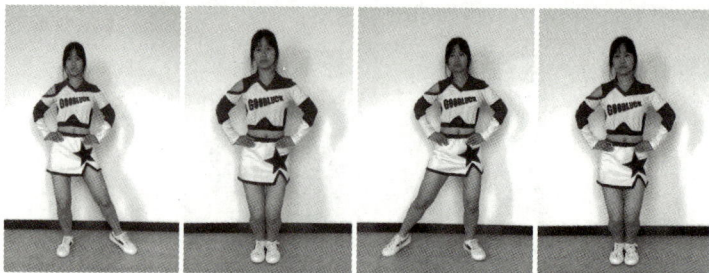

图 8 - 1 - 20

技术要点: 两膝保持弹动,动作幅度和力度以动作风格而定。

动作变化: 左右并步、前后并步、向两侧并步、转体并步。

②迈步点地。

动作描述: 一脚向侧迈一步,两脚经屈膝移重心,另一腿在前、侧或后用脚尖或脚跟点地(如图 8 - 1 - 21 所示)。

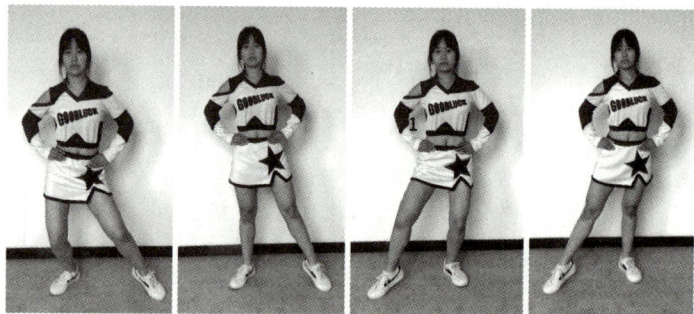

图 8 - 1 - 21

技术要点: 两腿有弹性地屈伸,重心移动轨迹呈弧形;上体不要扭转。

动作变化: 左右迈步点地、前后迈步点地、迈步转体点地。

③迈步后屈腿。

动作描述: 一脚迈出一步,另一腿后屈,然后向相反方向迈步(如图 8 - 1 - 22 所示)。

图 8 - 1 - 22

技术要点：经过屈膝半蹲，支撑腿稍屈膝，后屈腿的脚跟靠近臀部。

动作变化：侧迈步后屈腿、前后移动后屈腿、转体后屈腿。

④迈步吸腿。

动作描述：一脚迈出一步，另一腿屈膝抬起，然后向反方向迈步（如图 8-1-23 所示）。

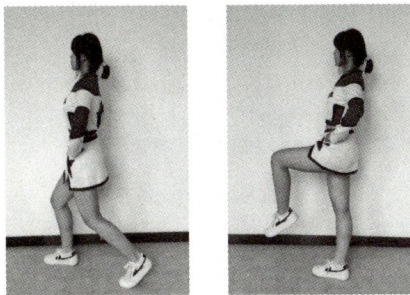

图 8-1-23

技术要点：经过屈膝半蹲，还原时支撑腿稍屈膝。

动作变化：向前迈步吸腿、向侧迈步吸腿、向侧前迈步吸腿、转体吸腿。

⑤侧交叉步。

动作描述：一脚向侧迈一步，另一脚在其后交叉，随之再向侧迈一步，另一脚并拢，屈膝点地（如图 8-1-24 所示）。

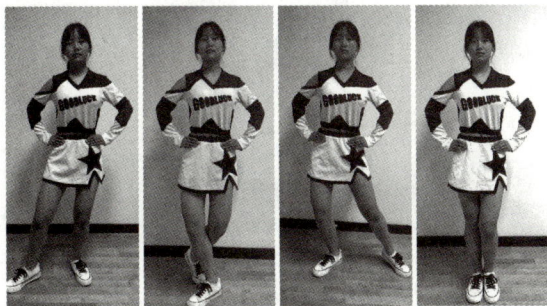

图 8-1-24

技术要点：第一步脚跟先落地，身体重心快速随着脚步而移动，保持膝、踝关节的弹动。

动作变化：左右的交叉步、转体的交叉步。

d. 抬腿类。

动作描述：一腿站立，另一腿抬起的动作。

技术要点：这一类动作要求支撑腿有控制地屈膝弹动，另一腿以各种形式抬起，同时收腹、立腰。

①吸腿。

动作描述：一腿屈膝抬起，落下还原（如图 8-1-25 所示）。

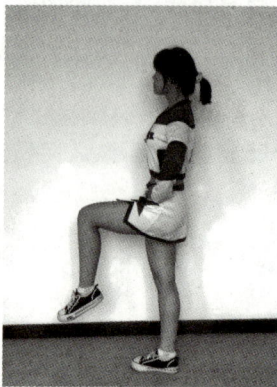

图 8 − 1 − 25

技术要点：支撑腿保持屈膝弹动，大腿上抬至水平，小腿自然下垂，绷脚尖，上体保持垂直。

动作变化：向前吸腿、向侧吸腿、向侧前吸腿、转体吸腿。

②踢腿。

动作描述：一腿稍屈膝站立，另一腿抬起，然后还原（如图 8 − 1 − 26 所示）。

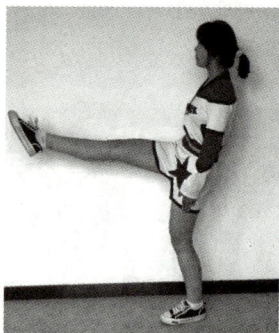

图 8 − 1 − 26

技术要点：抬起腿要有控制，保持上体正直。主力脚脚跟不能离地，髋关节微屈缓冲。踢腿的幅度因人而异，避免受伤。

动作变化：前踢、侧踢。

③摆腿。

动作描述：一腿稍屈膝站立，另一腿做摆动，然后还原成并步（如图 8 − 1 − 27 所示）。

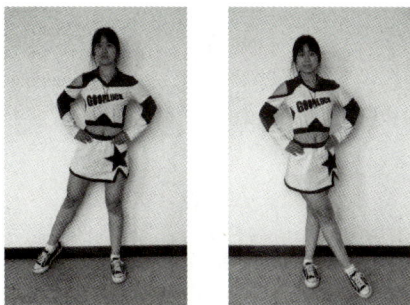

图 8 - 1 - 27

技术要点：摆腿时上体顺势前倾、后倒或侧倾，主力腿屈膝缓冲，摆动腿抬起时幅度不要过大，且要有控制。

动作变化：向前摆腿、向侧摆腿。

④弹踢。

动作描述：一腿站立（跳起），另一腿先向后屈，再向前下方弹踢，还原（如图 8 - 1 - 28 所示）。

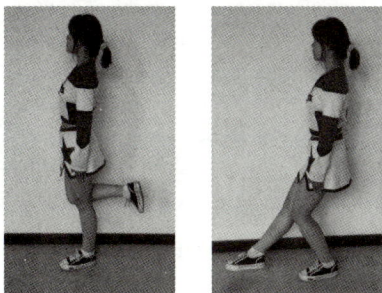

图 8 - 1 - 28

技术要点：腿弹出时要有控制，两膝盖紧靠，弹踢腿，脚尖伸直保持上体正直。

动作变化：向前弹踢、向侧弹踢、转体的弹踢、移动弹踢。

3）高冲击力步伐概念及分类

高冲击力步伐是指在做动作时，两脚都离地的动作，即平常所说的跳类动作。主要包括单脚起跳、两脚起跳、迈步起跳和跑步。

a. 单脚起跳类

此类动作是指先抬起一腿，另一腿跳起的动作。

①吸腿跳。

动作描述：一腿屈膝抬起，落下还原，另一脚离开地面，向上跳起（如图 8 - 1 - 29 所示）。

图 8 - 1 - 29

技术要点： 支撑腿保持屈膝弹动，大腿上抬至水平，上体保持正直，注意身体的稳定性。

动作变化： 向前吸腿跳、向侧吸腿跳、向前侧吸腿跳、转体吸腿跳。

②屈腿跳。

动作描述： 一腿站立（跳起），另一腿向后屈膝，放下腿还原（如图 8 - 1 - 30 所示）。

图 8 - 1 - 30

技术要点： 支撑腿保持弹性，两膝并拢，脚跟靠近臀部。屈膝腿的膝关节不宜超过支撑腿的膝关节，落地时注意缓冲。

动作变化： 左右依次后屈腿跳、转体后屈腿跳。

③弹踢腿跳。

动作描述： 两腿起跳，单脚落地，另一腿小腿后屈，然后小腿前踢伸直（如图 8 - 1 - 31 所示）。

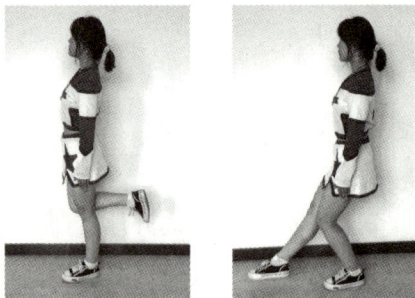

图 8 - 1 - 31

技术要点：两脚落地的过程，弹踢腿脚尖伸直，上体保持正直。

动作变化：向前弹踢腿跳、向侧弹踢腿跳、转体弹踢腿跳、移动弹踢腿跳。

④摆腿跳。

动作描述：一腿自然摆动，另一腿向上跳起，落地时两腿屈膝缓冲（如图 8 - 1 - 32 所示）。

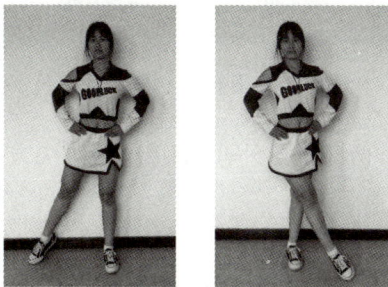

图 8 - 1 - 32

技术要点：保持上体正直。主力腿屈膝缓冲，摆动腿抬起时幅度不要过大，且要有控制。

动作变化：向前摆腿、向侧摆腿。

b. 两脚起跳类

两脚起跳类是指两脚起跳、两脚落地的动作。两腿的动作基本一致，两脚需要腾起一定高度，落地时注意屈膝缓冲。

①并腿跳。

动作描述：两腿并拢同时跳起，屈膝，然后落地缓冲（如图 8 - 1 - 33 所示）。

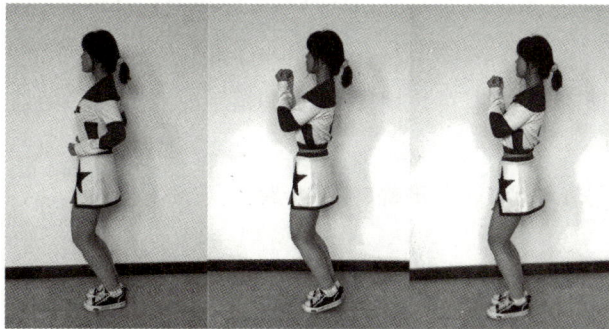

图 8 - 1 - 33

技术要点：起跳时，两脚同时用力，落地缓冲有控制。

动作变化：向前并腿跳、向后并腿跳、向侧并腿跳。

②开合跳。

动作描述：由并腿跳起，分腿落地，再由分腿跳起，并腿落地（如图 8 - 1 - 34 所示）。

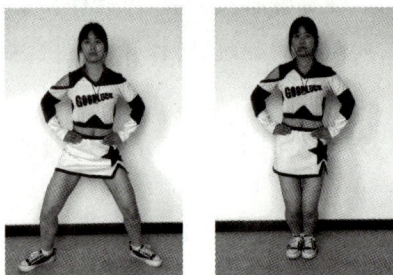

图 8 - 1 - 34

技术要点:分腿屈膝蹲时,两脚自然外开,膝关节沿脚尖方向屈,夹角不小于 90°,膝关节有弹性地缓冲,脚跟落地。

动作变化:原地开合跳,转体开合跳。

③弓步跳。

动作描述:并腿向上跳起,前后成分腿姿势落地,接着再向上跳起,并腿落地(如图 8 - 1 - 35所示)。

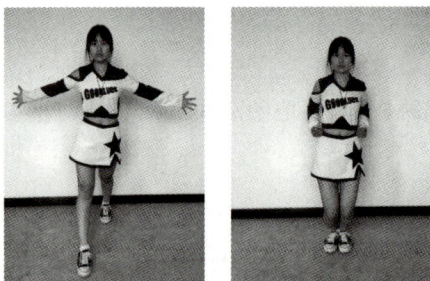

图 8 - 1 - 35

技术要点:落地时,膝关节有弹性地缓冲,分腿落地时双脚尖都朝前方,并且基本在一条直线上。

动作变化:左右弓步跳、前后弓步跳、侧弓步跳。

c.迈步起跳类。

①并步跳。

动作描述:以右脚起步为例。右脚迈出,随之蹬地跳起,左脚并右脚,并腿落地(如图 8 - 1 - 36 所示)。

技术要点:身体重心随身体迅速移动,落地时注意缓冲。

动作变化:向前并步跳、向后并步跳、向侧并步跳。

图 8 - 1 - 36

②迈步吸腿跳。

动作描述：右脚向前迈出一步，之后身体重心跟进，同时左腿抬起，抬起至 90°时，两脚起跳（如图 8 - 1 - 37 所示）。

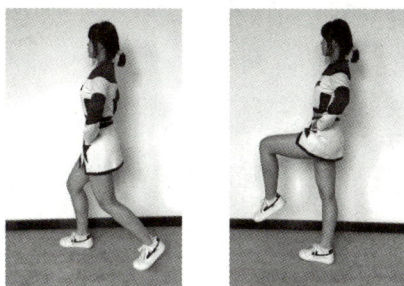

图 8 - 1 - 37

技术要点：跳起时，上体保持正直，收腹立腰。

动作变化：向前迈步吸腿、向侧迈步吸腿。

③迈步后屈腿跳。

动作描述：一腿侧迈一步，另一腿向后屈膝，同时两腿起跳，缓冲落地（如图 8 - 1 - 38 所示）。

图 8 - 1 - 38

技术要点:两腿跳起时,屈膝腿脚尖绷直,落地时,两腿膝关节微屈,不宜伸直。

动作变化:向前迈步后吸腿,向侧迈步后吸腿。

d.跑步类。

动作描述:两腿腾空,依次落地缓冲,两臂屈肘摆臂。落地屈膝缓冲,脚跟尽量落地(如图8-1-39所示)。

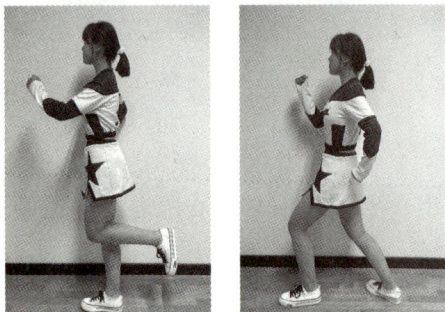

图 8-1-39

①后踢腿跑。

动作描述:两脚依次经过腾空后,一脚落地缓冲,另一腿小腿后屈,两臂配合下肢前后摆动。

技术要点:膝、踝关节有弹动的缓冲,落地时由前脚掌着地。

动作变化:原地跑、向前跑、向后跑、弧线跑、转体跑。

②小马跳。

动作描述(以右脚起步为例):左脚蹬地跳起,同时右脚向侧迈步落地,随之左脚并右脚点地,随后反方向做一次,动作相同,方向相反(如图8-1-40所示)。

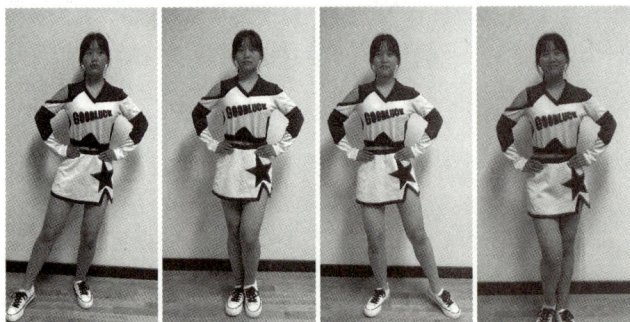

图 8-1-40

技术要点:两脚轻松蹬地,身体重心随之平稳移动,注意脚踝的弹动。

动作变化:原地小马跳、向前小马跳、向侧小马跳、向后小马跳、转体小马跳。

第二节　啦啦操

一、我国啦啦操运动的起源与发展

(一)我国啦啦操运动的起源

在我国,啦啦操运动是一项新兴的体育运动项目。自 1998 年中国大学生篮球联盟诞生以来,为其加油呐喊的啦啦操表演应运而生,各高校充满活力和洋溢着青春气息的啦啦操表演给观众留下了深刻印象,也成为篮球场上一道靓丽的风景线。

(二)我国啦啦操运动的发展

啦啦操运动首先在高校得到发展与中国大学生篮球联赛的产生有直接关系。2001 年,中国大学生体育协会健美操艺术体操分会(简称 CSARA)的田敏月、刘承鸾、周田宝等同志邀请美国专家到中国进行业务培训,使教师对啦啦操运动有更深的理解,对普及、推广啦啦操运动起到了非常重要的作用。同年在广州举办的首届中国大学生啦啦操大赛取得空前成功,使中国亿万青少年享受啦啦操运动带来的无限乐趣,从此啦啦操运动在中国全面展开。2004 年 6 月中国大学生体育协会健美操艺术体操分会举办了全国啦啦操教练员及裁判员培训班,首次推出中国啦啦操专业教练员与裁判员认证体系及啦啦操规定套路。2005 年,国家体育总局体操运动管理中心开始关注啦啦操运动,并与相关国际组织进行交流合作,2005 年开始每年都举办中国全明星啦啦操锦标赛暨世界啦啦操锦标赛中国啦啦操选拔赛。2006 年,中国大学生健美操艺术体操协会成立了第一个中国啦啦操专业委员会,并于同年组队参加了在美国奥兰多举办的世界啦啦操锦标赛,这是我国首次参加国际啦啦操大赛,自此与国际全明星啦啦队联盟、美国全明星啦啦队联盟已达成了在啦啦操运动项目上一系列的合作协议,这次参赛标志着中国啦啦操运动正式迈上了国际啦啦操运动的大舞台。这些年来,中国大学生健美操艺术体操分会一直致力于啦啦操运动在校园的推广与普及,举办过多届中国学生啦啦操锦标赛,啦啦操运动正式被列为学校体育竞赛的比赛项目。此外,中国蹦床技巧协会也开始举办啦啦操教练员、裁判员培训班,并把啦啦操纳入全国技巧锦标赛冠军赛的正式比赛项目。2009 年,中国蹦床技巧协会开始单独举办全国啦啦操锦标赛和冠军赛。2010 年啦啦操作为全国体育大会正式比赛项目纳入技巧比赛中。

2011 年,国家体育总局体操运动管理中心审定了《全国啦啦操推广普及规定套路及竞赛规程》,目的在于让啦啦操这项充满青春活力的运动走进校园、走进普通百姓日常生活中。2013 年 5 月 31 日,国际单项联合会在圣彼得堡夏季年会上表决通过,正式在奥运和非奥运项目中接受国际啦啦操联合会,我国也正式成为国际啦啦操联合会第 107 个成员,之后国际啦啦操联合会数次派出专家组来我国,举办啦啦操国际规则培训与啦啦操国际裁判的考核。随后,国家体育总局体操运动管理中心于 2013 年、2014 年、2015 年连续举办了中国(南京)啦啦操国际公开赛。在 2013 年亚青会和 2014 年青奥会上,啦啦操作为体育展示内容之一被人们所熟悉,不仅赢得了国际奥委会的认可,还使广大市民对啦啦操的需求越来越高。

二、啦啦操运动的定义及分类

(一)啦啦操运动的定义

啦啦操,又称为啦啦队,英文为 cheerleading,其中"cheer"有振奋精神、提高士气的意思。

啦啦操是指在音乐的伴奏下,通过队员徒手或手持道具集体完成复杂高难的基本手位与舞蹈动作,以及该项目特有难度、过渡配合等动作内容,为比赛加油助威、调节紧张气氛、提高比赛观赏性,旨在集中体现团队意识与集体主义精神,折射青春活力、朝气蓬勃的精神面貌,并追求最高团队荣誉感的一项具有竞技性、观赏性、表演性等独特魅力的体育运动。

(二)啦啦操运动的分类

根据当今世界和我国啦啦操运动的发展状况和未来的发展趋势,按照展示场所来划分,啦啦操运动可分为场地啦啦操和看台啦啦操;根据动作技术的类别,场地啦啦操分为技巧啦啦操、舞蹈啦啦操和赛间表演啦啦操;根据队员是否手持道具,看台啦啦操分为徒手看台啦啦操和道具看台啦啦操(如图 8-2-1 所示)。

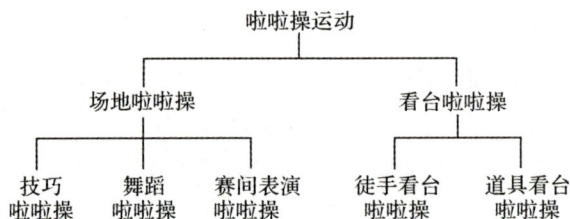

图 8-2-1

1.场地啦啦操

场地啦啦操是指在体育比赛区域、活动进行区域等划定场地内进行啦啦操表演的一种团队体育运动。广义地讲,场地啦啦操运动是一种有组织地为体育赛事助威的场地表演活动。狭义地讲,场地啦啦操运动是指在音乐的衬托下,通过运动员完成高超的啦啦操特殊运动技巧并结合各种舞蹈动作,集中体现青春活力、健康向上的团队精神,并追求最高团队荣誉感的一项体育运动。

(1)技巧啦啦操。

技巧啦啦操是以倒立、翻滚、托举、抛接、金字塔组合、舞蹈动作、过渡连接及口号等形式为基本内容的团队竞赛项目,包括男女混合组、女子组和舞伴特技三种类型。

（2）舞蹈啦啦操。

舞蹈啦啦操是以舞蹈动作为主,通过展示各种舞蹈元素和技巧并可结合道具为基本内容的团队竞赛项目,包括彩球、高踢腿、爵士、现代、街舞、道具等多个组别,展示高超的运动技能。此外,代表世界啦啦操最高水平的全美啦啦操锦标赛的参赛标准为:队伍人数要在6~30人之间,并且分为四个组别进行比赛,分别是业余组、中学组、大学组和全明星组。

（3）赛间表演啦啦操。

赛间表演啦啦操是根据所参加的表演与比赛的目的预先设计、编创和排练好的成套啦啦操,在各种比赛休息间隙进行表演,为参赛队伍加油鼓劲,活跃赛场气氛,提高比赛的观赏性。按照表演风格的不同,赛间表演啦啦操分为爵士风格、街舞风格、拉丁风格等,参演人数不限、时间不等。赛间表演啦啦操注重表演效果,能够满足人们展示和表现自我的需要,因此对音乐效果、动作设计、队形变化、表演者的动作风格、质量等要求较高,更强调成套冲击力、成套与音乐的配合、动作与音效的配合、动作创新性的视觉感及表演者表演风格的协调统一。为了保证一定的表演效果,可在成套中加入更多的队形变化、集体配合的动作,以及层次、对比动作等。表演者也可以利用道具,如花球、花环、旗子等。以上的一切元素都必须通过表演者的身体语言、表情及眼神表现出来,所以赛间表演啦啦操更强调表演者的表现力。表现力是表演者将编者思想、刚柔相间的肢体语言、音乐的情绪和节奏及同伴之间默契配合的一种综合运用能力,这种综合的表现能力可达到烘托气氛、感染观众、提升表演效果的目的。

2.看台啦啦操

看台啦啦操是一项有组织的新兴的体育运动,是啦啦操的一种形式,它具有振奋精神、提振士气的功能。表演中运用口号、呐喊、欢呼、徒手动作及各类道具动作等以此鼓励场下运动员和台上演员。

看台啦啦操依据人数的多少可分为小、中、大规模三种水平。一般认为,30~60名队员为小规模,61~100名队员为中规模,100名以上队员为大规模。

（1）徒手看台啦啦操。

徒手看台啦啦操是指在看台上不借助其他道具和器械,仅仅通过肢体的技巧动作及团队的配合展示来完成啦啦操表演的一种体育运动。例如,为了烘托比赛气氛,除了呐喊、助威和唱歌外,1986年的"墨西哥人浪"表演成了足球赛场上最为壮观、最能调动球员情绪的一种方式。

（2）道具看台啦啦操。

道具看台啦啦操是指在看台上借助一定的道具,如花球、花环、彩旗等作为载体进行啦啦操表演的一种团队体育运动。道具可以使用乐器类和装饰类器械,乐器类如铃鼓、充沙子或小石子的饮料瓶等简单的乐器,装饰类器械如纸制彩球、彩扇等。

三、啦啦操基本动作术语

下面主要从啦啦操上肢基本动作和下肢基本动作两方面介绍啦啦操基本动作术语。

(一)上肢基本动作术语

1.基本手型

啦啦操的基本手型如图8-2-2所示。

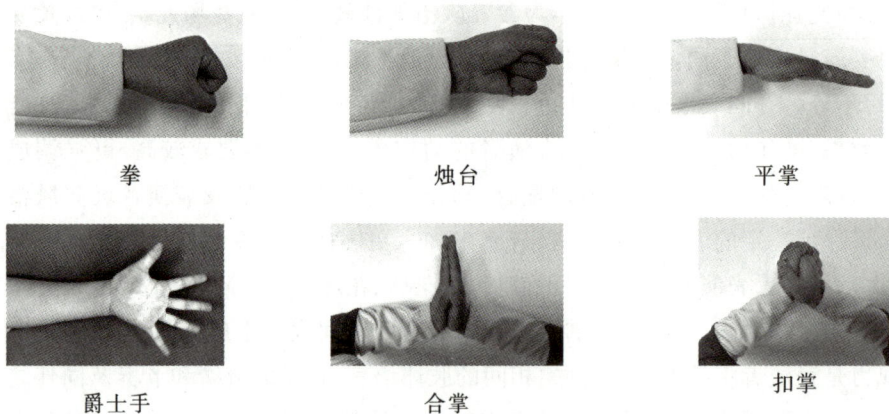

拳　　　　　　　　　烛台　　　　　　　　　平掌

爵士手　　　　　　　　合掌　　　　　　　　　扣掌

图8-2-2

2.基本手臂位置

啦啦操的基本手臂位置如图8-2-3所示。

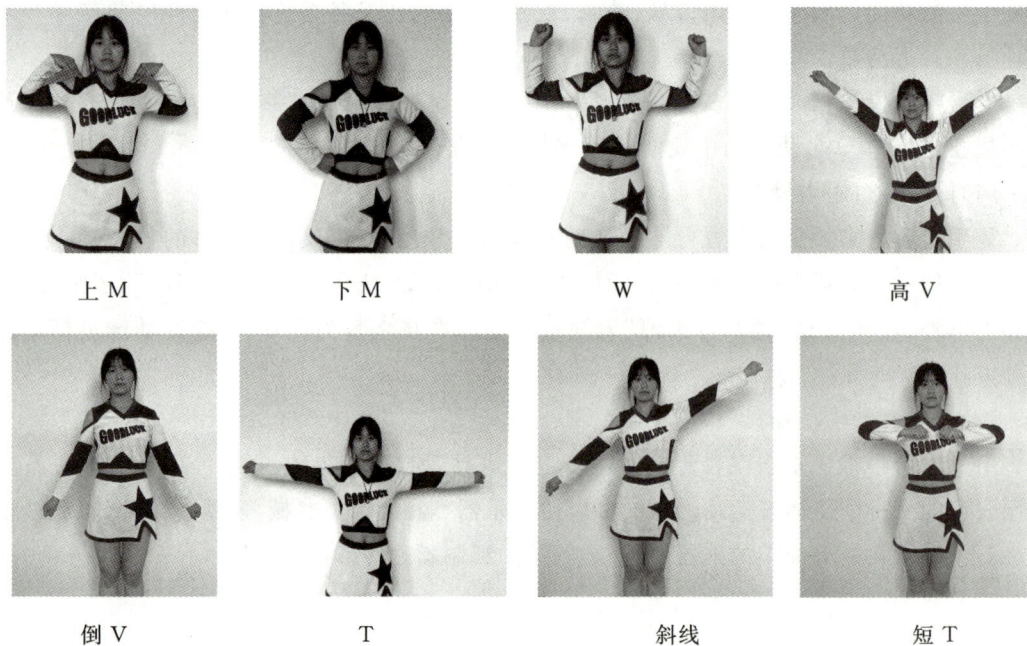

上M　　　　　　下M　　　　　　W　　　　　　高V

倒V　　　　　　T　　　　　　斜线　　　　　　短T

前 X

高 X

低 X

屈臂 X

上 A

下 A

上 H

下 H

小 h

L

倒 L

K

侧 K

R

弓箭

小弓箭

高冲拳

斜上冲拳

斜下冲拳

侧上冲拳

侧下冲拳

加油

短剑

头后屈

图 8-2-3

（二）下肢基本动作术语

1.基本站姿

啦啦操的基本站姿如图 8-2-4 所示。

图 8-2-4

2.下肢基本动作

啦啦操的下肢基本动作如图 8-2-5 所示。

分腿直立

侧弓步

前弓步

半蹲

单膝跪地

图 8-2-5

四、啦啦操规定套路：一级《花球舞蹈啦啦操》

（一）预备动作说明

（1）预备：左手扶臀，右臂侧平举，两腿屈膝外开右脚点地，面向1点。

（2）手臂动作：1～4拍双臂呈下V字形；5～7拍向上呈上V字形；8拍双手握持花球于胸前，两腿并拢站立。

（3）步法：1～4拍脚上前锁步；5～7拍双腿开立；8拍双腿跳成并步。

（4）手型为握花球。

（5）面向1点。

（二）第1个八拍动作说明

（1）手臂动作：1～3拍手臂垂直于大腿前方；4拍成上H形；双手抱于胸前，呈上V字形，两拍一动。

（2）步法：1～3拍右、左、右脚依次前上步，4拍并步提踵；上左脚成弓步，右膝微屈，脚跟提起。

（3）手型为握花球。

（4）面向1点。

（三）第2个八拍说明动作

（1）手臂动作：1～3拍手臂垂直于大腿前方；4拍呈上H形；双手抱于胸前，呈下V字形，两拍一动。

（2）步法：1～3拍左、右、左脚依次退步；4拍并步提踵；左脚后退成弓步，左膝微屈，脚跟提起。

（3）手型为握花球。

（4）面向1点。

（四）第3个八拍动作说明

（1）手臂动作：1～3拍双臂垂直于大腿前方；4拍双臂屈肘于胸前；5～6拍手臂呈K形，7～8拍双臂屈肘于胸前。

（2）步法：1～3拍左、右、左脚依次踏步，同时向左转体360°；4拍成并步；5～6拍迈左脚成屈腿弓步；7～8拍收左脚，并腿站立。

（3）手型为握花球。

（4）面向：1～3拍向7点转360°；4拍面向1点；5～6拍面向7点；7～8拍面向1点。

（5）头位：5～6拍身体面向7点，头部面向1点。

（五）第4个八拍动作说明

(1)手臂动作:1~3拍双臂垂直于大腿前方;4拍双臂屈肘于胸前;5~6拍手臂成K形;7~8拍双臂屈肘于胸前。

(2)步法:1~3拍右、左、右脚依次踏步向右转体360°;4拍成并步;5~6拍迈右腿成屈弓步;7~8拍收右腿,并腿站立。

(3)手型为握花球。

(4)面向:1~3拍向3点转360°;4拍面向1点;5~6拍面向3点;7~8拍面向1点。

(5)头位:5~6拍身体面向3点,头部面向1点。

（六）第5个八拍动作说明

(1)手臂动作:1拍右上L形;2拍屈肘于胸前;3~4拍动作相同,方向相反;5拍右臂前L形;6拍双臂呈上H形;7拍左臂前L形;8拍双臂垂直于大腿前方。

(2)步法:1拍左脚向左侧迈步同时半蹲;2拍收左脚成并步;3~4拍动作相同,方向相反;5拍左脚上步成前弓步;6拍并步双脚提踵;7拍左脚向左侧迈步同时半蹲;8拍双脚跳成并步。

(3)手型握花球。

(4)面向1点。

（七）第6个八拍动作说明

(1)手臂动作:1~2拍成右上斜线;3~4拍成左上斜线;5~6拍含胸双手收于胸前;7~8拍两手并拢,前伸双臂前举。

(2)步法:1~2拍迈右脚成右弓步;3~4拍重心左移成左弓步;5~6拍跳成屈膝并步;7~8拍前迈左脚,成屈腿弓步,右脚跟提起。

(3)手型为握花球。

(4)面向1点。

(5)头位:5~6拍低头。

（八）第7个八拍动作说明

(1)手臂动作:1~2拍成右臂高冲拳;3~4拍点抬头一次;5拍成右斜下冲拳;6拍由右下方摆置左上方成左侧上冲拳;7~8拍动作相同方向相反。

(2)步法:1~4拍左脚向后左侧迈出成分腿站立;5~8拍保持不动。

(3)手型为握花球。

(4)面向1点。

（九）第8个八拍动作说明

(1)手臂动作:1~6拍双臂垂直于大腿前方;7~8拍双手抱于胸前(呈"加油"手位)。

（2）步法：左右脚依次踏步；7～8 拍成并步。

（3）手型为握花球。

（4）面向 1 点。

（十）第 9 个八拍动作说明

（1）手臂动作：1～2 拍双手上举成上 A 形手位；3～4 拍双手向下成 H 形手位；5 拍双臂平行向右上方斜冲拳；6 拍双手下压扶右膝；7 拍垂直于大腿前方；8 拍屈臂收于腰间。

（2）步法：1～2 拍双脚大分腿站立；3～4 拍屈膝俯身；5 拍身体右转后靠，两腿分立半蹲，重心移至左脚同时左脚跟提起；6 拍保持体位重心移至两腿之间；7 拍跳成并步直立；8 拍右脚在前成锁步。

（3）手型为握花球。

（4）面向：5～6 拍面向 2 点；7 拍面向 7 点。

（5）头位：1～5 拍眼随手走；6 拍低头；7 拍向 7 点；8 拍向 1 点。

（十一）第 10 个八拍动作说明

（1）手臂动作：1 拍双手上举成 H 形；2 拍双臂经体侧由上向下压；3～7 拍扶右膝；8 拍双臂垂直于大腿前方。

（2）步法：1 拍右脚支撑左腿向侧摆腿；2 拍成左腿前锁步；3～7 拍身体右转前俯身，两腿分立半蹲，重心于两脚之间同时左脚跟提起；8 拍双腿并立。

（3）手型为握花球。

（4）面向：1 拍面向 1 点；2 拍面向 2 点；3～7 拍面向 3 点；8 拍面向 1 点。

（5）头位：1、2、8 拍向 1 点；3～7 拍低头。

（十二）第 11 个八拍动作说明

（1）手臂动作：1～3 拍双臂成 H 形上举分别于右前、正前、左前三个方向各敲击一次；4 拍左前上方垂直下压扶膝；5～7 拍保持双手扶膝；8 拍垂直于大腿前方。

（2）步法：1～3 拍分腿站立；4 拍身体左转前俯身，两腿分立半蹲，重心于两脚之间，同时右脚跟提起；5～7 拍同 4 拍；8 拍双腿并步直立。

（3）手型为握花球。

（4）面向：1 拍面向 2 点；2 拍面向 1 点；3 拍面向 8 点；4～7 拍面向 8 点；8 拍面向 1 点。

（5）头位：1～3 拍眼随手走；4～7 拍低头；8 拍向 1 点。

（十三）第 12 个八拍动作说明

（1）手臂动作：1～4 拍两臂屈肘于胸前（呈"加油"手位）；5～6 拍两臂屈肘成短 T 形手位；7～8 拍垂直于大腿前方。

（2）步法：左、右脚依次踏步；7～8 拍双腿并立。

(3)手型为握花球。

(4)面向1点。

（十四）第13个八拍动作说明

(1)手臂动作:1拍两臂由体侧摆至腹前;哒拍两臂屈肘收于腰侧;2拍两臂向前冲;3拍屈肘成短T形手位于胸前;4拍成右手斜上冲拳,左手贴于腰际身体稍向左倾斜;5拍成左手斜上冲拳,右手贴于腰际身体稍向右倾斜;6拍双臂侧下举,同时身体右转前俯;7～8拍向前振胸两次同时抬起上体。

(2)步法:1拍右腿经地面向前踹;哒拍屈膝收腿;2拍成马步;3～5拍保持马步小跳三次;6～8拍两腿分立半蹲,重心于两脚之间同时左脚跟提起。

(3)手型为握花球。

(4)面向:1～5拍面向1点;6～8拍面向2点。

(5)头位:6拍低头,其余均面向1点。

（十五）第14个八拍动作说明

(1)手臂动作:1拍右手扶臀,左臂侧平举;2拍左手扶臀;3拍双臂斜下举;4拍两臂交叉于胸前;5～6拍两臂分开于身体两侧;7～8拍双臂前举平移于胸前。

(2)步法:1拍分腿半蹲,左脚尖点地;2拍动作相同,方向相反;3拍同1拍动作;4拍两腿分立,右脚屈膝起踵;5～6拍身体左转前俯身,两腿分立半蹲,重心于两脚之间同时右脚跟提起;7～8拍分腿开立。

(3)手型为握花球。

(4)面向:1～4拍面向1点;5～6拍面向8点;7～8拍经过8点到1点,最后到达2点。

(5)头位:3拍右侧屈;4拍左侧屈。

（十六）第15个八拍动作说明

(1)手臂动作:1拍右臂下伸,左臂屈肘于胸前;哒拍左臂下伸,右臂屈肘于胸前;2拍双臂成"加油"手位;哒拍成H形手位;3拍动作同1拍方向相反;4拍动作同2拍;5～6拍小臂上举内绕环,经右侧平移至左侧;7拍含胸低头双臂屈于胸前;8拍双臂成上A形手位。

(2)步法:1拍双腿分立重心移至右脚;2拍重心于两脚之间分腿站立;3拍双腿分立重心移至左脚;4拍重心于两脚之间分腿站立;5～6拍分腿站立;7拍屈膝前俯身;8拍跳成并步。

(3)手型为握花球。

(4)面向:1拍面向2点;2拍面向1点;3拍面向8点;4拍面向1点;5拍面向2点;6拍面向8点;7～8拍面向1点。

(5)头位:1～4拍向1点;5～6拍眼随手走;7拍低头;8拍眼随手走。

（十七）第16个八拍动作说明

(1)手臂动作:1、3、4拍右手屈肘扶于右胯,左手屈肘外摆于体侧;2拍、哒拍动作相同,方向相反;5~7拍成M形手位;8拍屈肘于胸前。

(2)步法:1~4拍左、右脚依次前走锁步;5~7拍右、左脚依次上步;8拍并步。

(3)手型为握花球。

(4)面向:1~8拍面向1点。

（十八）第17个八拍动作说明

(1)手臂动作:1~2拍侧下举;3~4拍屈肘于胸前(呈"加油"手位);5~6拍侧下拳;7~8拍屈肘于胸前(呈"加油"手位)。

(2)步法:1~8拍直立。

(3)手型为握花球。

(4)面向1点。

（十九）第18个八拍动作说明

(1)手臂动作:1拍左臂上举,右臂下垂;2~7拍左臂带动右臂做风火轮;8拍成胸前屈臂重叠。

(2)步法:1~7拍屈膝并腿弹动,一拍一动;8拍站立。

(3)手型为握花球。

(4)面向1点。

（二十）第19个八拍动作说明

(1)手臂动作:1~6拍双臂垂于大腿前方;7~8拍成侧平举。

(2)步法:1~6拍左、右脚依次踏步向左转体360°;7~8拍双脚并立。

(3)手型为握花球。

(4)面向:1~6拍逆时针转360°,7~8拍面向1点。

（二十一）第20个八拍动作说明

(1)手臂动作:1~8拍侧平举。

(2)步法:1拍左侧吸腿跳;2拍并腿跳;3拍左踢腿跳;4拍并腿跳;5拍右踢腿跳;6拍并腿跳;7拍左踢腿跳;8拍双脚并立。

(3)手型为握花球。

(4)面向1点。

（二十二）第21个八拍动作说明

(1)手臂动作:1~2拍双手扶髋;3~4拍向前抛花球或两臂前平举;5~6接花球或向后

递花球;7~8拍上举花球或俯身捡花球。

(2)步法:1~8拍分腿站立。

(3)手型为拿花球、递花球。

(4)面向7点。

(5)头位:1~2拍向1点;3~4拍低头或向点;5~6拍向7点;7~8拍向7点或低头。

（二十三）第22个八拍动作说明

(1)手臂动作:1~4拍右臂高冲拳;5~8拍左手叉腰,右手随胯左、右依次摆动（一拍一动）。

(2)步法:1、3拍左脚上步;2、4拍右脚上步;5拍左脚向左移动成开立,双腿屈膝,右脚点地;6~8拍脚跟随髋部左、右摆动。

(3)手型为握花球。

(4)面向1点。

（二十四）第23个八拍动作说明

(1)手臂动作:1~4拍双臂依次向左斜下、右斜下、左斜上、右斜上推动;5拍侧平举;哒拍屈肘外绕环;6拍侧平举;7拍双臂垂于体侧;8拍成X形手位。

(2)步法:1~4拍左脚迈出十字步;5~6拍左侧身并步走;7拍迈右脚右后转体180°;8拍左脚在前成弓步。

(3)手型为握花球。

(4)面向:1~2拍面向1点;3拍面向8点;4拍面向2点;5~6拍面向1点;7拍面向6点;8拍面向7点。

(5)头位:1~2拍向1点;3~4拍眼随手走;5~6拍向1点;7拍向6点;8拍向7点。

（二十五）第24个八拍动作说明

(1)手臂动作:1拍双臂上举成高V形;哒拍屈臂于胸前;2拍双臂下举成倒V形;3~6拍双臂垂直于大腿前方;7拍双手握持花球于胸前;8拍双臂上举。

(2)步法:1~2拍右腿侧并步走;3~6拍向左后方迈步转体180°;7拍并步团身半蹲;8拍并步提踵。

(3)手型为握花球。

(4)面向:1~2拍面向1点;3~8拍面向5点。

(5)头位:1~3拍向1点;4~8拍向5点。

（二十六）结束动作说明

(1)手臂动作:右臂于斜前下方,左臂屈肘于头部后方。

(2)步法:分腿站立并屈膝,左脚前脚掌点地屈膝外开。

(3)手型为握花球。

(4)面向 7 点。

(5)头位:头向 1 点。

第三节　体育舞蹈

一、体育舞蹈基本知识

(一)基本术语

1.舞程向

舞程向是指整套舞蹈行进的方向。摩登舞的特点之一是在行进中完成整套动作,为了避免舞者之间相互碰撞,规定在舞场起舞时均按逆时针方向行进。

2.舞程线

舞程线是指舞者在起舞时沿舞场四侧之一按舞程向行进时的直线。舞程线在舞池中没有实际的标记,它是一条围绕舞池逆时针运行的假设线。舞者如都按照舞程线运行,就不会冲撞。在长方形场地中,起舞时的最佳位置位于 A 线或 B 线的起端。

当面向舞程线时,右边称为壁,左边为中央,舞程线的右斜方向称为斜壁,舞程线的左斜方向称为斜中央,舞程线的相反方向称为逆舞程线,舞程线的后左斜方向称为逆斜中央,舞程线的后右斜方向称为逆斜壁。

3.步位

步位是指一个步子在行进时所表现出的双脚的相关位置。

4.方位

方位是指舞步在结束时脚部(而不是身体)所对的方向与房间(或体育馆)所形成的关系,它包括面对(或面向)、背对(或背向)、指向。面对、背对所表示的是双脚和身体朝着同一方位,而指向则是指双脚与身体朝着不同的方位(指向一般用于在侧行位下前进时)。

5.舞姿

舞姿是指舞者跳舞的姿态,即人体的姿态、造型、步伐等动作过程中的动态形象。

6.合对位舞姿(闭式位舞姿、合位舞姿)

合对位舞姿中的"合"指男女交手握持,"对"指男女面对面。这个术语泛指男女面对、双手握持的身体位置。

在摩登舞和拉丁舞中,分别采用不同的合对位舞姿。

7.侧行位舞姿（开式位舞姿）

侧行位舞姿是指男士的右侧与女士的左侧身体紧密贴靠,身体的另一侧略向外展开成"V"形站立或行进的身体位置。

8.外侧位舞姿

外侧位舞姿是指在标准舞中,男女舞伴的一方向另一方的右外侧（常见）或左外侧（较少见）前进所形成的身体位置。

9.并肩位舞姿

并肩位舞姿是指在拉丁舞中,男女面对同一方向肩臂相并的身体位置。并肩位舞姿包括右并肩位舞姿和左并肩位舞姿。以男士为基准,男士左肩与女士右肩相并称为左并肩位舞姿,男士右肩与女士左肩相并称为右并肩位舞姿。

10.影子位舞姿

影子位舞姿是指男女舞伴面向同一方向重叠而立、形影相随的身体位置,以女士居前较常见。

11.反身动作

反身动作是一脚前进或后退时,异侧肩和髋后让或前送,使身体与舞步形成反向配合的身体动作。一般用于转的开始,在轴转时则更为明显。

12.反身动作位置

反身动作位置是指在身体不转动情况下,移动脚与支撑脚交叉前进或后退在同一条线上,或者在侧行位上交叉行进,以保证舞伴两人身体维持相靠姿态的身体位置,它常用于外侧位舞姿、侧行位舞姿的舞步中。

13.升降动作（起与伏）

升降动作是指在跳舞时身体的上升与下降。升降动作是在膝、踝、脚趾关节的屈和伸动作的转换过程中完成的。

14.摆荡动作

摆荡动作是指舞者在身体上升做斜向和横向移动时,像钟摆似的把身体摆动起来。

15.倾斜动作

倾斜动作是指在跳一些舞步时身体的倾斜。从形体上讲,是肩的平移线向左或向右的倾斜,它与地面的水平线呈三角斜线。

16.节奏

节奏通常指音的长短、强弱作周期性变化的形态。

17.速度

速度是指音乐速度,即音乐进行时节拍的相对快慢程度。

18.动作组合

动作组合是指两个或两个以上的舞步型的结合。

19.套路

套路是指由若干个组合而串编成一套完整的舞步型。

20.A 线、B 线

体育舞蹈正式比赛场地为长方形,为了便于教学或编排,通常将场地的两条长边线称为A 线,将场地的两条短边线称为 B 线。

(二)基本动作术语

1.准线

准线是指双脚的位置或双脚方向与房间的关系。

2.平衡

平衡是指舞蹈中身体重心的准确分配。

3.基本舞步

基本舞步是指构成一种特定舞蹈的基调舞步。

4.脚跟转

脚跟转是指向后迈出的脚的脚跟转。在动作过程中,并上的脚必须与主力脚平行;旋转结束时,身体重心移动至并上的那只脚。

5.脚跟轴转

脚跟轴转是指不变重心的单一脚跟旋转。

6.轴转

轴转是指一脚脚掌的旋转,另一脚处于或前或后的反身动作位置。

7.锁步

锁步是指一脚在前,一脚在后,前脚脚跟与后脚脚背相贴,脚尖方向平行,小脚趾相靠的交叉形舞步。

8.滑步

滑步是指在第二步双脚并拢的三步组成舞步,是一种过程性的特殊运动状态,可分为前进步和后退步两种。

9.踌躇步

踌躇步是指前进暂时受阻的舞步型或舞步型部分,重心停留一脚超过一拍。

10.逗留步

逗留步是指身体运动或旋转受阻时的部分舞步型,双脚几乎静止不动。

11.擦步

擦步是指当动力脚从一个开位向另一个开位移动时,必须先与主力脚靠拢,而重心不变的舞步。

12.交叉步

交叉步是指双脚一前一后的舞步。与锁步不同的是,交叉的双脚未必相贴,且深度交叉时两脚分离较远。

13.并步

并步分为向前、后、侧三种并步。以前并步为例,左脚向前迈一步,右脚用脚前掌在左脚侧点地,身体重心仍在左腿上。

(三)旋转角度与方位术语

标准舞是一种在赛场内按逆时针方向运行的舞蹈,因此,每一舞步在开始和结束时所站的方位、运行过程中身体转动的角度,都有严格规定。角度和方位是研究和表述舞步正确方向的重要依据。

1.旋转角度的认定

脚或身体转动的幅度大小用转动的度数表示,即角度。转动 45° 为 1/8 周,转动 90° 为 1/4 周,转动 135° 为 3/8 周,转动 180° 为 1/2 周,转动 225° 为 5/8 周,转动 270° 为 3/4 周,转动 315° 为 7/8 周,转动 360° 为 1 周(如图 8-3-1 所示)。

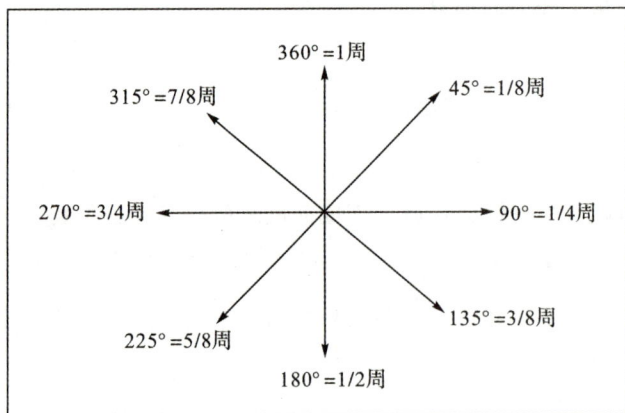

图 8-3-1

2.方位的确定

在体育舞蹈行进中,为了便于正确地辨别身体的方位和检查旋转的角度,根据国际上记录各种舞蹈的惯例,在舞场上要规定一定的方位来加以规范。一般情况下,多以乐队的演奏台一面为规定方位的基点,定为"1 点"(也可在场地中任选一个面定为"1 点"),向顺时针方向每转动 45° 角变动一个方位,如此围绕场地一圈,共经过 8 个点。因此,一块场地中的 4 个面为 1、3、5、7 点,4 个角为 2、4、6、8 点(如图 8-3-2 所示)。

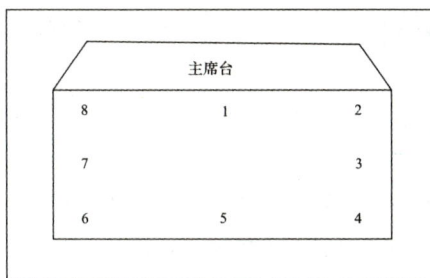

图 8-3-2

以上所述方位,是在一个固定方位时用的。如果舞蹈者按舞程线不断变换方位向前移动,则又和舞程线发生联系。在国际上规定了 8 条线来指示舞蹈每个舞步的行进方向。这 8 条线分别是:①舞程线;②斜壁线;③壁线;④逆斜壁线;⑤逆舞程线;⑥逆斜中央线;⑦中央线;⑧斜中央线(如图 8-3-3 所示)。

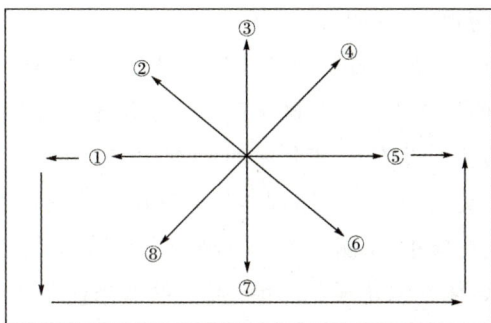

图 8-3-3

练习者在沿着舞程线行进的过程中,无论行进到场地的哪一点,上述规律都是适用的。在指明舞伴两人舞步的行进方向时,应以男士的动作作为基准,女士的动作则应该与之相对应。如在合对位舞姿的前提下,指明男士的方向是面对中央线时,则女士必须正对舞伴形成背对中央线的身体位置。

3.常见符号的记写

(1)S 为英文 slow 的缩写,意为慢,表示该动作要慢,一般跳两拍一步。

(2)Q 为英文 quick 的缩写,意为快,表示该动作要快,一般跳一拍一步。

(3)& 为英文 and 的缩写,即为前面所指示的拍子的一半。

(4)H 为英文 heel 的缩写,意为脚跟着地的记录符号。

(5)T 为脚尖着地的记录符号。

(6)H.T 为脚跟着地再过渡到脚尖的记录符号。

(7)T.H 为脚尖着地再过渡到脚跟的记录符号。

(8)I.E 为英文 inside edge 的缩写,意为内侧边缘,即一脚沿另一脚的内侧向前或向后做动作的记录符号。

二、体育舞蹈各舞种简介

(一)摩登舞

摩登舞起源于欧洲,具有端庄、含蓄、稳重、典雅的风格和绅士风度。舞步流畅、轻柔洒脱、舞姿优美、起伏有序、音乐节奏清晰、舞蹈富于技巧性,是老少皆宜的舞系。

1.华尔兹

华尔兹又称"圆舞",是体育舞蹈中历史最悠久、生命力最强的一种舞蹈。最初起源于德国和奥地利地区的一种农民舞蹈——"土风舞"。12世纪,3/4拍子的华尔兹在德国巴伐利亚和奥地利维也纳地区的农民中流行。华尔兹一词最早来自古德文 Waltz,意思是"滚动""滑动"或"旋转"。16世纪,华尔兹传入法国,17世纪传入维也纳宫廷,18世纪正式出现在英国舞厅,被誉为"欧洲宫廷舞之王"。19世纪末20世纪初,华尔兹流行于美国波士顿,称为波士顿华尔兹,其变形有两种,一种叫"波士顿舞",舞步绵长而滑动,动作徐缓而少旋转,是比较慢的"华尔兹";另一种叫"踌躇舞",每三步跳一步,仍然是现代"维也纳华尔兹"的重要舞步,这种舞蹈后又以新的形式流行于英国和欧洲许多国家,在那里得到了很大的发展。在英国皇家舞蹈教师协会的整理规范下,华尔兹的舞姿、舞步、跳法被系统化,形成了现代意义上的慢华尔兹,又被称作"英国的华尔兹",即当代体育舞蹈的华尔兹。

华尔兹风格特点是庄重典雅,华丽多彩。舞蹈动作流畅、旋转性强、热烈而兴奋、重心起伏跌宕,接连不断的潇洒转体配以华丽的服装、优美的音乐使华尔兹更为完美。莫扎特、肖邦、柴可夫斯基、约翰·施特劳斯等音乐大师都创作了不朽的华尔兹音乐,他们使华尔兹成为"舞蹈之王"。

华尔兹音乐为3/4拍,每分钟30~32小节,基本上一拍一步,每音乐小节跳三步。在舞中也有不同的变化,如前进并合步(追步)、前进锁步、后退锁步中每小节跳四步。华尔兹是英国皇家舞蹈协会规范最早的标准舞之一,体现了舞伴间的内心世界,它有身体的起伏、摆、荡、倾斜和反身动作,是表现爱情的一种舞蹈。舞蹈时,男舞伴似王子气宇轩昂,女舞伴似公主温文尔雅、雍容大方,舞姿飘逸优美、文静柔和。

2.探戈

探戈起源于非洲中西部的民间舞蹈"探戈诺"。16世纪末,随着贩卖黑奴进入美洲,探戈融合了拉美民间舞蹈风格,形成了舞姿优雅洒脱的墨西哥探戈和舞姿挺拔、舞步豪放健美的阿根廷探戈。探戈是阿根廷的国舞。

现代探戈起源于19世纪布宜诺斯艾利斯一个名声不佳的酒吧,在这里聚集着下层社会的人们。女舞伴们穿长裙,男舞伴们穿高领上装、带马刺的长筒靴。由于这种笨重的装备,促成了探戈那瞬间停顿的舞蹈动作特征。不久,探戈进入了城市,它以其深情的旋律和强烈的节奏,营造了富于梦境的效果。有学者认为,探戈是一种内向的,甚至是自忖的舞蹈,表达了一种化为舞步的悲哀思绪。探戈的节奏、旋律乃至舞步,都融进了阿根廷民族的历史,成为阿根廷民族的象征。阿根廷作家埃内斯托萨巴托写道:"探戈中的真挚情感以它不可战胜的魅力征服了世界。"正如斗牛术曾代表西班牙一样,探戈也是阿根廷的代名词,这种概括的确包含了某种深刻的事实。布宜诺斯艾利斯人跳探戈舞时,不欢笑也不纵情,表现的是一种内含隐衷的激情。后来,探戈传入欧洲,融合了欧洲民间舞蹈,尤其是受西班牙民间舞蹈的影响,在豪放洒脱的基础上又渗入了幽雅含蓄的情趣,形成了西班牙探戈、意大利探戈和英国皇家式探戈。

探戈动作刚劲有力,欲退还进;动、静、快、慢错落有致;头左顾右盼,快速转动;舞蹈风格动静交织,潇洒大方;沉稳中见奔放,闪烁中显顿挫。

探戈音乐速度中庸,气氛肃穆,听之铿锵有声,振奋精神;舞曲为 2/4 拍,每分钟 30～34 小节;音乐特点是以切分音为主,带有附点和停顿;舞步分慢(S)和快(Q),其中,S 占一拍,Q 占半拍。舞蹈时,膝关节松弛、微屈,重心略微下沉,脚下干净利落,不拖泥带水,斜行横步,步步为营。

3.快步舞

快步舞起源于美国。早期舞步吸收了狐步舞动作,后又引入了芭蕾舞小动作,使动作显得更加轻快灵巧。舞蹈时,要求掌握好基本动作和身体感觉,尤其是膝关节放松,通过脚踝关节来控制力量和身体重心的移动。舞步跳跃时,脚不能离开地面很高,脚尖刚刚离地即可。舞伴间配合切勿一上一下,否则不但影响姿态和身体重心的移动,而且会造成配合中的失误,跟不上节奏,手忙脚乱,并使动作变形。快步舞在摩登舞中动作较难掌握,初学者一般掌握了华尔兹、维也纳华尔兹、探戈和狐步舞后才学跳快步舞。现在体育舞蹈中的快步舞是"英国式"的快步舞。

快步舞动作轻快活泼、富于激情;舞步轻松,自由洒脱;舞蹈风格简洁明快,饱含动力感和表现力;舞蹈音乐为 4/4 拍,每分钟 50～52 小节。

4.狐步舞

狐步舞起源于美国黑人舞蹈,它的产生比华尔兹和探戈要晚一点。大约在 1914 年,美国杂耍演员哈利·福克斯模仿马慢走时悠闲自在、从容恬适的情态动作,设计出了一种舞蹈形式,并迅速在全美流行。哈利的真名是阿瑟卡林·福特,福克斯(Fox)意即"狐狸",是他的艺名。哈利为旧金山的杂耍演出做歌唱伴奏,当他在纽约地区杂耍演出时,恰逢当时世界最大的剧院纽约剧院改成电影院,影院经理决定在两场电影之间表演杂耍歌舞。哈利在一群美国少女的陪同下,随着拉格泰姆的舞曲跳起轻快的舞步,这种轻快的舞步被称为"福克斯舞步",后又称为"狐步舞"。体育舞蹈中,狐步舞是由英国的约瑟芬·宾莉改编而成的。

狐步舞步法轻柔、圆滑、流畅,方向多变,且没有合并步;动作衔接升中有降、降中有升,呈线性流动状;舞蹈风格典雅大方;舒展流畅,轻盈飘逸,平稳大方;舞曲音乐为 4/4 拍,每分钟 30 小节左右,速度中庸,节奏明快,情绪幽静而文雅,基本节奏是:慢、快、快(SQQ)。舞蹈时,身体挺直,膝关节放松,髋、臀部相对固定。由于舞步平稳,动作流畅,悠闲自在,音乐恬静幽雅,婉转明快,故上身动作多变,反身动作较多,技术中大量运用上足跟旋转,舞伴间配合需要更加默契。

5.维也纳华尔兹

维也纳华尔兹是历史悠久的舞蹈,和华尔兹一样,起源于奥地利北部山区的农民舞蹈。维也纳华尔兹又称"快华尔兹",是由德国农村的土风舞和三拍子的奥地利民间舞相结合而成的。17世纪初这种舞蹈在宫廷中使用,18世纪中叶,流行于法国城市交际舞会,然后在欧洲广为流传。音乐对维也纳华尔兹的发展起到了很大作用。19世纪中期,奥地利著名作曲家约翰·施特劳斯(被称为"圆舞曲之父")创作了大量的圆舞曲,如《皇帝圆舞曲》《维也纳森林里的故事》及《蓝色的多瑙河》等。音乐使维也纳华尔兹锦上添花,热烈而兴奋,极大地推动了维也纳华尔兹的发展、流传。

维也纳华尔兹动作优美,舒展大方,连绵起伏,舞步轻快流畅,旋转性强,音乐为3/4拍或6/8拍,每分钟56~60小节,节奏清晰,旋律活泼。

(二)拉丁舞

拉丁舞起源于非洲和拉丁美洲。拉丁美洲的舞蹈是在西班牙舞蹈基础上,吸收了其他外来乐舞,特别是吸收了非洲黑人乐舞的特征而形成的。非洲黑人的音乐舞蹈对拉丁美洲"国舞文化"产生了极大的影响。拉丁舞动作豪放粗犷,速度多变,手势和脚步内容丰富,充满激情,音乐节奏鲜明强烈,具有热情、奔放、浪漫的特点,尤为中青年人所喜爱。

1.伦巴

伦巴是拉丁舞中具有独特魅力的舞蹈,舞蹈动作曾受雄鸡走路启发,其舞蹈的形成与西班牙的舞蹈"波莱罗"及非洲黑人舞蹈有关。伦巴在古巴获得了极大的发展,是黑人的一种交际舞蹈。伦巴舞为4/4节拍,切分音突出,男、女舞伴跳舞时互不接触,舞蹈动作较大的是髋部和肩部。20世纪30年代,英国的皮埃尔夫妇表演的古巴伦巴,受到了人们极大的欢迎,于是古巴伦巴风行欧洲各国。

伦巴音乐缠绵、浪漫,舞蹈风格柔美而抒情,是表现爱情的舞蹈。由于音乐的基调不同,伦巴舞曲表现的情感也不尽相同,有的是欢快的,有的是深沉而柔情的,也有的是忧虑而伤感的。总的来讲,伦巴多是表现情侣间的爱情生活。在抑扬的韵律节奏下,伦巴具有文静、含蓄、柔美的风格,展示了女性婀娜多姿的美态,男士亦能感受到音乐的魅力,分享舞蹈过程中内在的活力。伦巴在拉丁舞中历史悠久,舞型成熟,具有独到的吸引力,被称为拉丁美洲音乐和舞蹈的精神与灵魂。

伦巴的音乐是4/4拍,每分钟27~28小节,舞蹈动作特点是臀、髋、膝盖绷直,髋向后扭摆,动作不能太突然。伦巴扭髋不是单一的左右扭摆,而是提、转、绕、沉髋的一个组合动作,重心脚踏降时,脚跟用力踏地,足部伸直到超直过程,需经专门训练才能做到。

2.恰恰恰

恰恰恰起源于非洲,后传入拉丁美洲,在古巴获得了很大的发展。它是模仿企鹅的动作创编而成的舞蹈,借以表达青年男女之间追逐嬉戏的情景,风趣诙谐,热烈而又俏美。髋部的扭摆别有一番风韵，尤为年轻人所喜爱。恰恰恰名称动听，节奏欢快易记，配以邦伐斯鼓和沙球的"咚咚""沙沙"声，所以备受欢迎，成为拉丁舞中最受欢迎的舞蹈。

恰恰恰的音乐曲调欢快有趣，节奏为 4/4 拍，每分钟 29～32 小节，4 拍跳 5 步。舞蹈时，在前脚掌上施力，当移重心至脚上时，脚跟要放低，膝关节伸直，用稍离地面的踏步来表达心情的欢快；后退步时，脚跟下落要比前进步晚，避免重心突然"掉"至后面。正确的舞姿、稳定的腿部动作和足部动作对跳好恰恰恰是非常重要的。

3. 牛仔舞

牛仔舞源于美国西部，舞蹈带有踢踏动作，音乐节奏快速且有跃动感，令人兴奋不已。牛仔舞舞蹈动作粗犷豪放，其强烈的扭摆和连续快速的旋转使人目不暇接，眼花缭乱。舞蹈中有举持舞伴和拖甩舞伴动作，以表现牧人强健的体魄和自由奔放的情感。牛仔舞在第二次世界大战后传入英国，后得到广泛推广。牛仔舞的音乐为 4/4 拍，每分钟 40～46 小节，舞蹈风格欢快、热烈、诙谐、风趣。

4. 桑巴

桑巴源自非洲的黑人舞蹈，由农村传入城市演变而成，起初称为摩尔人的桑巴。桑巴舞曲音符短促，节奏欢快，舞时伴以歌唱，舞者围圈而跳，中间一人独舞，或排成双行跳舞，舞步时而急速旋转，时而弯身下蹲，时而像蛇一样扭动着身躯。女伴主要是细小而灵巧地扭胯，男士除胯部动作以外，还辅以脚下动作来炫示舞技。桑巴以微妙的节奏和强烈的感情倾倒了巴西人，逐步成为巴西的民族舞蹈，也成为巴西民族文化的一个重要标志。在巴西每年 2 月底举行的狂欢节中，桑巴已成为节日中最重要的活动之一。桑巴是拉丁舞中强烈而有个性的舞蹈，乐曲热烈、欢快而又兴奋，舞蹈动作粗犷豪放，起伏强烈；膝部连续弹动，舞步奔放敏捷，富有强烈感染力。桑巴区别于其他拉丁舞的一个显著特点是，舞蹈时沿舞程线方向绕场移动，是一种行进性舞蹈。桑巴的音乐为 2/4 拍，每分钟 48～56 小节。

5. 斗牛舞

斗牛舞又称帕索多布累舞，起源于西班牙，流行到法国后发展为国际标准舞。它是模仿西班牙斗牛士的动作创编而成的舞蹈，是一种由西班牙风格进行曲伴舞的拉丁舞。舞蹈中男士象征着斗牛场上的斗牛士，女士象征着斗牛士手中艳丽的红斗篷。斗牛舞舞蹈中保持着一种英武、敏捷、自豪的姿态，表现出强壮威武和豪迈昂扬的气概。斗牛舞的音乐为 2/4 拍，每分钟 60～62 小节，一般每拍跳一步，有时也可以是 3/4 和 6/8 拍，但只适用于表演。

三、体育舞蹈各舞种的特点

体育舞蹈有 2 大类 10 个舞种，每一舞种的风格都是与发源地的历史条件、地理环境、生产方式、民俗风情、审美观念密切联系的，是受其传统文化长年累月的影响而形成的。每一舞种展示的人体美具有鲜明的民族性特征，都具有强烈感人的艺术表现力和鲜明独到的艺术风格，它们的舞蹈特点见表 8-3-1。

表 8 - 3 - 1　体育舞蹈的舞种及特点

舞类	舞种名称	起源地	舞蹈特点
摩登舞	华尔兹	德国	舞姿雍容华贵,高雅大方,舞步委婉流畅,周旋轻飘,起伏跌宕
	探戈	阿根廷	舞姿刚劲顿挫,潇洒奔放,舞步节奏爽快流畅,动静交织
	孤步舞	英国	舞姿平稳大方,温柔从容,舞步悠闲轻松,富有流动感
	快步舞	美国	舞姿轻松欢快,舞步跳跃转动,灵活动人
	维也纳华尔兹	奥地利	舞姿华丽优雅,舞步潇洒流畅
拉丁舞	伦巴	古巴	舞姿柔媚动人,甜美含蓄,舞步涓涓柔媚
	桑巴	巴西	舞姿活泼动人,甜美生动,舞步风吹摇曳
	恰恰恰	墨西哥	舞姿花俏利落,舞步欢快爽朗
	斗牛舞	起源于法国,发展于西班牙	舞姿威猛激昂,刚劲有力,舞步坚定、悍厉、奋张
	牛仔舞	美国	舞姿豪放、开朗,舞步自由多变,节奏快捷

从整体上看,摩登舞除探戈外,其他都起源于欧洲,具有端庄、含蓄、稳重、典雅的风格和绅士风度,舞步流畅,轻柔洒脱,舞姿优美,起伏有序,是老少皆宜的舞系。拉丁舞除斗牛舞外,其他都起源于非洲和拉丁美洲,动作豪放粗犷,速度多变,手势和脚步内容丰富,充满激情,具有热情、奔放、浪漫的风格特点,尤为中青年人所喜爱。

四、体育舞蹈音乐的特点

体育舞蹈运动离不开音乐,音乐离不开节奏、节拍与速度。在音乐中,节奏是音乐的骨架,节拍是音乐的类型,速度是音乐的快慢。节奏是组织起来的音的长短,具有典型意义的节奏叫节奏型,节奏型的特征是反复出现,能最大限度地表现出该音乐的音乐风格;节拍是在有重音(强音)和无重音(弱音)的相等的时间片段,按照一定的次序循环重复,用强弱关系组织音乐,每一个完整的节拍就构成一个音乐的小节;速度是音乐进行的快慢,基本上可以分为快速、中速和慢速,速度是人为确定的,是为了表达音乐情感、塑造音乐形象的需要而设定的,激动、兴奋、欢乐用快速,抒情的用中速,歌颂的赞歌、回忆、挽歌都用慢速。

在体育舞蹈音乐中最重要的是速度和节奏,速度和节奏决定舞种的类型。如节奏型是 3/4 |×××|×××|的音乐,以 28～30 小节/分钟速度演奏时是华尔兹音乐;以 56～60 小节/分钟速度演奏时是维也纳华尔兹音乐。所以,了解音乐速度和节奏的特点对理解体育舞蹈的音乐特点有一定的帮助。

音乐是体育舞蹈的灵魂,由于舞种不同,其音乐节奏、旋律和风格特点也各异。摩登舞音乐节奏清晰;拉丁舞音乐节奏鲜明强烈,热情、奔放、浪漫。舞者要根据不同舞种的音乐特点与所做的舞蹈节奏相一致,并充分展现舞蹈的意境,表达音乐的情感,才能使体育舞蹈的艺术表现力更富有感染力。

第四节　排　舞

作为一项新兴的全民健身项目,随着时代的发展,全球化的普及,排舞运动融入了国际上多种流行时尚的舞蹈元素,不断创新和变化着。随着教学改革深入发展,为了使学校体育的教学与全民健身教育接轨,特此编写排舞内容。

排舞是一种新兴的休闲有氧健身项目,有国际统一的舞码和音乐,受到不同国籍、性别及不同年龄人群的喜爱。它以音乐为核心,通过风格各异的舞步组合循环来展现各国舞蹈的多元文化魅力。

一、排舞的教学方法和手段

(一)常用的教学方法

在排舞教学中常用的教学方法有讲解法、示范法、提示法、带领法、完整与分解法及重复法等。

1.讲解法

讲解法是指教师运用语言向学生说明教学任务、动作名称、作用、要领、做法及要求等,以指导学生掌握基本知识、技术、技能进行练习的方法,这是排舞教学中运用语言的一种最主要、最普遍的形式。

采用此教学法时应注意以下几点:①讲解要有目的性。所讲的内容要围绕教学任务、内容要求及教学过程中学生存在的问题等情况有针对性地进行。②讲解要正确。教师所讲的内容应是科学的、准确的,即言之有理,实事求是,并运用统一规范的专业术语。③讲解要简洁易懂。讲解的语言要简明扼要、通俗易懂、力求少而精,尽可能使用术语和口诀。④注意讲解的时机和效果。排舞教学的讲解可以在动作示范后进行,也可边做边讲。讲解时要根据学生已有的知识经验来确定讲解内容的深度和广度,以便使学生更好地理解和掌握。⑤讲解的顺序要合理。讲解的顺序一般先讲下肢动作,再讲上肢规定动作,最后讲躯干与头颈、手眼的配合。⑥讲解要有启发性。在教学中力求用生动形象的语言引发学生的学习兴趣,启发学生积极的思维,把学生听、看、想、练有机地结合起来。⑦讲解要有艺术性。讲解时必须用普通话,口齿清晰,层次分明,表达生动形象,有趣味性,有感染力。同时,恰当的情感和声调都会使语言产生生动的艺术效果。⑧讲解要有节奏和鼓舞性。讲解语言的声调、强弱应按特定的顺序和时间间隔交替进行,语言要有节奏感。讲解的语言应有利于激发学生的练习积极性。

2. 示范法

示范法是指教师以自身完成的动作作为教学的动作范例,用以指导学生进行练习的方法。此种方法可以使学生了解所要学习动作的具体形象、结构、要领和方法。

采用此教学法时应注意以下几点:①示范应是动作的典范。教师的示范要力求做得准确、熟练、轻松和优美,给学生留下深刻印象,使学生看完示范后就产生跃跃欲试的感觉。因此,教师要不断提高示范动作的质量。②示范要有明确的目的。教师的示范要根据教学任务、步骤及学生的水平确定。例如,教授新教材时,为了使学生建立完整的动作概念,一般可先做一次完整的示范,然后结合教学要求,可进行慢速和常速的示范。③示范要有利于学生的观察。在进行示范时,要注意选择合适的示范面、示范速度及学生观察示范的距离和角度。④示范与讲解相结合。在排舞教学中,只有把示范与讲解紧密地结合起来,才能获得最佳的教学效果。

3. 提示法

提示法是指教师以提示的方式指导学生进行练习的一种方法。这种提示可以是语言的,也可以是非语言的。

语言提示是指教师用简练的语言或口令提示学生所要完成的动作名称、时间、数量、方向和质量的要求等。

采用此教学法时应注意以下几点:①要用准确、恰当、简单的语言或口令来提示动作,并且要声音洪亮,发音准确,声调恰当。②提示的语言或口令要配合音乐的节奏,教师可边数节拍边提示动作。例如,提示脚下步伐时,可喊"1、2、3、4、左脚、前、迈";提示动作方向时,可喊"向、左、3、4、向、右、7、8";提示动作速度可喊"5、6、加、快";要求连续练习时,可喊"5、6、再、做"。③提示动作重复的次数和改变动作时,一般常采用倒数法进行提示。提示时应有一定的提前量。例如,"4、3、2、海岸步";"4、3、2、向前踏"等。④教师应用友善和富有情感的语言进行提示,以此对学生产生激励作用。

非语言提示是指教师用肢体语言、面部表情、视线接触等提示学生完成动作的一种方法。

采用此教学法时应注意以下几点:①利用肢体语言提示时,必须使学生明确肢体语言的含义。因此,最好预先向学生讲明课上所要采用的几种身体语言动作。②在使用肢体语言时,可配合语言的提示。例如,曲目中规定的上肢动作,手臂在做大幅度地向上伸展时,可配合"臂伸直"的语言提示,使所提示的内容变得更加明确。③在用身体动作进行提示时,力求使动作做得准确、规范,在必要时可将动作进行夸张。例如,"腿高抬""大步走"等提示夸张动作。④用手势提示时,应根据需要提前2拍或4拍做出,掌握好提示时机,并且要使每一位学生都能清楚地看到教师所做出的手势。教师做出的手势要相对固定,既可采用大家公认的手势动作,也可形成自己独特的手势风格。⑤教师要善于运用面部表情和眼神的变化来激励学生。如微笑、眼神对视、点头等。

4. 带领法

带领法是指学生在教师的带领下,连续完成单个动作、组合动作、成套动作练习的一种方法。此种方法能使学生在较短的时间内建立正确的动作概念,掌握动作与动作的连接方法及音乐节奏感。

采用此教学法时应注意以下几点:①根据动作需要正确选择带领的示范面。通常在身体有前后行进、转体变化及动作较复杂时,采用背面示范带领;结构较简单的动作一般选择镜面示范带领。身体有左右方向变化的动作根据观察动作的需要,可选择镜面或背面示范带领。②大部分动作都应采用镜面示范,以利于教师观察学生掌握动作的情况和便于与学生沟通。③教师在领做动作时,可将背面及镜面示范结合起来运用,在转换示范面后,教师示范的方向应跟学生的动作方向保持一致。④在完成较复杂动作时,可慢速带领,待学生熟练掌握后,恢复正常速度带领;在完成上下肢配合动作时,可先反复做步伐练习,在此基础上将规定手臂动作添加到动作中,形成一个完整的动作。⑤教师在带领学生练习时,除示范动作要做得一丝不苟外,还要与手势、口令等提示方法紧密结合,使学生达到眼看、耳听、心想、体动的目的,从而达到最佳的教学效果。

5. 完整法与分解法

完整法是指从动作的开始到结束不分部分和段落,完整地进行教学的方法。此种方法不破坏动作整体结构、不割裂动作各部分或动作之间的内在联系,可使学生建立完整的动作概念,迅速地掌握动作。分解法是指把结构比较复杂的动作或组合按身体环节合理地分解成几个局部动作分别进行教学,最后达到全部掌握动作的方法。

采用此教学法时应注意以下几点:①学习结构比较简单的动作,采用完整法进行教学。②学习较为复杂的动作,可采用慢速完整练习方法,即放慢动作的过程,在每个姿势中停几拍,以进一步加强学生对动作的运动轨迹、动作各环节的变化了解,提高学生正确完成动作的整体感觉,待学生建立了正确动作概念之后,再按正常速度进行完整练习。③对于要求协调性较高的动作,往往预先把它分解成几个局部动作分别进行教学,待学生基本上掌握了分解动作之后,再进行完整动作的教学。例如,把排舞的动作分解成上肢规定动作、下肢动作、头部动作等,先分别进行练习,然后再按规定上肢、下肢、头部等配合进行完整练习。④运用分解法是为了完整地掌握动作要领,因此,分解教学时间不宜过长。

6. 重复法

重复法是指不改变动作的结构,按照动作要领进行反复练习的方法。排舞的练习,可重复单个动作,也可重复组合动作和成套动作。这种方法既有利于学生在反复练习中掌握和巩固动作技术,又有利于指导和帮助学生改进动作技术,并对锻炼身体、发展体能等有较好的促进作用。

采用此教学法时应注意以下几点:①要防止错误动作的重复。教学中,一旦发现有错误动作出现,教师应立即给予纠正,以防形成错误动作的定型。②在动作初学阶段采用重复法时,应避免运动负荷过大及疲劳的过早出现,以免影响掌握动作及改进动作。③练习时要合理安排重复次数。所重复的次数既能保证学生在每一次的练习中都能达到动作的要求、不降低练习质量,又适合学生的运动负荷能力。重复次数少,达不到锻炼效果,也不易掌握和巩固动作;重复次数太多,容易造成动作变形,也易使学生失去练习的兴趣。

总之,上述几种教学方法都有各自的特点和功能,但它们是彼此有机联系的。在排舞教学中,应根据课程的任务需要,灵活地运用各种方法,使每一种方法的运用都成为整个教学过程有机的一环。

(二)常用的教学手段

在排舞教学中,常用的教学手段有视听类和练习类两种。

1.视听类

通过读舞谱、看课、录像、光盘、电脑多媒体等视听教学手段进行排舞教学。

2.练习类

通过轻器械、表演道具、地板、场馆等教学用具和训练设施进行排舞练习。

(三)应注意的问题

1.要有助于提高教学质量

选用哪种教学手段,必须要明确目的,教学手段应有助于激发学生的学习动力,有助于检查学习效果。

2.选择教学手段要从具体条件出发

从实际出发,一方面要考虑现有的场地器材、设备等情况;另一方面要因人而异,选择有效的教学手段,提高教学效果。

3.要协调好人与操作物之间的关系

教学手段的选择要有利于师生双边互动的进行,因此,既要调整好师生之间的关系,又要发挥师生的积极主动性,协调好人与操作物之间的关系,使器材、设备、多媒体等教学手段为人服务。

二、排舞的基本技术

下面为排舞 2013 年第 23 辑曲目初级、中级、高级套路。

(一)1234——初级排舞规定套路

舞蹈名称:1234

前奏 4×8,2 个方向,动作 8×8 拍,右脚开始。

1.第 1 个八拍动作说明

(1)步伐(如图 8-3-1 所示)。

①1~4:1 右脚向前一步,脚尖点地;2 右脚脚跟点地;3 左脚向后一步,脚尖点地;4 左脚脚跟点地。

②5~8:5 右脚向右侧一步,脚尖点地;6 右脚脚跟点地;7~8 左脚脚尖点地,然后脚跟

点地并与右脚。

（2）面向 1 点。

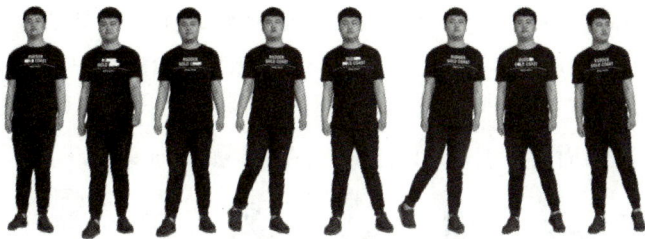

图 8－3－1

2.第 2 个八拍动作说明

（1）步伐（如图 8－3－2 所示）。

①1～4：1 右脚向前一步；2 左脚跟右脚；3—4 右脚向前一步，重心在右脚。

②5～8：5 左脚向 1 点钟一步；6 以左脚为轴身体右转 180°；7—8 左脚向前一步，重心在左脚。

（2）面向。1～5 拍面向 1 点；6～8 拍面向 6 点。

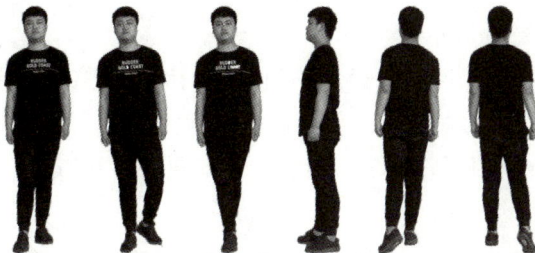

图 8－3－2

3.第 3 个八拍动作说明

（1）步伐（如图 8－3－3 所示）。

①1～4：1 右脚向前一步，脚尖点地；2 右脚脚跟点地；3 左脚向后一步，脚尖点地；4 左脚脚跟点地。

②5～8：5 右脚向右侧一步，脚尖点地；6 右脚脚跟点地；7～8 左脚脚尖点地，然后脚跟点地并与右脚。

（2）面向 6 点。

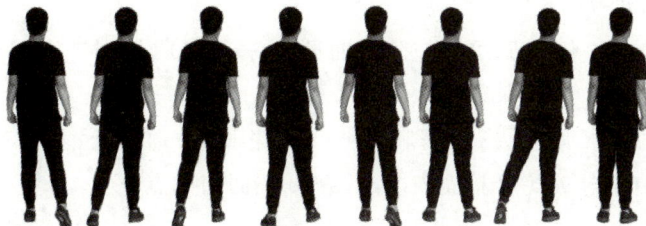

图 8－3－3

4. 第4个八拍动作说明

(1)步伐(如图8-3-4所示)。

①1~4:1右脚向前一步;2左脚跟右脚;3~4右脚向前一步,重心在右脚。

②5~8:5左脚向6点钟一步;6以左脚为轴身体右转180°;7~8左脚向前一步,同时,左转身90°,重心在左脚。

(2)面向。1~5拍面向6点;6拍面向1点;7~8拍面向9点。

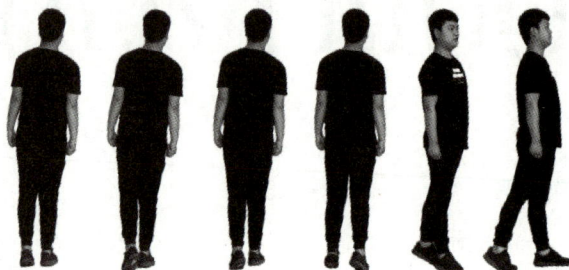

图8-3-4

5. 第5个八拍动作说明

(1)步伐(如图8-3-5所示)。

①1~4:1右脚向右侧一步,重心落在右脚,左脚抬起;2重心移至左脚,左脚踩地;3~4右脚向后做一个后曼波步。

②5~8:5~6和1~2相同;7~8右脚向前一步,重心落在右脚。

(2)面向9点。

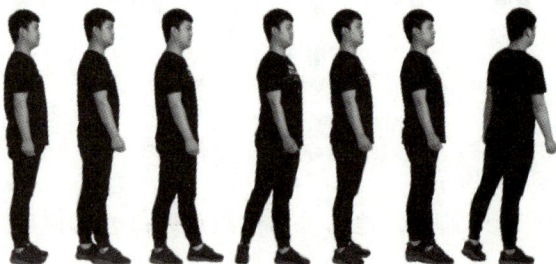

图8-3-5

6. 第6个八拍动作说明

(1)步伐(如图8-3-6所示)。

①1~4:1左脚向左侧开步;2以左脚为轴身体右转180°,面向3点;3~4左脚向6点迈一步,重心在左脚。

②5~8:5抬右腿,6踩出去;7~8和5~6动作相同,方向相反。

(2)面向。1拍面向9点;2拍面向3点;3~8拍面向6点。

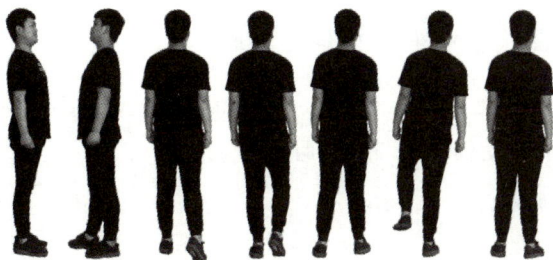

图 8 - 3 - 6

7. 第 7 个八拍动作说明

(1) 步伐(如图 8 - 3 - 7 所示)。

①1~4:1 右脚向右前方一步并做顶髋动作;2 还原;3~4 动作相同。

②5~8:5~8 和 1~4 动作相同,方向相反。

(2) 面向 6 点。

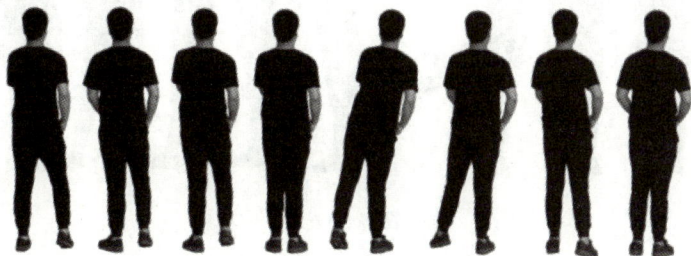

图 8 - 3 - 7

8. 第 8 个八拍动作说明

(1) 步伐(如图 8 - 3 - 8 所示)。

①1~4:1~2 右脚向前做一个曼波步;3~4 右脚向后撤一步留左脚,重心在右脚。

②5~8:5 左脚向后撤一步;6 右脚并左脚;7~8 左脚向前一步,重心在左脚。

(2) 面向 6 点。

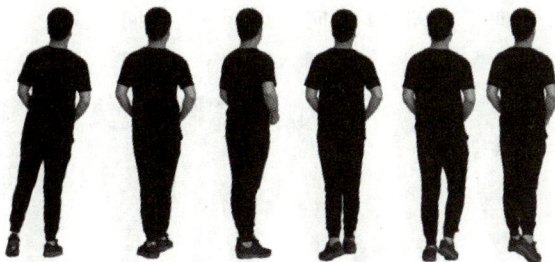

图 8 - 3 - 8

（二）Party 时刻——中级排舞规定套路

名称：Party 时刻

前奏 2×8,4 个方向,动作 6×8 拍,右脚开始。

1. 第 1 个八拍动作说明

(1)步伐(如图 8-3-9 所示)。

①1～4:1 右脚向前上一步;2～3 以右脚为轴转向 7 点,同时左脚迅速弹踢并向后撤一步,右脚向前一步;4 左脚向前一步。

②5～6:5～6 右脚的一个前曼波步。

③7～a～8:7～8 右转 90°向 3 点做两个并步跳。

(2)面向。预备面向 1 点;1、7～8 面向 1 点、2～6 面向 7 点。

图 8-3-9

2. 第 2 个八拍动作说明

(1)步伐(如图 8-3-10 所示)。

①1～2:1 右脚向右一步移重心;2 左脚抬起再落下,重心移至左脚。

②3～a～4:3～a～4 左转身面向 7 点做右脚的恰恰步。

③5～6:5 左脚向 7 点方向上一步,右转 180°面向 1 点;6 撤右脚右转 180°面向 5 点。

④7～a～8～a:7 左脚向右侧交叉一步,哒拍右脚并左脚;8 左脚左前方脚跟点地,哒拍还原。

(2)面向。1～2、5 面向 1 点;3～4 面向 7 点;6～8 面向 5 点。

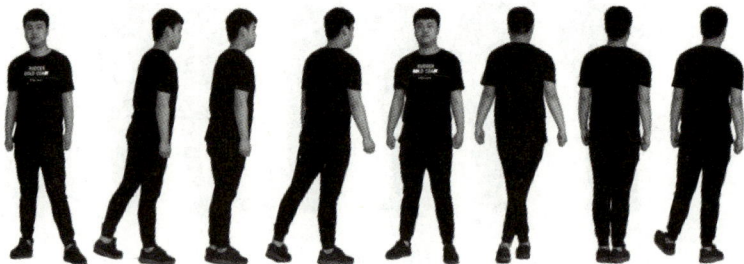

图 8-3-10

3. 第 3 个八拍动作说明

(1)步伐(如图 8 - 3 - 11 所示)。

①1～a～2:1 右脚向右前方脚跟点地一次并还原;2 动作同 1,方向相反。

②3～a～4～a:3～a～4 右脚向左侧交叉一步,哒拍左脚并右脚;4 右脚向右侧方一步,左脚跟点地,哒拍右脚并左脚。

③5～6:5 左脚向左前方一步脚跟点地;6 右脚向右前方一步脚跟点地。

④7～a～8～a:7～8 左脚向前的恰恰步。

(2)面向 5 点。

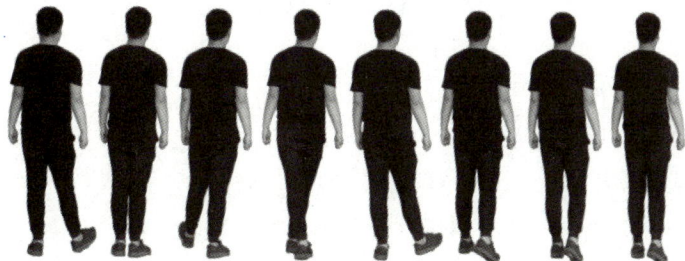

图 8 - 3 - 11

4. 第 4 个八拍动作说明

(1)步伐(如图 8 - 3 - 12 所示)。

①1～a～2:1～a～2 右脚向右前侧一步脚尖点地,向右前顶髋两次。

②3～a～4～a:3～a～4～a 动作相同,方向相反。

③5～8:5 右脚向前一步;6 以右脚为轴左转 180°;7～8 向前走两步。

(2)面向。1～5 面向拍 5 点;6～8 拍面向 1 点。

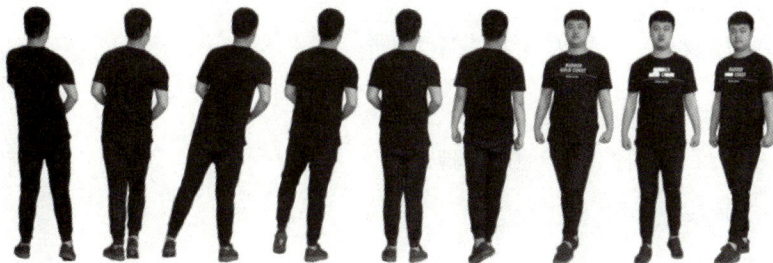

图 8 - 3 - 12

5. 第 5 个八拍动作说明

(1)步伐(如图 8 - 3 - 13 所示)。

①1～2:1～2 右脚向前做曼波步。

②3～4～a:3～4 右转 180°,右脚向前做恰恰步。

③5～6:5～6 左脚向前做曼波步。

④7～a～8:7～a～8 左转 270°,左脚向前做恰恰步。

(2)面向。1～2 面向 1 点,3～6 面向 5 点,7～8 面向 7 点。

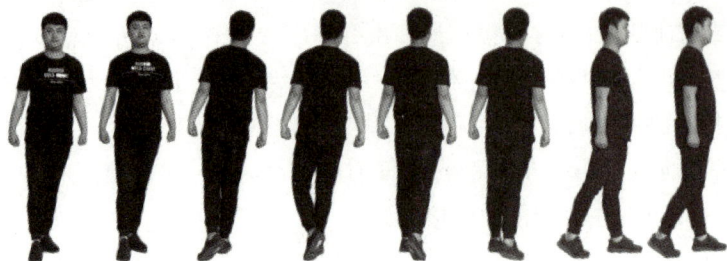

图 8－3－13

6．第 6 个八拍动作说明

(1)步伐(如图 8-3-14 所示)。

①1～4:右脚先迈出一个 V 字步,随后收回。

②5～a～6～a～7～a～8:右脚依次开并步两次。

(2)面向 7 点。

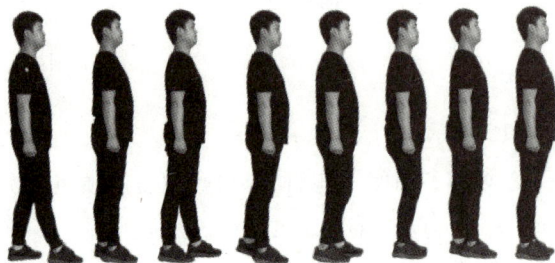

图 8－3－14

(三)热舞激情——高级排舞规定套路

名称:热舞激情

前奏 6×8 拍,2 个方向,6×8 拍,右脚开始。

1．第 1 个八拍动作说明

(1)步伐(如图 8-3-15 所示)。

①1～a～2:1～2 向右提髋 2 次。

②3～4:3 右脚向后撤一步;4 左脚向后撤一步。

③a～5～6:a 右脚原地踏一步;5 左脚向前上一步,右脚向前上一步。

④7～8:7 左转 180°,左脚原地踏步;8 右脚上一步左转 90°,开步。

(2)面向 1 点。

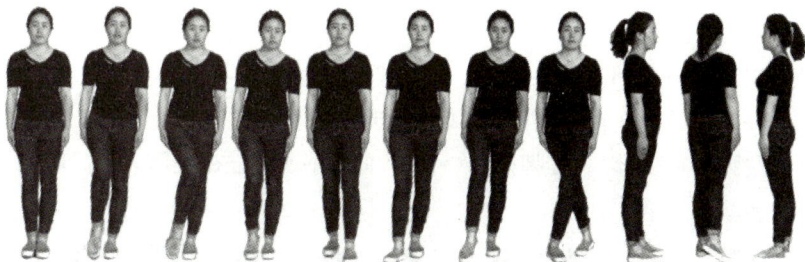

图 8 - 3 - 15

2.第 2 个八拍动作说明

(1)步伐(如图 8 - 3 - 16 所示)。

①a～1～a～2～3～a～4:a～1 左脚并右脚,右脚开步;a～2～3～a～4 并步跳两次。

②5～6:5 右脚向前一步,右转 90°;6 左脚上步,右转 90°。

③7:7 右脚原地踏一步,右转 90°。

④8:8 左脚向前一步,重心在左脚。

(2)面向 3 点。

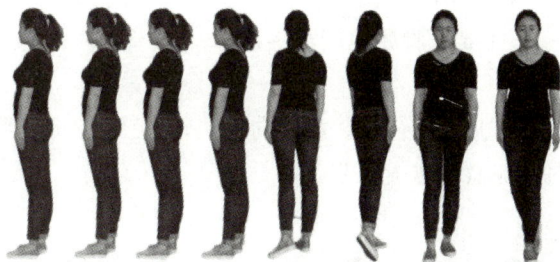

图 8 - 3 - 16

3.第 3 个八拍动作说明

(1)步伐(如图 8 - 3 - 17 所示)。

①a～1～a～2～a～3:a～1～a～2～a～3 右脚跟左脚的锁步三次。

②4～a～5:右脚向前弹踢一次;a 右脚向后撤一步;5 左脚侧点脚尖点地,身体左转 90°。

③6～8:6 左脚原地踏步并后踢右腿;7 右脚上前一步;8 左脚上前一步。

(2)面向 1 点。

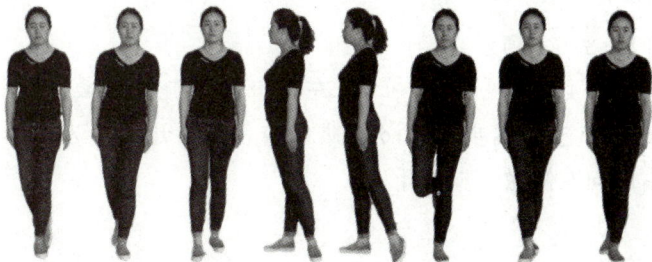

图 8 - 3 - 17

4.第4个八拍动作说明

(1)步伐(如图8-3-18所示)。

①a～1～2～3～4:a～3向后转一圈,4右脚向前一步。

②5～8:5左脚向前一步;6右脚向前一步;7向后移,重心在左脚;8右脚向后撤一步。

(2)面向5点。

图8-3-18

5.第5个八拍动作说明

(1)步伐(如图8-3-19所示)。

①a～1～a～2～3～a～4:a左脚原地踏步一次;1～a～2～3～a～4右脚向左前交叉步,桑巴走步两次。

②5～6～7～a～8:5右脚踏步一次;6左脚向左一步至开步;7右脚原地踏一步;a左脚向右后撤一步;8左脚向左侧撤一步成开步。

(2)面向5点。

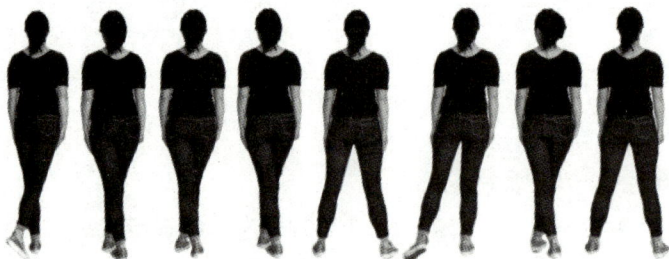

图8-3-19

6.第6个八拍动作说明

(1)步伐(如图8-3-20所示)。

①1～a～2～3～a～4:1～a～2～3～a～4左脚向右前方交叉,桑巴走步两次。

②5～6～7～a～8:5左脚踏步一次;6右脚向右一步至开步;7左脚原地踏步;a右脚向左后方撤一步;8右脚向右侧撤一步成开步。

(2)面向5点。

图 8 - 3 - 20

第九章

休闲体育运动

第一节　瑜　伽

一、瑜伽概述

瑜伽源于印度，距今有五千多年的历史文化，被人们称为"世界的瑰宝"。瑜伽是一个通过提升意识，帮助人类充分发挥潜能的体系。瑜伽姿势运用古老而易于掌握的技巧，提升人们生理、心理、情感和精神方面的能力，是一种达到身体、心灵与精神和谐统一的运动方式，包括调身的体位法、调息的呼吸法、调心的冥想法等，以达到身心合一。

如今，瑜伽已悄然传遍了全世界，有了众多的流派，成为现代人独特的健身运动。

瑜伽姿势和大多数体育练习不同，它不涉及快速或用力的运动，也不引起粗重的呼吸。瑜伽动作缓慢，步骤分明。练习者在做每一项瑜伽练习时，都是放松而又警惕的，要把注意力集中在体内产生的感觉上。瑜伽规定了各种训练方法，如体位法、呼吸法、松弛法、自然饮食法及冥想法等。

二、瑜伽的基本知识

瑜伽运动的基本原则是身心的净化，讲究自然、同归与放松。通过练习瑜伽，对呼吸和姿势进行调整，能够实现对耐力、力量和柔韧性的锻炼。同时还可以让我们始终保持心灵的愉悦感，达到身心的和谐，为我们带来平和、健康的身体状态。练习瑜伽具有以下益处。

(1)修身养性。减压养心，释放身心，全身舒畅，心绪平静，冷静思考，达到修身养性的目的。

(2)提高免疫力。加速血液循环，修复受损组织，使身体组织得到充分的营养，免疫能力也随之增强。

(3)集中注意力。瑜伽是压力人群提高学习、工作效率的最佳休息法和锻炼法。

(4)净化心灵。让人跳出情绪的限制，从而更好地回归角色，并坦然迎接生活中的一切挑战。

(5)提高抵抗力。瑜伽可以锻炼出一副健壮的体格，提高对疾病的抵抗力。

（6）改善心智情绪。由于瑜伽使包括脑部在内的腺体神经系统产生回春效果,心智情绪自然会呈现积极状态。

（7）调节内分泌。强化内分泌系统的功能,保持和促进身体系统发挥正常的功能。

三、瑜伽基本动作

（一）呼吸方法

瑜伽呼吸方法是整个瑜伽系统的基础,所有的瑜伽练习都必须建立在呼吸的基础上。瑜伽的呼吸方法有很多种,但最基本的瑜伽呼吸方法有 3 种:腹式呼吸、胸式呼吸和完全式呼吸。现分别介绍如下。

1.腹式呼吸

腹式呼吸又叫横膈膜呼吸,是肺部的底部进行呼吸,感觉只有腹部在起伏,胸部相对不动。通过这种方式对吸入气体进行控制,使膜状肌更为有力,让呼吸的时间和周期变得深长,有规律。一次吸气、呼气和屏气为一个调息周期。腹式呼吸可以锻炼腹部肌肉,按摩腹腔内的器官,增加肺活量,促进全身的血液循环。

动作要点:选择舒服的姿势,站立、坐姿或仰卧。用鼻子呼吸,将双手轻轻搭放在腹部,两中指相对,当吸气时,直接把气深吸到腹部,胸腔保持不动,手会随着气体的吸入而被抬起,双手手指分开,吸气越深,手指分开越大,腹部就会升得越高。随着腹部扩张,横膈膜下降;呼气时,腹部朝脊柱的方向用力收紧,尽量收缩腹部,手指相叠,将所有的空气呼出双肺,这时横膈膜会自然上升。反复几次这样的练习。

健身功效:调节压力系统,为身心减压,还有助于调节循环和呼吸系统的紊乱。所有的腹部器官得以按摩,促使各内脏腺体以正常的方式分泌激素。

2.胸式呼吸

胸式呼吸接近我们日常的呼吸方法,程度比日常呼吸更深长和专注。以肺部的中上部参加呼吸,感觉胸部、肋骨在起伏,腹部相对不动。胸式呼吸可以稳定情绪,平衡心态,帮助因为呼吸短促而积压下来的废气排出体外。

动作要点:选择舒适的瑜伽坐姿,注意腰背挺直,头顶的百会穴引领脊柱向上延伸,身体屹立不动,将双手轻轻搭放到胸部下侧的肋骨上,帮助体会肋骨起伏和气流涌动的感觉。用鼻子呼吸,吸气时胸部隆起,肋骨向上向外扩张,腹部不动并保持平坦,然后不要歇息,继续呼气,胸部放松,肋骨向内向下收缩。反复几次这样的练习,如果觉得鼻腔吸入气体不顺,可以张开嘴巴帮助呼吸。

健身功效:胸式呼吸能加强腹肌肌力,镇静心脏,净化血液,改善循环。

3.完全式呼吸

完全式呼吸可以说是瑜伽调息和相对应收束法的砥柱,它教授练习者一种自然流畅的呼吸方法,整个肺部参与呼吸运动,腹部、胸部乃至全身都能够感受到起伏。完整的完全式呼吸可以将呼吸空气的量增加3倍,让新鲜的氧气供应血液,让心脏更强劲,缓解内脏压力,调节内分泌。一定要把完全式呼吸变成日常的习惯呼吸,就会发现它可以让身体收放自如,有奇妙变化。

动作要点:完全式呼吸是腹式呼吸和胸式呼吸的完美结合,首先选择姿势,坐姿、仰卧、站立都可以。采用正确的瑜伽坐姿,头、颈、脊柱成一条直线垂直地面,放松神经及身体。用鼻子呼吸,缓慢吸气,用腹式呼吸的方法将气体吸到腹腔区域,感受腹部隆起,再用胸式呼吸的方法,将吸气继续向上,将胸部吸满空气并扩大到最大程度。此时腹部向内收紧,双肩可以略微升起,吸气已经到达双肺的最大容量。呼气阶段,按相反的顺序呼气,首先放松胸部,肋骨向内向下,排出空气,然后收缩腹部肌肉呼尽所有气体,结束一个呼吸周期。如此循环下去,反复练习。

健身功效:氧气充满整个肺部,供身体需要;将二氧化碳呼出体外,清除体内毒素,净化血液;按摩内脏器官,促进脏腑血液循环,增强其功能。

(二)基本动作与练习方法

瑜伽体位练习是独特而缓慢的有氧运动。印度瑜伽先哲帕坦加利所著的《瑜伽经》中,将瑜伽体位法定义为"将身体置于一种平稳、安静、舒适的姿势",其意义是指让肢体在某一个舒适的动作或姿势上能够维持一段时间,在缓慢的动作中,身体保持放松和做深沉的呼吸,使得血液能够很自然地携带并吸收大量氧气。这些扭转弯曲伸展的静态动作,及动作间的止息时间,影响身体各个层面,能刺激腺体、按摩内脏,有松弛神经、伸展肌肉、强化身体、镇静心灵的功效。

下面是8个连续的姿势组成的一套练习方法。要求练习者每星期至少练习3次,每次约半小时。每个姿势进行深长呼吸4~6秒,再做下一个姿势,整套动作重复做6~8次,完成一组练习时,换另一侧做。热身时动作先缓慢一些,每个姿势保持6~8秒。

动作要点:要与呼吸配合起来。开始做姿势前,先吸气,使肺、胸、腹部充满空气;然后呼气,慢慢平缓地移动肢体呈下一个姿势,动作不宜过快。

1.山立式

两脚并拢站立,大拇指并拢,脚后跟略分开,直腿收腹,两臂放在身体两侧,垂肩,做深呼吸。

2.幻椅式

保持两膝和腿并拢,两膝慢慢弯曲,臀部后坐,身体的重心落在脚后跟,像是坐在一把椅子上,同时伸直两臂向上举过头顶,掌心相对。

3.战士第一式

把腿伸直,右腿向后撤一大步,臀部保持不动,脚趾朝前,左膝弯曲与左脚踝垂直,右腿保持伸直,上体姿势保持原来的姿势。

4.战士第二式

同战士第一式髋部转成侧位,把后伸的右脚脚尖向外转向,两臂同时放下成侧平举,掌心朝下,头部向左转,眼睛看着左手中指。

5.下犬式

由战士第二式把右脚脚趾转向前,髋部以下躯干下弯,两手向前伸直,两手掌平触地,手臂与后背保持在一直线上,左脚后撤与右脚并立,臀部抬高,身体呈倒 V 字形,下压脚后跟。

6.支撑式

由下犬式把臀部放低,直到头部至脚跟在一直线上,脚趾撑地,用手臂和腹肌的力量支撑躯干。

7.侧斜面支撑式

由支撑式把身体转向一侧,两脚并拢,用左脚侧面和左手支撑在地,右臂伸直,随身体转动,指向上方,直到与两臂、左肩、左臂成一直线,眼睛看右手手指。

8.腹撑式

返回支撑式,然后收紧腹肌,屈肘,下降身体,注意两肩不要前伸;然后两臂慢慢撑起,臀部抬高恢复到下犬式,两脚向前移步,屈膝,上体慢慢卷起,恢复为山立式。

瑜伽冥想法是指把注意力集中到某一特定对象之上的深思方法,一般会把注意力集中到一个特定的物体、图像或情绪上,它是一种清醒又警觉、平静又专注的状态,是一种思想方式,通过冥想可与潜意识沟通,是现代人减压和心理美容的方式。

(1)冥想的姿势有雷电坐、简易坐、至善坐、莲花坐等。

(2)冥想时手的姿势有合十礼、禅手势、智慧手印等。

四、瑜伽练习原则与方法

瑜伽练习的原则与方法如下。

(1)缓慢地完成动作,防止肌肉拉伤。

(2)因为肌肉有呼气时松弛、吸气时紧张的特质,配合呼吸进行练习。按照"收手为吸,出手为呼;上提为吸,下降为呼;开为吸,合为呼"的原则。

(3)练习时,注意力要集中,用心去体会身体伸展时产生的感觉,这样才能使身体和精神放松,避免在练习中拉伤。

(4)完成每一个姿势时须静止不动,以此姿势做调息若干次。借此身心静止的状态,把内心的安详表露于外。

(5)瑜伽可在空腹时练习,也可进餐后 3 小时左右再练习。

(6)穿着轻松、有弹力的服装,手表、眼镜、饰物等应除下,减少外物束缚,最好赤脚练习。

（7）坚持每天练习，可一次完成，也可分段练习。每个动作可练习 3～5 遍，中间需放松。

（8）禁止在大病和手术后练习瑜伽。

（9）禁止由他人帮助完成动作，或边做边聊天。

（10）忌练习后立即沐浴，建议过 30～60 分钟后再沐浴。

（11）在练习过程中，如果觉得疲倦不适，就应慢慢停下来休息放松，不可勉强自己。

（12）练习前和练习过程中均可喝水，但不要喝太多，练习后则可以多喝水（高温或特殊说明情况除外）。

（13）练习瑜伽没有规定的时长，可以用几分钟或更久，但应持之以恒，并视之为自己的生活方式。

（14）练习者在自己力所能及的范围练习瑜伽，不可强迫用力而受伤。

五、瑜伽运动练习场地及器材

（一）练习场地

瑜伽练习场所应该选在安静、清洁、空气新鲜之处，尽量离开室内而选择露天的有利于平静心情的地方，使人得以亲近自然，审视内心。如果在室内练习，则要注意保持空气的流通，可以在旁边摆放绿色植物，以便静心和集中注意力。

（二）瑜伽器材

瑜伽器材包括瑜伽垫、瑜伽伸展带、瑜伽砖、瑜伽包等。

第二节　定向运动

一、我国定向运动的发展

在我国，定向运动正式作为一项体育活动开展训练和比赛是在 1983 年。1991 年我国成立了中国定向运动委员会。1992 年，中国成为国际定向越野联合会的正式成员国。1995 年 12 月，国家体育总局中国定向运动协会在北乐成立。2002 年 9 月，教育部制定了《全国普通高等学校体育课程教学指导纲要》，提出在全国高等学校的体育课程中开发自然环境资源，因时因地制宜开发利用各种课程资源，开展野外生存、生活方面的教育与训练。教育部于 2003 年下半年下发了《全国普通高等学校体育教育本科专业课程方案》，方案中定向运动被列为体育教育本科专业"必修课程"中的"主干课程"，并于 2004 学年开始在全国普通高等学校体育教育专业课程中实施，这一方案的实施无疑将定向运动推上了一个新的台阶，定向运动还被教育部规定为大学生必学的运动项目。

中国定向运动协会积极推动定向运动在国内的发展，每年在全国范围内组织"全国定向运动锦标赛""全国城市定向运动系列赛""全国学生定向锦标赛""全国学生定向精英赛"和"全国定向冠军赛"等大型赛事。赛事的组织工作与国际接轨，裁判规则与技术标准完全按照国际定向越野联合会颁布的规范实施。比赛项目不断增设，包括单人定向、积分定向、团队定向、百米定向、夜间定向等，在国内均属首次举办，极大地提升了定向运动在国内学校的普及度和参与者的热情。

二、定向运动的基本知识

（一）定向运动的概念

定向运动就是利用地图和指南针到访地图上所指示的各个点标，以最短时间到达所有点标者为胜。定向运动通常在森林、郊外和城市公园里进行，也可在大学校园里进行。

（二）定向运动地图

定向运动地图是按一定比例尺表示地貌、地物平面位置和高程的正射投影的平面地形图形。

定向运动竞赛地图一般由地图比例尺、地貌符号、地物符号、磁北方向线、地图地域颜色、地图图例注记、比赛路线和检查点符号说明等八大要素组成。

在定向运动中，地图和指北针起着确定运动点、运动方向和运动路线的重要作用。在进行地图与实地对照时，指北针起着桥梁的作用。指北针能简便地标定地图和确定实地方位，确保地图上的地物符号、地貌符号与实地地物、地貌之间的对应关系。所以，在定向运动中，读识地图，掌握指北针性能是基础，使用地图和指北针是关键。在定向运动中，确定运动点、运动方向、运动路线时，把地图、指北针、实地三者有机地结合起来，将会达到简便、快捷、精确的判定效果。

在定向运动中，地图和指北针的使用包括标定地图、对照地形、判定地形、确定运动点、确定运动方向、确定运动路线等。

三、定向运动的基本内容

（一）定位与定向

定向运动者要想尽快到达目标点，首先要会明辨方向、判定方位，即了解自己实地所在的位置，并能够在地图上找到站立点位置，在此基础上确定目标点的方向和位置，迅速找到目标点。定向运动者应首先学习实地判定方位、标定地图、确定站立点位置等基本技能。

（二）判定方位

判定方位是指在实地辨明方向，了解实地的方位，是使用地图的前提。在野外，可帮助定向运动者明辨方向的工具很多，白天可利用太阳和手表来辨别方向，晚上可利用星体来辨别方向，还可以利用地物特征、建筑物、风向等来判定方位。

1.利用指北针判定方位

将指北针放平，当指北针的磁针静止后，其 N 端所指的方向即为北方，S 端代表南方。如果测定方位的人面向北方，则他的左为西、右为东、背后为南。利用指北针辨别方向十分简便。使用指北针时应注意以下两点：①尽量保持指北针水平；②不要距离铁、磁性物质太近。

2.利用地物判定方位

在有地物和植物生长的野外，可以根据日常生活习惯和自然客观规律进行方位判定。如在北半球，可利用日常地物做如下判断。

（1）庙宇。庙宇通常南向设门，尤其是庙宇群中的主要殿堂。

（2）树木。树木通常朝南的一侧枝叶茂盛，色泽鲜艳，树皮光滑，向北的一侧则相反。同时，朝北侧的树干上可能生有青苔。

（3）凸出地物。如墙、地埂、石块等，其向北一侧的基部较潮湿，并可能生长苔类植物。长在石头上的青苔喜阴湿，以北面为多旺。

（4）凹入地物。如河流、水塘、坑等，其向北一侧的边缘（岸、边）的情况与凸出地物相同。

（5）积雪。积雪多半是朝南的一面先融化。

3.利用手表判定方位

在晴朗的天气从事定向运动时，可利用手表来进行简单的方位判定，上午 9 时至下午 4 时之间，用时针对准太阳，此时手表上的时针与 12 时刻度夹角平分线所指的方向为南方，相反为北方。如在上午 9 时，应以 4 时 30 分的位置对向太阳；如在下午 2 时 40 分（即 14 时 40 分），则应以 7 时 20 分的位置对向太阳，此时"12"指的方向即为北方。为提高判定的准确性，可在"时数折半"的位置上竖一根细针或草棍，并使其阴影通过表盘中心。

（三）标定地图

标定地图是指给地图定向，使地图的方位与实地的方位一致。通过标定地图，就可以将地图上的地物地貌符号与实地的地物地貌一一对应，这不仅可以帮助定向运动者迅速查看地图，了解实地地物的分布和地貌的起伏及它们之间的关系，还可以帮助定向运动者根据地图上的路线选择具体的实地运动路线。标定地图在整个定向运动中都适用，常用的标定地图的方法主要有以下几种。

1.概略标定地图

标准的地图中，地图上的方位是上北、下南、左西、右东。因此，当定向运动者在实地正确地辨别了方向之后,只要将越野图的上方对向实地的北方,地图即已标定。这种方法简单、易学,是定向运动中最常用的标定地图的方法之一。

2.利用指北针标定地图

定向地图上标有磁北线,用红色粗线条标出,箭头指向地图的上方。利用指北针标定地图时,通过转动地图,使指北针上的红色指针与磁北线的方向吻合或平行。即可使实际中的地标和地图上的地标保持一致。

利用指北针标定地图时,由于指北针上的指针和地图上的磁北线都是红色的,所以也称此方法为"红对红"或"北对北"。

3.确定站立点位置

在地图上,确定站立点位置是十分重要的一项工作,是利用地图的重要环节之一,是从事定向运动的一项基本技能。其主要方法是:通过标定地图,将地图与实地的地物、地貌进行逐一对照,来确定自己的方位。

(1)直接确定站立点。当定向运动者所处位置在明显地形点上时,只要从地图上找出该地形点,站立点即可确定。这是最常用的确定方位的方法。通过明显地形直接确定站立点是定向运动中最简单的一个方法,在定向地图中,有以下明显地形:①单个的地物;②面状地物的中心或者有特征的边缘;③山地、鞍部、洼地。④特殊的地貌形态:陡崖、冲沟等;⑤谷地的拐弯、交叉和交会点;⑥山脊,山背线上的转折点、坡度变换点;⑦现状地物的拐弯点、交叉点(呈"十"字形)、交汇点(呈"丁"字形)和端点。定向运动者可以利用道路的交会点确定自己所在的位置。

(2)利用位置关系确定站立点。当定向运动者的站立点位于明显地形点附近时,可以利用相对位置关系来确定。利用位置关系法确定站立点主要依据以下两个基本要素:站立点至明显点的方向;站立点至明显点的距离。

一般来说,在进行定向运动过程中,如果遇到在地形起伏明显的地方,还可以结合地形的具体高差情况来准确判定地图上自己的站立点。

（四）快速行进

沿地形地貌行进是定向运动初学者必须掌握的一项基本技术。在定向运动中,常见的地形地貌,如河流、栅栏、小路、围墙、房屋、独立树、石碑及等高线等都是很好的参照物,可以提供安全、便捷的路线。为了安全、快速地行进,定向运动者应按所跑路线的顺序,分段、连续或一次性地记住前进方向上经过的地形点、两侧的特征物等内容,使实地的情景不断地与记忆内容"叠印",真正做到"人在地上跑,心在图上移"。

磁方位角是指从某点的磁北方向线起,依顺时针方向到目标方向线间的水平夹角。利用指北针确定磁方位角,并沿磁方位角方向行进,便是确定目标点方向、快速到达目标点的捷径。在定向运动中,沿磁方位角行进的技术关键在于对自己跑过的距离的正确判断和行进方向的确立与保持,目标一方向十距离。

1.确定行进方向

在定向运动中,最简单、最快速地确定行进方向的方法,就是利用指北针。这种方法对于初学者非常实用,尤其是在特征物少、植被密度低、地形起伏不大的树林中更加适用。

2.正确估算距离

确立了行进的方向,还必须结合地图上对目标点的距离进行判断和对已经跑过的实际距离进行估算,才能快速而准确地到达目的地。

(五)判读地貌

目前,等高线是世界上公认的、最好的地貌表示法,定向地图中也常用等高线来表示地貌,因此,定向运动者通过地图上的等高线以及相关的标记,可以了解很多地貌的信息,并进行地形的判读。地貌千姿百态、千差万别,但不管地貌多么复杂,均可将其分解成基本形态加以认识。

(六)选择路线

果断、细心、迅速地选择最佳的行进路线,是定向运动中的重要手段。选择最佳行进路线的能力是建立在掌握其他定向越野技能,尤其是识图用图能力基础之上的,是体能与技能的综合运用。选择路线时需要考虑各种选择的可能性,两点之间通常有多种选择,直线距离并不总是最佳选择。因此,选择路线的标准应该是安全性能最高及体能消耗最少,易于发挥自己的技能和体能优势。省体力、省时间、最稳妥、最能发挥自己的特长、尽量不失误或减少失误、顺利完成赛程并最终夺取胜利,是选择路线的基本标准。

在定向运动中,科学选择行进路线,不仅要参照一定标准,还要求遵循一定的原则,具体表现在以下几个方面。

(1)"有路不越野"原则,目的是充分利用道路。应尽量选择沿道路行进,这是因为在道路上容易确定站立点,使定向运动者更具信心;地面相对光滑、平坦,有利于提高奔跑速度。

(2)走高不走低。如果不得不越野,应尽量在高处(如山脊、山背)行进,避免在低处(如山谷、凹地)行进。这是因为:首先,高处地势高、展望好,便于确定站立点和保持行进方向;其次,高处通风、干燥,荆棘、杂草、虫害及其他危险都少。此外,人们都习惯在高处行走。因此,像在山脊这样的地方,常常会有放牧、砍柴的人踏出的小路,利用它便于提高运动速度。

(3)"选近不选远"原则,适用于地形起伏不大、树林稀疏可跑的地段。

(七)捕捉检查点

对于定向运动者而言,捕捉检查点是取胜的关键技能。定向比赛中,每一条比赛线路的设计,都会体现出不同的交替出现的难题。它们有时考验体能,有时考验技能。当接近检查点时,应对检查点的实地准确位置做出分析和判断,并考虑采用何种方法去捕捉它。一般来说常用方法有定点攻击法、偏向瞄准法、距离定点法和地貌分析法等。

(八)越野跑

定向运动者熟悉掌握越野跑的技术是其成功完成定向越野任务的基础,要想在比赛中既能保持高速度、长距离地奔跑,又能避免一切可能发生的危险并取得好成绩,还需要掌握一定的越野跑技能。

1.越野跑的特点

定向越野中的越野跑实际上是一种长距离的间歇跑。由于在途中常常需要停下来看图和辨别方向,在崎岖的道路上不可能始终保持均匀的跑速,越野跑总是体现出走、跑、停相交替的间歇跑的特点。

越野跑的特点决定了越野运动对运动者的身心素质具有较高的要求,并能进一步促进运动者的综合能力的提高。具体来说,在野外环境中,越野跑能使运动者的身体肌肉的紧张与放松、身体的负荷与精神的专注不断交替进行,使参赛者的身体各个部分特别是呼吸系统与心血管系统机能得到提升。

2.越野跑的基本要求

(1)跑步姿势:上体保持正直或微向前倾,使身体各部分(包括头、颈、躯干、臂、臀、腿、足等)的动作协调配合。此外,运动者还要善于利用跑步中产生的支撑反作用力和惯性,这一点在山地和丘陵地带尤其重要。时刻注意调整上体的姿势,使身体保持平稳,从而提高奔跑的速度。

(2)呼吸技巧:在越野跑中,最好的呼吸方法是利用鼻子与半张开的嘴共同呼吸。在野外,风大、尘土多,要学会用舌尖顶住上额呼吸。呼吸要保持自然、平稳、有节奏。当出现生理"极点"现象时,应及时调整呼吸的频率与深度。

(3)体力分配:在整个定向越野运动过程中,运动者可以按选择路段、比赛阶段、自身体能状况的不同比例体力分配。通过运动阶段(运动肌肉紧张)和休息阶段(运动肌肉放松)适时交替的方法,达到既快又节省体力的目的。

(4)行进节奏:在越野跑中保持良好的行进节奏是十分重要的,良好的行进节奏的要求是平稳、适宜。如若节奏过快,对周围环境的感知能力会有所降低,过慢则会对运动成绩产生一定影响。有节奏的动作则能使体能的消耗有所减少。

(5)距离感:距离感能帮助定向越野者减少判断误差,因此,在越野跑中保持一定的距离感是必要的。它不仅可以帮助提高找点的速度,也有利于体力的计划与分配。可以通过测量自己的步长,或渗透有关数据进行距离感的训练。

(6)间歇:通常情况下,在间歇时采用放松性的慢跑比走好,走比停下来好,没有特殊情况不要坐。迷路、迷向的情况除外。

第三节 飞 盘

一、我国飞盘运动的发展

随着我国经济的迅速发展和对外交流的日益频繁，飞盘运动亦如其他新兴运动一样，虽然起步较晚，但发展迅速，创造着奇迹。目前，主要由留学生和外教带动起来的飞盘运动在国内已经有很多人在玩，而它以北京、上海、深圳、天津、大连、宁波、重庆、成都、昆明、西安和香港这些城市为代表，不断地扩大着自己的影响。

香港每年 10 月份都会举办一次国际飞盘公开赛。近年来，内地也有队伍参加。2007 年 5 月，由北京、上海、天津和香港 7 个队组成的首届极限飞盘公开赛在天津举行，代表着中国极限飞盘运动发展的起点。2008 年 5 月，第二届中国极限飞盘公开赛已扩大为 14 支，并增加了大连、青岛、深圳、通州和武汉等几个地区的队伍。2009 年 5 月，第三届中国极限飞盘公开赛更是扩大到 35 支，再次推动了极限飞盘运动在中国的发展。

二、飞盘基本技术

（一）飞盘握盘方法

1. 正手握飞盘

大拇指紧扣飞盘的正面，其余四肢则紧扣飞盘的边缘，握住边缘的四指中的食指、中指应该扣住飞盘内边缘，而无名指、小指要卷曲并扣住外边缘，以便能够紧紧地握住飞盘（如图 9－3－1 所示）。

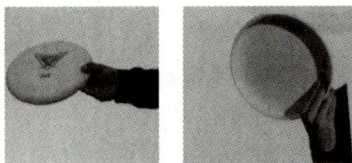

图 9－3－1

2. 反手握飞盘

大拇指紧扣飞盘的正面，其余四肢则紧扣飞盘的边缘，并要求食指顺着盘缘，第二关节刚好与飞盘的边缘卡在一起，尾三指置于盘沟（如图 9－3－2 所示）。

图 9 - 3 - 2

（二）飞盘掷盘技术

1. 正手掷盘技术

正手掷盘是飞盘传盘很重要的一个技术，正手持盘，脚向同侧持盘手方向迈出，膝关节弯曲，前臂与身体成 90°，持盘手的肩膀低于非持盘手肩膀，腰部带动手臂，掷出飞盘（如图 9 - 3 - 3 所示）。

图 9 - 3 - 3

2. 反手掷盘技术

以非持盘手侧的脚为轴，转体将飞盘放到侧面，转体带动手臂，将飞盘掷出（如图 9 - 3 - 4 所示）。反手掷盘技术是飞盘掷盘技术中最容易掌握和最精准稳定的技术。

图 9 - 3 - 4

3. 颠倒盘掷盘技术

飞盘底部向上的掷盘方法称为颠倒盘掷盘。这是一种从头顶出手，让飞盘飞向接盘者的掷盘方法(如图9-3-5所示)。颠倒盘掷盘的优点是可以越过防守者头顶,使防守运动员的防守难度加大。

图9-3-5

4.弯盘技术

弯盘技术是掷盘技术中很重要的一种,可以让飞盘有效地绕过防守队员,以弧线的轨迹准确地传递到本方队员的手中(如图9-3-6所示)。掷盘时通过控制飞盘角度来控制飞盘是外弯还是内弯飞行。

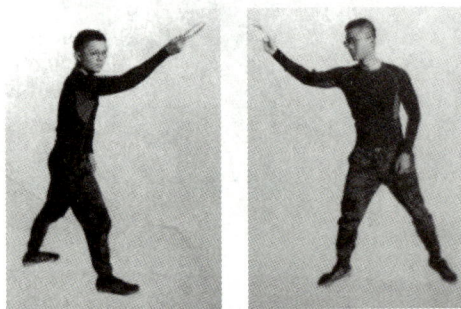

图9-3-6

(三)飞盘接盘方法

1.上下夹击接盘法(三明治接盘法)

上下夹击接盘法是飞盘最基础、最稳定的一种接盘方法。一只手在飞盘顶部,另一只手在飞盘底部,在飞盘快飞到身体附近时上下夹住飞盘(如图9-3-7所示)。

2.蟹钳接盘法

蟹钳接盘法是一种有利于接高于头顶的盘和低于膝关节的盘的接盘方法。接高于头顶的盘时拇指在飞盘底部,其余四指在飞盘顶部,接低于膝关节的盘时拇指在飞盘顶部,其余四指在飞盘底部(如图9-3-8所示)。

图 9-3-7   图 9-3-8

3.单手接盘法

在飞盘比赛当中,需要经常去接移动中的盘,其中一部分是用三明治接盘法和蟹钳接盘法接不到的,这时就可以使用单手接盘法。使用单手接盘的方法可以更高、更早地接到队友的传盘(如图 9-3-9 所示)。

图 9-3-9

三、飞盘运动的基本战术

在所有对抗性的竞技体育运动中,进攻和防守战术都是非常重要的,配合进攻可以使队伍在比赛中的进攻顺畅,进而得分。合作默契的防守,可以使队伍在比赛当中成功地破坏对方的进攻,让对方无法得分,最终取得比赛的胜利。

(一)堆积切出战术

堆积切出战术是很多队在比赛中经常采用的一种战术。在堆积切出战术中,攻方的队员从己方半场向前场排成一条线,在己方持盘队员前面留出一段空当。这时第一个接盘队员需要摆脱盯防他的队员,以便与掷盘者之间形成接盘空间。这样的话,进攻者有两个选择:如果身边有一个队友来配合接应,他们可以连续传接来推进、得分,根本不给防守方断盘的机会;如果这次失败了,他们可以重新建立堆积切出战术,继续这么打。

飞盘爱好者都知道堆积切出战术,并且很多队一直在使用这一战术。实践证明,很多时候,堆积切出战术还是比较实用的,但任何一种战术都有其局限性,堆积切出战术也不例外。对于战术的使用要根据特定队伍和情况变化而定。

(1)堆积切出战术的优点:进攻方的掷盘手技术出色的情况下,它通常会奏效。因为没有哪个防守队员可以一对一地对住一个技术出色、体格强壮的掷盘手。它有助于防止双方队员挤在一起,进而易于寻找进攻空间。当进攻方推进到得分区附近时,这个战术特别有效。进攻方可以选择最可靠的持盘人,增强对飞盘的控制。这个战术简单,易于掌握。任何一个任意组建的队伍都可以采用此战术,立即组织起有效的进攻。

(2)堆积切出战术的缺点:场上队员比较分散时,进攻方构建此战术需要较长时间,而此时也给对方创造了充分的时间来构建防守。在短短的10秒钟时间内,主要的接应队员需要在3~4次的折返跑中摆脱对方的防守。掷盘者需要把注意力集中在第一接盘者的跑动接应上,以便在他摆脱防守的一刻投掷给他,因此,掷盘者很难留意场上其他队员的位置情况。防守方如果盯死第一接盘者的跑动接应路线,会使进攻方的传递陷入困境。进攻方的跑动接应不够积极会对掷盘者造成极大的压力。对于初学者而言,这样的进攻战术不利于他们的提高。虽然他们知道自己的职责,但多持盘才会使他们产生极大的兴趣。传接盘的技术要求出色,跑动接应的能力要强。

(二)区域防守

区域防守就是防守过程中不采取人盯人,而是每个人负责防守一块区域。当谈及区域防守时,我们一般指的是"杯子防守",即三个人像猎手一样组成一个杯状一直罩住掷盘者。这就是区域防守和其他非人盯人防守的区别。

1.区域防守的适用性

区域防守在风雨天比较适用,因为天气对传盘的准确性影响较大。另外,对于没有较强传盘手的队伍时,区域防守也非常适用。区域防守一般是逼迫攻方尽可能多地传一些往后或平行的盘,直至对方传盘者出现失误。

区域防守不是为了阻止所有的传盘,而是最大限度地防止攻方传出一些很容易向前推进的盘。区域防守时攻方回传和分边传盘都是可以接受的,因为这对防守方基本构不成威胁。当然对于上手掷盘,高位传盘及弧线传盘也无须在意,因为这几种扔法都很容易失误(特别是风大的天气)。

区域防守的一大优点是:一旦攻防转换,对方很难立刻找准自己应防的人,因为之前的防守都不是人盯人的。如此一来漏防的人就多,得分就比较容易。

2.战术要求

(1)点位:点位选手是场上唯一直接防守掷盘者的人,因此他们应具备良好的身体素质和优秀的防守技能。杯子的三个点位要求做大量的跑动,他们应事先明确对持盘者采用何种逼向。一般采取中间逼向,当然也有一直逼迫某个特定方向或两边逼向的情况。

(2)轴点:轴点位肩负着调节整个杯子及防守切入杯子的接盘者的任务。他负责安排其他两点位谁来防守持盘者、调节杯子的宽度及控制杯子的移动。当有进攻队员要切入杯子时,中场将会告知轴点位,轴点位应仔细留意中场的信号。大多数时间,轴点位应转过身来防守任何接近杯子的队员。当有人接近杯子时,中场位应大声对轴点位喊"有人"。

(3)中场:中场负责防守杯子正后方的那块区域。当人进入该区域时,他应当一直防守直至对方离开或切入杯子。一旦对方切入杯子,中场就不要继续防守他了,因为那将是轴点的职责。中场的另一个职责是与杯子的三个点位交流。如若有人切入杯子,中场就应告诉轴点在该切入方向上缩小杯子。当杯子太宽或太紧时,中场应当立即提醒。

(4)两翼:两翼的防守要相对简单一些。他们主要负责防守各自的边路不让对方从边路向前传盘。通常,当攻方队员接到从杯子边缘传出的盘后,将会寻找前场接盘的队友,而两翼的职责就包括找出并防守任何向该传盘者切入接盘的人,这需要两翼在一段时间内进行人盯人防守。如果切入者接到了飞盘,两翼应当立即回防,而该传盘者继续由三个点位组成的杯子防守两翼的职责不是防传盘的人。

(5)后腰:后腰负责防守所有的长传。由于受风的影响很难扔出精准的长传,因此后腰的任务不会很难。所以场上很少看到后腰的个人表演。后腰的主要任务实际上是与场上的每个队员尤其是中场和两翼进行交流。告诉他们如何跑位,该防守谁。

四、飞盘运动精神及竞赛规则

(一)飞盘运动精神

飞盘运动精神是飞盘运动不断发展且极具魅力的重要原因。它使得飞盘运动对新手来说充满魅力,同时使得老手们一直活跃并且参与其中。它孕育了一种包容和平等的文化。

飞盘运动精神是所有运动员在赛前、赛中和赛后都应该非常熟悉的竞赛精神。它包括享受比赛、了解比赛规则、避免身体接触、公平竞争、积极的态度与相互尊重的沟通。

衡量是否具备飞盘运动精神的 5 个基础:

(1)对规则的了解程度和使用是否得当。

(2)在比赛中是否主动避免犯规和身体接触。

(3)在比赛中是否坚持公平公正的态度。

(4)比赛中是否秉持积极的态度和自控能力。

(5)在赛前、赛中和赛后能否相互尊重地与队友对手沟通。

(二)飞盘竞赛规则

(1)场地:正式比赛场地为长方形,长 64 米,宽 37 米。得分区分别位于场地两端,深 18 米(或 23 米)。

（2）开盘：每1分比赛开始时，双方选手在各自防守的得分区内排成一队。防守的队伍把飞盘扔给进攻的队伍，称为"发盘"。正规的比赛中，每支队伍只许有7位选手上场。

（3）得分：如果进攻方选手在对方的防守得分区内接住飞盘，则得1分。

（4）传盘：选手可以往任意方向传盘给自己的队友。不允许持盘跑动。持有飞盘的选手（称为"掷盘者"）有10秒钟的时间来掷盘。防守掷盘者的选手（称为"防盘者"）应该大声地数出这10秒钟（称为"延时计数"）。

（5）失误：如果进攻方传盘没有成功（如出界、掉地、被对方断下、被对方截获），则视为失误。此时防守方获得传盘权，立刻攻防转换。

（6）换人：只有在得分之后或选手受伤的情况下允许替换场上的比赛选手。

（7）无身体接触：选手之间不应该有任何身体接触，也不允许阻挡别的选手跑动。身体接触发生时判为犯规。

（8）犯规：当一方选手与另一方选手发生身体接触时，视为犯规。被触犯的选手要立刻喊出"犯规"，此时所有场上选手要停在当前位置不得移动，直到比赛重新开始。如果犯规没有影响进攻方的传盘权，比赛继续；如果影响了进攻方的传盘权，则飞盘交还给进攻方继续比赛。如果防守方选手不认同犯规判定，则飞盘还给前一位持盘者，重新开始比赛。

（9）自判：比赛没有裁判，场上选手自行裁决犯规、出界和失误。选手们应该文明地讨论与解决争议。

飞盘很重视体育道德和公平竞争，它鼓励选手们去激烈对抗，但激烈对抗必须建立在互相尊重、遵守规则和享受乐趣的基础之上。

第四节　轮　滑

一、轮滑运动的基本技术

轮滑是一项在运动中灵活变换重心、维持动态平衡的运动。在练习时，应大胆、灵活，及时移动重心，掌握技术，并通过多种练习手段提高移动重心的灵活性和掌握平衡的能力。由于在滑行过程中，装着轮子前后转动的轮滑鞋无法在身体后面找到有效的支撑点，只能通过在体侧找到合理稳固的支点。由于也只有通过向侧蹬，才能产生前进的动力。因此学习轮滑必须克服在陆地上走或跑时后蹬用力的习惯，建立向侧用力的概念，掌握正确的用力方法。

（一）陆上模仿练习

陆上模仿练习是指不穿轮滑鞋在地上做正确轮滑的姿势和滑行动作的模仿练习，帮助初学者掌握正确的动作，避免在滑行中过多摔跤。

1. 基本姿势

陆上模仿练习的站立姿势：上体略微前倾，头部保持正直，大腿与地面成 140°左右，小腿稍向前弓，与地面成 80°，两脚间距 20 厘米左右，使身体重心位于脚心与脚掌之间。左右脚要均衡用力，全身自然放松（如图 9 - 4 - 1 所示）。

图 9 - 4 - 1

2. 练习方法

做好基本姿势后，维持 10 秒，在此基础上，可将身体重心放在一只脚上维持 10 秒，再将重心移至另外一只脚上维持 10 秒，两边交替进行。

（二）基本站立

正确的站立是滑行的基础。一般情况下，初学者初次穿上轮滑鞋站起来，会因为轮子的滑动而难以维持身体平衡，所以首先必须掌握基本的站立方法。

(1)"丁"字站立法：两脚成"丁"字站立时，上体稍前倾，两膝微屈，一只脚的脚跟靠在另一只脚的足弓处，使身体重心位于后脚上。此种站立姿势时，两脚成"丁"字靠住，两脚的轮子不能滑动，可以稳定站立（如图 9 - 4 - 2 所示）。

(2)"八"字站立法：两脚成"八"字站立时，两脚尖应自然分开，脚跟靠拢，上体稍向前倾，两膝微屈，双臂自然下垂，使身体重心位于两脚中间。此种站立姿势可以防止两脚的轮子前后滑动，使站立稳定（如图 9 - 4 - 3 所示）。

图 9 - 4 - 2

图 9 - 4 - 3

(3)内刃站立法：两脚成内刃站立时，双脚平行分开略比肩宽，用轮子的内刃着地，使身体的重心位于两脚中间。此种站立姿势时,两手臂应端在体前,以利于站立稳定(如图9-4-4所示)。

(4)平行站立法:两脚呈平行站立时,双脚平行分开与肩同宽,脚尖稍向内扣,上体稍向前倾,两膝微屈,使身体重心位于两脚中间(如图9-4-5所示)。

图9-4-4

图9-4-5

练习站立时,两大腿要稍微绷紧点儿,控制腿的稳定性,不让任何一只脚随便滑动。站立时,上体和两臂要保持相对稳定,不能在腰、腿、脚没有准备的情况下乱动。

(三)基本姿势

上体前倾,与地面成60°~70°,正视前方。大腿与地面成140°,小腿向前弓,与地面成80°。背部肌肉放松,两肩稍内收,稍微含胸,臀部略向后坐。两腿弯曲,呈半蹲姿势,双臂置于身后。

(四)移动重心练习

1.原地移动重心

原地移动重心是在不向前滑动的前提下所做的动作,旨在练习控制重心移动时的稳定性和掌握平衡的能力。

(1)原地站立:两脚平行分开与肩同宽站立,两腿稍弯曲,双臂置于身后,上体稍微前倾,正视前方(如图9-4-6所示)。

图9-4-6

（2）原地移动重心：在两脚平行站立的基础上，上体向一侧移动，并逐步将身体重心完全移到这一支撑腿上。待平稳后，上体再向另一侧腿上移动，并将身体重心完全移到该腿上。反复练习（如图9-4-7所示）。

图 9 - 4 - 7

（3）原地两脚交替前后滑动：在两脚平行站立的基础上，做一脚向前、另一脚向后的来回滑动动作。两脚滑动时，应始终保持平行，重心要始终抬起保持在两脚中间，两腿伸直，由大腿发力做前后滑动动作（如图9-4-8所示）。

（4）原地踏步：两脚呈"丁"字站立，先将身体重心移至左脚上，另一腿微屈上抬，使脚离地5～10厘米，再落下；再将重心移到右脚上，抬起左脚，交替练习（如图9-4-9所示）。

图 9 - 4 - 8

图 9 - 4 - 9

2.迈步移动重心

初学者在较好地掌握了原地移动重心的基础上就应进行向前、向左右移动重心的练习。学会正确移动身体重心和迈步是掌握正确滑行的基础。

（1）向前"八"字走：在"丁"字步站立或"八"字步站立的基础上，一脚抬起完全落于前脚时，后脚抬起再向前迈出，移动身体重心。向前迈出一小步，脚尖稍偏外，呈"八"字形落地，同时身体重心迅速跟上，待重心完全落于前脚后，后脚抬起再向前迈出，移动身体重心。

（2）横向迈步移动：在平行站立的基础上，一侧脚向同侧迈出一步，身体重心随之迅速跟上，另一侧腿收回，在内侧靠拢着地，并承接体重，然后换腿练习。这是在滑行中横向移动重心的重要基础。

（3）横向交叉步移动：其动作与横向移动基本相同。它们的区别是，这种移动练习的一侧腿的回收是从支撑腿的上方超过，成交叉步向侧移动重心。

初学者在学习迈步移动重心时,身体不要直立。因为直立姿势重心高,容易摔倒。正确的姿势应该是力求降低身体重心,上体前倾一些,腿部还要适当蹲屈,这样既可提高身体的平衡性,又有利于掌握动作。

(五)直线滑行

初学者在掌握了迈步移动身体重心后,就可以开始学习向前的滑行动作。滑行时,应使身体重心尽量落在轮滑鞋形成的长方形的支撑面内,然后逐渐体会身体在滚动的轮子上如何维持平衡的感觉。

1.基本动作

直线滑行有 4 个基本动作:蹬地动作、收腿动作、重心移动及摆臂动作。基本动作的要求是蹬地有力,重心移动及时到位,收腿干脆利索,蹬摆协调。

(1)蹬地动作:蹬地脚与前进方向应形成 15°左右的开角,边滑边蹬地。蹬地要充分利用身体的力量。需注意的是,滑行速度越快,则蹬地应越向侧方,这样才能找到有力的支点(如图 9-4-10 所示)。

(2)收腿动作:收腿时,应用大腿带动小腿,沿着最短路线靠拢滑足,膝关节弯曲,腿部放松(如图 9-4-11 所示)。

图 9-4-10   图 9-4-11

(3)重心移动:移动身体重心时,应使鼻、膝、脚 3 点正好落在一条垂线上,将重心放置在支撑腿上,利用重心增加蹬地力量(如图 9-4-12 所示)。

图 9-4-12

(4)摆臂动作:摆臂时,肩关节应放松,以其为轴,两臂贴住身体,利用惯性交替摆动。前摆时手臂自然弯曲,前摆手的幅度不超过鼻,后摆时向侧后方伸直。两臂的摆动与双腿的动作要协调配合(如图9-4-13所示)。

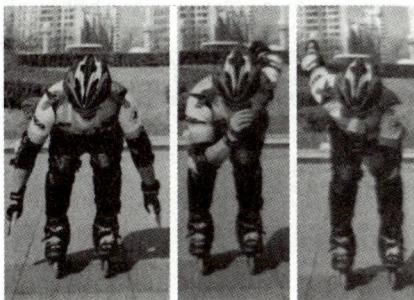

图9-4-13

滑行中,以上4个基本动作是连贯有序地结合在一起的:当左脚向左斜侧方向蹬地面时,右脚即向右斜前方滑行,身体重心随即移向右脚;而左脚离开地面后变成浮足,并及时向右脚靠拢,以便准备下一个滑步。同理,当右脚蹬地时,左脚滑行方法与上相同。此动作交替进行,即可维持连贯滑行。

2.全身配合

全身配合是完成滑行技术和高速度滑行的重要因素。

(1)两腿之间的配合:惯性滑行时浮足收腿,单支撑蹬地时浮足摆动,双支撑蹬地时浮足着地。

(2)上体与双腿的配合:滑行时,上体应配合两腿之间的交替移动而不断地转移重心,将身体的重心集中在蹬地腿上,充分利用身体重心增加蹬地力量。

(3)双臂与双腿的配合:滑行时两臂的摆动必须配合两腿协调用力,以加快重心的移动和增强蹬地力量,从而提高滑行速度。

3.练习方法

(1)单蹬双滑:右脚蹬地,将身体重心移至向前滑进的左腿上。右脚蹬地后,迅速与左脚并拢成两脚同时滑进。当速度减慢时,再以左脚蹬地,将身体重心移至向前滑进的右脚上,左脚蹬地后迅速与右腿并拢成两腿同时滑进。

(2)单蹬单滑:上体前倾,两臂自然下垂或双手互握于身后,两脚稍分开成外"八"字站立,身体重心位于右脚上,用右脚蹬地,左脚向前滑行。随着蹬地动作结束后,重心转移至左腿上,左腿成半蹲支撑惯性滑进,继续向前,收回右腿。同时,左脚蹬地,随着蹬地动作结束,重心转移至右腿上,右腿成半蹲支撑惯性滑进。

(3)前双曲线滑行:两脚平行站立,左脚以内刃向侧后蹬地,身体重心在右脚上,向右滑双脚曲线,然后右脚用内刃向侧后方蹬地,重心偏向于左脚,向左滑双脚曲线,依次连续进行。该动作主要体会身体重心的移动与蹬地动作的协调配合,感受滑曲线时流畅的滑行感觉。在双脚曲线滑行的基础上,身体重心逐渐移至单脚上,成单脚滑行,慢慢减少双脚滑行过程,直至单脚支撑滑行,另一脚在滑行脚后举起。

(4)单脚向前直线滑行:原地两脚呈"丁"字形站立,左脚在前,右脚在后,两腿稍弯曲。然后,右脚以内刃蹬地,将身体重心慢慢移至左腿,右腿蹬直后右脚离开地面,左脚向前滑进。接着,右脚在滑足侧面落地后,换左脚内刃蹬地,使右脚向前滑进。重复以上动作,两脚交替向前直线滑行。整个滑行过程中,双臂配合两腿侧向分开以维持身体平衡。

(六)转弯滑行

转弯滑行分为惯性转弯滑行和弧线转弯滑行。

1.惯性转弯滑行

当向前滑行有了一定速度后,两脚平行稍靠近,如果向左转弯时则左脚略靠前,右脚靠后,使重心落在两脚之间前1/3处。最好是前腿略弓,后腿直。身体重量压在左脚和右脚的左侧轮上,身体利用惯性向左滑一较大弧线。右转时,动作相反(如图9-4-14所示)。

图9-4-14

2.弧线转弯滑行

若要在转弯时速度不减慢,就需要通过压步动作来产生加力。

(1)基本姿势:将身体重心控制在支撑腿上,以形成稳固的支撑;身体向弧线中心倾倒,使支撑腿与地面成70°左右的夹角。

(2)蹬地动作:保持上体放松,髋关节伸展,使身体重心迅速、果断地向弧线内侧偏移。需要注意的是,伸髋蹬地时,应压低膝、踝关节,将身体重心压在支撑腿上(如图9-4-15所示)。

图9-4-15

(3)收腿动作:当左脚蹬地时,右腿收腿,利用大腿带动小腿,越过支撑腿。同理,当右脚蹬地时,左腿收腿,利用大腿带小腿,靠近支撑腿。需要注意的是,收腿时,浮腿应借助反弹力迅速屈膝放松,与支撑腿之间形成10°左右的夹角;当浮腿着地时,应使前轮先着地再过渡到全轮着地,着地点位于身体重心的投影点上(如图9-4-16所示)。

图 9 - 4 - 16

(4)摆臂动作:肩关节放松,大臂贴着身体前后摆动,其中左臂的摆动幅度较右臂小,方向偏向左。需要注意的是,弧线滑行中,左右臂的摆动必须协调配合蹬地腿的伸展用力。

(5)全身配合。全身配合是完成弧线转弯滑行技术和创造高速度弧线转弯滑行的重要因素。①上体和腿的配合:两腿交叉蹬地过程中,身体的重心要平稳地沿着圆弧运动,使整个身体重心集中在蹬地腿上,以增加蹬地力量,加快蹬地频率。②两腿的配合:因为弧线转弯时没有惯性滑进阶段,所以需要两腿不断交替蹬地。③双臂和腿的配合:弧线转弯滑行时,双臂需要配合两腿协调伸展用力,以增强蹬地力量,加快蹬地频率。

(6)注意事项:转弯滑行时,应保证身体的重心平稳地沿圆弧运动,沿着圆弧切线方向蹬地。浮足收腿靠拢时应紧贴支撑腿,着地要及时、到位。

(7)练习方法:①陆上向左移步。上体稍前倾,两脚分开与肩同宽,膝关节微屈,使身体重心位于右脚上,左脚向左跨半步,将身体重心移至左脚上,随后右脚向左脚靠拢,恢复至初始姿势。反复练习。②原地向左交叉步。上体前倾,呈半蹲姿势,使身体重心位于左脚上,右腿侧出伸直,随后向左腿的左侧前方迈出大半步,当右脚落地时,身体重心由从左腿移至右腿,接着,左腿伸直,左腿从右腿的后方收回,向左侧迈出大半步,恢复至初始动作,反复练习。③圆弧右腿蹬地转弯滑行。上体稍前倾,两脚分开站立,膝关节微屈,使身体重心位于左脚上,右脚向右侧蹬地,左脚支撑身体向前滑进,随后右脚向左脚靠拢。再继续下一次蹬地动作之前,左脚须向左侧改变方向以转弯,随后右腿重复蹬地动作,反复练习。④圆弧左前交叉步转弯滑行。当在圆弧前进方向上滑行时,先用右脚蹬地,身体稍向左倾斜,两膝微屈,左脚支撑身体沿弧线方向继续滑行。右脚蹬地结束后,利用大腿带动小腿越过支撑脚,着地后向左前方滑出。随后,左腿蹬地,两脚交替反复练习。

（七）停止技巧

1. 制动块停止法

直排轮滑鞋后端往往装有制动块,在向前滑行的过程中,将身体重心放在没有制动块的脚上,用带制动块的脚向前伸出摩擦地面,保持两脚前后平行滑行,随着重心由后脚移至前脚,渐渐平稳加力,即可停下。制动过程中双臂应向前侧举以维持平衡。

2. "丁"字停止法

在向前滑行过程中,将浮足在滑足后跟处呈"丁"字形放好,慢慢着地,利用滑轮内刃柔和地压紧地面以降低滑行速度,直至停下。

3. 双括弧停止法

在向前滑行过程中,两脚同时以顺时针(逆时针)方向急转弯,左脚以外刃、右脚以内刃与滑行方向成90°压紧地面。与此同时,身体向左急转弯,使身体重心移至左腿,两膝微屈,即可停下。制动过程中双臂应向前侧伸以维持平衡。

4. 内"八"字停止法

在获得一定的向前滑行速度后,两脚平行分开站立,随后脚尖内转,两脚以轮子内侧柔和地压紧地面,两腿弯曲,上体稍前倾,臀部下蹲,两臂前伸维持身体平衡,就会逐渐减速至停止。

5. 正滑转倒滑停止法

首先从正滑变为倒滑,接着将身体重心放在左腿上,用左腿支撑体重,右脚向后撤出,在左脚滑足后形成"丁"字形,一次性地支撑住或滑弧停住,两臂前伸维持身体平衡。

二、轮滑运动的基本规则

（一）比赛用具

速度轮滑是以单排、双排轮滑鞋为比赛工具的竞赛项目,属于周期性耐久力竞速运动项目,要求运动员在运动中有较高的滑行速度,为了降低空气阻力,运动员的身体要前倾形成流线型姿势,在着装方面也应考虑服装的尺寸、面料的质地和弹性,比赛时的气温,以及运动员的特点等因素。

速度轮滑比赛一般在夏季举行,运动员的上身可以穿短袖衫,下身穿短裤,头部佩戴安全头盔。运动服一般采用弹性较高、薄而轻的布料制作;袜子应为棉质,吸湿性良好,以保证脚在轮滑鞋内不滑动。

速度轮滑鞋应选择重量轻、坚固的,尺码要合适。轮滑鞋的轮子要根据具体的比赛场地、气候、温度等情况而选用,轮子应固定在轮轴上,轮轴的长度不得超过轮子,不得使用制动器。

（二）比赛场地

速度轮滑比赛分为场地比赛、公路比赛两种，其具体场地要求如下。

1.场地比赛

场地比赛的场地为椭圆形，由两条长度相等的直线和两个对称的具有相同半径的弯道组成。赛道总长度不少于 125 米，不超过 400 米，宽度不少于 5 米，场地一般采用水磨石、水泥、硬木地板、沥青、塑料等材料铺制，要求平坦、光滑。弯道部分可有一定的倾斜度，有斜度的部分从内侧边缘直到外侧边缘逐渐平稳地标出，不能设在弯道处。升高有倾斜度的弯道，赛道不少于 125 米，不超过 250 米。终点线用 5 厘米宽的白线。

2.公路比赛

公路比赛分为"开放式"（即起点与终点不衔接的直线式）和"封闭环行式"（即起点与终点相衔接）两种。"封闭环行式"公路的路线要求不少于 250 米，不超过 1000 米，宽度不少于 5 米，路面要求平坦光滑，没有断裂。比赛路线中，上、下坡的斜度不超过其宽度的 5％，交叉部分的斜度不超过其宽度的 3％。不符合以上条件的应该设在距最后一个弯道 50 米远的地方。以上规定的部分不得超过全路线的 25％。终点线用 5 厘米宽的线标出，不能设在弯道处。

（三）比赛项目

正式比赛项目有 300 米、500 米、1000 米、1500 米、2000 米、3000 米、5000 米、15000 米、20000 米、30000 米、50000 米马拉松和男子 42 千米全程马拉松。公路比赛还包括女子 21 千米半程马拉松。

世界锦标赛常设项目如下：男子 300 米、500 米、1000 米、1500 米、3000 米、5000 米、10000 米，女子 300 米、500 米、1500 米、3000 米、5000 米。

中国全国锦标赛常设项目如下：男子 300 米、500 米、1500 米、5000 米、10000 米，女子 300 米、500 米、1500 米、3000 米、5000 米。

（四）比赛类型

速度轮滑比赛的类型有逆时针比赛、淘汰赛、规定路线比赛、定时比赛、计分比赛、接力赛、分段比赛、追逐赛。

（五）比赛规则

违反下述规定者将被取消比赛资格。

（1）除非轮滑鞋出现故障，严禁运动员得到任何形式的帮助。

（2）运动员应沿着设想中的直线滑行到终点，不得拐弯和偏向一侧。跑道时领先的运动员不得妨碍紧跟其后的运动员，并保持直线滑行，违者将令其退至最后直线所妨碍的运动员的后面滑行。

（3）在弯道时，除非内侧有足够地方可供滑行，否则只能从右侧超越其他队员。

（4）不得推人或插入其他运动员前面；禁止撞人、拉人、推人及阻碍其他运动员。

（5）在场地跑道或封闭式环行公路赛时，正被超越的运动员不得阻碍和协助其他运动员超越别人。

（6）运动员的轮滑鞋不得触及比赛路线界线以外的地方。

（7）运动员摔倒时应自己起来继续比赛。

第五节　太极柔力球

一、太极柔力球运动的概述

1. 柔力球运动起源和发展

太极柔力球运动简称为柔力球运动，它起源于我国山西，于1991年由山西晋中卫校教师白榕副教授创编。太极柔力球运动是指手持球拍和砂砾球，运用柔力引化，完成套路演练和竞技对抗的体育运动。它是以太极文化为运动灵魂，以球拍和球的圆弧运动为物理学基础，以套路演练和隔网对抗为主要运动形式的体育项目。如今，太极柔力球运动已经初步形成了一个完整的运动项目体系，成为一项集健身、表演和竞技为一体的中华民族特色的体育运动。

2. 太极柔力球运动的特点

太极柔力球运动，是一项内外兼修的运动，它追求的是一种人与自然、人与人、人与球的和谐统一，具有鲜明民族特色的新兴体育运动项目，是一项民族性、健身性、娱乐性、趣味性、竞技性、优美性、适应性较强的群众体育。从运动形式看，太极柔力球运动是一种全身性多方位的运动，也是一项整体运动即人球合一的运动，还是一项柔化运动即刚柔相济的运动，更是一项文明运动即和合为美的运动。

3. 太极柔力球运动的价值

（1）观赏、娱乐价值。

太极柔力球将太极拳、舞蹈、杂技与现代艺术体操、花样滑冰、现代舞等项目有机结合并融会贯通，在优美动听的音乐伴奏下，不管是以固定套路、自编套路还是竞技性对打比赛表演都能给人以美的感受，具有很好的观赏性和娱乐价值。

（2）文化教育价值。

动作简单易学，易于普及，符合目前的大众消费水平，便于全民健身；运动方式多样，适应全民参与健身的要求。在高校体育课程中开发和利用太极柔力球项目，不仅是让学生掌握动作技能，提高意志力和锻炼身体，更为重要的是它所蕴含的优良的中华民族传统文化，能够很好地激发当今大学生的爱国热情、民族自尊心、自信心和自豪感。

（3）健身价值。

太极柔力球运动能够适应不同年龄、不同体质的练习者有针对性地选择练习方法。它不受场地、年龄的约束，在连续过程中，可以使颈、肩、腰、腿、眼、脑、内脏器官功能得到较全面的改善和发展。经过一定时间的锻炼，练习者的协调、反应能力都会有所提高。

太极柔力球运动无论在比赛还是日常练习中，对练习者生理和心理以及健身、健心、社交方面都是适宜的、可行的，对他们的心理健康教育方面也有很好的促进作用。

4.太极柔力球运动的基本理论

（1）太极柔力球运动的理念。

"太极"是华夏文化重要的组成部分，太极运动是我们华夏祖先将太极思想这一宇宙大理以肢体语言的表现形式展示，两者结合最为完美的中国传统健身方法，如太极拳、太极剑、太极扇等运动形式，太极柔力球是太极运动的球类体育项目。

太极柔力球运动的基础动作以"圆"为核心，圆润流畅、环环相扣、姿势相连、绵绵不断。

太极柔力球具备太极运动的核心理念：太极柔力球运动以退为进、以柔克刚、以巧击蛮、以小胜大，故柔是其灵魂，圆是其核心，退是其前提，整是其根本。

（2）柔力球运动的基本理论。

为了更好地掌握柔力球竞技技术，首先要了解它的核心技术弧形引化。弧形引化是由迎球、引球、抛球三个部分组成。

①迎球：当球飞来时，伸拍以侧边框对向来球方向主动迎球。如图9-5-1所示：a到b点的连线为迎球过程。迎球是为引球做好充分准备。

②引球：沿着来球的方向挥拍，当拍的速度和球的速度接近时，将球顺势切入球拍并引入抛球圆弧。如图9-5-1所示：b到c点的连线为引球过程。引球是为了更好的将来球的速度、力量引入抛球圆弧，为抛球打好基础。

③抛球：球入拍后，充分利用来球的速度和力量，通过身体和手臂做圆弧运动，使球进入弧线运动轨道并在惯性作用下沿着所画圆弧的切线方向飞出。从接球到抛球的运动轨迹是一条连贯、圆滑、没有拐点的弧线。如图9-5-1所示：c到d点为抛球过程。在抛球过程中，球拍的拍面应始终处于抛球圆弧的切线上，在球出球拍的瞬间，出球点的拍框外缘应与出球方向保持一致。在接抛球的过程中要注意接球时，伸拍以侧边框对向来球方向主动迎球，球要顺着迎球拍框方向切入；从球拍的另一侧边框沿着引化圆弧的切线方向切出。

在抛接球过程中，拍和弧的对应关系如图9-5-2所示。

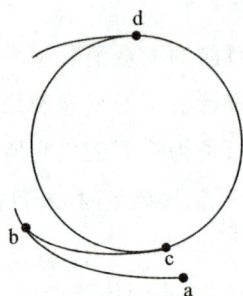

图 9－5－1

拍弧对应关系

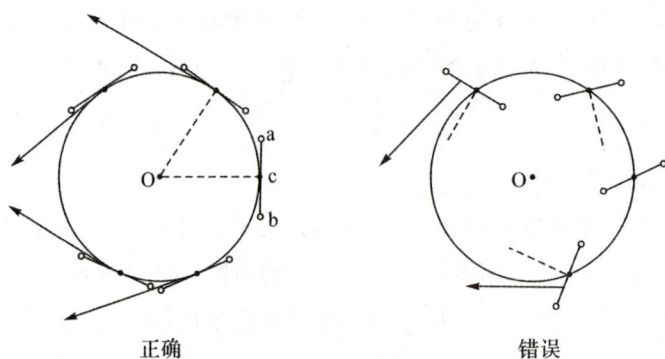

| 正确 | 错误 |

图 9－5－2

（3）太极柔力球运动的礼仪。

柔力球礼仪是柔力球练习者应共同遵守的最基本的道德行为规范,是柔力球练习者文明礼貌的一种体现。

①持械礼。行礼的方法:并步站立,左手拇指扣球,其余四指并拢。右手反手握拍,食指贴于拍柄,其余四指依次抓握;左手扣球在里、右手持拍在外,合于胸前,两腕部与锁骨同高,拍、球与胸相距 20～30 厘米,两肘自然下垂。左手掌指朝上,右手拍身紧贴于右臂内侧,拍头斜冲下;头正、身直、目视受礼者,面容举止大方(如图 9－5－3 所示)。

图 9－5－3

持械礼的含义：左掌四指表示德、智、体、美"四育"齐备，屈拇指扣球表示不自大，左手扣球犹如"金龙戏珠"，右臂犹如"龙身"表示左龙，右手持拍犹如"凤头"，拍框犹如"凤尾"表示右凤，左球右拍相合，两臂环抱成圆，寓意为"龙凤呈祥、身体安康"。

持械礼的应用：在柔力球竞赛、表演、训练活动中应用。

②鞠躬礼。行礼的方法：并步站立，两手垂置于体侧，手心向内贴于大腿外侧，上体向前倾斜15°。

鞠躬礼的应用：见到师长或领导时使用此礼；表演、比赛演练结束时使用此礼；不适于应用抱拳礼的正规场合。

二、柔力球套路基本技术

（一）握拍方法

1.正手握拍法

握拍时，拍面朝上，大拇指和食指的第一指节指腹部位分别捏住拍柄的正面和反面，大拇指贴靠在拍柄上面，并与其成一条直线，其余手指自然弯曲顺势扣握，掌心要空出，以便球拍在手中运转自如（如图9-5-4所示）。根据个人臂力和握力大小，握拍可前可后。握拍时，握拍不能过紧也不能太松。

图9-5-4

2.反手握拍法

握拍时，拍框朝上，大拇指和食指的第一指节指腹部位分别捏住拍柄的正面和反面，大拇指贴靠在拍柄上面，并与其成一条直线，其余手指自然弯曲顺势扣握，掌心要空出，以便球拍在手中运转自如（如图9-5-5所示）。根据个人臂力和握力大小，握拍可前可后。握拍时，握拍不能过紧也不能太松。

图9-5-5

3.倒握拍法

倒拿拍柄,球拍的拍头朝下,拍尾朝上,大拇指和食指的第一指节指腹部位分别捏住拍柄尾部的正面和反面,大拇指贴靠在拍柄上面,并与其成一条直线,其余手指自然弯曲顺势扣握,拍柄靠在手掌的小鱼际处,掌心要空出,握拍松弛灵活以便球拍在手中运转自如(如图9-5-6所示)。

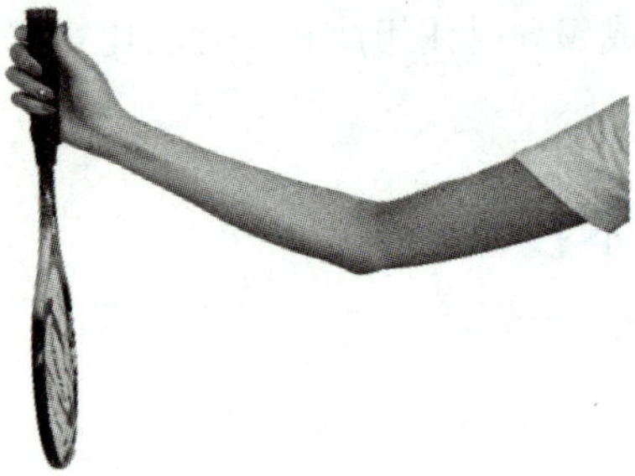

图 9-5-6

(二)持球方法

根据太极柔力球运动形式的双重性,其持球方法可以分为套路持球方法和竞技持球方法。以图9-5-7所示的左手为例。

1.套路持球方法

(1)左手持球指掌心,拇指扣球,其余四指自然伸直。

(2)左手持球至于掌指,拇指腹部按于球体,掌指微屈于拇指相对按捏球体。

图 9-5-7

2.竞技持球方法

首先,左手持球至于掌指,拇指扣球,其余四指放松托球(如图9-5-8所示)。其次,拇指腹部按于球体,掌指微屈于拇指相对按捏球体(如图9-5-9所示)。

图 9-5-8 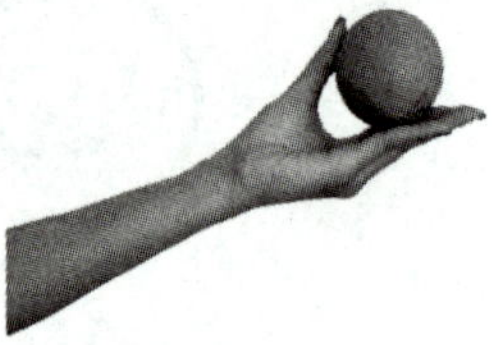   **图 9-5-9**

（四）套路基本技术

1.基本姿势

（1）预备式。

身体自然站立,两脚并拢,两臂自然下垂,目视前方,百会上顶,右手持拍,左手持球(如图 9 - 5 - 10 所示)。

（2）起势。

中心下沉,两腿微曲,同时左手向右经头上弧线抛球,右手持拍迎纳球体顺势引化(如图 9 - 5 - 11 所示)。

图 9 - 5 - 10   图 9 - 5 - 11

2.摆动类技术

（1）左右摆动。

①向左摆动:左脚向左横跨一步,成马步,右手持拍纳球向左弧线引化摆动至身体左侧与肩同高。拍头正对前方,边框向下与地面垂直,身体重心随之移动至左腿成弓步,左臂自然向斜后方摆动(如图 9 - 5 - 12 所示)。

①   ②   ③   ④

图 9 - 5 - 12

②向右摆动：按照向左摆动的路线和轨迹，向左弧线引化摆动至身体右侧与肩同高。拍头正对前方，边框向下与地面垂直，身体重心随之移动至右腿成弓步，左臂自然摆回原来位置（如图9-5-13所示）。

① ② ③ ④

图9-5-13

注意事项：①身体保持中正，不可塌腰，前俯后仰；②球在摆动中，不可离拍；③摆动过程中，球拍拍头正对前方；④向左动作尽可能地保持向右摆动动作时的对称性。

（2）四方摆动。

四方摆动的方法与左右摆动的方法基本相同，不同的是每一个8拍到第7、8拍时，以右脚为轴向右旋转90°继续做左右摆动，因此，前、后、左、右都做了一次左右摆动。图示可以参照左右摆动图解。

3.绕环类技术

（1）八字绕环。

①左八绕：两脚开立，身体顺势向左转体，同时，持拍臂由右侧下位向身体左侧上位绕环，至左侧下位，左臂自然摆动（如图9-5-14所示）。

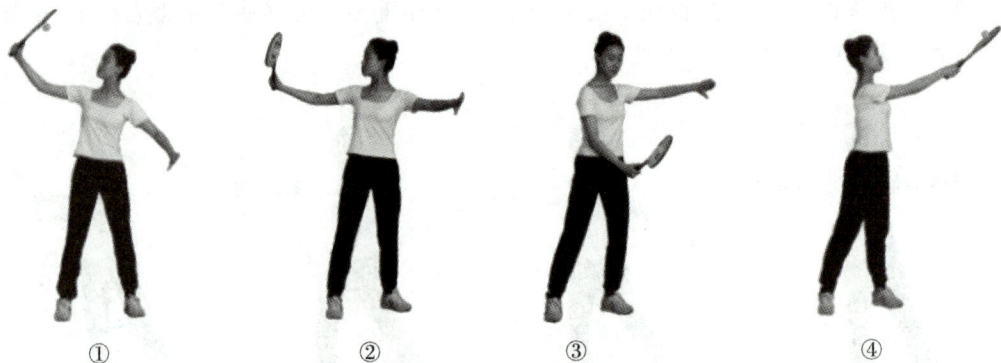

① ② ③ ④

图9-5-14

②右八绕：两脚开立，身体顺势向右转体，同时，持拍臂由左侧下位向身体右侧上位绕环，至右侧下位，左臂自然摆动（如图9-5-15所示）。

图 9 - 5 - 15

（2）正反绕环。

①正绕环：左脚向左横跨一步，成马步，右手持拍纳球由体前顺时针绕环一周，左臂同右臂顺时针摆动，两臂放松自然摆动（如图 9 - 5 - 16 所示）。

图 9 - 5 - 16

②反绕环：右手持拍由左向右逆时针绕环一周，同时左臂同右臂逆时针摆动，两臂放松自然摆动（如图 9 - 5 - 17 所示）。

图 9 - 5 - 17

4.正反绕翻类技术

（1）正绕翻。

左脚向左横跨一步，成马步，右手持拍纳球由提前顺时针绕环一周的同时完成360°的翻转，左臂顺右臂摆动，放松自然（如图9-5-18所示）。

①　　　　　②　　　　　③　　　　　④

图9-5-18

（2）反绕翻。

右手持拍由左向右逆时针绕环，同时念动球拍360°，绕环与绕翻同时完成360°，左臂顺右臂摆动，放松自然（如图9-5-19所示）。

①　　　　　②　　　　　③　　　　　④

图9-5-19

注意事项：①正反绕环要圆顺流畅；②身体保持中正，不可塌腰，前俯后仰；③球在环绕中，不可脱离拍面；④手臂在做绕环时，肘部不可折弯曲，速度均匀；⑤正反绕环时动作的对称性。

5.转体类技术

（1）左右转体。

① 左转体：左脚向左横跨一步，两臂张开，右手持拍，由腰带动身体向左转体180°。右脚随身体的转动脚尖踮起，左手掌心向上，目视前方（如图9-5-20所示）。

① ② ③ ④

图 9 - 5 - 20

②右转体:右手持拍,由左向右转体 180°,左脚随身体的转动脚踮起,左手掌心向上,目视前方(如图 9 - 5 - 21 所示)。

① ② ③ ④

图 9 - 5 - 21

(2)正反立旋。

① 正立旋:左脚向左横跨一步,右手持拍纳球由右向左上步转体 180°,右手持拍立旋至头上,左脚撤步,右手持拍继续转体 180°,完成一周的立旋,要求立腰,头向顶上,左臂随身体的旋转而摆动(如图 9 - 5 - 22 所示)。

① ② ③ ④

图 9 - 5 - 22

②反立旋：右手持拍拿球由左前方向右后方弧线拉球，左脚向右上步，同时右手持拍向头上弧拉球，右脚撤步，右手持拍向下顺时针弧拉球（如图 9-5-23 所示）。

图 9-5-23

注意事项：①左右旋转时，一定要以腰带动身体旋转，不可塌腰；②正反立旋手臂持拍带球走，上体立腰；③双臂协调摆臂，放松自然，旋转速度和力度要均匀，球不能脱离球拍面；④正反绕环时动作的对称性。

6.抛接类技术

（1）腿下抛接。

①左腿下抛接：左脚向左横跨一步，站立两膝微曲，右手持拍由右上向左下方引化，当左腿抬起时，将球由腿下向上抛起（如图 9-5-24 所示）。

图 9-5-24

②右腿下抛接：右手持拍由右侧上方向左下方引出，当右腿抬起时，将球由腿下向上抛起（如图 9-5-25 所示）。

图 9 - 5 - 25

（2）背后抛接。

右手持拍拿球由右上方向背后引化，同时上左步点脚尖，将球由背后向左前方抛起（如图 9 - 5 - 26 所示）。

图 9 - 5 - 26

注意事项：①抛球时，不可弹出，球要擦框而出；②身体中正，不可塌腰，不可前俯后仰。

（五）柔力球套路介绍

1. 柔力球规定套路第一套

本套套路，是以"摆动"动作为主，共 8 节，是柔力球运动的基本套路，也是竞技技术的基础动作，在练习过程中一定要注重规范。

第一节：左右摆动，8/2 拍。

抛球起势后，两腿呈马步，运动中，上肢配合持拍臂完成左右摆动。下肢主要体现为马步、左、右弓步。前 8/1 拍：脚步不移动、原地完成。后 8/1 拍：左右并脚移动。左右摆动，在体前完成一个向左和向右的摆动，画出的弧是一个开口向上的半圆。两边一定要对称、完整，半径要固定。用力要注意由脚到腿到腰、由腰带动手臂完成，注意身体不要有过多上下的起伏。

第二节：正面绕环，8/4 拍（前 8/2 拍原地完成，后 8/2 拍虚点并步左右移动）。

1、2拍左右摆动，3、4拍顺时针绕环，5、6拍左右摆动，7、8拍逆时针绕环。正面绕环，在体前完成向左和向右的绕环。画出的圆一定要圆润、完整，左右对称，饱满，连贯。

第三节：左右转体，8/4拍。

前8/2拍：分别以左、右脚的前脚掌为支撑，上抱圆分别左、右水平转体180°。第8/1拍：1、2拍左右摆动（立拍，拍头朝上），3拍上抱圆向左转体180°，4、5、6拍左、右摆动，7拍上抱圆向左转体180°，8拍右摆动复位。第8/2拍：1拍向左摆动，2拍上抱圆向右转体180°，3、4、5拍左右摆动，6拍上抱圆向右转体180°，7、8拍左右摆动复位。

后8/2拍：1、2拍左右摆动，3、4拍向左侧旋360°（一线平三步转体，也称三三四转体），5、6拍左右摆动，7、8拍向右侧旋360°。左右侧旋，持拍臂持球围绕身体纵轴，由低到高再返低，顺势侧向回旋一周，完成侧旋。左右转体，是体现太极方法很重要的一个内容。用力要完整连贯、上下相随、连贯一气。注意：力量由脚到腿到腰，由腰带动全身完成。转体由身体中轴为中心，向左、向右180°的上抱圆水平转体和360°的侧旋转体。

第四节：左右小抛，8/4拍（前8/2拍左右抛接，后8/2拍换握翻拍抛接）。

左右小抛，是在左右摆动的基础上，将球抛离球拍，接入球拍的重复抛接过程。1、3、5、7拍为左抛左接，2、4、6、8拍为右抛右接。太极柔力球的方法是利用旋转惯性将球送出球拍，注意在抛、接球的过程中，一定要使球沿着圆弧的切线方向抛出、接入。出球时要沿着拍框而出，入球时要沿着拍框而入，用力连贯完整。注意匀加速和匀减速完成的弧线过程，发力时要用在旋转前程，而不能在最后发力出球。要注意整体动作连贯完整，利用全身发力把球向上抛出。

第五节：正反抛接，8/4拍（前8/2拍原地完成，后8/2拍脚步移动）。

1、2拍左右摆动，3、4拍正抛正接（左抛右接），5、6拍左右摆动，7、8拍反抛反接（右抛左接）。正反抛接，在体前完成一个顺时针方向和逆时针方向的抛接过程。画出的圆要圆满自然，抛接动作要连贯。抛球的时候拍框要对准出球的方向，入球的时候拍框对准入球方向。尽量让这个圆连续得非常连贯，圆满完整。

第六节：腿下抛接；8/4拍。

腿下抛接，在腿下原地完成抛接动作。1、2拍左右摆动，3拍提踢左腿的同时将球由左腿下抛出，4拍接球，由反侧往回拉球（由左向右），5、6拍左右摆动，7拍踢右腿的同时将球由右腿下抛出，8拍接球，由反侧往回拉球（由左向右），动作要保持平稳。

第七节：身后抛接，8/4拍。

原地完成，1、2拍左右摆动，3拍身后抛球（收腹弓身，侧伸左腿、右转90°球从身后抛出），4拍身前侧接球、左摆动、收左脚还原，5拍右摆动，6拍身后抛球，7拍身前右侧接球、左摆动、收左脚还原，8拍右摆动复位。身后抛接，相对其他动作稍有些难度，用力要完整连贯，送球不能由肘和腕挑拨发力。一定要用腰带动持拍臂完整地从腰背后送出，球要沿着拍框送到指定位置。

第八节：整理运动，8/2拍（前8/1拍并步虚点移动，后8/1拍原地完成）。整理运动，上肢动作与第一节"左右摆动"完全相同。下肢动作，第8/1拍有左右脚的虚步移动，第8/2拍在原地完成,一定要注意重心的平稳。

2.柔力球飞龙套路第二套

第一节:左右摆动,4×8拍。

预备姿势:身体直立,两臂自然下垂,右手正握球拍,左手持球。

第1个8拍:1、2拍,左手持球,由左侧经头前上方将球抛至右前上方,持手臂,上前迎球,将球迎入球拍。同时,左脚向左横跨一步,重心由右脚撑移至左脚。持拍臂挥拍由身体右侧位经体前向左弧心摆动至左侧位,拍尖向前,球拍摆动的轨迹要圆满对称,像一个开口向上的半圆,球拍两侧摆动的高度稍高于肩。第3、4拍,重心由左脚撑移只右脚。同时,持拍臂由身体左侧位经体前向右弧心摆动至右侧位,拍尖向前,摆动圆满对称,稍高于肩。第5、6拍,重心由右脚撑移至左脚,同时,持拍臂由身体右侧位,经体前向左弧心摆动至左侧位。第7、8拍,重心由左脚撑移至右脚,同时,持拍臂由身体左侧位经体前向右弧心摆动至右侧位。

第2个8拍:除没有其实的抛球外,与第一个8拍动作相同,第3和第4个8拍,上肢动作完全相同,下肢改为左右并步,在完成第4个8拍的第7、8拍时,向右转体90°,准备与下一段动作连接(要求:要以腰带动持拍臂在体前左右弧形摆动,摆动时,身体要中正,重心要平稳,左右对称,先沉后移,左臂与持拍臂皆同飞摆,整个动作要自然放松。)

第二节:四方摆动,4×8拍。

摆动动作与第1段的左右摆动要求相同,接上一段的右转步,身体向右、后、左、前4个方向,各完成一个8拍的左右摆动的动作,在每个8拍的第7、8拍时,以右脚为中心,向右转体90°,完成4个8拍动作后,身体回到正面。

第三节:8字绕环,4×8拍。

第1个8拍:第1、2拍左脚向左前45°上步,身体顺势向左转体,同时,持拍臂由右侧位向身体左侧绕环,至左侧位,左臂自然摆动。第3、4拍,右脚经左脚内侧向右前45°上步,身体顺势向右转体,同时,持拍臂由左侧位向身体右侧绕环至右侧位,左臂自然摆动。第5、6拍与第1、2拍相同,第7、8拍与第3、4拍相同,脚下为V字形,向前上4步。

第2个8拍:上肢动作与第1个8拍动作相同,持拍臂在身体两侧8字绕环,脚下为V字形,向后退4步。

第3个8拍与第1个8拍动作相同。

第4个8拍与第2个8拍动作相同。

(要求:左右8字绕环时,持拍臂应自然弯曲,并以腰带动身体左右转动,绕环要对称,整个动作圆润流畅,重心先沉后移。)

第四节:正面绕环,4×8拍。

第1个8拍:第1、2、3、4拍两脚开立,体前8字绕环,5、6拍体前顺时针正绕环的同时,左脚活步,右脚向左脚内侧并步,7、8拍向左侧绕环的同时,左脚向左横跨步,成开立步。

第2个8拍:第1、2、3、4拍两脚开立,体前8字绕环,5、6拍体前逆时针反绕环的同时,右脚活步,左脚向右脚内侧并步,7、8拍向右侧绕环的同时,右脚向右横跨步,成开立步。

第3个8拍重复第1个8拍的动作。

第4个8拍重复第2个8拍的动作。

（要求：在完成动作时，同样要以腰为核心，两臂自然舒展，画出的圆要端正圆满。）

第五节：平旋转体，4×8拍。

第1个8拍：1、2、3、4拍体前8字绕环，5、6拍向左转体，两臂打开，向上抱圆，同时，左脚处摆，右脚向左侧180°处上步扣脚，7、8拍继续上抱圆完成180°水平旋转，同时左脚向左横跨步，成开立步。

第2个8拍：1、2、3、4拍体前8字绕环，5、6拍向右转体，两臂打开，向上抱圆，同时，右脚处摆，左脚向左侧180°处上步扣脚，7、8拍继续上抱圆完成180°水平旋转，同时右脚向右横跨步，成开立步。

第3个8拍与第1个8拍动作相同。

第4个8拍与第2个8拍动作相同。

（要求：水平旋转时，要以身体的重肘为中心，脚步稳健，动作舒展，在完成每个8拍的动作时，身体旋转都为360°。）

第六节：立旋转体，4×8拍

第1个8拍：1、2、3、4拍两脚开立，8字绕环，第5、6拍左脚年摆，右脚向左侧180°上步扣脚转体，持拍臂由身体右侧向后上转体画圆至身体左侧，第7、8拍，持拍臂由身体左侧向身体右侧画圆。

第2个8拍：重复第1个8拍动作，使身体转回正面。

第3个8拍：第1、2拍，由右向左画圆，第3、4拍，右脚处摆，左脚向右侧180°上步扣脚转体，持拍臂由身体左侧向后上转体画圆至身体右侧，第5、6、7、8拍两脚开立，持拍臂在体前左右8字绕环。

第4个8拍重复第3个8拍的动作，使身体转回正面。

（要求：在蹬转时，用力要发自于腿，而主要在于腰，全身协调用力，以腰带臂，动作圆润流畅，舒展大方，旋转时，双臂打开，保持身体平衡，重心平稳。）

第七节：左右抛接，4×8拍。

第1个8拍：开立步，1、2、3、4拍8字绕环，5、6拍持拍臂顺势将球向左上方抛出，7、8拍接球后，绕不至右侧。

第2个8拍：开立步，1、2拍向左侧绕环，3、4拍顺势将球向右上方抛出，5、6、7、8拍接球后，在体前左右8字绕环。

第3个8拍：重复第1个8拍的动作。

第4个8拍：重复第2个8拍的动作。

第八节：正反抛接，4×8拍。

第1个8拍：第1、2、3、4拍8字绕环，第5、6拍左脚活步，右脚向左脚内侧并步，如右向左弧心摆动至左侧位，稍高于肩，球拍的左边框对向右上方时，将球沿所划弧线的切线方向抛出，球拍出的高度应稍高于头，第7、8拍持拍臂迅速至身体右上方向迎球，球落球拍后，顺势向左画圆，同时，左脚向左横跨步，成开立步。

第 2 个 8 拍:1、2、3、4 拍 8 字绕环,第 5、6 拍右脚活步,左脚向右脚内侧并步,如左向右弧心摆动至右侧位,稍高于肩,球拍的右边框对向左上方时,将球沿所画弧线的切线方向抛出,球拍出的高度应稍高于头,第 7、8 拍持拍臂迅速至身体左上方向迎球,球落球拍后,顺势向右画圆,同时,右脚向右横跨步,成开立步。

第 3 个 8 拍动作与第 1 个 8 拍动作相同。

第 4 个 8 拍动作与第 2 个 8 拍动作相同。

第九节:垫步绕环,2×8 拍。

第 1 个 8 拍:第 1 拍至第 8 拍,持拍臂在体前左右 8 字绕环,同时,左脚以右脚为中心,前后垫步,在最后第 8 拍时,左脚向右脚内侧并步。

第 2 个 8 拍:第 1 拍至第 8 拍,持拍臂在体前左右 8 字绕环,同时,右脚以左脚为中心,前后垫步,在最后第 8 拍时,右脚向左脚内侧并步。

(要求:上下相随,连贯自然,步伐正确到位,身法中正平舒,进退自如。)

第十节:退下抛接,4×8 拍。

第 1 个 8 拍:1、2、3、4 拍在体前左右 8 字绕环,第 5、6 拍时向前踢左腿,同时由右向左弧心摆动,经左腿下,将球沿锁好的弧线的切线方向,抛出左前上方。第 7、8 拍,左脚自然落回原位,同时,持拍臂主动迎球,将球由球拍的左侧的边框迎引入拍,顺势向右画圆。

第 2 个 8 拍:第 1、2、3、4 拍,体前左右 8 字绕环,第 5、6 拍时向前踢右腿,同时由右向左弧心摆动,经右腿下,将球沿锁好的弧线的切线方向,抛出左前上方。第 7、8 拍,右脚自然落回原位,同时,持拍臂主动迎球,将球由球拍的左侧的边框迎引入拍,顺势向右画圆。

第 3 个 8 拍:重复第 1 个 8 拍的动作。

第 4 个 8 拍:重复第 2 个 8 拍的动作。

(要求:向前踢腿时,角度要高于 90°,屈伸腿要伸直,身体要中正,抛球时,球应沿所画弧线切线方向抛出,不能拨、挑,接球时要主动迎球,将球悄无声息迎入球拍。)

第十一节:绕环收势,2×8 拍＋2 拍。

这个结束段为 2 个 8 拍加 2 拍动作。

第 1 个 8 拍:持拍臂在体前左右 8 字绕环,脚下以 V 字形向前上 4 步。

第 2 个 8 拍:第 1～6 拍上肢左右 8 字绕环,脚下以 V 字形向后退步,第 7、8 拍抛球。

第 9 拍左手接球,第 10 拍左脚向右脚并腿,手臂缓缓落下。

全套动作结束。

(要求:左右 8 字绕环时,持拍臂要自然弯曲,并用腰带动身体,左右转动,左右脚的 V 字形前后移步,都以 45°方向搓步,绕环的圆要对称,整个动作圆润流畅,幅度逐渐减小。)

四、 太极柔力球的基本规则

1.场地和设备

(1)场地应是一个长方形,用宽 4 厘米的线画出。

(2)线的颜色应是白色、黄色或其他容易辨别的颜色。

（3）在网下连接两条边线中点的连线为中线。除中线外，场区所有线都是它所界定区域的组成部分。

（4）两边场区距中线296厘米处各有一条与中线平行的线为限制线，限制线到中线之间的区域为限制区。

（5）限制线在比赛时可以无限延长，称为进攻限制线。进攻限制线属于前场限制区域。

（6）两边场地限制线后296厘米到端线之间的区域为发球区。单打场地宽518厘米，双打场地宽610厘米。单打场地限制线后到端线之间的区域为单打发球区，双打场地限制线后到端线之间的区域为双打发球区。进攻限制线中点和端线中点的连线，将进攻限制线以后区域分为左右发球区。

（7）场地四周至少有2米的无障碍区，比赛场区上空的无障碍空间从地面量起至少高7米，其间不得有任何障碍物。

（8）球网应由深色优质的细绳编织成，网孔为均匀分布的方形，边长不超过4厘米。

（9）从场地地面量起，球网高175厘米。球网上下宽76～80厘米，全长至少610厘米。

（10）不论是单打还是双打比赛，网柱都应放置在双打边线上。网柱及其支撑物不得伸入场地内。

（11）球网两端与网柱之间不应有空隙。必要时，应把球网两端与球柱系紧。

（12）主裁判椅从地面到坐面应在150厘米左右，距离网柱30～50厘米。可用结实木料和金属制作而成，要求安全可靠。

太极柔力球的场地示意图如图9-5-27所示。

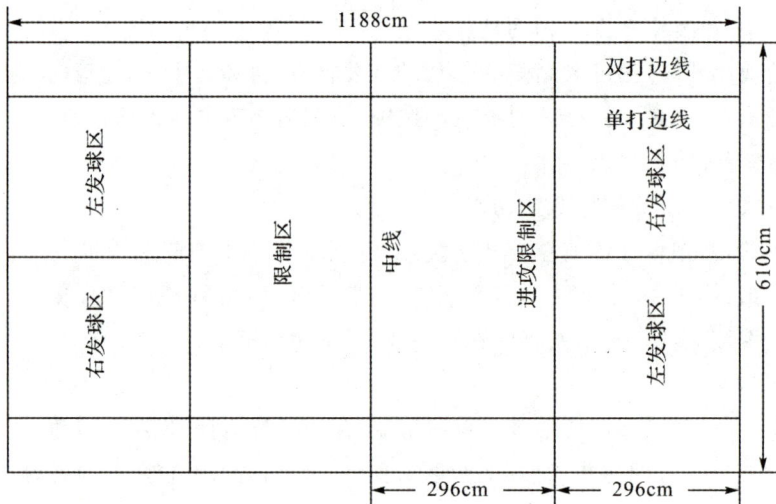

图 9-5-27

2.球

（1）球应为圆球体，直径为6.8厘米±0.1厘米。

（2）球的总重量为55克±2克，球体内砂砾不得超过30克。

（3）球由软质有弹性材料制成,可以为光面或凹凸花纹面(凸起点的高度不得超过 0.03 厘米)。

（4）在一次比赛中所使用的球必须为同一品牌同一型号。

3.球拍

（1）球拍由拍柄、拍颈、拍框、拍面组成(如图 9－5－28 所示)。

（2）球拍长(包括拍框、拍颈和拍柄)47～54 厘米,宽不超过 23 厘米。

（3）拍框围绕整个拍面呈圆形,拍框内缘为外翻 30°～45°对称的斜面,拍框厚度不超过 1 厘米。

（4）拍面平整,由软质有弹性材料制成,厚度不超过 0.1 厘米。

（5）球拍上不允许附加任何可能从本质上改变球拍性能或形状的装置。

（6）比赛开始及比赛过程中,运动员需要更换球拍,必须向裁判员示意,并允许检查。

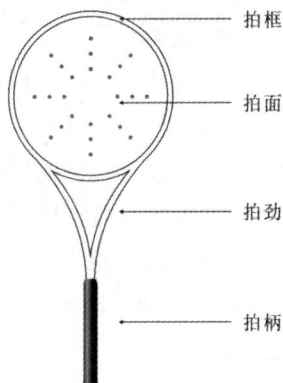

图 9－5－28

4.挑边

（1）比赛开始前应由主裁判主持挑边。赢方将在下面①或②中做出选择。①选择先发球或先接发球。②选择在指定场地的一个场区或另一个场区开始比赛。

（2）输的一方,只能选择余下的一项。

5.比赛结果的判定

（1）除非另有规定,一场比赛以三局两胜定胜负,先胜两局的一方为胜一场。

（2）除规则下面(4)和(5)的情况外,先得 15 分的一方胜一局。

（3）对方"违例"或球触及对方场区内的地面成死球,则该方胜这一回合并得一分。

（4）14 平后,领先得 2 分的一方胜该局。

（5）19 平后,先到 20 分的一方胜该局。

（6）弃权与阵容不完整。①一方弃权或拒绝继续进行比赛,则判对方以 15：0 的每局比分和 2：0 的一场比分取胜。②一方无正当理由,在比赛时间开始后 15 分钟内未到达比赛场地,则宣布该队为弃权,处理同规则①。③在团体赛中,某队阵容不完整,则不能参加比赛,处理同规则①。

(7)可根据比赛实际情况采用 11 分五局三胜制。①除规则(2)和(3)的情况外,先得 11 分的一方胜一局。②10 平后,领先得 2 分的一方胜该局。③14 平后,先到 15 分的一方胜该局。

6. 交换场区

(1)以下情况,运动员应交换场区:①第一局结束。②第二局结束(局分为 1∶1 时)。③在第三局比赛中,一方先得 7 分时。④11 分五局三胜制时,每局结束都交换场区,如果有第五局,一方先得 5 分时交换场区。

(2)如果运动员未按规则上面(1)的规定交换场区,一经发现,在死球时立即交换,已得比分有效。

7. 发球

(1)合法发球。①局或主裁判报完得分手势后,双方队员迅速做好发球和接发球准备,主裁判鸣哨(或口令)并做允许发球手势,运动员开始发球。②发球员必须在发球区内完成发球。从发球开始,至发球结束前,发球员至少有一只脚与场地的地面接触,不得移动。③发球员用手将球向后上方抛起,并使球离开抛球手后运行不少于 10 厘米。迎球入拍后,必须采用正(反)手高球技术将球抛向对方比赛场区(擦网为合法发球)。④双打比赛时,发球方除发球员外,另一人可选择场内不影响对方视线的任意位置。

(2)发球违例。①发球员未站在发球区内发球。②发球员发球时未将球明显地抛离手掌 10 厘米。③发球时,发球员双脚移位或双脚腾空跳起。④发球时,球已抛出,球拍已挥动,但未触及抛出的球。⑤出现接抛球违例中的情况。

(3)发球顺序。①第一局由规则 4 决定取得发球权一方首先发球,以后每局胜方运动员先发球。②单打比赛,一方每发满 2 个球交换发球权,打满 14∶14(11 分制打满 10∶10)以后开始每球轮换发球。③双打比赛,双方应确定第一发球员,其固定在右发球区发球,他的同伴固定在左发球区发球。每局比赛的发球权必须如下传递:发球方第一发球员首先发球。其次接发球方的第一发球员发球。然后是发球方第一发球员的同伴。接着是接发球方第一发球员的同伴。再接着是发球方第一发球员,如此传递。

(4)发球区错误。①以下情况为发球区错误:发球次数错误;发球顺序错误;在错误的发球区发球;②如果发现发球区错误,应及时予以纠正,已得比分有效。

8. 接抛球

(1)合法接抛球。①运动员以弧形引化技术将球经球网上方抛向对方有效场区内的球为合法接抛球。②单打的一个回合中,双方队员各只有一次合法的接抛球动作使球过网。③双打的一个回合中,一方可采用一次或两次合法接抛球动作使球过网,但场上每个队员只限接抛球一次。

(2)接抛球违例接抛球(含发球)过程中球与球拍间出现拍球撞击、引化中断、连击球等现象为接抛球违例。①拍球撞击:拍面触及球的瞬间发生碰撞,无法完成完整的"弧形引化"。②引化中断:在"弧形引化"过程中,出现停顿、持球或突然进行折转。③连击球:球在球拍上发生一次以上的触击。

9.重发球

(1)由裁判员宣报"暂停",用以中断比赛,重新发球。

(2)以下情况为"重发球":①发球队员抛球离手后,未做任何挥拍动作,持拍手和拍也都未触球。②发球队员在主裁判未"鸣哨"或未发出口令和手势而将球发出。③发球时,发球方和接发球方队员同时违例。④裁判员认为比赛被干扰或教练员干扰了运动员的比赛。⑤司线员未能看清,裁判员也不能做出裁决时。⑥无法预见的意外情况发生时。

10.违例

以下情况均属违例:

(1)出现发球违例和接抛球违例情况。

(2)球从网下、网柱外,以及网孔穿过。

(3)比赛时球拍过网。

(4)任意一个回合进行中,球触及球场固定物或球触碰场内或场外运动员(在比赛进行中球擦网落入对方场区为合法球)。

(5)运动员发球或接抛球时球拍触及地面。

(6)运动员的球拍、身体和衣物触及球网及网柱。

(7)运动员脚踩中线。

(8)双打时,同方队员进行接抛球时球拍相碰。

(9)从入球到出球,球运行的弧线轨迹超过一圈半(540°)。

(10)运动员严重违反或屡犯规定。

(11)前场进攻违例情况。①在限制区内,可使用所有技术动作,但球出球拍后须沿自下而上的抛物线飞向对方场区,否则判前场进攻违例。②高点进攻球时,可在场地任何位置开始,但进攻动作完成时,身体任何部位都不得触及限制区(含限制线),否则判前场进攻违例。

11.死球

(1)球撞网后,向抛球者这方的地面落下。

(2)球触及地面。

(3)裁判员宣报了"违例"或"重发球"。

12.比赛连续性、行为不端及处罚

(1)除下面规则(2)和(3)允许的情况外,比赛自第一次发球开始至该场比赛结束应该是连续的。

(2)所有比赛中,每局之间允许有不超过2分钟的间歇。

(3)比赛的暂停。①遇到不是运动员所能控制的情况,裁判员可根据需要暂停比赛。②遇特殊情况,裁判长可要求裁判员暂停比赛。③如果比赛暂停,已得比分有效,继续比赛时由该比分算起。

（4）延误比赛。①不允许运动员为恢复体力、喘息或接受指导而延误比赛。②裁判员是"延误比赛"的唯一裁决者。

（5）指导和离开场地。①在一场比赛中，只有局间休息时，允许运动员接受指导。②在一场比赛中，运动员未经裁判员允许不得离开场地。

（6）运动员不得有下列行为：①故意延误或中断比赛。②发球方发球时，接发球方故意挥拍、呼叫或大幅度移动干扰发球。③在双打比赛中，一方出现单打局面，并改变比赛性质，其中一人连续 3 次以上故意不接对方攻向他的球，或完成发球后在场内旁观或离场，消极对待比赛。④举止无礼。⑤其他不端行为。

（7）教练员不得有下列行为：①在比赛过程中，教练员未退出比赛规定的场地范围。②在比赛过程中，教练员以任何方式进行现场指导或大声喊叫干扰比赛。

（8）对违反者的处罚。①对违反正面规则（4）、（5）或（6）的运动员，裁判员应执行：第一次，口头警告。第二次，黄牌警告并罚失 1 分。第三次，出示红、黄牌判罚失 1 局。②对于屡教不改者，红牌罚下，并取消本轮比赛资格，报裁判长备案。③运动员在检录时，3 次点名不到或预定比赛时间开始后 15 分钟不到，按弃权处理。④运动员无正当理由弃权一个项目，判失败并取消其所有项目的比赛资格。⑤比赛结束后，运动员拒绝在记录表上签字确认比赛结果，判每局 0：15 的比分和每场 0：2 的比分失败。⑥对违反规则的教练员，裁判员应执行：黄牌警告；判其本方运动员失分；命令其离开现场进入观众席。

13. 比赛项目

（1）可以根据赛事需要设置男子单打、女子单打、男子双打、女子双打、男女混合双打、男子团体赛、女子团体赛和混合团体赛。

（2）团体赛教练员必须在赛前 30 分钟提交本队出场顺序，大会应为其保密。

>>> 拓展篇

第十章

陕西民间体育

第一节　民间体育的概念及文化特性

一、民间体育的概念

民间体育是一种娱乐性体育,以闲暇消遣、健身娱乐为主要目的,也是一种民俗文化活动。它是人类在具备物质生存条件的基础上,为满足精神的需要而进行的文化创造。有些项目随意性较强,是每逢佳节都会进行的文体活动;有些项目的技艺十分精巧,把体育融入宗教礼仪、生产劳动、欢度佳节、喜庆丰收之中。我国古代劳动人民,由于生产和生活的需要,曾创造和发展了内容丰富、形式多样的民间体育活动。这些活动,在强壮筋骨、自卫抗暴、防病健身和丰富文化生活方面起到了有效的积极作用,成为我国民族文化遗产中的宝贵财富,具有不被周边人所撼动的稳定力量,以及很高的健身价值和保健作用。体育项目的产生都是和特定历史文化或民族风情相关的。当体育还没有成为一种专门的运动项目时,它首先是民间生活的一部分或是受日常生活的某种情境的激发而产生的。民间体育的根本是它扎根于特定的民俗土壤当中,总是和特定的民俗精神相连,民间体育的起源最初是人类模仿动物和某种行为活动的表现。从生存、生产活动、民俗活动中脱颖出来之后,它体现了人类竞争的天性。这些竞技或娱乐活动起初是一种谋生手段,后来演化为民俗活动,再后来又从民俗活动中分离出去,逐渐成为一种娱乐活动。

二、民间体育的文化特性

（一）社会性

中国民间体育活动具有文化意识,它将竞技、娱乐、戏曲融为一体,从活动中还可以抽取出许多现代文艺的因素。有许多游戏是和传说一起传承下来的,如放风筝是十分流行的民间体育活动,人们在放飞风筝的同时,也是在放飞希望。再如龙舟竞渡,龙舟形似独木舟,可能和生产有关,但后来其生产性和实用性隐退,娱乐性和观赏性越来越强。还有现代的少数民族舞蹈中也保留着鲜明的民族体育文化特色,将民俗活动融入民族体育当中,将民族心理、民族精神、民族特色代代相传。在沿传中,劳动人民对其不断加工、改进、提高和完善,使之更具有科学性、娱乐性、趣味性。有人认为中国文化之所以成为世界范围内延续最久、影响最大、生命力最强的文化之一,其原因就在于它深深地植根于黄土地中。

(二)自然性

民间体育由于和生产劳动、生存活动密切相关,所以留下了实用的特性。在活动方式上,民间体育多模仿动物的动作,如五禽戏、大雁功及各类仿生武术等,这一特点与中国传统文化中善于运用直观的思维方式有密切的关系。不少民间体育活动至今流传不衰,除了其本身所具有的作用外,还在于其方法简便、简单易行,不受场地、设备、人数和各种自然条件限制等。

(三)表演性

民间体育活动的表演性很强。如秧歌,这种起源于庆祝丰收时发自内心的喜悦之情的舞蹈,在今天还普遍流行,并为人们所喜闻乐见。这与它的表演性和艺术性是分不开的,同样又能表达劳动人民幸福美满的心情。

第二节　陕西民间体育项目

陕西民间体育发展最早可追溯到原始时期。从汉中地区、安康地区和商洛地区发现的旧石器时代文化遗址,可推断早在原始时期已经开始有目的性地进行体育活动。进入古代王朝时期,由于得天独厚的地理特征和文化特征,陕西成为13代王朝的京都所在地。体育运动的形式也从开始为了满足自身生产生活需要而进行的捕猎等活动,逐渐演变为部落之间因为战争而进行的有目的的军事训练,如剑术、马术、摔跤、蹴鞠、棋等。直到隋唐时期,是体育运动发展的鼎盛时期,这一时期长安体育具有城市体育市民化、有机化和区域体育多元化的特征,并形成了以骑射、田猎、击球等影射战争技能和以养生、游艺、乐舞等娱乐活动为主要内容,以"礼"为价值核心的宫廷体育文化系统,它延续着早期国家"国之大事,在祀在戎"的主流文化精神。那时市民体育结出了丰硕的果实,广泛流行的体育项目,如蹴鞠、击球、角抵、歌舞、拔河等活动达到顶峰。之后随着政治中心的南移,虽然陕西失去了唐代以前的风采,但仍不失为西北体育的文化重地。

到了近代,随着国家战事的爆发,体育运动几乎停滞不前。新中国成立以后,现代人的体育活动也发生了变化。每年陕北地区在过年时举行的社火活动使腰鼓、秧歌等民俗项目得以延续和继承。具有代表性的民族传统体育——安塞腰鼓,距今已有千年历史。陕南每年都会举行大型赛龙舟比赛,也是民众助兴表演的项目。关中地区由于近几年经济的快速发展,人们娱乐休闲的方式多样化,民族性项目正在逐渐复兴。

陕西具有代表性的民间体育项目有以下几个。

一、陕北地区——安塞腰鼓

安塞腰鼓是流传于陕北民间的一种民间体育活动,由于这种艺术形态在表演时,动作粗犷,雄健有力,场面宏大。因此,一场表演下来,不仅是演练者心灵上的艺术享受,更是一种强健体魄的锻炼过程。安塞腰鼓融合舞蹈、传统武术、竞技运动等多种项目内容于一体,体现了中原文化与游牧文化融合的一面,堪称黄土地文化的典范。如今,安塞腰鼓已成为当代中华文化的重要组成部分,并被列入国家非物质文化遗产名录。

安塞腰鼓的动作名称有:"弓步击鼓""马步缠腰""金鸡独立""单腿盖耳""剁脚前进""蹲步缠腰""腾空蹬腿""转身蹬腿""左右开弓""后缩前行""连环击""上下击"等,从中方可看出其动作与战斗中拳击、格斗、骑马的动作相似。表演形式中有"路鼓",即在行进中进行。大都以两路、四路队伍(型)为多。其动作简单,舞动幅度较小,一般用"十字步""走路步""马步缠腰""跳跃步""交叉步"等。一般采用"单过街""双过街""龙摆尾""小蝴蝶"等图案进行表演,力求步调一致,刚劲豪迈,鼓声铿锵,如雷贯耳,好似一支摧枯拉朽、所向披靡、势不可挡的勇士猛将。除此而外,另一种表演形式是"场地鼓",分为"一人单打""二人对打""四人对打""群打"等形式。常用"方正图""长城""五马挖城"等图案表演,力求气氛热烈,声势浩大,变化多样,如同一支惊天动地、排山倒海的雄兵,决战沙场。

安塞腰鼓的风格,粗犷豪放,刚劲有力,已被世人所公认,但其内在的动律韵味和风格细微绝妙之处,大致可归纳为以下 20 句:

鼓手情绪要有股能劲(充满必胜信念);

头上要有股摇劲(得意扬扬、随节奏而动);

眼里要有股神劲(炯炯有神,监视敌方);

握鼓要有股牢劲(拿稳握牢,不易丢落,如同刀枪武器);

挥槌要有股狠劲(瞄准目标,加大火力,一举歼灭);

踢腿要有股蛮劲(使尽全力,使敌人猝不及防,击败敌人);

转身要有股猛劲(猛打猛冲,变化多端,使敌人猝不及防);

跳跃要有股弹劲(轻松自如,灵活机动);

动作要有股狂劲(刚硬有力,富有男子汉气魄);

呼吸上要有股忍劲(要有忍性与耐心,憋足劲头);

过人要有股闪劲(眨眼工夫,神速过人);

对打要有股犟劲(不甘示弱,勇猛顽强);

前进要有股冲劲(争先恐后,不甘落后);

收缩要有股稳劲(稳住阵脚,养精蓄锐);

打起来要有股疯劲(无拘无束,自由驰骋);

节奏要有股铿劲(节奏明快,步调一致);

总体要有股虎劲(威武雄壮,威风凛凛);

动律上要有股昂劲(昂首阔步,不畏强悍,勇往直前);

心理上要股牛劲(一鼓作气,志在必得);

看了叫人带劲(鼓舞士气、乘胜追击)。

从这20句的一招一式、一举一动不难看出,要塞边关、阵地疆场的将士们出击征战时,厮打、拼杀、决斗的踪迹与影子。

二、陕南地区——安康龙舟竞渡

安康位于陕西省东南部,秦巴山脉之间,属亚热带季风气候,境内大小河流众多,特别是长江最大的支流——汉江穿境而过,这种独特的自然地理环境为安康龙舟文化的产生创造了条件;同时,安康东接湖北,古时属荆楚之地,受荆楚文化影响较为明显。据《荆楚岁时纪》记载,以祭祀屈原为其文化内涵的龙舟竞渡最早形成于古荆楚地区,并逐渐向全国辐射。受此影响,安康龙舟竞渡早在宋代就已经出现,《方舆胜览》云"午节踏石",小字注"五月五日,太守率僚属观竞渡,谓之踏石",这是安康龙舟竞渡的起源,也是陕西龙舟竞渡的肇始。元代时,统治者禁止汉族遗俗,安康龙舟竞渡陷于沉寂,并无史籍记载。明代兴安府(今安康)龙舟竞渡还有"解缴"之说,与"踏石"一样,是安康龙舟竞渡的地方名称。清代兴安府的紫阳、安康、白河、旬阳等县都有龙舟竞渡的记载,如"端午戏龙舟悬艾虎,饮菖蒲雄黄酒"。道光以后安康的龙舟竞渡基本形成规模,以府治所在的汉江段水面为中心,扩展到整个辖区的大小支流水域。民国时期,安康龙舟竞渡规模宏大,影响深远。据《安康县志》记载,1945年原《兴安日报》在6月2日第2版载"安康再现'端午龙舟竞渡,江岸观者如云,河街自西关以上、小北门以下皆为之途塞'的壮观景象"。1958年端午节安康的龙舟竞渡,西安电影制片厂赶赴现场,拍摄了记录十里汉江龙舟竞渡盛况的《庆丰收,赛龙舟》的纪录片,使安康龙舟赛蜚声全国。20世纪80年代后期,具有悠久历史的安康龙舟竞渡再次活跃于汉江水面。2000年,安康市举办了第一届"中国安康汉江龙舟文化节",使安康龙舟文化走上品牌之路,至今年已连续举办了多届。

安康龙舟文化属于中国龙舟文化的一部分,其文化内涵具备中国龙舟文化内涵的一般内容,同时又显现出与本地文化特色相一致的地方特点。

三、关中地区——社火

在陕西,社火是芯子、高跷、竹马、旱船、狮子、龙灯等的通称,是一种靠扮演、造型、技巧取胜的艺术。它通过各种高难度的动作和严密的构思,让演员扮演成历史人物和现代人物,形成故事组合,给人一种高屋建瓴、惊险出奇的艺术感染力。特别是这种民间体育活动和秦腔紧密地结合在一起,有着悠久历史和独特魅力。

每年春节,各乡各村的群众自发组织抬芯子、跑竹马、踩高跷、耍狮子,走村串户,十分热闹。这种喜庆活动,关中称为"要社火",社火分大要和小要,小要只出柳木腿和平台子。社火中的精华,是高难艺术——芯子,即在一个专用的桌子上,固定一根形状各异的拇指粗的钢筋,约2米高,用色纸在上面做出各种造型的东西,如棉花、果树、纺车、布机、龙、虎等世间百物,然后按其内容把男女小孩(年龄一般为4～5岁)装扮成戏剧人物,站立顶端,少则1

人,多则 10 余人,或并立、或叠置、或横卧、或倒立。有的双臂摆动,像在行走,有的似荡秋千,高悬在 3 丈虚空,场面惊、险、巧、奇。

据史载,陕西社火活动在西汉、隋、唐及宋明时代,是以"灯节""龙舞""狮舞"为主要形式的社火杂耍,发展到历史上的兴盛时期。那时,每逢皇帝登基或年节,兵事稍息,京城长安及边陲重镇,都要张灯结彩,官社民间均有社火盛会。南宋到明初,由于战事连绵,社火活动略逊于前代,但民间各种分散的戏剧、杂曲、说书、小说却兴盛一时。现今,陕西各地流传下来的众多社火脸谱、曲调、词目、扮演模式,多属明清两代传袭;特别是社火中一些有特技特艺的舞狮、龙舞、龙灯、竹马、芯子等,艺术生命力旺盛,不时代变化而被磨灭,代代沿袭相传。辛亥革命以后的民国时期,社火活动基本沿袭前代,多以各种庙会、节日盛会保留下来。中华人民共和国成立之后,在共产党的"百花齐放,推陈出新"和"百花齐放,百家争鸣"方针政策指引下,各地不断挖掘整理旧的传统社火节目,举办各种赛演、会演、文化节、民间文艺献演、社火活动和其他文娱活动,犹如雨后春笋茁壮发展壮大,其数量、质量兼优,千姿百态,壮丽可观。